Knowledge House & Walnut Tree Publishing

Knowledge House & Walnut Tree Publishing

生死關頭

——中國共產黨的道路抉擇

作者：金沖及

前言

中共總書記習近平在中共十八大後不久說過：「道路決定命運，找到一條正確的道路多麼不容易，我們必須堅定不移地走下去。」

中國共產黨在革命、建設、改革各個時期曾多次地面對道路選擇的問題。爲什麼找到一條正確的道路那麼不容易？因爲馬克思主義的基本原理必須同各國實際國情相結合，才能取得成功。中國是一個和任何西方國家不同的東方農業大國，人口眾多，歷史悠久，經濟文化在近代卻大大落後了，各地發展更是極不平衡。在這樣一個國家裡，無論革命、建設和改革，遇到的都是一個又一個新問題，以往從來沒有遇到過，在書本和別國經驗中也找不到現成的答案。唯一的辦法，只能靠中國人自己，從中國的實際情況出發，邁開步子，大膽探索，從成功和失敗的實踐中總結經驗教訓，逐步摸索出一條自己的正確路子來。除此以外，沒有其他輕便的路可走。

既然是探索，自然不可能把什麼都預先弄得清清楚楚，有百分百的把握才起步。中國的情況又那麼複雜，面對的事情有許多未知數或變數，對路該怎麼走，自然會有不同的主張，甚至會發生激烈的爭論，需要進行抉擇。而周圍的客觀局勢又總是那麼緊迫，曾經多少次處在生死關頭，不容許你從從容容地做好一切準備再行動。許多事情只能看準一個大的方向，便下決心勇敢地往前闖，在闖的中間做種種嘗試，由實踐來檢驗。這就是歷史的真實。當年做出選擇和決斷的艱難，也許是生活在和平日子裡的後人很難完全體會得到的。檢驗的結果，有時證明做出的選擇是符合實際的，便取得巨大的成功；有時做出的選擇並不符合實際，便會遭受挫折，甚至有時會瀕臨失敗的邊緣。這種在探索和學習中前進的歷程，無論成功也好，一時的失敗也好，都給我們留下寶貴的精神財富。

這個時期的中國社會正處在歷史上空前的劇烈迅猛的變動中，一個問題解決了，立刻又有新的異常複雜的問題被擺到人們面前，需要做出新的選擇和探索，前後相續，從不間斷。

中國共產黨九十多年來一直沿著這條道路前進，在實踐中不斷把成功的選擇和失敗的選擇做比較，有時是痛苦的反省，終於找出一條正確的道路，包括在中國如何進行革命、建設、改革的正確道路，百年巨變，取得舉世矚目的巨大成功。它得來是多麼不易，是實踐檢驗的結果，也是我們所以能充滿道路自信的根據和由來。

歷史是人們實踐的記錄。這本小書中的一些內容，主要是中國共產黨在革命、建設和改革的一些重要歷史關頭如何選擇自己的道路以及在實踐過程中如何加以豐富、發展或調整的過程。希望書中敘述的歷史事實，多少能引起讀者的進一步思考。文章是多年中陸續寫成的，結集時除極少文字校正外一仍其舊，論述中如有不恰當的地方，希望讀者批評指正。

金沖及

二〇一五年六月

目錄

Contents

Contents

Contents

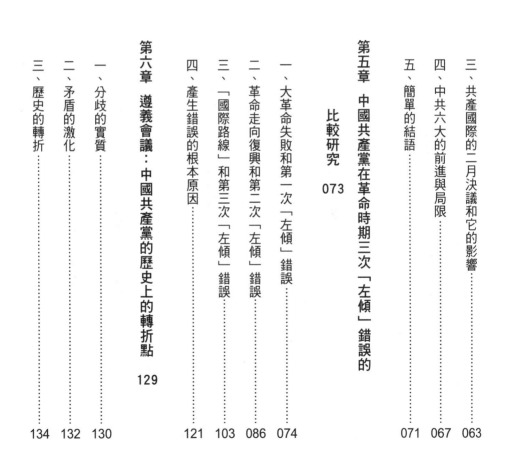

Contents

Contents

Contents

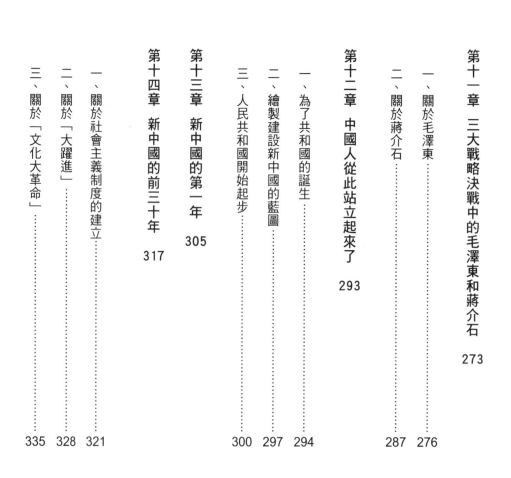

Contents

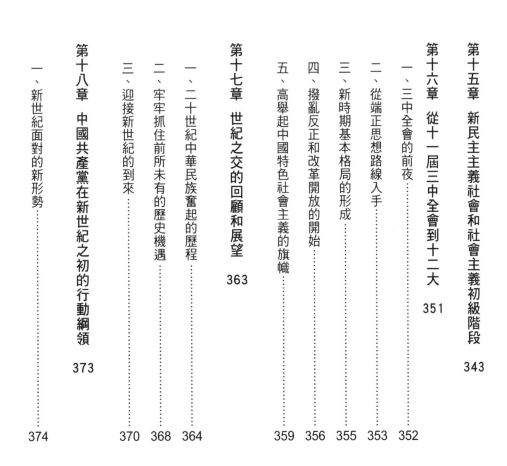

Contents

第一章

他們為什麼選擇了社會主義[1]

——五四時期先進青年思想變動軌跡的剖析

五四運動在中國近代思想大變動中所佔的突出地位，是沒有人能夠否認的。

那是個充滿著疾風暴雨的日子。先進的人們高舉起「科學」和「民主」的大旗，向阻礙中國社會進步的舊思想、舊觀念發動猛烈的進攻，形成一場新舊思潮的大激戰。許多在黑暗環境中極度苦悶的青年人，在思想界捲起的這場巨大波瀾中，猛然望見了新的曙光。他們反覆比較當時所能接觸到的種種新思潮，思考中國的現實出路在哪裡，並以大無畏的氣概向未來探索。

從比較和思考中，人們得出的結論並不相同。批判目標的一致遠不意味著選擇目標的一致。反對舊思想、舊觀念時曾經並肩站立在一起的親密夥伴，逐漸發生了分化。多數的先進分子經過不同的途徑，先後奔集到科學社會主義也就是馬克思主義的旗幟下來。這是當時最引人注目的歷史現象。

年輕的瞿秋白，在五四的第二年寫道：「中國社會思想到如今，已是一個大變動的時候。一般青年都是棲棲皇皇、寢食不安的樣子。究竟爲什麼？無非是社會生活不安的反動。反動初起的時候，群流並進，集中於『舊』思想學術制度，作勇敢的攻擊。等到代表『舊』的勢力宣告無戰爭力的時期，『新』派思想之中，因潛伏的矛盾點——歷史上學術思想的淵源，地理上文化交流之法則——漸漸發現出來，於是思想的趨向就不像當初那樣簡單了。」「我和諸同志當時也是飄流震盪於這種狂濤駭浪之中。」[2]張聞天生動地描述過自己當時的思想旅程：「我們對於這種不合理的社會，情意上早感到不安，因不安也早產生了改造的決心。不過用什麼方法來改造呢？應該改造成什麼樣呢？這些問題常常橫在我胸前面一日不能去的。無抵抗主義呢？反抗主義呢？無政府主義呢？社會主義呢？如江河流水，不絕地引起我底煩悶。但永久不決定是不能生活的。那麼，取其長，捨其短，自然不能不走社會主義一條路了。自今日起，我希望能夠在實現社會主義的歷程中做一個小卒。」[3]爲什麼那麼多接受了五四運動洗禮、在當時最有覺悟又富有思考能力的青年，進行了反覆比較和思考後，做出同樣的選擇，把科學社會主義確定爲自己的理想？這種現象有它的內在邏輯在支配嗎？這的確是一個令人感興趣的問題。

一、資產階級共和國方案在中國的試驗和破產

事物的發展都不會憑空而來，總有它的來龍去脈可以找尋。爲了探討問題，我們不妨簡略地回顧一下五四以前中國先進分子經歷過的夢想和現實。

當中國歷史進入近代以後，處於封閉狀態的傳統社會再也無法照舊維持下去了。人們帶著驚異的目光，看到外部世界竟有那麼多中國人聞所未聞的新道理和新事物。甲午戰爭失敗後，民族危機更加深重了。人們如饑似渴地閱讀大量西方社會政治方面的書籍。這些書籍對他們產生了強烈的吸引力，他們既感到新鮮，又受到巨大的鼓舞。一九〇三年日本留學生出版的《江蘇》雜誌上有一段話把他們這種心情寫得淋漓盡致：「橫瞰歐美之光明政局，旁探近代之革新歷史，注目於其社會，關心於其國事，每有一種蔥蔥勃勃偉大昌隆之氣象，目擊焉而心花開，耳觸焉而氣概揚，不知不覺間激起吾歡欣歌舞羨慕戀愛之一片良感情，跳躍於心頭而不能自鎭。」[4] 越來越多的人逐漸認定：一定要以西方國家爲榜樣，才能找到拯救祖國的出路，他們不惜爲此拋頭顱、灑熱血，進行了前仆後繼的英勇鬥爭。

1 本文是作者在一九八九年五月五日至七日召開的五四運動學術討論上提交的論文。
2 瞿秋白：《餓鄉紀程》，《瞿秋白文集》文學編，第一卷，北京：人民文學出版社，一九八五年版，第二九、三〇頁。
3 張聞天：《中國底亂源及其解決》，一九二二年一月，載《黨的文獻》一九八九年第三期。
4 漢駒：《新政府之建設》，《江蘇》第五期，一九〇三年八月出版。

這個鬥爭的高峰是一九一一年的辛亥革命。它以從西方傳入的進化論、天賦人權論和民主共和國方案作爲思想武器。投身這場革命的人長時間內充滿自信，期待著「一旦我們革新中國的偉大目標得以完成，不但在我們的美麗的國家將會出現新紀元的曙光，整個人類也將得以共享更爲光明的前景」。[1]這場革命在中國近代起過的偉大歷史作用，是用不著多做解釋的。

當時許多人對民主的理解，特別著重在西方國家的一些政治組織形式和政治活動程序方面。民國成立後，不單掛出了共和國的招牌，連議會制、多黨制、普選等這些西方國家的政治組織形式和活動程序也一度被熱熱鬧鬧地搬到了中國。很多人對這些曾抱有很大的期望。曾在日本留學、相當熟悉西方國家政治制度的宋教仁，在被刺前一個多月，還興高采烈地發表演說：「世界上的民主國家，政治的權威是集中於國會的。在國會裡頭，佔得大多數議席的黨，才是有政治權威的黨，所以我們此時要致力於選舉運動。」「我們要在國會裡頭，獲得過半數以上的議席，進而在朝，就可以組成一黨的責任內閣；退而在野，也可以嚴密的監督政府，使它有所憚而不敢妄爲，應該爲的，也使它有所憚而不敢不爲。那麼，我們的主義和政綱，就可以求其貫徹了。」[2]他所表達的感情無疑是真誠的，聽起來也頗爲誘人。

奇怪的是，說起來那麼動聽的東西，甚至在西方國家也許取得過一些成效的政治制度，如果不顧中國國情，一旦硬搬到當時中國社會這塊土壤上實行起來，卻全然變了樣：普選徒具形式；多黨制成了拉幫結派，黨同伐異；議會裡只有一批政客在吵吵嚷嚷；國民黨在國會競選中果然取得了多數，但對國民的實際利益卻一無所補。等到袁世凱所代表的舊勢力準備好了，猛撲過來，連那點形式上的東西也被擲到九霄雲外。種瓜得豆，這真是創業者始料之所不及的。

「無量頭顱無量血，可憐購得假共和。」這教訓實在太慘痛了！資產階級共和國方案的試驗和破產，也許可以看作二十世紀初年這場革命留給中國人的一筆重要精神遺產。

許多人產生了嚴重的失落感，覺得迷惘、彷徨以至絕望。但是，真正有志氣的愛國者不會由此而停止自己前進的腳步。他們在遍佈荊棘的崎嶇道路上毫不氣餒，重新又開始新的探索。很早參加同盟會的林伯渠回顧道：「辛亥革命前覺得只要把帝制推翻便可以天下太平，革命以後，經過多少新的轉折，自己所追求的民主還是那麼遙遠，於是慢慢從痛苦的經驗中發現此路不通，終於走上了共產主義的道路。這不僅是一個人的經驗，在革命隊伍裡是不缺少這樣的人的。」[3]這是中國思想界大轉變的重要契機。但新的道路並不是輕易就能踏上的。他們在總結這次革命失敗的教訓時，最初把注意力集中在文化領域內。辛亥革命時擔任過安徽都督府秘書長的新文化運動主將陳獨秀在《新青年》上寫道：「這腐舊思想佈滿國中，所以我們要誠心鞏固共和國體，非得將這班反對共和的倫理、文學等等舊思想，完全洗刷得乾乾淨淨不可。否則不但共和政治不能進行，就是這塊共和招牌，也是掛不住的。」[4]他認爲，造成中國人民愚昧的根源是封建道德，而封建道德就是奴隸道德。他把倫理的覺悟看作「吾人最後之覺悟」，爲了做到這一點，「一切政府的壓迫，社會的攻擊笑罵，就是斷頭流血，都不推辭」。[5]他們這種無所畏懼、勇猛直前的精神是十分可敬的，產生了巨大的思想解放作用，從而爲新思潮的傳播掃清了

---

1 孫中山：《中國問題的真解決》，廣東省社會科學院歷史研究室、中國社會科學院近代史研究所中華民國史研究室、中山大學歷史系孫中山研究所合編：《孫中山全集》第一卷，北京：中華書局，一九八一年版，第二五五頁。

2 宋教仁：《國民黨鄂支部歡迎會演說辭》，陳旭麓主編：《宋教仁集》（下冊），北京：中華書局，一九八一年版，第四五六頁。

3 林伯渠：《荏苒三十年》，《解放日報》（延安），一九四一年十月十日。

4 陳獨秀：《舊思想與國體問題》，《新青年》第三卷第三號，一九一七年五月。

5 陳獨秀：《吾人最後之覺悟》，《青年》雜誌第一卷第六號，一九一六年二月十五日。

道路。但是，文化終究是社會的政治和經濟的反映。當時中國社會的現狀是那樣腐敗和黑暗，正如張聞天所說：「中國混亂的原因是由於中國社會組織逐漸崩壞而一時不能產生新的社會組織出來。」1如果不從根本上對這個社會進行改造，單從政治組織形式或文化思想下手，怎麼能真正解決問題呢？北京大學學生何孟雄一九一九年十月在《時事新報》上談到他們這種新的認識：「社會仍是這樣黑暗，現在的青年要徹底明白舊社會的罪惡，立定不屈不撓奮鬥的志向，決不反被舊社會戰勝。中國的改造，才有望咧！」2於是，「改造社會」「建設新社會」的呼聲越來越高，逐漸響徹全國。改造社會的問題在思想界被提到如此突出的地位，成爲先進青年集中關注的焦點，在中國近代思想史上還是第一次。這是人們對問題向更深層次的挖掘，是當時先進青年中產生的新的覺悟，是中國人在認識上的又一次飛躍。

二、世界的思想大變動對中國的影響

中國的現今社會必須改造，這在先進青年中幾乎已成爲共識。但是，這個社會應該改造成什麼樣，多數人最初卻並不清楚。

正在這個時刻，世界發生的大變動強烈地吸引著中國先進青年的注意：從一九一四年開始的第一次世界大戰延續達四年之久，給歐洲人民帶來了浩劫。這場空前殘酷的戰爭，把資本主義世界固有的內在矛盾，以比以往任何時候更加尖銳的形式清楚地暴露出來。劫後的歐洲留下的是滿目瘡痍，是令人震驚的巨大災難和混亂，一時彷彿看不到多少光明的前景。這下輪到西方國家許多人也陷入深重的失落感了。

歐戰結束後的下一個月，梁啓超等動身去西歐遊歷了一年。他們看到了什麼？看到的是普遍的沮喪、彷徨和「世紀末」的失魂落魄情緒。一個美國記者對他說：「西方文明已經破產了。」梁啓超歸國後在《歐游心影錄》中描述他在歐洲親眼目睹的這幅淒慘景象：「全社會人心都陷入懷疑、沈悶、畏懼之中，好像失了羅針的海船迎著風遇著霧，不知前途怎生是好。」他從中得到一個強烈的印象：「社會革命，恐怕是二十世紀唯一的特色，沒有一國能免，不過爭早晚罷了。」3梁啓超素來以政治態度溫和而又富於敏感著稱。他的這些言論自然會在國內引起不小的反響。

大名鼎鼎的英國哲學家羅素這時到中國來，到處演講。他說：「諸君皆知道我相信社會主義的。我以爲產業如何發達，若非社會主義行之，必定有不平之事發生，此階級壓制他階級，苦者益苦，富者益富，弊害叢生。所以必須生產品、器具、土地、利益，皆歸之公有，再分配於個人，不爲私人所攬有，方爲公道。西方社會主義是產業制度的結果，自然而然產生嬗化而來。」儘管羅素並不是一個真正的社會主義者，儘管他同時又鼓吹「中國若想社會主義實現，不得不提倡資本主義」4，但連他都如此讚揚社會主義，終究也引起更多人對社會主義的注意，使人們感到社會主義比起資本主義來是一種更新、更先進的制度。

至於有機會親自到歐洲去看看的中國先進青年，受到的刺激自然更加強烈。周恩來在一九二〇年底到達歐洲。不久他給天津《益世報》所寫的第一篇通訊劈頭就說：「吾人初旅歐土，第一印象感觸於吾人眼簾者，即大戰後歐洲社會所受巨大之影響，及其顯著不安之現狀也。影響維何？曰：生產力之缺

1 張聞天：《中國底亂源及其解決》，一九二二年一月，載《黨的文獻》一九八九年第三期。
2 何孟雄：《過去的青年》，《何孟雄文集》，北京：人民出版社，一九八六年版，第二頁。
3 梁啟超：《歐游心影錄》，《梁啟超選集》，上海：上海人民出版社，一九八一年版，第七一九、七二三頁。
4 羅素：《社會主義》，《時事新報》副刊《學燈》，一九二一年二月二十一日。

乏，經濟界之恐慌，生活之窘困。凡此種種，均足以使社會上一般人們饑寒失業交困於內外，而復益之以戰爭中精神文明所得間接之損失，社會之現狀遂乃因之以不安。」[1]這就更堅定了他的這種信念：「使歐洲危機終不可免而至於爆裂也，則社會革命潮流東向，吾國又何能免？」[2]

長時期來，中國的先進分子一直欽羨西方國家的富強，把它看作中國倣傚的榜樣。他們密切注視著西方世界的動向，狂熱地學習和研究西方的種種新學說和新思潮。西方世界發生的任何社會變動和思想變動，時時都會牽動他們的心弦。

本來，早在十九世紀末和二十世紀初，當西方資本主義還處在比較穩定時期時，中國先進分子中已有一部分人開始敏銳地察覺到它的陰暗面。孫中山一九〇五年在《民報發刊詞》中說：「歐美強矣，其民實困，觀大同盟罷工與無政府黨、社會黨之日熾，社會革命其將不遠。」[3]章太炎在《代議然否論》中認爲西方的議會制度無非仍爲少數人所支配。但這些問題那時沒有引起更多人的注意。

現在，歐洲國家的社會矛盾以如此尖銳的形式爆發出來，它的缺陷已暴露得如此明顯，連許多西方思想家對它的信心也發生動搖。這不能不使更多的醉心學習西方的中國人感到震驚。西方的社會制度在他們心目中頓時失卻原來那種耀眼的光彩。他們自然地得出結論：難道我們還要步人家的後塵，沿著這條舊路再走一遍嗎？爲什麼不能改弦易轍，採納世界上更新的學說，創立一種更加合理的社會？何孟雄的一段話，反映了不少中國先進青年的這種認識：「歐洲資本主義的發達，工人及中產階級的淪到不幸的地步，我們中國在產業萌芽的時會，當然要對於歐洲資本主義造出來的罪惡務宜具一種戒心，有了旁的較好的法子，當然採取好的法子。未見得資本主義是必經的階段，即是資本主義發展了，將來的革命是免不掉的。難道勞動階級鑄定必需受資本主義的痛苦嗎？」[4]

列寧領導的十月社會主義革命，爲什麼這時能對中國先進青年產生如此強大的吸引力？原因就在它正好給他們苦苦思索的問題指出了一條新的出路。在這以前中國人不是沒有接觸過馬克思主義，但那時對馬克思主義的一些介紹並不準確，受到它影響的範圍也十分有限。許多人不過把它看作歐洲無數新思潮中的一種偶爾涉及，並沒有給予認真的注意。現在，社會主義在蘇俄從書本上的學說變爲活生生的現實，並且在歷經種種饑饉、內戰、外國干涉的嚴重磨難後，依然站穩了腳跟，工人和農民破天荒第一次成了社會的主人。一邊是儘管還在艱苦創業卻充滿蓬勃生機的蘇俄，一邊是混亂頹敗的西歐，兩者之間形成鮮明的對照。這自然使正在黑暗中摸索的中國先進分子看到了新的希望和新的依靠力量，他們倏然轉到俄國十月革命道路這方面來。

李大釗在一九一八年發表的《庶民的勝利》和《布爾什維主義的勝利》這兩篇文章，是中國人民接受十月革命道路的最早表現。五四運動後不久，他又寫道：「自俄國革命以來，馬克思主義幾有風靡世界的勢子。德、奧、匈諸國的社會革命相繼而起，也都是奉馬克思主義爲正宗。」[5]並且在這篇文章裡比較系統地介紹了馬克思的學說。李達寫道：「馬克思的社會主義，已經在俄國完全實現了。」[6]其他轉到這條道路上來的先進分子也越來越多。同盟會最早會員之一的吳玉章回憶道：「處在十月革命和五四運動的偉大時代，我的思想上不能不發生非常激烈的變化。當時我的感覺是：革命有希望，中國不

1 周恩來：《歐戰後之歐洲危機》，《益世報》（天津），一九二一年三月二十二日。
2 周恩來：《歐戰後之歐洲危機》（續篇），《益世報》（天津），一九二一年三月二十三日。
3 孫中山：《民報發刊詞》，廣東省社會科學院歷史研究室、中國社會科學院近代史研究所中華民國史研究室、中山大學歷史系孫中山研究所合編：《孫中山全集》第一卷，北京：中華書局，一九八一年版，第二八八、二八九頁。
4 何孟雄：《發展中國的實業究竟要採用甚麼方法》，《何孟雄文集》，北京：人民出版社，一九八六年版，第六二頁。
5 李大釗：《我的馬克思主義觀》，《李大釗文集》（下），北京：人民出版社，一九八四年版，第四六、四七頁。
6 李達：《馬克思還原》，《李達文集》第一卷，北京：人民出版社，一九八一年版，第三〇頁。

會亡，要改變過去革命的辦法。雖然這時候我對中國革命還不可能立即得出一個系統的完整的新見解，但是通過十月革命和五四運動的教育，必須依靠下層人民，必須走俄國人的道路，這種思想在我頭腦中日益熾烈、日益明確了。」1 這裡所說的思想經歷，也不只是屬於他一個人的。

社會主義不是由任何人心血來潮地憑空臆想出來的，而是資本主義社會固有的內在矛盾難以解決的產物。李達在一九一九年六月這樣說：「法蘭西革命，雖是推倒皇帝的專制，打破貴族的階級，滅除寺院僧的特權，但所有成功只算政治革命的成功。」「結果弄到貧者愈貧（這是勞動者），富者愈富（這是資本家），貧富相差愈遠。這就是十九世紀政治革命後的文明現狀。社會上受了這不平等的刺激，自然會生出近世的社會主義來了。」2

當然，歷史發展的途徑從來不是直線式，而是波浪式的。看一看資本主義社會幾百年的歷史就會發現：它有過興旺發達的時期，隨後便出現了危機，當渡過危機並經過調整後，又可能會有一個時期的穩定和發展。但即便今天的資本主義世界依然充滿著難以解決的矛盾。社會主義社會的歷史，比起資本主義來要短促得多。從十月革命算起，至今還不過七十多年。它有過蓬勃發展的時期，也遇到過曲折和困惑，因而需要改革，但它的生命力還是開始顯示出來。如果用歷史的眼光來看待這一切，是不足爲怪的。

三、對種種打著社會主義旗號的新思潮的比較推求

社會思想變動的進程，不像人們通常所想的那樣直捷痛快。

那時打著社會主義旗號的新思潮名目繁多，不進行認真的比較推求，很難把它們分辨清楚。不少進步青年從資產階級民主主義走向科學社會主義的過程中，往往曾經歷一個中間環節，那就是受到過

無政府主義思潮的影響。

劉少奇在回憶五四運動的情況時曾說過：「在起初各派社會主義的思想中，無政府主義是佔著優勢的。」3毛澤東、周恩來、惲代英、鄧中夏、陳延年、羅亦農等這些進步青年中的優秀分子，在探索過程中都不同程度地受到過這種思潮的影響。

爲什麼會出現這種現象？主要有三個原因：

第一，馬克思主義在中國，當時還剛剛開始傳播。一九二〇年以前，馬克思、恩格斯的基本著作沒有任何一種完整的中文全譯本，列寧的文章連一篇譯成中文的也沒有。在這種情況下，要真正多瞭解一點馬克思主義，實在是相當艱難的事情。只有少數到過國外或能直接閱讀外文的人，如去過日本的李大釗、李達、李漢俊、陳望道和一些北京大學學生等外，其他許多進步青年雖然開始對馬克思主義感興趣，實際上卻所知甚少。未來的美好社會令他們神往。可是這種美好社會究竟是怎樣的，用什麼方法才能夠達到？他們的認識還不很清晰。

瞿秋白一九二〇年去蘇俄前曾這樣寫道：「社會主義的討論，常常引起我們無限的興味。然而究竟如俄國十九世紀四十年代的青年思想似的，模糊影響，隔著紗窗看曉霧，社會主義流派、社會主義意義都是紛亂、不十分清晰的。正如久壅的水閘，一旦開放，旁流雜出，雖是噴沫鳴濺，究不曾自定出流的方向。其時一般的社會思想大半都是如此。」4

1 吳玉章：《回憶五四前後我的思想轉變》，《吳玉章回憶錄》，北京：中國青年出版社，一九七八年版，第一一二頁。
2 李達：《社會主義的目的》，《李達文集》第一卷，北京：人民出版社，一九八一年版，第四頁。
3 《感想與回憶》，《中國青年》第一卷第二期，一九三九年五月。
4 瞿秋白：《餓鄉紀程》，《瞿秋白文集》文學編，第一卷，北京：人民文學出版社，一九八五年版，第二六頁。

鄧穎超也說過：「五四運動是思想解放運動。一解放，就像大水奔流。那時的思想，受到長期禁錮，像小腳女人把腳裹住；放開以後，不知怎麼走路，有倒的，有歪的，也有跌跤的。那時是百家爭鳴，各種思潮都有。」1「我們受十月革命的影響，當時也只聽說蘇聯是沒有階級、沒有人剝削人的社會。我們很嚮往這種光明的社會，同情廣大勞苦大眾，厭惡中國社會的黑暗。我們平常交談的範圍很廣，無政府主義、基爾特社會主義都接觸到了，但對這些我們都沒有明確的認識，也不瞭解什麼是馬克思主義。所以，在當時我們還不能稱為『共產主義知識分子』，只能說從那時起我們這些人要求繼續學習，吸取新知識。」2在這種情況下，他們雖然嚮往社會主義社會，但一時對科學社會主義同無政府主義的區別無法分辨得那麼清楚，是毫不足怪的。

第二，中國的無政府主義者從開始時起，一直標榜自己是主張「社會主義」以至「共產主義」的。早期的無政府主義者劉師培、張繼在一九〇七年發起組織社會主義講習會時，在廣告中說：「近歲以來，社會主義盛行於西歐，蔓延於日本，而中國學者則鮮聞其說，雖有志之士漸知民族主義，然僅辨種族之異同，不復計民生之休戚。即使光復之行果可實行，亦恐以暴易暴，不知其非。同人有鑒於此，又慨社會主義之不明，擬搜集東西前哲各學術，參考互驗，發揮光大，以餉吾民。」3他們這裡所說的社會主義，其實是無政府主義。民國成立後，著名無政府主義者師復一九一四年七月在上海發起組織無政府共產主義同志社，發表宣言，「主張滅除資本制度，改造共產社會，且不用政府統治者也。質言之，即求經濟上及政治上之絕對自由也」。4他們仍然把自己的主張說成是共產主義。

初期中國無政府主義者的宣傳，在兩個重要問題上確曾起過積極的啓蒙作用：一是鼓舞人們奮起反對專制和強權；二是引導人們以更多的注意力關注原來常被忽視的社會問題，鼓吹「勞動神聖」，主張財產公有、人人勞動，認為工人農民才是社會的主人。早期無政府主義刊物如《天義》等上曾片斷地刊載過馬克思、恩格斯的著作。直到五四運動前後，不少無政府主義者還同馬克思主義者合作，而不是像後來那樣尖銳對立。因此，它自然容易博得不少進步青年的好感。

第三，無政府主義思潮在進步青年中的一度流行，也同中國近代國情有關，有著適合它的土壤和氣候。中國是一個小生產者有如汪洋大海的國家。知識分子由於他們的社會地位和勞動方式，也容易特別看重個人的力量。同現代化大生產相聯繫的有組織的中國產業工人還不成熟。特定的社會結構總是容易產生相應的社會心態和思維方式。不管是有意識還是無意識，人們往往習慣以小生產者的眼光來看待周圍的事物。他們對帝國主義的強權和封建主義的專制充滿憎恨，渴望把它們從中國的土地上掃除乾淨。

他們期望社會公正，因而同情社會主義。可是小生產者的狹隘眼光，又使他們難以凝聚成一股巨大的同心同德的集體力量，特別是難以較長時間地保持步調一致的協同動作，而把獲得個體的絕對自由看作至高無上的價值取向。當他們被社會上種種強權和不平等現象激怒時，無政府主義那種鼓吹「個人絕對自由」、看起來最激烈最徹底的辦法，便特別適合他們的口味。

這三點，可以說是「在起初各派社會主義的思想中，無政府主義是佔著優勢的」根本原因所在。

但如果真正要排除任何集體和紀律的約束，講起來固然很痛快，做起來卻只能一事無成。在組織

1《五四時期老同志座談會記錄》，中國社會科學院近代史研究所編：《五四運動回憶錄》續，北京：中國社會科學出版社，一九七九年版，第一〇頁。

2 鄧穎超：《回憶天津「覺悟社」等情況》，中國社會科學院現代史研究室、中國革命博物館黨史研究室選編：《一大前後》（二），北京：人民出版社，一九八〇年版，第二三二、二三三頁。

3《社會主義講習會廣告》，《天義》第三卷，一九〇七年七月十日。

4《無政府共產主義同志社宣言書》，朱謙之、師復：《謙之文存．師覆文存》，上海：上海書店，一九九一年影印版，第五六頁。

上也只能產生一些人數很少、內部極度鬆散、毫無實際行動的小團體。民國初年出現過的一些無政府主義小團體大體上便是這樣，在實際社會生活中沒有起什麼重要作用。

因此，到五四前後，他們又有了新的形態。在日本新村主義等影響下，當回答「什麼叫做無政府共產主義」時，他們提出三個要點：一是組織上「脫離強權的少數的政治統治，另自組織自由的多數人的自由團體」；二是經濟上「主張生產機關（如土地、機械等）與所生產之物（如衣、食、房屋）皆歸社會全體所共有，各盡所能，各取所需」；三是道德上「是『勞動與互助』五個大字，因爲有勞動才可以生存，要互助才可以進化」。[1] 這種方案，表面上看起來似乎要可行一些。

於是，五四前後在全國出現了一大批「工讀互助團」這類組織。參加這種團體的人，一面勞動，一面讀書，把共同勞動所得的收入作爲團體共有的財產，個人的生活和學習的費用也由團體開支。

這種團體曾經風靡一時，在北京、上海、天津、武漢、南京、長沙、廣州、揚州等地以至國外留學生中都有，陳獨秀、李大釗等也曾給以贊助。[2]

許多青年對這種工讀互助團體一度抱有過很大的熱情。他們經過五四運動的洗禮，剛從舊家庭或個人小天地中衝出來，但四顧茫茫，周圍的社會環境又那樣黑暗，希望能有一個可以作爲依靠的團體力量，並在這個團體中養成互助和勞動的習慣，把它看作改革社會的實際運動的起點。毛澤東在《學生之工作》一文中寫道：「今春回湘，再發生這種想像，乃有在岳麓山建設新村的計議，而先從辦一實行社會本位教育說的學校入手。此新村以新家庭、新學術及旁的新社會連成一塊爲根本理想。」「學生認學校如其家庭，認所作田園、林木等如其私物，由學生各個所有私物之聯合，爲一公共團體。此團體可名之曰：工讀同志會。」[3] 惲代英更虔誠地說道：「工讀主義，實爲救今世社會教育不平等之方法。」「有志之人，必使互助，且使預備奮鬥之力量。果一般學生畢業後，能仍如今日之愛同類、相扶持，三五年後社會即將發生一種切實能力，此或爲救人類根本之法歟？」4「我信只要自己將自由、平等、博愛、勞動的真理，一一實踐起來，勉強自己，莫勉強人家，自然人家要感動的，自然社會要改變的。」5他們真誠地把這看作新生活的開始，看作創造新社會的發端。

可是，當中國社會的大環境仍那樣黑暗的時候，當周圍充滿著敵對的舊社會勢力的時候，這種被理想化了的小團體怎麼可能長期獨立存在下去呢？就在團體內部，人們最初對它抱有很高的熱情，但過不很久，個人之間的利益衝突和意見分歧便氾濫起來。幾乎沒有例外，這類小團體維持不了多少日子，就相繼夭折了。李大釗很快看出：「北京的工讀互助團，精神上已不能團結，經濟上也不能維持，看著有消滅的樣子。」6惲代英更是沉痛地寫道：「在這種群雄爭長的局面之下，生活是日益困難而不安定的。靠自己的力量去創造事業，出盡了窮氣力還維持不住。靠人家的力量去改良事業，又是常常因人家興會與機運而常受變遷的。」「所以這些努力，其實決沒有圓滿成功的希望。」7人們原來的期待很快就幻滅了。

做這樣一番嘗試是很有好處的。一種學說如果只在文字上或口頭上談論，而不付諸實踐，很難辨

1 見張聞天：《社會問題》，一九一九年八月，載《黨的文獻》一九八九年第三期。
2 張允侯、段敘彝等編：《五四時期的社團》（二），北京：生活・讀書・新知三聯書店，一九七九年版，第三六一、四九六頁。
3 毛澤東：《學生之工作》，《湖南教育月刊》第一卷第二號，一九一九年十二月。
4 惲代英：《實現生活》，《惲代英文集》（上卷），北京：人民出版社，一九八四年版，第六八頁。
5 惲代英：《致王光祈》，《惲代英文集》（上卷），北京：人民出版社，一九八四年版，第一〇九頁。
6 李大釗：《都市上工讀團底缺點》，《李大釗文集》（下），北京：人民出版社，一九八四年版，第二一二頁。
7 惲代英：《民治運動》，《惲代英文集》（上卷），北京：人民出版社，一九八四年版，第三三八、三三九頁。

別它究竟是真理還是幻想。無政府主義這種思潮有許多高尚而美好的詞句裝點著，又適合小生產者嚮往絕對平等和自由的口味，不經過痛苦的實踐的檢驗，是不容易完全擺脫的。但受過這種思潮影響的青年中的多數人，畢竟不是真正對無政府主義有多少系統的瞭解，更談不上執著的追求。他們只是一時受到這些看來很新的學說的吸引，對它發生了興趣，想在實踐中去試一試。一旦看到這條路走不通時，也就改變了想法。正如劉仁靜所說：「其實，在當時他們對基爾特社會主義和無政府主義也沒有什麼研究，只是從雜誌上看了一些有關宣傳品，認為有道理，合乎自己的胃口，以後看見別的主張更好，有的也就放棄了自己原先的主張。」1

人們在實際生活中越來越清楚地看到：如果整個社會得不到改造，如果國家和民族得不到解放，個人的問題無法得到根本的解決。而社會、國家和民族的最好出路便是科學的社會主義。這個任務是那樣艱巨，它所必須排除的障礙是那樣強大，要實現它，關鍵是要凝聚成萬眾一心的具有戰鬥力的核心力量。如果中國人還是像以往那樣的一盤散沙，各行其是，中國就沒有希望。

許多人終於跨出了有決定意義的一步。

惲代英總結自己痛苦的教訓後得出結論：「在這樣不合理的環境中，想在一局部做成甚麼理想事業，是絕對不可能的。要改造須全部改造，須將眼前不良的經濟制度，從根本上加一種有效力的攻擊。不然，總是沒有益處。」「群眾集合起來的力量，是全世界沒有可以對敵的。」「我們應研究唯物史觀的道理，喚起被經濟生活壓迫得最厲害的群眾，並喚起最能對他們表同情的人，使他們聯合起來，向掠奪階級戰鬥。」「群眾的聯合以反抗掠奪階級，其實是經濟進化中必然發現的事，本用不著我們煽動，亦非任何人所能遏制。」2

到了法國的蔡和森在一九二〇年八月給毛澤東寫信說：「我近對各種主義綜合審締，覺社會主義真爲改造現世界對症之方，中國也不能外此。社會主義必要之方法：階級戰爭——無產階級專政。」[3]毛澤東覆信完全贊同他的意見，批評那種「用平和的手段，謀全體的幸福」的主張是「理論上說得通，事實上做不到」。並說：「我看俄國式的革命，是無可如何的山窮水盡諸路皆走不通的一個變計，並不是有更好的方法棄而不採，單要採這個恐怖的方法。」[4]

受無政府主義思想影響更少的周恩來，在歐洲對當時流行的打著社會主義旗號的種種思潮進行認真比較後，最後下定決心：「我們當信共產主義的原則和階級革命與無產階級專政兩大原則，而實行的手段則當因時制宜。」他斷言：「我認的主義一定是不變了，並且很堅決地要爲他宣傳奔走。」[5]

先驅者們的思想經歷是值得後人深思的。他們接受馬克思主義，這個決心絕不是輕易下定的，更不是一時衝動或趨時行爲，而是經過自己的深思熟慮，經過反覆的推求比較和實踐檢驗，最後才做出這個自己一生中最重要的選擇。

四、五四運動是中國歷史上一個新時期的開端

在歷史上常常可以看到這樣的現象：一場疾風暴雨式的群眾鬥爭的沖刷，可以使大群大群的人們

1 劉仁靜：《北京馬克思主義研究會的情況》，中共中央黨史資料徵集委員會編：《共產主義小組》（上），北京：中共黨史資料出版社，一九八八年版，第三二一頁。

2 惲代英：《為少年中國學會同人進一解》，《惲代英文集》（上卷），北京：人民出版社，一九八四年版，第三二九、三三一、三三二頁。

3 蔡和森：《蔡林彬給毛澤東》，《蔡和森文集》，北京：人民出版社，一九八〇年版，第五〇頁。

4 《新民學會通信集（第二集）》，中國革命博物館編：《新民學會資料》，北京：人民出版社，一九八〇年版，第一四八頁。

5 《周恩來書信選集》編委會：《周恩來書信選集》，北京：中央文獻出版社，第四〇、四一、四六頁。

短時間內在思想上發生劇烈而巨大的變動。這種千百萬人的思想大變動，往往在平時多少年都難以達到，也不是通常幾個刊物或幾次講話的影響所能比擬的。

一九一九年五月四日開始的愛國運動，便是這樣一場疾風暴雨式的群眾鬥爭。在嚴重民族危機的刺激下，這個運動就像從天降落的狂一樣，迅猛地席捲全國，從大城市一直擴展到中小城市以至偏僻鄉鎮。千百萬人從平時寧靜的生活或狹小的圈子中猛然驚醒過來，熱血沸騰地走上街頭或公共集會，爲救亡圖存而奔走呼號。「沉默的大多數」不再沉默了！原來處在被統治狀態下的民眾直接行動起來，干預政治，並且帶有如此廣泛的群眾性，這在中國歷史上還是第一回。吳玉章描述他自身的感受：「從前我們搞革命雖然也看到過一些群眾運動的局面，但是從來沒有見到過這種席捲全國的雄壯浩大的聲勢。在群眾運動的沖激震盪下，整個中國從沉睡中復甦了，開始煥發出青春的活力。」1 這種情景是何等動人！

這場以挽救祖國危亡爲目標的偉大群眾鬥爭，帶來了千百萬人思想的大解放，起了巨大的啓蒙作用。在鬥爭的高潮中，人們處在異常激動和興奮的狀態。鬥爭中新舊社會勢力生死搏鬥的場面，更把一系列尖銳的問題擺到人們面前，迫使他們嚴肅地尋求答案。當運動從奔騰澎湃的大潮中逐漸平復下來時，一部分人回到自己原來習慣的生活軌道上去，而一些先進分子卻轉向更深層次的探索，並且同一些志同道合的夥伴聚集在一起，結成新的團體。馬克思主義終於成爲社會的主流。

科學和民主，這是五四運動前夜的初期新文化運動中早已提出的響亮口號。它在中國近代思想發展旅程中產生了巨大的進步作用，把人們的覺悟大大推進了一步。接受了馬克思主義的先進分子正是在這面大旗下繼續奮進，並且賦予它們以新的更加完整的內容。

他們反覆地思考：怎樣才是真正的民主，怎樣才是真正的科學？中國民眾的大多數是工人和農民，如果不到他們中間去，不充分考慮他們的利益和關心的問題，而把他們置於自己的視野之外，只停留在少數學者和知識青年的狹小圈子裡活動，那麼，不管議論如何激烈，甚至也可以爭得某些成果，仍然只是一部分人甚至少數人的民主，談不上真正廣泛的人民民主。科學，最根本的是要符合實際、符合事物發展的客觀規律，也就是實事求是。既不應當爲陳腐的、過時的、僵化的舊教條所束縛，也不是單憑善良的願望或學院式的推理就能解決，必須深深地扎根在中國社會的土壤中，腳踏實地地找到促進中國社會進步的切實辦法，這自然比坐而論道要艱苦得多。民主和科學的對立物是專制和愚昧。在舊中國，帝國主義和封建勢力的統治是中國社會生產力發展和社會進步的最大障礙，是專制和愚昧的最深刻的根源。如果不找到切實的辦法掃除那些阻礙歷史前進的反動的社會勢力，改造社會，在此基礎上逐步使現代化大生產替代以小生產爲基礎的舊社會結構，而單在上層建築領域內使力氣，科學和民主的問題是不能真正得到解決的。可以說，經過五四以後，人們對科學和民主的認識，比起以前來是更加深刻、更加切合實際了。他們是初期新文化運動的科學和民主精神的繼承者和發揚者。自然，由於種種主客觀條件的限制，特別是馬克思主義者本身的幼稚和實踐經驗的十分不足，他們對科學和民主的認識也有某些局限和偏頗，這方面的消極影響在日後的歷史發展中也表現出來了。

還有一些受過五四運動洗禮、仍然堅持科學和民主的信念但沒有接受馬克思主義的人，他們繼續投身過一些民主政治運動，或從事過教育、科學、實業等方面的工作，對中國社會的進步也做出過積極的貢獻。可是，他們沒有找到解決中國社會問題的根本途徑，所以沒有能成爲中國近代進步思想的主流，也沒有能在推動中國近代歷史前進中發揮主導作用。

1 吳玉章：《回憶五四前後我的思想轉變》，《吳玉章回憶錄》，北京：中國青年出版社，一九七八年版，第一一一頁。

應當承認，當五四運動爆發時，相信馬克思主義的人還很少，捲入這個運動的人的思想狀況相當複雜，因而很難說它一開始便是在無產階級領導下進行的。但有如前面所說，五四在中國近代思想大變動中是一個具有決定意義的轉折點。這以前，初期新文化運動的發動，科學和民主口號的提出，馬克思主義的最初傳播等，只是它的醞釀和前奏。從這個歷史時刻起，才開始真正有千百萬群眾的大發動。人們不僅對祖國的命運充滿著憂患意識，積極地關心和參與國事，並且勇敢地向未來探索。他們的思考和摸索一刻也沒有停息，一年內出版的刊物達四百種，第二年在全國便有了數目可觀的接受馬克思主義的先進青年，並且由五四運動的主將陳獨秀等發起成立中國共產黨。這是一個前後相續而難以分割的完整的運動過程。在這個意義上，把五四運動稱爲中國民主革命新時期的開端，是合理的，也是符合實際的。

第二章
從辛亥革命到中國共產黨的建立[1]

二〇一一年是辛亥革命一百週年，也是中國共產黨成立九十週年。

從辛亥革命到中國共產黨的建立，前後相隔不到十年時間，中間還發生了五四運動。這三件事是一環緊扣一環地發展下來的。毛澤東一九四二年在《如何研究中共黨史》中說過：「研究中國共產黨的歷史，還應該把中國共產黨成立以前的辛亥革命和五四運動的材料研究一下。不然，就不能明瞭歷史的發展。」這裡我講這三件事：辛亥革命、五四運動和中國共產黨的建立。事件的具體經過不多說了，主要講講在這段時間內，歷史是怎樣一步一步走過來的，一直到中國共產黨的誕生。

一、關於辛亥革命

如何看待辛亥革命？中共的十五大報告指出：「一個世紀以來，中國人民在前進道路上經歷了三次歷史性的巨大變化，產生了三位站在時代前列的偉大人物：孫中山、毛澤東、鄧小平。」第一次歷史性巨變是辛亥革命；第二次是中華人民共和國的成立和社會主義制度的建立；第三次是改革開放，為實現社會主義現代化而奮鬥。這對辛亥革命是一個很高的評價，解決了辛亥革命的歷史定位問題。

在過去很長時間裡，人們對於辛亥革命的認識是很不夠的，往往講它的消極和失敗的方面比較多，講它的歷史意義和對中國歷史的推進作用比較少。為什麼會這樣？這裡有認識上的原因，也有時代的原因。曾經參加過辛亥革命的林伯渠於一九四一年在延安《解放日報》上寫了一篇文章，其中講道：「對於許多未經過帝王之治的青年，辛亥革命的政治意義是常被過低估計的。這並不足怪，因為他們沒看到推翻幾千年因襲下來的專制政體是多麼不易的一件事。」林伯渠七十年前講這番話的時候尚且如此，當年的青年現在如果還健在，總得九十來歲了，至於今天的青年對辛亥革命認識不夠也就不足為奇了。

時代的原因：辛亥革命雖然取得了很大的成功，但並沒有從根本上推翻帝國主義和封建勢力的統治，中國半殖民地半封建的社會性質並沒有得到改變，中國人民悲慘的境遇也沒有改變。所以，孫中山也常講「革命尚未成功，同志仍須努力」。在民主革命階段，包括共產黨人在內的先進人士著重強調的通常是辛亥革命並沒有從根本上解決問題，目的是鼓舞人們繼續奮鬥去奪取勝利。因此，以前對辛亥革命不足方面講得多是可以理解的。現在，過了一百年，中國人已經站立起來並且取得了偉大的勝利，回過頭來看，我們自然可以也應該對辛亥革命的歷史功績做出更冷靜、更全面、更客觀的評價。

把辛亥革命看作是二十世紀中國的第一次歷史性巨變，它的主要歷史功績至少體現在三個方面：

（一）辛亥革命開創了完全意義上的近代民族民主革命

這是中共的十五大報告中對於辛亥革命的表述。但是這句話似乎並沒有引起人們足夠的注意。說辛亥革命開創了完全意義上的近代民族民主革命，是說它在中華民族的歷史發展上提出了新的奮鬥目標。

近代以來，中華民族遭受的苦難太深重了。中華民族在古代曾經創造過燦爛的文明，但到近代卻大大落後。說鴉片戰爭是中國近代史的開端，因爲從那時起，中國開始喪失作爲一個獨立國家擁有的完整主權和尊嚴，走上了聽憑外國殖民者欺凌和擺佈的半殖民地道路。此後，中華民族逐步陷入苦難的深淵。當時，壓在中國人心頭的有兩塊巨石，一塊是帝國主義的壓迫，一塊是清政府的專制統治。

一八九四年至一八九五年的中日甲午戰爭中，中國戰敗並被迫簽訂《馬關條約》。此後，原來十分深重的民族危機又空前加劇。親歷過這場事變的吳玉章曾在回憶錄中寫道：「這真是空前未有的亡國條約！它使全中國都爲之震動。從前我國還只是被西方大國打敗過，現在竟被東方的小國打敗了，而且失

1 原文載於《黨的文獻》二〇一一年第四期。

敗得那樣慘，條約又訂得那樣苛，這是多麼大的恥辱啊！……我還記得甲午戰敗的消息傳到我家鄉的時候，我和我的二哥曾經痛哭不止……我們當時悲痛之深，實非言語所能表述。」可見甲午戰爭失敗對中國人震動和影響之大。

事情遠未到此爲止。一八九七年冬，德國出兵強租膠州灣（今天的青島），自此各國紛紛在中國強租領土，劃分勢力範圍。一九〇〇年，八國聯軍入侵中國，世界上所有帝國主義國家聯合起來，共同向一個國家發動戰爭，這在歷史上還是第一次。此後，八國聯軍佔領中國的首都——北京長達一年之久，並且實行分區管制，居民要分別懸掛佔領國的國旗。這種恥辱，不能不深深刺痛中國人的心。一九九〇年後鄧小平還談道：「我是一個中國人，懂得外國侵略中國的歷史。當我聽到西方七國首腦會議決定要制裁中國，馬上就聯想到一九〇〇年八國聯軍侵略中國的歷史。七國中除加拿大外，其他六國再加上沙俄和奧地利就是當年組織聯軍的八個國家。要懂得些中國歷史，這是中國發展的一個精神動力。」接下來的一九〇四年至一九〇五年，日本和沙俄爲了爭奪在華利益，在中國的東北領土上進行了一場日俄戰爭，給中國人民帶來巨大災難。中朝兩國歷來唇齒相依。一九一〇年，日本正式吞併朝鮮，又給中國人很大的刺激。中華民族已到了瀕臨滅亡的邊緣。

長期以來，清政府以「天朝大國」自居，許多國人盲目自大、安於現狀。即便鴉片戰爭後，中國已開始淪爲半殖民地國家，但一般人的認識還是不足，麻木不仁。一八九四年甲午戰爭前夜，鄭觀應在其名著《盛世危言》中看到「時勢又變，屏藩盡撤，強鄰日逼」的嚴重局面，覺得需要危言聳聽地提出一系列改革主張，但是在書名中一定要加上「盛世」兩字，不敢說已是「衰世」，不然受到的壓力就太大了。一八九四年，孫中山成立了興中會，第一次提出了「振興中華」的口號。第二年，改良派的嚴復寫了一篇《救亡決論》，最先喊出「救亡」的口號。陳天華在《警世鍾》中說「要革命的，這時可以革了，過了這時沒有命了」，反映出當時中國人那種異常焦慮和急迫的心情。

我們再來看看清政府的腐朽統治。八國聯軍入侵中國後，流亡西安的清政府發出一道上諭，宣稱要「量中華之物力，結與國之歡心」。可見，此時的清政府已儼然成爲一個「洋人的朝廷」。清政府還是一個極端專制的政府。在民怨沸騰、革命高潮日益逼近之際，清政府於一九〇八年頒布《欽定憲法大綱》，第一條就是：「大清皇帝統治大清帝國，萬世一系，永永尊戴。」它還規定國家頒布法律、召開議會、調集軍隊、對外宣戰、簽訂條約等權力都集中在君主手中，特別強調「宣戰、講和、訂立條約及派遣使臣與認受使臣之權。國交之事，由君上親裁，不付議院議決」。可見，即使已到窮途末路，清政府依然堅持那種極端專制的制度。由於生產力發展落後，清政府財政收入一直增長緩慢。甲午戰爭前清政府每年的財政收入大體在白銀八千萬兩左右。而甲午戰爭失敗後向日本的賠款就達兩億三千萬兩白銀，加上分期繳付所需利息，相當於三年的全部財政收入。八國聯軍強迫簽訂的《辛丑條約》按照中國人人均一兩白銀的標準，規定中國向各國賠款四億五千萬兩。這些錢從哪裡來？一方面，清政府大量舉借外債，這大大加深了對列強的依賴，更加唯洋人之命是聽；另一方面，就是加重稅收、加緊向國民搜刮。至宣統年間，國家的財政收支提高好幾倍，達到三億兩白銀。這種稅收的提高，當然不是因爲生產發展，只能是加緊搜刮的結果。

如何改變這樣的危局？中國的出路在何方？太平天國運動、義和團運動、維新變法等許多嘗試都失敗了。這時，以孫中山爲代表的資產階級革命派登上了歷史舞台。他不僅首先提出「振興中華」的口號，而且組建了中國同盟會，提出「民族、民權、民生」三大主義。也就是要求實現民族獨立、民主政治、民生幸福，這就從近代中國面對的千頭萬緒矛盾中提綱挈領地抓住了要點，並且要通過革命的手段來實現。那在當時是最進步的思想，反映出時代的要求和人民的願望。所以，毛澤東說過：「中國反帝反封建的資產階級民主革命，正規地說起來，是從孫中山先生開始的……」現在看來，儘管孫中山的思想中有著空想的成分，並沒有找到實現這些目標的具體道路，也沒有像中國共產黨那樣提出社會主義、共產主義的遠大理想，但這些目標的提出畢竟激勵了不止一代的中國人爲之奮鬥。辛亥革命沒有完成這個任務，但它的歷史功績是不可磨滅的。正是在這個意義上，中國共產黨一直把自己看作孫中山先生開創的革命事業的繼承者。

（二）辛亥革命推翻了統治中國幾千年的君主專制制度

中國在君主專制政體統治下經歷過幾千年的漫長歲月。這是一個沉重得可怕的因襲重擔。多少年來，人們從幼年起，頭腦中就不斷被灌輸「三綱五常」這一套傳統倫理觀念，把它看成萬古不變的天經地義。「國不可一日無君」。中國君主專制制度的經濟基礎是封建土地制度，而君主專制制度反過來又從政治上保障維護了封建土地制度。君主稱爲「天子」，彷彿代表天意，站在封建等級制度的頂巔。《紅樓夢》裡的王熙鳳有一句名言：「捨得一身剮，敢把皇帝拉下馬。」反過來談，那個時候誰要是想「把皇帝拉下馬」，就得要有「捨得一身剮」的勇氣才行，一般人是連想都不敢想的。而辛亥革命砍掉了皇帝這個封建社會的「頭」，整個舊秩序就全亂了套。從此以後，從北洋軍閥到蔣介石南京政府，像走馬燈那樣一個接一個登場，舊社會勢力卻再也建立不起一個統一的穩定的政治秩序來。這樣的狀況和辛亥革命以前顯然不同。

有人評論說辛亥革命導致了中國軍閥割據，社會更加混亂。似乎革命只能破壞舊的，建立不起新的來，徒然造成社會的更大混亂，妨礙了中國現代化的實現。這是一種目光很短淺的看法。實際上，辛亥革命將清政府打倒後，舊勢力只能用赤裸裸的野蠻的軍事強權來維持統治，這種方法是無法持久的。而且，軍閥混戰使舊統治勢力四分五裂，相互廝殺，也有利於以後人民革命的開展。所以儘管軍閥混戰對中國人民的傷害極大，但如果從更長時段的眼光來看，這種動盪和陣痛是社會轉型期常需經歷的過程。可以說，辛亥革命在這方面正給以後中國人民革命的勝利開闢了道路。

（三）辛亥革命帶來了民主意識的高漲和思想的大解放

民主意識是指國民對自己在國家中所處地位的認識。在君主專制的社會裡，一切都是皇帝「乾綱獨斷」，老百姓根本談不上有對國家建議和管理的權利。戊戌變法前的「公車上書」曾在全國引起很大震動，但上書的都是有功名的舉人，並且由於都察院拒絕代遞，所上的書也就沒有送達光緒皇帝，沒有結果。辛亥革命後，中華民國臨時政府公佈了《中華民國臨時約法》，孫中山在其中特別提出要寫上「中華民國之主權屬於國民全體」，這是他最看重的一點。雖然中華民國並沒有給人民帶來當家做主的現實，但提出而沒有實現同根本沒有提出兩者的差別相當大。比較多的民眾心理發生了很大變化，認識自己是國家的主人了。所以民國成立後，各種政治團體紛紛成立，報紙雜誌空前活躍起來，群眾活動多了。可以這樣說，要是沒有辛亥革命就沒有五四運動，因為如果沒有辛亥革命創造的這種社會氛圍和民眾心理狀態，五四運動很難發生。

另一點是思想的解放。辛亥革命將過去被看得至高無上的皇帝推翻了，居然皇帝都可以被打倒，那麼，還有什麼陳腐的過時的東西不能懷疑、不能推倒呢？陳獨秀在《新青年》寫了一篇《偶像破壞論》說：「其實君主也是一種偶像，它本身並沒有什麼神奇出眾的作用，全靠眾人迷信他，尊崇他，才能夠號令全國，稱作元首。一旦亡了國……比尋常人還要可憐。」五四運動時期對許多舊事物的強烈懷疑和批判，同辛亥革命帶來的思想解放有很大關係。

對以孫中山為代表的革命先行者提出的民主共和政體的歷史功績應該有一個正確的評價。從中國近代歷史來說，太平天國洪秀全做了天王實際上還是皇帝；戊戌變法是想靠一個好皇帝來實現；義和團運動打的還是扶清滅洋的旗號。在亞洲，這是第一個共和國。從世界來說，當時世界大國實行共和政體的只有美國和法國，其他的都不是共和政體。

當然，我們還要看到，以孫中山爲代表的資產階級革命派也有它的嚴重弱點和不足，主要是三條：首先，沒有一個明確的反帝反封建的革命綱領，對帝國主義和封建主義沒有足夠的認識，單純地認爲推翻清政府就是成功，結果清朝一倒台就失去了繼續前進的共同方向和動力，沒有根本解決反帝反封建的問題，沒有能改變中國的半殖民地半封建的社會性質。其次，沒有廣泛地發動群眾，特別是占中國人口大多數的工農大眾。辛亥革命的主幹力量是受過近代教育的愛國青年。他們在會黨和新軍中做了許多工作，開展了有力的革命宣傳，博得了相當廣泛的同情。這是武昌起義後能夠迅速得到多數省響應的原因所在。它在一定程度上發動了群眾，所以能取得一定程度的成功。但它發動群眾仍嚴重不足，沒有能依靠和發動占中國人口絕大多數的勞動群眾，特別是沒有一個農村大變動。而沒有中國最廣大的農民參加和支持，在強大的帝國主義和封建勢力面前就覺得自己勢單力孤而易於妥協，這是它失敗的重要根源。再次，同盟會是一個相當鬆散的組織，成員複雜，當革命取得初步勝利後，許多人就爭權奪利，內部四分五裂，無法形成一個能把革命推向前進的堅強核心。把這三點歸結起來就是一句話：沒有一個能提出科學的明確的革命綱領、能依靠和發動最大多數群眾、由有共同理想和嚴格紀律的先進分子組成的堅強有力的政黨。因此，儘管辛亥革命取得了那麼大的成績，但仍沒有解決根本問題。這也迫使許多投身過這場革命或受到它影響的愛國者不能不嚴肅地重新思考國家社會的許多根本問題，尋找新的出路。

中國共產黨人中老一代的如朱德、董必武、林伯渠、吳玉章等，不僅參加了辛亥革命，而且參加了孫中山領導的中國同盟會；比他們年輕一點的，如毛澤東、周恩來、劉少奇等都受到辛亥革命很大影響，毛澤東還參加過當時的湖南新軍。他們都從辛亥革命中受到深刻教育，在思想上比前人跨出一大步，隨後又發現辛亥革命的嚴重不足，記取它的教訓，繼續向前探索。走了第一步，就會有第二步和第三步。辛亥革命的勝利和失敗，從正反兩個方面，爲五四運動的興起，爲馬克思主義在中國的傳播，到中國共產黨的建立，準備了重要的條件。

二、關於五四運動

五四運動是中國近代史上一個轉折點，成爲舊民主主義革命和新民主主義革命的界限。人們講到五四運動，常常有兩種用法。一種是指一九一九年五月，由巴黎和會中的山東問題激起的五四愛國運動。另一種是指從一九一五年《新青年》雜誌（最初叫《青年雜誌》）創刊開始的新文化運動到一九二〇年中國共產黨建立前夕的歷史。值得注意的是：後一種用法其實包括一脈相承而性質不同的兩個階段。第一個階段是一九一九年五四運動以前的早期新文化運動，它的指導思想仍是西方資產階級民主主義文化；第二個階段，從五四愛國運動起，原先的進步思想界發生分化，馬克思主義在先進知識分子裡開始逐步成爲主流。目前很多紀念五四的文章沒有分清楚這前後兩個階段之間的傳承關係和性質區別，把兩者混爲一談，沒有著重說明後一階段才是中國革命進入新時期的真正起點。

下面，我們就從歷史事件的聯繫、脈絡角度，看看這兩個階段對於中國共產黨的建立起了哪些作用。

（一）對封建主義舊思想、舊文化、舊禮教的掃蕩式批判爲人們接受馬克思主義做了重要準備

第一階段的早期新文化運動，起步源於對辛亥革命爲什麼沒能解決中國問題的反思。指導思想仍是西方資產階級民主主義文化，但它對封建主義舊思想、舊文化、舊禮教強有力的批判，爲人們以後接

受馬克思主義清除了重要障礙，做了重要的準備。吳玉章講過，「辛亥革命給長期黑暗無際的中國帶來了一線光明，當時人們是多麼的歡欣鼓舞啊！但是，轉瞬之間，袁世凱竊去國柄，把中國重新投入黑暗的深淵，人們的痛苦和失望，真是達於極點，因此有的便走上了自殺的道路」。更多的先進分子卻繼續向前求索。《新青年》創刊後，陳獨秀提出，共和制度所以不能真正得到鞏固，中國的狀況依然那樣黑暗，根本原因在於缺少一場對舊思想、舊文化、舊禮教的徹底的批判，大多數國民的頭腦仍被專制和愚昧牢牢束縛著，缺乏民主和科學的覺悟。《新青年》喊出的最響亮的口號是「民主」和「科學」，當時叫「德先生（democracy）、賽先生（science）」。民主的對立面是專制，科學的對立面是愚昧、迷信，這正是中國幾千年專制統治的惡果。五四運動對封建主義舊思想、舊文化、舊禮教的批判，其尖銳徹底程度遠遠超過辛亥革命時期，可以說是對辛亥革命的重要補課，起到了至關重要的思想啓蒙作用。

早期新文化運動還有一個重要內容是提出「文學革命」，提倡白話文。魯迅的《狂人日記》，是第一篇用白話文寫的成功的小說。以白話文代替文言文，不僅有助於人們的思想從舊框框束縛下解放出來，更因爲它的文字表達明白易懂，有助於新文化能夠爲更多的平民理解和接受，所以新文化運動像思想界的一場狂風暴雨那樣，起到很大的掃蕩作用。

前面說過，初期的新文化運動還是在西方式民主主義文化的旗幟下進行的，鼓吹以個人爲中心的「人格獨立」和「個性解放」，著眼點主要是個人的權利，而不是人民的整體利益。這種思想在五四前夜那個歷史轉折時期，起到了巨大的反封建的進步作用，但它不能從根本上給災難深重的中國人指明出路。那個時候，挪威作家易卜生的戲劇《娜拉》（中國當時翻譯作《玩偶之家》）在中國有很大影響，寫的是女主人公娜拉不甘心做「丈夫的傀儡」而離家出走，被不少人興奮地讚揚爲「女性的自覺」。但這樣就能解決中國的問題了嗎？對中國社會有著深刻認識的魯迅先生敏銳地做了《娜拉走後怎樣》的演講，說，「從事理上推想起來，娜拉或者也實在只有兩條路：不是墮落，就是回來。因爲如果是一隻小鳥，則籠子裡固然不自由，而一出籠門，外面便又有鷹，有貓，以及別的東西之類」。的確，當時的中國社會現實那樣黑暗，離開對社會的根本改造，對絕大多數人來說，連生存都難以保障，更談不上有什麼個性解放和個人前途。於是，「改造社會」「建設新社會」的呼聲越來越高漲起來。但人們在最初面對大量湧入的各式各樣新思潮一時難以弄清，對現實社會應該怎樣改造、要建設的新社會是怎樣的、中國的出路在哪裡這些問題，還並不清楚。

（二）爲中國共產黨的建立做了思想上和幹部上的準備

第一次世界大戰期間，由於西方資本主義列強忙於戰爭，無暇東顧，中國的民族工業有了很大發展，中國產業工人的人數迅速增長到兩百多萬人。隨著工人階級的力量的日趨壯大和工人所受壓迫的加深，新的社會問題擺在人們面前，工人階級的鬥爭加強了。這時，列寧領導的俄國十月社會主義革命爆發，把科學社會主義的學說變成現實，給正在苦苦思索探求中國社會該怎樣改造、應該建立怎樣一個新社會的中國先進知識分子打開了眼界。不少先進的知識分子很快認識到：列寧領導的俄國革命和歷史上以往任何一次革命都不相同，是一場嶄新的以勞工階級爲主體的社會革命，看到了一種全新的社會前景，儘管這種認識還只是初步的。李大釗在一九一八年十月發表的《庶民的勝利》《布爾什維主義的勝利》，是中國人民接受十月革命道路的最早反映，表明了中國人民的新認識和新覺悟，從而把希望開始轉向社會主義。現在有的人說馬克思主義是舶來品，是早產兒。在事物的發展變化中，內因從來是基礎，外因只是條件。如果不是中國社會和人們思想走到這一步，如果人們急切關注的熱點不是正聚焦在這個問題上，俄國十月革命絕不可能對中國產生如此巨大的吸引力。

五四愛國運動正是在這樣的歷史條件下爆發的。它在人們頭腦裡產生了怎樣的作用？中國在第一次世界大戰中是戰勝國之一，但巴黎和會卻把戰敗國德國在中國奪取的特權交給日本。這對中國人來講是奇恥大辱。原本很多人都認爲這次世界大戰的勝利是「公理戰勝強權」。陳獨秀寫文章講，美國總統威爾遜可以說是世界上第一個好人。最後，巴黎和會卻做出使中國聽任日本帝國主義宰割的決定，充分暴露了西方國家以強凌弱的面目，「公理」何在？「強權」仍然支配著一切。這種殘酷的事實再一次從反面教育了中國人民。向西方學習幻想的破滅，不僅使人們更加感到民族危機的深重，而且也使他們認識到西方民主的虛僞。這對推動中國人民進一步覺醒，要探索著走另一條新的道路，起了十分重大的作用。早期新文化運動的旗手陳獨秀也從小資產階級急進民主派開始轉變到宣傳馬克思主義上來。瞿秋白一九二〇年在一篇文章中描述中國的先進分子在五四愛國運動中經歷的這場歷史性巨變：「帝國主義壓迫的切骨的痛苦，觸醒了空泛的民主主義的噩夢。學生運動的引子，山東問題，本來就包括在這裡。工業先進國的現代問題是資本主義，在殖民地上就是帝國主義，所以學生運動倏然一變而傾向於社會主義，就是這個問題。」吳玉章則說「處在十月革命和五四運動的偉大時代，我的思想上不能不發生非常激烈的變化。當時我的感覺是：革命有希望，中國不會亡，要改變過去革命的辦法。雖然，這個時候我對中國革命還不可能立即得出一個系統的完整的新見解，但是通過十月革命和五四運動的教育，必須依靠下層人民，必須走俄國人的道路，這種思想在我頭腦中日益強烈、日益明確了」。從這些話中我們可以明確地認識到，革命先驅們接受馬克思主義，不是一時衝動，而是在實際的生活中經過深思熟慮，經過反覆的比較和實踐檢驗，最後才做出的重大的選擇。

以五四愛國運動爲起點，馬克思列寧主義開始在中國大地上以波瀾壯闊的規模廣泛傳播，形成氣勢磅礡的思想主流。接受馬克思主義這個科學世界觀的先進分子不但沒有拋棄民主和科學的旗幟，並且賦予它們新的更加完整的內容，民主不只是少數人的民主，不只是謀求個人的解放，而是要絕大多數人的民主，謀求國家民族的解放；科學是要用科學的理論來重新觀察和分析問題。這也加速了革命知識分子與廣大人民相結合的步伐。所以，從前者到後者是一個根本的歷史性的轉變。我們今天紀念五四運動，講它的偉大意義，因爲它爲中國共產黨的建立創造了條件，打開了通路，使馬克思主義在先進分子中間處於主流的地位。

五四愛國運動後，李大釗、陳獨秀分別在北京和上海成立了「馬克思學說研究會」和「馬克思主義研究會」，許多先進的知識青年團結在他的周圍。從日本回來的一批留學生，如李達、陳望道、李漢俊，也對翻譯和宣傳馬克思主義做了許多工作。這表明，五四運動爲中國共產黨的建立做了思想上和幹部上的重要準備。

三、關於中國共產黨的成立

經歷了偉大的五四愛國運動，已經有那麼多先進分子奔集到馬克思主義的旗幟下，樹立起新的理想和信念；而祖國和人民的危急處境又驅使他們要求盡快把志同道合的人集合起來，投入改造中國社會的實際行動。於是，中國共產黨的建立到了瓜熟蒂落、水到渠成的時候。

最早在中國提出並推動建立共產黨的正是陳獨秀和李大釗。現在我們看到的最可靠的材料是共產國際中共代表團檔案中保存的一份寫於一九二一年的不具名的俄文檔案《中國共產黨第一次代表大會》。它記錄：一九二〇年五月，陳獨秀等五個人在上海發起成立中國共產黨。李大釗接受馬克思主義比陳獨秀早，而且對馬克思主義的研究和理解比陳獨秀要深刻得多。但陳獨秀這個人的性格像烈火一樣，往往更急於行動。他感到馬克思主義好（儘管理解得還比較膚淺），就要成立黨，所以對各地的黨的組織活動的推動，陳獨秀做出很大的貢獻。過去我們對陳獨秀應該肯定的沒有做足夠的肯定，把有些不能完全歸於他的責任也比較多地歸於了他，這是不對的。當然反過來，對陳獨秀什麼都全盤肯定，不做具體分析，那也不符合客觀實際。

在陳獨秀、李大釗的推動下，武漢、長沙、廣州、濟南等地相繼建立了黨的組織。幾乎同時，蔡和森在法國寫信給毛澤東，信裡講，現在我們需要的是建立一個黨，就是共產黨。惲代英在武漢利群書社的基礎上建立一個政治組織，叫「波社（波爾什維克團體）」，實際上也是共產黨。在四川，吳玉章、楊公等成立了一個中國青年共產黨。這些組織的成員知道中國共產黨已經建立後，有的是個人加入，有的是整個組織都參加了。這個事實說明：在中國建立共產黨不是偶然的、不是少數幾個人的想法，也不是只靠外來的因素造成的，而是許多中國的先進分子當時的共同要求，是客觀的局勢發展到這一步的產物，是有歷史必然性的。

中國共產黨一建立，就有著跟以往中國歷史上的任何政黨不曾有過的全新的三個特點：

第一，它旗幟鮮明地用科學理論——馬克思主義來觀察和分析中國的問題

沒有馬克思主義，就沒有中國共產黨，這是不用多說的。一九二〇年的五月，中國共產黨的早期組織成立後，除發展組織外，主要做了三件事：建立社會主義青年團；進行馬克思主義宣傳；開始投身工人運動。當時，接受馬克思主義、願意積極投身社會革命的，以青年學生爲多。所以，上海的「黨組織」成立以後花很大的力氣建立社會主義青年團。一九二〇年五月早期的黨組織一建立，八月間青年團就成立了。青年團幾個主要領導人如俞秀松等都是共產黨的最早的黨員。在宣傳馬克思主義方面，《新青年》逐漸成爲共產黨掌握的刊物。一九二〇年又創辦《共產黨》，宣傳共產黨的主張。一九二〇年四月，陳望道把《共產黨宣言》翻譯成中文。這是第一本馬克思主義基本著作被全文翻譯成中文。我和陳

望道先生很熟，解放初曾問過他：怎麼會想到去翻譯《共產黨宣言》。他說從日本受到馬克思主義影響，回來了就開始要做點什麼。還有十分重要的一點：當時不僅大量宣傳馬克思主義的基本理論，也注意把它跟中國的現實結合起來，解決中國的實際問題。

一九二二年一月，青年團的機關報《先驅》在發刊詞中寫道：「本刊的第一任務就是努力研究中國的客觀的實際情形，而求得一最合宜的解決中國問題的方案。」一九二二年六月，中共中央發表《中國共產黨對於時局的主張》，著重指出中國內憂外患的根源是軍閥，提出解決中國面對的種種問題唯一的辦法「只有加入民主戰爭打倒軍閥」，批評了社會上對時局的三種錯誤想法。這個主張反映出中國共產黨確實正在「努力研究中國的客觀的實際情形」。同年，二大提出反對帝國主義、反對軍閥的綱領。

過去，孫中山領導辛亥革命推翻了清政府，很多人以爲革命大功告成了，事實證明「革命尚未成功」。到早期新文化運動，進步的知識分子認識到不僅要在政治上推翻這個舊政權，更要從舊思想的束縛下解放出來。但光從思想文化上得到解放還不能解決中國的問題，於是就提出「改造社會」，建立新的社會理想。而只有中國共產黨建立後，才破天荒第一次鮮明地提出中國現在需要解決的問題是反對帝國主義、反對封建主義。從此，前進就有了明確的目標，並且把中國革命的最低綱領和最高綱領說清楚了。所以，中國共產黨跟以往中國歷史上其他政黨第一個不同，是它有科學的理論來指導，在全國人民面前第一次提出了明確的解決中國問題的綱領。

第二，它從成立時起，就下決心深入下層，到占中國人口最大多數的勞苦大眾中去做群眾工作

陳望道先生跟我還講過，那個時候，知識分子要深入到工人中去開展宣傳和組織工作並不是一件容易的事。他和沈雁冰（茅盾）常在工廠放工的時候，站在一個高處對工友演講，卻沒有多少人理他們。

後來他們在實踐中摸索出一些新的做法，到工廠裡面辦工人夜校，提高工人的覺悟，發現積極分子，然後搞工人俱樂部，把工人組織起來，爲自己的利益奮鬥，開展工人運動。以後就到農村裡來開展農民運動。所以說這個黨一成立就到社會底層去，到基本群眾中去，特別是工人、農民中去。這是共產黨的根本，是中國的以往任何政黨沒有做過的。

現在有些人提出懷疑，說中國共產黨的領導人都是知識分子，爲什麼稱這個黨是工人階級先鋒隊？其實，確定什麼人是哪個階級的政治代表，並不取決於他的出身或本人成分，而是取決於它代表著哪個階級的根本利益，使用哪個階級的思想來觀察和處理周圍的一切，依靠什麼力量來實現這些主張。中國共產黨成功的經驗是農村包圍城市、武裝奪取政權。但是中國共產黨並不是在農村裡誕生的，是在城市裡誕生的。中國共產黨的幹部，像毛澤東、劉少奇、周恩來，都先在城市裡面從事工人運動，有著廣闊的眼界，養成嚴密的組織性，以後才到農村裡面去，領導農民開展游擊鬥爭的。這一條十分重要。沒有它，就只能產生舊式的農民革命，也不可能取得勝利，這是幾千年來中國歷史直到太平天國的事實證明了的。從階級分析來說，工人階級有幾個特點：一是他與現代化大生產相結合的，這就與地主、農民所結合的落後的小生產方式區別；二是工人階級有高度的組織性，這就跟小生產者，包括手工業者和一般的農民相區別，也和一般的自由知識分子相區別；三是他是勞動者，這就跟依靠剝削爲生的資產階級、地主階級相區別。共產黨代表的是這個階級的根本利益，人類將來發展到最後，別的階級都會被消滅，就剩下與現代化大生產結合的、有高度組織性的、依靠勞動爲生的工人階級（包括從事體力勞動和腦力勞動的勞動者）。所以中國共產黨的領導人到農村去領導農民運動和游擊戰爭時，他們的思想是代表先進的社會生產力的工人階級的思想，有著遠大的眼光和很強的組織力，並且用來改造農民意識，這是同舊式農民戰爭區別的根本所在，也是它最終能取得勝利的關鍵所在。

第三，把中國共產黨建成一個有共同理想和嚴格紀律的先進分子組成的堅強有力的革命政黨，使它成爲領導革命事業的核心力量

中國共產黨剛建立的時候，黨員很複雜，十二個代表中，有的始終堅持革命，成爲共產黨的領導人，像毛澤東、董必武，有的是爲革命犧牲了，有的是中間脫離黨了，有的是成了叛徒，像陳公博、周佛海、張國燾。以後參加共產黨的，也有一些人組織上入黨了，思想上沒有入黨，甚至會蛻化變質，但這不是主流。總是不停地大浪淘沙，最後真正建成一個有共同理想、嚴格紀律的先進分子的組織。沒有那麼一個核心力量，什麼事也做不成，也不可能帶動千百萬群眾來實現這麼一個共同理想。

比較一下就會發現：正好與辛亥革命的教訓形成鮮明的對照。前面說過，辛亥革命的問題在哪裡？第一，沒有一個明確的科學的革命綱領；第二，沒有充分地依靠最廣大的人民群眾；第三，沒有一個堅強的革命核心力量。而中國共產黨的建立正是當時的先進分子在探索前進時吸取了辛亥革命的這幾點教訓。中國共產黨成立的時候，一大的代表平均年齡是二十八歲，代表的黨員只有五十多人，但是他們代表的是中國社會中的新生力量和希望所在，經過二十八年的艱苦奮鬥，終於建立了中華人民共和國，創造了新的歷史，爲實現中華民族的偉大復興奠定了基礎。這幾點可以說是中國共產黨最根本的東西。

九十年過去了，這幾點不但沒有改變，還有很大發展。現在中共中央抓的許多事裡面，一條就是一定要有一個正確的理論指導我們前進，用這個理論來武裝我們的頭腦。在今天就是用中國化的馬克思主義，用毛澤東思想和中國特色社會主義理論體系這兩大理論成果來武裝大家。沒有這一條，就沒法談其他。第二，要密切聯繫群眾，到社會基層去，呼吸相通，以最廣大人民的根本利益作爲一切工作的出發點和歸宿。一切爲了人民，一切依靠人民。離開這一條，就違背中國共產黨的宗旨，就什麼都做不成。第三點，就是要加強中國共產黨的建設，真正成爲一個先進的、有執政能力的政黨。一定要有共同的理

想和嚴格的紀律，這樣才能成爲一個有戰鬥力的核心力量。

歷史總是一步一步地前進的，跨出了第一步才有第二步。一部中國近現代史就好像接力跑一樣，後來的人以前面跑到的地方爲出發點，接過棒來，然後又遠遠地跑到前人的前頭去。從辛亥革命到中國共產黨建立這十年的歷史，是不斷探索、不斷在矛盾中前進的歷史。它留下的經驗教訓，不僅使我們瞭解共產黨建立的必然性，而且對我們今天如何前進仍有重要的啓示。

第三章

第一次國共合作和大革命[1]

一九二四年至一九二七年，在中國大地上爆發了一場席捲全國的革命運動。這場革命運動聲勢之浩大、發動群眾之廣泛，在中國近代歷史上是前所未有的。人們通常把它稱爲中國的「大革命」。這場大革命和第一次國共合作可以說是相共始終的。

一、為什麼在二十世紀二〇年代中期會出現這樣一場大革命

看起來很容易回答：這是帝國主義、封建勢力同中國人民之間矛盾發展的結果，人民革命的要求是不可遏制的。但人們反過來可以問：中國近代這個基本矛盾一直存在，而且常常表現得很尖銳，爲什麼並不是在任何時候都能出現大革命時期，那樣全國規模的群眾性革命運動高潮？看來，還需要對當時中國的社會歷史狀況做一點具體分析：

第一，那時候，歐美列強剛剛渡過第一次世界大戰造成的嚴重政治和經濟危機，從一九二四年起統治秩序又進入一個相對穩定時期。他們在遠東捲土重來，不等價交換的傾銷商品大量湧入，對中國工礦事業的掠奪和控制大大加強，英、美兩國表現得尤爲積極。華盛頓會議當時那樣受到人們重視就是這個原因。中國的民族工業在大戰期間曾有很大發展，戰後初期還有相當發展，但到一九二四年以後就處處感到來自西方列強的壓力，喪失了原來有過的那種順利發展的條件，發展速度明顯遲緩下來，逐漸陷入困境。拿民族工業中最重要的棉紡織業來說，如果以一九二〇年擁有的紗錠指數爲一〇〇，到一九二四年爲二〇八，四年內還增長了一倍多，而到一九二九年爲二五五，五年內只增長四分之一。洋人在中國的土地上趾高氣揚，爲所欲爲，中國人的日子越來越難過。社會上大多數人直接感受到這種壓力。國內的反帝情緒、民族主義情緒普遍高漲。五卅運動就是在這種背景下發生的。

第二，國內政治生活中，突出的現象是軍閥割據和軍閥混戰的不斷擴大。國家實際上陷於分崩離析的局面，各省份則由那些專橫跋扈的軍人統治，這種狀況在袁世凱稱帝失敗後愈演愈烈。一九二〇年發生直皖戰爭，一九二二年發生第一次直奉戰爭，一九二四年發生第二次直奉戰爭，這些都是有全國影響的戰爭，至於地方性的更是年年不斷。在軍閥之間爭奪造成的連年戰火下，人民的生命財產得不到起碼的保障，更談不上其他了。《嚮導》創刊號的《本報宣言》中說：「現在最大多數中國人民所要的是什麼？我們敢說是要統一與和平。」「為了要和平要統一而推倒的和平統一障礙的軍閥，乃是中國最大多數人的真正民意。」變革現狀，已成為社會各階層的強烈的共同願望。

第三，這次大革命能夠發生的決定因素，是這時已有了中國共產黨，並實現了第一次國共合作。在國共合作的廣東革命根據地，國共共同喊出了「打倒列強，除軍閥」的響亮口號，它們有著革命政權和革命軍隊，廣泛地發動工農運動，對全國產生了巨大的吸引力。可以這樣說：一場革命大風暴的出現，只有人民的痛苦和失望是不夠的，它總需要能給人以一種新的信念和希望，把人們團聚起來。它需要有正確的領導，否則有了機遇也無法抓住。所以，在三個原因中這一點又是關鍵。

二、第一次國共合作為什麼能夠形成

中國共產黨是一九二一年七月成立的。它從一開始就有幾個鮮明的特點：第一，它以馬克思列寧主義為指導，運用階級分析的方法，中國共產黨成立一年後就在中國歷史上第一次明確地提出了反帝、反

1 本文是在國台辦主任培訓班上的講課提綱，一九九六年九月印發。

封建的政治綱領，指明了中國的出路。第二，它從一開始就深入到占中國人口絕大多數的下層勞動群眾中去，放手發動群眾。第三，這個黨的黨員有著社會主義、共產主義的理想和信念，能夠凝聚成一個生氣勃勃的戰鬥核心。儘管它最初還很幼稚，還有這樣那樣的弱點，但這幾個突出的優點是中國以往任何一個政黨不曾有過的。但是，帝國主義和軍閥畢竟是相當強大的力量，少數人的孤軍奮鬥或分散的各自為戰都難以把它打倒，必須聯合一切贊同民族民主革命的力量共同奮鬥。這是國共合作能夠實現的客觀基礎。

那時，國民黨也不很景氣，在屢經挫折後並沒有多大實力，內部成分相當複雜，還嚴重地脫離群眾。但它也有幾個不容忽視的優點：第一，這個黨在當時中國社會中有一定的威望。它的前身同盟會領導過推翻清朝政府的辛亥革命。它的領袖孫中山此後在極端困難的條件下一直不屈不撓地堅持反對外國侵略和本國軍閥勢力，在人們心目中是革命的象徵。魯迅說過：「中山先生的一生歷史具在，站出世間來就是革命，失敗了還是革命。」「他是一個全體，永遠的革命者。無論所做的哪一件，全都是革命。」第二，這個黨在廣東有一塊革命根據地。在這裡，可以高舉國民革命的大旗，可以允許革命力量公開活動，可以合法地開展工農運動。這在全國是絕無僅有的。第三，這個黨內有一批忠實於民族民主革命的人士願意同共產黨合作，如孫中山、宋慶齡、廖仲愷、鄧演達、柳亞子等。通過他們，還可以團結一大批中間分子。共產國際對促成國共合作也起了重要作用。

從國民黨方面看，它的領袖孫中山長期以來真誠地同情社會主義。他在屢經挫折特別是在陳炯明叛變後，公開聲言：「我黨今後之革命，非以俄為師，斷無成就。」他從西方國家得不到任何援助，而蘇聯卻從財力、武器、軍事政治顧問等多方面給以援助。國民黨過去是不搞群眾運動的，因此缺乏群眾運動的領袖人物，共產黨人在這方面彌補了它的不足。宋慶齡回憶道：孫中山決定同共產黨合作後，「我記得當時我問他爲什麼作出這個決定。他在回答我時把國民黨比作一個就要死的人，他說這種合作將會加強和恢復它的血液的流動。」他對這次合作的態度是真心實意的。

三、第一次國共合作帶來了什麼

國共合作的正式形式是以一九二四年一月召開的國民黨第一次全國代表大會爲標誌的。大會通過的宣言對三民主義做出適應時代潮流的新解釋，在事實上確立了聯俄、聯共、扶助農工的三大政策。對國共兩黨的關係，毛澤東在一九三八年五月四日這樣說過：「合則兩利，分則兩傷。」

第一次國共合作給國民黨帶來了什麼？第一，經過共產黨的幫助，使它有了一個比較明確的反帝反封建的政治綱領，集中體現在國民黨第一次全國代表大會的宣言中。經過重新解釋的民族主義，強調對外反對帝國主義，對內實行各民族平等。在民權主義裡，強調中國的權力應該爲大多數人所共有，而不是少數人所專有，甚至提出不能爲資產階級所專有。在民生主義裡，提出「節制資本」和「平均地權」兩大原則。不久，孫中山又提出「耕者有其田」的口號。第二，促進了廣東工農運動的高漲，影響及於鄰近的湖南、江西等省。沒有這個條件，北伐的順利發展是不可能的。第三，訓練了一支黨軍。黃埔軍官學校是國共合作的產物。它的重要特點是：把政治教育放在和軍事訓練同樣的地位，以革命精神來武裝學生。這支軍隊當時是很有革命朝氣的，有嚴格的紀律，同群眾的關係也比較好。擔任黃埔軍校政治部主任的周恩來在這方面做出了重要貢獻。在黃埔軍校第一期學員中，既有共產黨的重要將領徐向前、陳賡、左權、許繼慎等，也有國民黨軍隊的重要將領胡宗南、杜聿明、關麟征、宋希濂、鄭洞國、黃傑等。蘇聯派來了軍事教官，給了兩百萬元現款作爲開辦費，還運來八千支步槍、五百萬發子彈。第四，改組國民黨，大大發展了國民黨的組織。這以前，它的組織只在廣東、上海、四川、山東等少數地區存在，連北京、天津、南京、浙江、兩湖等地都沒有，更不用說邊遠地區了。在共產黨的幫助下，它的組織幾乎遍及全國。到國民黨第二次全國代表大會時，除新疆、雲南、貴州等少數幾個省外，都建立了國民黨的組織，不少省市黨部的負責人由共產黨員擔任，如李大釗、董必武、林祖涵（伯渠）、夏曦、宣中華、侯紹裘等，那裡的國民黨組織很多是在共產黨人努力下建立起來的。可以說，沒有共產黨的幫助，就沒有後來國民黨那樣大的局面。

國共合作對共產黨也有很大好處：它使共產黨提出的反帝反封建的政治綱領能在更廣闊的範圍內深入人心。共產黨在廣東可以公開從事活動，更便於在群眾鬥爭的大場面中得到鍛鍊，培養了大批幹部，積累了許多可貴的經驗。共產黨的組織也得到發展，在一九二三年六月確定實行國共合作的第三次全國代表大會時還只有共產黨黨員四百二十名，一九二五年一月已發展到九百九十四人，到這年年底增加到一萬人。一些原來沒有共產黨組織的地方建立了黨組織，如雲南、廣西、安徽、福建等。這些，都爲迎接北伐戰爭的到來做了重要準備。

要說弱點，那時中國共產黨把自己的工作重心放在幫助國民黨上，卻忽視了爭取領導權和自身建設發展的問題。共產黨的活動主要在政治教育和群眾運動方面；而國民黨右派卻牢牢地抓住了政權和軍權，一旦羽翼豐滿，反過來來收拾你，革命就遭受嚴重挫折。

四、大革命高潮的到來和蔣介石反共活動的抬頭

大革命高潮的到來是以五卅運動爲起點的，形成了席捲全國的反帝反軍閥的群眾運動高潮。它傳到

南方，發生了有二十五萬人參加的省港大罷工。在五卅、省港大罷工前後，廣東革命政府發動了兩次東征和南征，平定了楊希閔、劉震寰的叛變，統一了廣東革命根據地。

中國共產黨在這個過程中，全力投入群眾運動和政治宣傳教育工作，發揮了巨大作用。但共產國際代表一開始便認爲國民黨力量大而共產黨力量還小，一再強調「一切工作歸國民黨」，甚至認爲共產黨這時只能充當「苦力」。

就在看起來一派大好的形勢下，國民黨右派的反共活動逐漸抬頭了。

國民黨本來是一個複雜的混合體，它的成員從左到右都有。有相當一批人雖曾追隨孫中山參加過反清革命，但反對社會革命，反對工農運動的興起。在這個隊伍中，還有一大批政客、舊軍人和野心分子。在國共合作實現後，一直有一部分人反對這種合作。孫中山逝世、廖仲愷被刺後，他們的反共活動更趨猖獗。但最初它還沒有能影響全局。

起關鍵作用的是蔣介石。蔣介石在國民黨內的地位本來並不高，在國民黨第一次全國代表大會時還沒有被選入中央執行委員會。黃埔軍校成立時，孫中山曾經考慮過讓程潛當校長。蔣介石那時是粵軍參謀長，粵軍總司令是許崇智。蔣介石地位的提高，是國共合作以後的事。

隨著黃埔軍校的建立和統一廣東革命根據地戰爭的勝利，蔣介石的地位一步步上升，羽毛逐漸豐滿，反共面目便逐漸顯露出來。一九二六年三月二十日的中山艦事件，對蔣介石說來，一方面逼走當時貌似「左派」、擔任國民政府主席的汪精衛，把國民黨的大權集中到他手裡，另一方面是公開進行反共活動的重要試探。這次試探得手後，他的膽子更大了，這年五月又在國民黨二屆二中全會上提出並通過所謂整理黨務案，規定共產黨員不能擔任國民黨中央的部長等，把共產黨人排除出國民黨領導崗位之外。共產黨再一次讓了步。陳獨秀還提出要「辦而不包，退而不出」。北伐前夜，蔣介石又當上了國民革命軍總司令。

在共產黨內，毛澤東等是主張對這種反共活動進行反擊的。但那時共產黨還很幼稚。共產國際代表和中共中央領導人害怕由此引起同蔣的破裂，一味主張退讓，以爲退讓便可以使對方滿足，使矛盾得到緩和，以便進行北伐。這樣，便喪失了重要的時機。

當然，那時北伐在即，廣東的力量有限，蔣介石還沒有完全站穩腳跟，仍需要繼續得到蘇聯和中國共產黨人的幫助，所以他沒有立刻實行破裂，有時甚至還做出了一些緩和的姿態。

五、北伐的勝利進展和蔣介石的反共政變

討伐北洋軍閥的北伐戰爭，以出人意料的速度取得重大勝利。一九二六年十月，北伐軍已控制直系軍閥首領吳佩孚支配的兩湖地區。十一月，又在江西戰場上取得對盤踞東南五省的孫傳芳部的決定性勝利。

隨著北伐進軍的順利進行，中國南部各地的工農運動和反帝愛國運動蓬勃興起，掀起一場迅猛異常的革命大風暴。如果沒有北伐戰爭的節節勝利，單靠以五卅運動爲起點的群眾性運動高潮，還難以發展成那樣轟轟烈烈的大革命局面。

當北伐勝利進行時，蔣介石乘北洋軍閥勢力兵敗如山倒的有利形勢，大量收編投奔過來的舊軍閥軍隊，搶佔地方政權，使自己的實力得到很大擴充。中共中央卻與此相反，除原由共產黨員葉挺領導的獨立團外，不去掌握軍隊，甚至嚴厲取締共產黨人參加地方政權，因而不能在有利形勢下積聚更多的力量，擴大自己的陣地，使力量對比日益向不利於自己的方面變化。

蔣介石發動反共政變蓄謀已久，但他需要選擇時機。這個時機什麼時候到來，轉折點發生在江西戰場取得決定性勝利的時刻。這是因爲：第一，這以前，北伐軍雖已攻佔武漢，但孫傳芳一直嚴重威脅著它的側翼。如果在江西失利，孫部就可以乘勝直入湖南，切斷湖北前線同廣東後方之間的聯繫，使它首尾不能相顧。北伐軍在江西戰場的勝利，不僅消除了這種危險，而且席捲東南之勢已定，整個南中國的政治軍事局勢便全然改觀。第二，帝國主義列強最初對高唱「打倒列強，除軍閥」歌曲浩蕩北上的北伐軍十分恐懼，處處進行破壞。但他們逐漸看到：對中國革命陣營進行分化遠比直接出兵干涉更爲有利。特別是日本，派駐九江總領事到南昌見蔣介石。蔣向他表示：我們成功以後，一定尊重各國在中國簽訂的條約。日方很滿意。這就使蔣介石有了把握能在帝國主義列強支持下，取得經濟最爲富庶的江浙地區作爲根據地。第三，一批同蔣有關係的北方官僚政客聯袂南下，上海金融資本家也給蔣以資助。曾在北方任代理國務總理的黃郛，在前往南昌路過上海時，中國銀行副總裁張公權便答應給蔣透支一百萬元。各種舊勢力伸出千百隻手來拉蔣介石。所以，當時有「軍事北伐，政治南伐」的說法。正是在這種複雜微妙的背景下，蔣介石蓄謀已久的反共活動就逐漸明朗化了。

面對著聯合戰線隨時可能破裂的嚴重威脅，中共中央卻在一九二六年十二月會議上認爲：目前「最主要的最嚴重的傾向是一方面民眾運動勃起之日漸向左，一方面軍事政權對於民眾運動之勃起而恐怖而日漸向右」。事實上，它對防止蔣介石等的「日漸向右」完全無能爲力，只是一句空話，剩下的只是一味壓制工農運動。當然，南方各省的工農運動仍在繼續發展，多少年來遭受深重壓迫的工人和農民一旦發動和組織起來，確有一些過火行動，使中間分子感到害怕，但中共中央總的指導思想是日益向右發展。中國共產黨所能依靠的力量主要是工農群眾。如果離開把工農群眾有效地發動並組織起來，不但無法有力地反對即將到來的蔣介石反共準備，連中間派的動搖也難以克服，無異於在嚴重危險面前自行解除武裝，以後爲此付出了沉重的代價。

其實，蔣介石那時的力量還不鞏固，內部也矛盾重重，但他富有政治經驗，是有決心的，敢於像賭徒那樣孤注一擲地冒險，先在步步進逼中使自己的陣地步步擴大，到關鍵時刻便毫不留情地斷然下手。

一九二七年四月十二日，他在上海發動反革命政變。隨即宣佈「清黨」，大量搜捕並屠殺共產黨人和進步人士，並自行建立南京政府。共產黨對蔣介石雖已有所察覺，但一退再退，而且沒有應付突然事變到來的準備，結果吃了大虧。

六、共產黨的繼續妥協退讓和大革命的失敗

蔣介石的作爲，說明大革命已到了生死關頭。原在廣州的國民政府這時已遷到武漢，表面上是個左派政府，實際上很不可靠，隨時可能發生變化。它的成員中，有少數真正的左派，如宋慶齡、鄧演達等，而大多數是對蔣介石專斷獨裁不滿的政客和軍人，和被大勢捲入、待機而動的人物。剛從海外歸來、以「左派領袖」姿態出現、口頭說得漂亮的汪精衛，更是一個政客。武漢政府的實權掌握在他們手裡。中國共產黨的迫切任務是要做好可能的全面破裂的應變準備。那樣，雖然由於力量對比的關係，不一定能避免失敗，至少可以多保存一些力量，爲日後的鬥爭造成較好的態勢。

可是共產黨沒有這樣做。共產國際認爲蔣介石的叛變意味著民族資產階級退出了革命，現在更需要鞏固工人、農民、小資產階級的聯盟，而把武漢政府包括汪精衛在內看作小資產階級的代表。原來害怕同蔣介石破裂，現在又害怕同汪精衛破裂，認爲一破裂就沒有力量了，革命就要失敗。

從四月二十七日開始，在武漢舉行了中國共產黨的五大。本來，共產黨在這時面對的是如何生存的

問題，各地代表焦急地等待對這個問題做出回答。但五大無論對形勢分析還是選擇對策都沒有做出任何有力的回答，只是空談中國革命的非資本主義前途等，雖然提到土地革命問題，又認爲必須取得「小資產階級」同意才能實行，實際上是束手無策。這就不能擔負起在危急關頭挽救革命的任務，只能坐視整個局勢日趨惡化。

共產國際派來的顧問鮑羅廷在大革命初期做過一些有益的工作，這時卻只是熱衷於所謂「西北學說」，力主武漢政府繼續北伐，到河南迎出自陝西東下的馮玉祥部隊，寄希望於馮玉祥，而馮其實又是個未知數。

這時，武漢的經濟局勢和軍事局勢都日益惡化。北伐軍在河南經過苦戰，迎出了馮玉祥。但馮看到武漢政府的處境不佳，倒向了蔣介石。儘管中共中央力求拉住汪精衛，共產國際派來的路易甚至把國際發來的應對當前事變的密電給汪精衛看，武漢政府仍在七月十五日宣佈分共，宋慶齡、鄧演達等被迫出走，國共關係全面破裂。大革命從此失敗，中國革命進入土地革命的新時期。

七、結語

重溫這段歷史，給我們什麼啓示？

第一，中國共產黨確實是了不起的。從誕生到第一次國共合作形成不到兩年半，到大革命失敗也只有六年。這樣年輕的黨，在成立後那麼短的時間裡，就能推動起這樣大的革命高潮，創造出如此壯觀的歷史場面，確實是極不尋常的。

第二，大革命爲什麼失敗？這有客觀和主觀兩方面的原因。

客觀原因在於雙方的力量對比：世界資本主義這時正進入相對穩定時期，能夠集中較多力量來干涉中國革命。中國的舊勢力盤根錯節，反動政治經驗豐富，絕不是一兩次革命衝擊就能摧毀的。中國共產黨畢竟還年輕，理論準備、實際政治經驗和對中國國情的瞭解都不足，客觀形勢卻迫使他們必須立刻投身到這樣一場大革命中去，並且站在鬥爭的前列。共產國際離中國那麼遠，對中國革命的指導出了些好主意，也出了不少不正確的主意。在這種情況下，要在當時就取得大革命在全國的勝利，條件是不具備的。

從主觀的指導思想來看，在共產黨的初期，特別是敵對力量和同盟者的力量都明顯地大於自己的時候，最容易發生的主要錯誤是右。大革命時期正是這樣。儘管在城市和農村的實際工作中也出現過某些幼稚的「左」的錯誤，這個責任主要在共產國際的錯誤指導。以陳獨秀爲首的中共中央雖然對蔣介石的作爲有時也有所警惕，但同樣過於看重國民黨的力量，害怕太刺激蔣介石、汪精衛等而導致破裂，總認爲退讓就可以使國共關係中出現的緊張局面得到緩和，就可以維護團結。結果，讓國民黨右派看準了共產黨的這個弱點，步步進逼，氣焰越來越高，力量越來越大；共產黨卻把自己的手腳重重束縛起來，有時也看出一些問題，但一到關鍵時刻就猶豫畏縮，不敢放手發展進步力量，不敢在必要時理直氣壯地進行反擊，於是，已有的陣地一個一個地丟失，還抱著種種幻想，沒有做好應付突然事變的準備，等到對方一翻臉，幾乎全軍覆沒，教訓是十分慘痛的。

在以後的十年內戰時期，中國共產黨在統一戰線問題上的主要錯誤又成了「左」，不顧實際情況，不講鬥爭策略，「一切鬥爭，否認聯合」，結果嚴重孤立了自己，一味蠻幹，同樣幾乎導致革命的失敗。到抗日戰爭時期，由於有了這兩方面的沉痛教訓，中國共產黨在統一戰線問題上包括處理國共關係問題上，才有了一套完整的成熟的經驗。毛澤東對這些經驗做了精闢的概括，如「發展進步勢力，爭取中間勢力，孤立反共頑固勢力」；有聯合，有鬥爭；「以鬥爭求團結則團結存，以退讓求團結則團結亡」；在鬥爭中要「有理、有利、有節」，要做到「利用矛盾，爭取多數，反對少數，各個擊破」；要「爭取時局好轉」而又準備「應付可能的全國性的突然事變」，「使全黨全軍在精神上有所準備，在工作上有所佈置」，如此等等。這些寶貴的經驗都是用鮮血爲代價所換來的，在沒有付出那麼沉重代價前是說不出這些話來的。

第三，大革命雖然失敗了，但仍可看出中國共產黨的韌性。世界上曾經有不少政黨造成過相當大的聲勢，但在敵人的突然襲擊和血腥鎮壓下，便失敗以致潰散了。中國共產黨不是這樣。

大革命失敗時，革命在全國進入低潮，許多人認爲共產黨不行了，彷彿已陷入絕境。但它在極端困難的條件下，不僅把鬥爭頑強地堅持下去，並且把工作做得更紮實，很快又重新掀起新的革命高潮。原因就在於：一是在共產黨內和黨的周圍確實集中了一大批中華民族的優秀分子，他們所代表的方向是正確的；二是它能在實踐中認真總結經驗教訓，逐步學會應對極端複雜的環境，在不斷探索中前進；三是它同人民群眾已建立起血肉的聯繫，這是任何力量都無法把它戰勝的。

第四章

對中國共產黨的六大的歷史考察[1]

一次名垂青史的會議，通常都發生在歷史的重要轉折時刻，而且往往是經歷了長時間爭論的結果。一九二八年六月召開的中國共產黨第六次全國代表大會便是這樣。它有巨大的歷史功績，也有明顯的不足之處。怎樣來看待這一切呢？如果不對它的複雜背景和會前經歷過的長期爭論進行歷史的考察，要做出恰當的評價是很困難的。

一、「左傾」盲動主義的狂熱

中國共產黨六大的召開，離大革命失敗還不滿一年。在這短促的日子裡，中國革命走過了一段充滿驚濤駭浪的路程。中國共產黨在城市和農村中的陣地幾乎遭到摧毀性的打擊，全國黨員從近六萬人減少到一萬多人。面對著反動逆流的高漲，中國共產黨人沒有畏懼，沒有退縮。他們重新整集隊伍，拿起武器，開始了新的戰鬥。可是，在摸索和奮鬥中，一種新的危險傾向又抬頭了，那便是「左傾」盲動主義。一九二七年十一月召開的中共中央臨時政治局擴大會議上，這種錯誤在全黨取得了支配的地位。

十一月會議對中國革命性質、形勢估計和現時鬥爭任務的規定都是「左」的。對這個錯誤，共產國際代表羅米納茲自然要負嚴重的責任。把中國革命的性質和速度都用一句話來概括，稱作「無間斷的革命」，這個發明權是屬於他的。但問題不能簡單地只歸結到這一點，因爲這種「左」的思想和情緒當時同樣也普遍存在於中國共產黨人中。他們並不單單出自盲從，也經歷過自己的嚴肅思考。

我們可以讀一讀當時中共中央主要負責人瞿秋白所寫的《中國革命是什麼樣的革命？》。他先提出問題：「革命是低落了嗎？」然後回答道：「革命潮流的低落或消沉，在現時的中國必須有三個條件：一、反革命的統治能相當解決中國社會關係中的嚴重問題（如土地問題、勞資問題等）；二、反革命的統治能夠逐漸穩定；三、革命的群眾潰散而消沉。如今事實上中國絕對沒有這些條件。」他又提出問題：「中國革命只是民權主義的嗎？」然後回答道：「中國革命要推翻豪紳地主階級便不能不同時推翻資產階級。」因此就不能不超越資產階級的民權主義的範疇。「所以中國當前的革命，顯然是由解決民權主義任務急轉直下到社會主義革命。」2在回答這些問題時，瞿秋白顯然是經過深思熟慮的，並且充滿著自信。

我們再讀一讀中共中央在同月內接連發出的第十五號和第十六號《中央通告》。這兩個通告督責各地工農民眾盡可能實行武裝暴動；並且聲言，如果認爲不可「輕舉妄動」，想多「保存著」黨的組織，「那就又是機會主義毒發作，勢必至於阻礙群眾暴動的發展」。3他們在這樣指責時，同樣也充滿著自信。

失誤究竟發生在什麼地方呢？這同他們當時面對的問題的複雜性有關。

不錯，在大革命失敗後，中國民族資產階級確曾一度因動搖而退出革命，分化到反革命方面。「中國是資產階級民主革命，可是又要反對資產階級，這在當時就成爲很難理解的問題。」4不少人以爲現時的中國革命已是「工農革命」，並把它同社會主義革命混爲一談。李立三在廣東曾發表一篇論文，認爲現在已走到資產階級革命與社會主義革命的混合時期。5可是，革命性質只能由革命任務來決定。反

1 原文載於《黨的文獻》一九八八年第一期。
2 瞿秋白：《中國革命是什麼樣的革命？》，一九二七年十一月十六日。
3 《中央通告第十五號》，一九二七年十一月。
4 周恩來：《關於黨的「六大」的研究》，《周恩來選集》編委會：《周恩來選集》（上卷），北京：人民出版社，一九八〇年版，第一五八頁。
5 李立三在六大政治報告討論時的發言，一九二八年六月二十三日。

帝反封建這個中國資產階級民主革命的任務並沒有完成，中國革命不可能超越階段而急轉直下地立刻發展成社會主義革命。

同樣不錯，中國社會內部的根本矛盾確實一個也沒有解決，反動勢力不可能建立起長期的穩定的統治，人民也不可能放棄鬥爭。但事情還有另外一面：在大革命失敗後，反動勢力和它們之間的結合是暫時加強了，而革命勢力卻遭到嚴重的削弱。從全國來說，革命潮流現時並不處在「一直高漲」之中。

中國共產黨畢竟是一個年輕的政黨。他們在極端困難的條件下把鬥爭終於堅持了下來，這是了不起的事情。但他們還缺乏處理如此複雜問題的足夠經驗。對敵人屠殺的憤恨和復仇的渴望，對機會主義錯誤的強烈憎惡，像一團烈火那樣燃燒在許多革命者的胸膛中，使他們產生一種近乎拚命的急躁的衝動的心理，容易只看到（甚至誇大）事情的一個方面，而忽略事情的另一方面，由一個極端走向另一個極端。「當時這種『左傾情緒』，在革命者內部乃是普遍現象。」1許多中共中央領導人也是如此。李立三說過：「革命遭受了失敗，很多的工人遭受屠殺或失業，大多數的群眾因疲倦而要休息，但一部分急進分子是不能忍耐的，而走上群眾的前面去了，這就是盲動主義與強迫罷工等的來源。」2他的分析是符合實際情況的。這種盲動主義錯誤不能只用某一個人的失誤來解釋，在某種意義上可以說是一種歷史現象。

二、探索前進中的徘徊

幫助中國共產黨人開始冷靜下來重新考慮問題的，不是抽象的學理探討，而是活生生的事實的教訓。

十一月會議後中共中央的主要希望是寄托在廣州暴動和兩湖暴動上。當時發生的廣東地方實力派張（發奎）李（濟深）之間的混戰和南京政府西征軍入湘後李（宗仁）程（潛）之間的衝突，更使他們十分興奮，以爲這是在湘鄂粵贛四省發動武裝暴動取得勝利的大好時機。他們認爲：「廣州暴動是全國工農暴動奪取政權的一個信號。」並且進一步訓令：「兩湖黨團應全體動員，加緊準備在新的戰爭（西征軍入湘）中實現總暴動。」「特別是湖南，應立刻割據起來，使之變成海陸豐第二，因爲那邊有很好的環境和我們的軍事力量。」「總之，現在要以兩湖及贛東南的暴動保衛廣東的勝利，擴大全國的總局勢。」3

冷酷的現實無情地撕碎了他們美好的期待。廣州暴動維持三天便失敗了。湖南的「灰日暴動」一開始就被鎮壓下去。湖北根本沒有發動起來。中共廣東省委書記張太雷和湖南省委書記王一飛先後犧牲了。

這些用烈士的鮮血換來的教訓不能不使人感到震驚。人們不禁要問：爲什麼主觀的設想是這樣，客觀的效果卻是那樣？失敗的原因究竟在哪裡？於是，一些比較清醒的聲音在中共中央內部開始響起，其中包括在十一月會議上新補爲中央政治局常委的周恩來和羅亦農。

他們在這以前對暴動問題都提出過一些比較切合實際的主張。羅亦農這年十月間曾制止在武漢三鎮立刻實行暴動的錯誤計劃，認爲「目前絕非繼續總的暴動時期」4，因此遭到過嚴重的打擊。周恩來

1 李維漢：《對瞿秋白「左傾」盲動主義的回憶與研究》，《回憶與研究》（上），北京：中共黨史資料出版社，一九八六年版，第二三一頁。

2 李立三在六大政治報告討論時的發言，一九二八年六月二十三日。

3 《中央通告第二十三號》，一九二七年十二月十四日。

4 《長江局最近政治決議案》，一九二七年十月二十九日。

在南昌起義軍失敗時得了重病，十一月初才到上海（那時處於秘密狀態的中共中央設在上海）。十二月初，他先後在政治局常委會上提出過：浙江工農武裝暴動的佈置恐怕太樂觀了；江蘇省委準備明年元旦在大江南北同時發動全省暴動的日期不應如此定，要看預備的程度來定。他尖銳地批評當時青年團內存在的先鋒主義傾向，說：上海黨部近來實在有點軍事投機——冒險，爲的是怕青年團說是機會主義，被小孩笑話。如青年團不嚴重注意，青年團將變成冒險主義，走到虛無主義的別一面去。青年團大部分主張試驗，認爲失敗也不要緊，這也是孤注一擲的錯誤，與「一暴成功」是兩個極端。這個危險可能犧牲許多同志，此點要注意。團中央書記任弼時接著說：恩來方才說的是對的，團的同志將暴動看得太容易了，對暴動爲何物還不太瞭解，隨便暴動是很危險的。[1]

湖南「灰日暴動」和廣州暴動相繼失敗後，中共中央的多數人也開始有了新的認識。當時主持中共中央工作的瞿秋白只有二十八歲。李維漢對他有一段中肯的評論：「我認爲秋白是一個正派人，他沒有野心，能平等待人，願聽取不同意見，能團結同志，不搞宗派主義。」[2]因此，在事實面前，他能夠逐步修正自己的錯誤看法。一九二八年一月三日，中共中央政治局通過了《廣州暴動之意義與教訓》《關於湖北黨內問題的決議》。前一個文件提道：在反對「剩餘的機會主義的遺毒」的同時，也要堅決迅速地掃除「表面上革命的盲動主義」。後一個決議批評了一部分同志不顧實際條件就決定總暴動，「是有玩弄暴動的危險的」。同月十四日，中共中央發出由周恩來起草的給湖北省委的信，指出：「中央認爲你們有無政府黨與盲動主義的傾向，即是認爲一切的鬥爭都是暴動，無往而不暴動，一切解決於暴動。」要求湖北省委「趕快停止無政府黨、盲動主義的行動，很艱苦地深入到工農群眾中去工作，在領導工農群眾的日常的鬥爭中，去發動與創造群眾的革命大潮」。[3]

對實際工作的部署，同廣州暴動前也有了明顯的變化：「停止了兩湖年關總暴動，明確對湘、鄂、贛三省的暴動不是從佔領中心城市開始，而是先從分區割據做起，同時加強城市工作。」[4]

應當承認，廣州暴動失敗後中共中央在認識上和行動上確實都比原來前進了一大步。但這些主要還是從戰術上而不是從戰略上提出問題的，對革命潮流高漲這一估計並沒有改變，共產黨的主要注意力仍集中在暴動問題上。區別還只是認爲發動暴動必須考慮到主客觀條件是否具備，不能不顧一切地蠻幹。這自然是遠遠不夠的。

這種認識上的不徹底性，表現在一月中旬的《中央通告》上。這個通告是由羅亦農、瞿秋白先後執筆起草的。它一方面正確地批評道：「不問群眾情緒的程度如何，不問黨的組織力量如何，不問黨與群眾的關係如何，一味的主張『暴動』，無往不是『暴動』，這實在是一種盲動主義的傾向。」另一方面，又把事情看得很簡單，認爲：「廣州暴動的勝利，主要是能發動群眾，造成工農兵三大力量之結合；它的失敗，主要的也是發動群眾之尚不充分。」[5]彷彿「萬事齊備，只欠東風」，只需主觀上加強一些努力，問題是不難解決的。這樣，仍不能從根本上擺脫「左傾」盲動主義的錯誤。

到二月間，一場激烈的爭論在共產黨內發生了。

引起爭論的是江蘇省委。那時的江蘇省委包括上海在內，在共產黨組織中居於舉足輕重的地位。

1 周恩來、任弼時在中共中央常委會上的發言，一九二七年十二月六日。
2 李維漢：《對瞿秋白「左傾」盲動主義的回憶與研究》，《回憶與研究》（上），北京：中共黨史資料出版社，一九八六年版，第二三一頁。
3 中共中央給湖北省委的信，一九二八年一月十四日。
4 李維漢：《對瞿秋白「左傾」盲動主義的回憶與研究》，《回憶與研究》（上），北京：中共黨史資料出版社，一九八六年版，第二三一頁。
5 《中央通告第二十八號》，一九二八年一月十二日。

他們身處實際工作的第一線，對大革命失敗後環境的艱難有著更深切的體會。省委常委在討論職工運動時，提出了一個尖銳的問題：中國革命潮流到底是高漲還是低落？很多人認爲是低落。1上海各區委書記聯席會議上，許多同志也認爲革命潮流是低落的。2

這自然使中共中央感到震動。二月十二日，中共中央召開政治談話會，參加的有瞿秋白、周恩來、羅亦農、項英、王若飛、陳喬年、劉峻山、劉伯堅、鄭覆他九人。會上發生了激烈的爭辯。江蘇省委常委王若飛明確地表示：「我以爲現在革命潮流是低落的。」他說：「廣州暴動失敗後，兩階級爭取革命領導權的鬥爭已決出了勝負，資產階級已得到了暫時的勝利。以什麼事來表現革命潮流的低落呢？在政治上，現在帝國主義大批的撤兵，以爲國民黨已經能夠鎮壓革命了；在經濟上看，武漢反動以來帝國主義的經濟已有轉變到一天一天恢復的狀態，並不是說他的危機完全消滅，但是減少了；在群眾方面，現在已比從前消沉了。在農村鬥爭與城市不同一點，許多農村還在發展，但有許多地方一起來即失敗。」他說：「如果對革命的估量不清楚，政策一定是不正確的。現在，不能認爲全國整個群眾的情緒已可以達到暴動奪取政權，從黨的力量來說要全國暴動也是不可能的。」江蘇省委書記項英的態度比王若飛緩和一些。他一面說：「廣州暴動是在此轉變中敵人必然的反攻的結果，不能說他就是革命潮低落。」另一面又說：「如在戰略上只向前進是不對的。」「我以爲現在是轉變中的低落。」「簡單地說革命潮流高漲，我是不同意的。」瞿秋白在會上發了兩次言。他最初實事求是地分析了當前的嚴重困難：「我們的鬥爭的確是很困難。八七會議後我當時想，以爲或者可以似洪楊那樣發展，但結果不然。現在我們不能不承認我們的力量比敵人弱，需要休息一下，自然不是永久休息。」並且說：「我也以爲現在整個政策應更鄭重的使用黨的力量，要使黨變成一個群眾的黨，並要注意培養黨的力量，要使黨的力量培養到一個地步才能發動，現在黨的犧牲是很大的了。」但一談到革命潮流是不是高漲，他又說：「我們可以肯定的說，整個的革命潮是高漲的，農民自發的暴動是很多的。如說是低落，工農一定是很灰心的。」「自然說高漲，並不是今天說明天就要暴動的。」[1]「我們可以說客觀上的革命潮流是高漲的，一省與幾省奪取政權的目標仍然是要有的。」值得注意的是，多次反對盲動的周恩來和羅亦農在談到這個問題時，都強調革命是高漲的。周恩來也擔心講革命潮流低落是「由失敗而發生出來的觀念，不但是低落，而且會悲觀」。他說：「我以爲中國工人中的革命潮流不見得是低落，同時廣東暴動對各地工人是有影響的。農村中可以不必說，割據局面還是繼續發展。我們不能因爲政策及運用政策的方法而懷疑到低落，（這）是不正確的。」羅亦農說：「我以爲中國革命是高漲的。恩來說的話，我完全同意。」[3]

四天後，爲了準備六大，又開了一次中共中央委員談話會，到會的有瞿秋白、周恩來、張國燾、羅章龍、劉少奇、汪澤楷。會上，劉少奇提出一個很值得注意的看法：「關於革命潮流是高漲還是低落的，依鄉村看來是高漲的，依城市的看來是低落的趨勢。」「農民的革命是向上漲，只是波浪式的而非潮流的。」周恩來在會上主張：中國革命是不平衡的發展。我認爲依目前中國工農很需要革命的情形看，革命的潮流並未低落是高漲的，割據有長時間的可能，我們應有長期的準備。[4]他還設想可以「以農民的游擊戰爭包圍廣州」，來造成「廣東割據」。瞿秋白在會上仍強調：「中央常委認爲革命潮流一直高漲。」[5]

1 王若飛在政治談話會上的發言，一九二八年二月十二日。
2 周恩來在六大政治報告討論時的發言，一九二八年六月二十七日。
3 政治談話會記錄，一九二八年二月十二日。
4 中央委員談話會記錄，一九二八年二月十六日。
5 轉引自張國燾在六大前的政治談話會上的發言，一九二八年六月十五日。

粗看起來，中共中央幾個主要負責人在這幾次會上比以前更加強調革命潮流的「高漲」，似乎認識上又出現重大的反覆。但仔細玩味他們的發言，不難發現他們的心情是複雜而矛盾的：一方面，他們的思考正在深入，不僅看到當前局勢中的嚴重困難，並已從更深的層次上開始接觸到中國革命的長期性、不平衡性和農村割據的重要性這些根本問題，考慮到中國共產黨需要有一段休整的時間，需要以更大的力量來爭取群眾。這種深刻的思想變動，是以後中共六大取得成功的重要思想基礎。另一方面，他們又有一個很大的顧慮：以爲說革命低落是廣州暴動失敗後在共產黨內滋長起來的一種灰心沮喪的情緒，對革命的推進將會產生消極的影響；以爲在困難的情況下更需要用樂觀的估計來鼓舞人們，所以比以往更多地強調起「革命高漲」來。讀他們的發言，處處都可以感覺到這種矛盾的心理。

再過三天，中共中央政治局會議進行了討論。瞿秋白、周恩來、羅亦農等繼續強調革命潮流是高漲的，並決定由瞿秋白起草一個通告。羅亦農說：「通告中還要包括中國目前的政治現狀，並說明中國目前革命潮爲什麼高漲，說革命潮低落是最可恥的機會主義，說低落就是不要準備暴動的問題。我以爲即使萬安、海陸豐失敗，中國革命潮也是高漲的，因爲統治階級無論如何是不能穩定，群眾的情緒無論如何是高漲的。」1

瞿秋白起草的這個通告，便是中共《中央通告第三十六號》。它強調「革命是正在高漲無疑」。並且提出：「從一般形勢看，現有兩個革命中心區域，第一是廣東，第二是湘、鄂、贛及豫南，後一區域的佈置應暫以湖南爲中心，而武漢的暴動應當是這一區域暴動的完成，並當使暴動的武漢變爲全國的革命中心。」在附文中說：「中國革命既是高漲的，武裝暴動奪取政權的總策略不但仍舊是目前的問題，而且奪取一省或幾省政權的問題更加緊迫起來。」並且批評道：「可是有些同志，例如上海，卻說現在這種狀況不但是上海革命潮流已低落，就是全國的革命潮流也已經低落了，這應當採取保守策略了。這種論調顯然是錯誤的，顯然是陷入機會主義的觀點。」中共中央在發出通告時特別規定：「附文是給各指導機關參考的，亦應盡可能的發到支部去，但正文必須發到支部去。」[2]可見他們是想用這個通告來統一全黨思想的。

但在實際工作的指導上，他們的工作重心已開始移向要求各省形成農村割據的局面。「武漢的暴動應當是這一區域暴動的完成」這句看起來很激烈的話，反過來讀可以得到另一種理解，那就是說：武漢的暴動只能是湘、鄂、贛及豫南區域暴動的最後的「完成」，而不能是它最初的「信號」。這同廣州暴動前的指導思想顯然是不同的。這種矛盾而複雜的現象，同樣需要和前面的分析聯繫起來才易理解。

三、共產國際的二月決議和它的影響

廣州起義的失敗，同樣給了共產國際和斯大林以很大的震動。

一九二七年十二月二日至十九日，聯共（布）召開第十五次代表大會。共產國際駐中國代表羅米納茲趕回去參加了這次大會。廣州暴動的消息傳到莫斯科。羅米納茲在會上發言時興高采烈地宣稱：蘇維埃政權在廣東的建立，「這證明這個省顯然出現了大好的革命形勢，現在可以提出奪取政權的問題了。看來我們很快就會成爲該省開展大規模革命行動的見證人」。[3]他在這

1 羅亦農在中共中央政治局會議上的發言，一九二八年二月十九日。

2 《中央通告第三十六號》和《附文》，一九二八年三月六日。

3 〔格魯吉亞〕羅米納茲：《在聯共第十五次大會上的發言》，孫武霞、許俊基編：《共產國際與中國資料選輯（一九二五—一九二七）》，北京：人民出版社，一九八五年版，第五九三頁。

次發言中還提出：中國社會的特點是亞細亞生產方式，不是封建主義，因此中國的資產階級構不成一個有實力的政治力量；大革命失敗後中國革命是工農革命，這種革命會超過資產階級民主革命階段而直接轉變到社會主義革命。

廣州起義的失敗來得太快了。羅米納茲剛講完，失敗的消息就傳到莫斯科。中山大學校長米夫在聯共十五大上發言反駁羅米納茲，批評他把封建制度同亞細亞生產方式對立起來和認爲資產階級已不是一個有實力的政治力量的說法。對中國革命形勢的估計，米夫的說法是混亂的。一會兒講：「如果力量的對比仍不利於無產階級和農民基本群眾，那麼就會在反動派取得暫時勝利的同時出現中國地主資產階級的斯托雷平反動統治時期。」一會兒又講：「儘管中國無產階級屢遭嚴重打擊，中國仍存在著直接革命的形勢。」[1]

爭論到這裡並沒有結束。聯共十五大開完後，共產國際執委會接著就準備召開第九次全會，中國問題顯然將成爲它的重要議程之一。會前不久，羅米納茲寫了《中國革命的新階段和中國共產黨人的任務》，堅持認爲：「中國革命現階段的特點是資產階級民主革命直接轉變爲社會主義革命。」[2]米夫寫了《中國革命的爭論問題》，繼續對羅米納茲進行反駁。這兩篇針鋒相對的爭論文章，以後安排在《布爾什維克》雜誌的同一期上發表，因而格外引人注目。

共產國際執行委員會第九次全會是在一九二八年二月九日至二十五日召開的。會議最後一天，通過了以蘇聯和中國共產黨代表團斯大林、布哈林、向忠發、李震瀛四人名義提出的《共產國際關於中國問題的議決案》。這個決議以十分明確的語言指出：中國革命現時的階段是資產階級民權革命，認爲它已生長成了社會主義革命的主張或「不斷革命」的主張（共產國際執委會駐中國代表的主張）是不對的；中國工農廣大的革命運動之第一個浪潮已經過去，現在還沒有全國的新的群眾革命運動之強有力的高潮，但是許多徵兆都指示工農革命正走向這種新的高潮；現時共產黨的工作之中心是在爭取幾千百萬的工農群眾，準備革命之新的浪潮之高潮；必須堅決地反對盲動主義。值得注意的是，它還指出：中國革命運動的發展在各省是不平衡的，在城市與鄉村之間也是不平衡的。在蘇維埃化的農民區域中，共產黨的主要任務是實行土地革命和組織紅軍軍隊。這些農民暴動可以變成全國暴動勝利的出發點。但又以為：這些只能在他們與無產階級中心之新的革命高潮相結合的條件下才能實現，共產黨的主要任務是在準備城市與鄉村相配合相適應的發動，而必須反對對於游擊戰爭的溺愛。[3]

這是一個十分重要的決議。周恩來在延安整風時曾對它做過很高的評價。他說：「一九二八年的國際決議是最好的，六大決議反不如它，因未著重和徹底的反『左傾』盲動。」[4]

它傳到處於秘密狀態的中共中央手中時，已到了四月的下旬。四月二十八日，中共中央召開政治局會議進行討論。參加會議的有瞿秋白、周恩來、李維漢、鄧中夏、項英五人（羅亦農在幾天前被捕）。他們立刻感到：「國際決議顯然（同十一月）擴大會議決議有幾點不同。」它在中共中央引起怎樣的反響呢？這裡有幾種不同的情況：一、對中國革命性質問題，認識比較一致了。瞿秋白在會上說：「革命性質以為是資產階級民權革命，中央是沒有不同意見的。」二、對農村同城市鬥爭的關係，在中共中央

1〔蘇〕米夫：《在聯共（布）第十五次代表大會上的發言》，中國社會科學院近代史研究所編：《米夫關於中國革命言論》，北京：人民出版社，一九八六年版，第四八頁。
2〔格魯吉亞〕羅米納茲：《中國革命的新階段和中國共產黨人的任務》，中國社會科學院近代史研究所編：《國外中國近代史研究》第三輯，北京：中國社會科學出版社，一九八九年版，第三〇、三一頁。
3《共產國際執行委員會第九次擴大會議關於中國問題的議決案》，一九二八年二月二十五日。
4 周恩來：《關於共產國際指示及反立三路線的研究》，一九四三年九月十六日至二十日。

內部認識上還有不同。周恩來說：中國因爲農民佔了一個重要的因素，所以與俄國的不同。國際彷彿以爲鄉村與城市要配合好一點，配合問題也是非常重要的。「過去城市的工作的確不好，但在中國形式（勢）下很適宜的配合是很困難的，要這樣必致引到鄉村的等待，這是不好的。」「過去配合不勻的現象在土地革命初期是不免的。過去的事實仍是證明土地革命的深入，而不能證明玩弄鬥爭。」「我以爲現在是加緊配合的工作，但各地自發的鬥爭，我們還是要領導，這種工作是沒有法子停止的。」瞿秋白說：「國際的意見是先配合後發動。中央以前的缺點是過去自然是無意中忽略了城市工作，但我們承認得很早，忽視工運也有其原因。此問題可以等到大會討論，因爲是比較複雜的問題。」三、對革命形勢的估計問題，中共中央仍沒有解決。周恩來說：「中央的意見是革命潮仍是高漲的，但不是一個最高潮。我以爲現在還是這樣解釋。」其他人大體上也是這種態度。[1]

兩天後，中共中央發出接受共產國際執委會二月議決案的第四十四號通告，對中國革命性質問題，對反對盲動主義問題，都明確表示了態度。但對中國革命形勢的估計問題卻沒有提到，這自然不是出於偶然的疏忽。[2]半個月後，瞿秋白曾坦率地說道：「中央對國際決議案是有不同見解的。」「然而中央與國際見解之不同尚未到如何巨大的程度。所以可以不必提出於中國下層黨部討論，而且應當先和國際討論，再交大會以及全國黨部。」[3]

正因爲如此，國際決議在四月下旬到達中國後，雖然實際工作中的「左傾」盲動主義錯誤已經停止下來，但認識上的有些問題（特別是對中國革命形勢的估計問題）仍保留下來，需要到即將召開的中共六大中去解決。

四、中共六大的前進與局限

第四十四號通告一發出，中共中央負責人就陸續啓程前往莫斯科，去參加準備在那裡召開的中國共產黨第六次全國代表大會。

中共六大從六月十八日至七月十一日，連續進行了二十四天。會上有許多報告和討論，最重要的是政治報告和討論，結束時通過了《政治決議案》等決議，選舉產生了新的中央委員會。經過比較充分的討論，大會對中國革命的一系列根本問題取得了比較一致的認識，其中主要是三個問題：

第一，中國革命的性質、任務和前途

現時中國革命的性質是資產階級民主革命，這在過去早已提出，本來不是一個新問題。到了大革命失敗後，「革命的階段深入到土地革命。因此，革命的轉變時期到來。一般人的認識，對於革命轉變認識又都缺乏，所以就把土地革命認爲社會革命，佔領工廠也認爲社會革命。這種觀念的結果，就產生沒收一切土地的口號和其他一切超過革命階段的觀點」4。中共六大上代表們對這個問題沒有發生嚴重的爭論，但認識上仍取得一個重大的進展，弄清了「應以革命任務來決定革命性質，而不是以革命動力來決定革命性質，這個問題還是一個新的問題」5。還有一點也需要注意：中共六大在批判羅米納茲的

---

1 中共中央第十二次政治局會議記錄，一九二八年四月二十八日。
2《中央通告第四十四號》，一九二八年四月三十日。
3 瞿秋白在六大前的政治談話會上的發言，一九二八年六月十五日。
4 周恩來在六大政治報告討論時的發言，一九二八年六月二十七日。
5 周恩來：《關於黨的「六大」的研究》，《周恩來選集》編委會：《周恩來選集》（上卷），北京：人民出版社，一九八〇年版，第一五八頁。

「不斷革命論」時，沒有否定中國革命的非資本主義前途，這對以後中國革命的發展是有積極意義的。

第二，對中國革命形勢的估計

這是當時爭論得最爲激烈的問題。中共六大前夜，「中國代表曾爭論到斯大林同志面前。斯大林同志說，現在的形勢不是高潮，是低潮。李立三同志則說，現在還是高潮，因爲各地還存在工人、農民的鬥爭。斯大林同志說，在低潮時也有幾個浪花。」1 斯大林還明確地說「革命高潮是將來的事，而不是眼前的事。」2 中共六大政治報告的討論中，對這個問題繼續進行了激烈的爭辯，看法仍很分歧。瞿秋白總結時還想從字義上把「高潮」和「高漲」分開。他說：「高漲、低落是表示動狀的名詞，高潮與停頓是表示靜狀的名詞。」在他看來，「高漲」同「走向高潮」是一個意思，但「同志們既然弄不清楚，就不用這些名詞」3。有些代表的發言很明確，如王若飛說：「『八七』以來中央對於現時鬥爭形勢的估量是不正確的」，「現在鬥爭的形勢絕不能說是高漲，只能說是革命是向前進展。」4 周恩來的態度也很明朗，他說：「從敵人一致進攻我們得到勝利，和我們發展的不平衡——以地方言，南部與中部北部的不同，以階級言，農民發展與城市沉悶不相配合——來看，當然我們不能說是革命的高潮。」「我們雖然不能說是高潮，的確也說不到高漲，但我們相信革命是前進，是向高漲或高潮方面的前進。」5 布哈林在總結時也著重談了這個問題。他說得更直截了當：「不要忘記我們現在是被人打敗了。現在還沒有什麼新的革命高漲。」「現在對於中國黨最危險的地方，就是中國黨不看見許多失敗以後的低落。」6 最後，大會通過的《政治決議案》明確地寫道：「現時的形勢，一般說來是沒有廣泛的群眾的革命高潮，中國革命運動發展底速度是不平衡的，亦就是現時形勢的特徵。」7 這就使共產黨內長期存在的爭論得出了一個明確的符合實際的結論，這是中共六大取得的重大成果。

第三，中國革命現時的任務和策略

對形勢做出恰當的估計，目的是爲現時的中國革命規定正確的路線和策略方針。如果認定中國革命潮流是「一直高漲」的，結論自然只能是實行「總暴動」的策略方針。中共六大在這個問題上也取得巨大的進展。瞿秋白在結論中說：「一切組織政治任務集中於爭取群眾以準備暴動。」8 布哈林在結論中說：「從前我們的政策是說明天暴動，而現在我們說明天在全國還不能暴動。我們要開始準備我們的力量。到了我們力量準備好了的時候，到那時候我們再暴動。但這並不是說我們在全國各處都不能有個別的暴動。」9 大會的《政治決議案》明確規定「現在第一個革命浪潮已經因爲歷次失敗而過去了，而新的浪潮還沒有到來，反革命的勢力還超過工農，黨底總路線是爭取群眾」，並且提出了「消除極左傾向」的問題，指明「最主要的危險傾向就是盲動主義和命令主義，他們都是使黨脫離群眾的。」10 把共產黨的工作中心從千方百計地組織暴動，轉變到從事長期的艱苦的群眾工作，以爭取群眾作爲首要任務，把「左傾」作爲主要危險來反對。這也可說是共產黨的工作中一次戰略重點轉移，對中共六大後整

1 周恩來：《關於黨的「六大」的研究》，《周恩來選集》編委會：《周恩來選集》（上卷），北京：人民出版社，一九八〇年版，第一七五頁。
2 斯大林同瞿秋白、向忠發、周恩來和其他的中共代表的談話，一九二八年六月。
3 瞿秋白在六大政治報告討論後的結論，一九二八年六月二十八日。
4 王若飛在六大政治報告討論時的發言，一九二八年六月二十五日。
5 周恩來在六大政治報告討論時的發言，一九二八年六月二十七日。
6 布哈林在六大政治報告討論後的結論，一九二八年六月二十九日
7 中共六大《政治決議案》，一九二八年七月九日。
8 瞿秋白在六大政治報告討論後的結論，一九二八年六月二十八日。
9 布哈林在六大政治報告討論後的結論，一九二八年六月二十九日。
10 中共六大《政治決議案》，一九二八年七月九日。

個工作的轉變和復興起著巨大的指導作用。

中共六大是中國共產黨歷史上一次有著重大意義的全國代表大會。延安整風時周恩來說過：「總體說來，『六大』關於革命的性質、動力、前途、形勢和策略方針等問題的決定基本上是對的，所以說『六大』的路線基本上是對的。」[1]由於這些決定是中共的全國代表大會的決議，不只是哪一個人的主張，它所產生的影響特別巨大，從而在一系列帶根本性的問題上澄清了共產黨內長期存在的錯誤認識，對統一思想、推進中國革命起了積極作用。這是中共六大的巨大歷史功績。

當然，中共六大也有它的缺點，主要是：第一，還是把城市工作放在中心地位，沒有認識到中國革命的特點是走農村包圍城市的道路。第二，繼續把民族資產階級看作革命的敵人，對中間階級的作用、反動勢力內部的矛盾也缺乏正確的估計和政策。這些都產生過消極的影響。

但是，對這些問題也需要採取分析的態度：第一，這些問題都早已存在，並不是六大提出來的，中共六大只是還沒有能加以解決。周恩來說過：「依據當時的實際情況與理論水平，要求『六大』產生一個以無產階級爲領導、以鄉村作中心的思想是不可能的。當時雖然有了農民游擊戰爭，但我們這種經驗還不夠，還在摸索。」「在歷史上無論中外都找不到農村包圍城市的經驗。從我國當時的實際情況來看，正是處在整個農村革命的游擊運動非常困難的時期，蔣桂戰爭還未爆發，想在這種情況下肯定以鄉村作中心是不可能的。」他還說道：「關於把工作中心放在鄉村，共產黨代表無產階級來領導農民游擊戰爭，我認爲當時毛澤東同志也還沒有這些思想，他也還是認爲要以城市工作爲中心的。」[2]這些不取決於任何人的主觀願望，需要在長期的實踐中，通過正反兩方面經驗的反覆比較，才能逐步取得解決的。第二，中共六大對這些問題雖未能解決，但認識上比過去還是有所前進的。例如，對中共紅軍和農村革命根據地能否存在和發展的問題，中共六大曾給以確認。毛澤東在一九三六年曾說道：「不答覆中國革命根據地和中國紅軍能否存在和發展的問題，我們就不能前進一步。一九二八年中國共產黨第六次全國代表大會，把這個問題又做了一次答覆。中國革命運動，從此就有了正確的理論基礎。」3可見中共六大在這方面的認識是前進了一步，而不是後退。對不足的一面，周恩來這樣評論：「『六大』也有毛病，犯了一些錯誤。但這些錯誤沒有形成路線錯誤，沒有形成宗派主義，雖然一些傾向是有的。這些，對以後立三路線、宗派主義的形成是有影響的，但不能負直接責任。」4這個評論是很公允的。

五、簡單的結語

先驅者的探索是多麼艱難！他們處在歷史大變動的年代，周圍的環境變化得那樣快，許多陌生而複雜的問題突然提出來，等著要他們回答。許多問題在剛出現時還不那麼清晰，它的發展前景中包含著許多難以捉摸的未知數，留給人思考的時間又不多。在這種情況下，要立刻做出準確的判斷和選擇，實在並不容易。

一些在後人看來似乎十分明白的道理，先驅者卻常要在付出巨大代價後才能把它弄清。

1 周恩來：《關於黨的「六大」的研究》，《周恩來選集》編委會：《周恩來選集》（上卷），北京：人民出版社，一九八〇年版，第一八六頁。
2 周恩來：《關於黨的「六大」的研究》，《周恩來選集》編委會：《周恩來選集》（上卷），北京：人民出版社，一九八〇年版，第一七七—一七九頁。
3 毛澤東：《中國革命戰爭的戰略問題》，《毛澤東選集》第一卷，北京：人民出版社，一九九一年版，第一八八頁。
4 周恩來：《關於黨的「六大」的研究》，《周恩來選集》（上卷），北京：人民出版社，一九八〇年版，第一八七頁。

大革命失敗時，中國共產黨誕生才只有六年。中共六大的一些重要參加者瞿秋白、周恩來、蔡和森、鄧中夏、李立三、王若飛等當年都只是三十歲上下的年輕人，革命的理論準備和實際經驗都還有限。他們在革命遭受重大挫敗的嚴峻時刻挺身而出，挑起了這副歷史重擔，站在時代潮流的前列，將革命向前推進，在極端艱難的環境中進行探索，做出了不可抹殺的巨大貢獻。自然，他們不是沒有缺點和不足。恰如其分地分析這些不足，從中引出值得後人深思的教訓，是有必要的。但如果把主要注意力放在責備他們爲什麼沒有解決這個或那個問題上，那難道是公平的嗎？這些，也都要從歷史條件加以說明，使人理解。

第五章

中國共產黨在革命時期三次「左傾」錯誤的比較研究[1]

中國共產黨在革命時期發生過三次「左傾」錯誤，這對多少瞭解中國共產主義運動歷史的人幾乎已是常識。三次「左傾」錯誤各有它的主要負責人，又都同共產國際有關。問題是：為什麼當一次「左傾」錯誤剛得到糾正後，接著又會發生另一次「左傾」錯誤，而且一次比一次更加嚴重？為什麼當這些錯誤發生時，能夠被共產黨內許多人，包括不少領導人所接受和支持？這三次「左傾」錯誤，有哪些相同的地方，又有哪些不同的特點？這就需要把這幾次錯誤的發展過程貫通起來，從總體上做一些考察和比較。這篇文章，試圖在這些方面做一點探討。

一、大革命失敗和第一次「左傾」錯誤

以盲動主義為特點的第一次「左傾」錯誤，是在一九二四至一九二七年大革命突然遭受慘重失敗的歷史條件下發生的。這是它同以後兩次「左傾」錯誤有明顯區別的地方。

對大革命的失敗，許多共產黨人缺乏足夠的精神準備。這以前，在國共合作的條件下，北伐軍從珠江流域很快推進到長江流域；工農運動隨後猛烈發展起來。共產黨內對未來充滿樂觀的情緒。儘管對國民革命陣營內部發生分裂的徵兆，人們並不是毫無覺察，但對行將到來的事變的極端殘酷性，認識極為不足，更談不上做好應付突發事變的對策和措施了。

蔣介石、汪精衛的反共政變一發動，便斷然採取極端殘忍的手段，到處都是嚴密的搜捕和血腥的屠殺。據中共六大所做的不完全統計，從一九二七年三月到一九二八年上半年，在「清黨」名義下被殺害的有三十一萬多人，其中共產黨員兩萬六千多人。黨員人數在短時間內從近六萬人迅速減少到一萬多人。工會和農民協會被封閉、被解散。許多地方的黨組織被打散。共產黨內思想一時異常混亂，許多人

不知道下一步該怎麼辦。

中國革命已進入低潮。中國共產黨正面臨被瓦解和消滅的危險。

面對如此嚴峻的局勢，共產黨內出現劇烈的分化：一部分人被屠刀所嚇倒，動搖了，退卻了，甚至背叛了；而中國共產黨和它的基本力量在極端困難的條件下，重新整集隊伍，開始新的戰鬥。八一南昌起義、八七緊急會議、湘贛邊界秋收起義，爲挽救共產黨和革命做出了巨大貢獻。但就在這時，另一種危險傾向很快又抬頭了，那就是「左傾」盲動主義。它的突出表現有兩點：第一，完全不顧實際條件，不注意在惡劣環境中保存革命陣地和收集革命力量，而是到處要求組織暴動，急於奪取重要城市，打開一個大的局面；第二，輕視革命軍隊的作用，強調主要靠工農自己起來暴動，不要偏重軍事力量，否則就是「軍事投機」。

當時，中共中央把暴動重點放在大革命時期工農運動有較好基礎的湖南、湖北、廣東三省，要求在這三個省迅速發動全省規模的暴動，奪取主要城市。根據這個要求，中共中央接連發佈一系列的指示。

八月二十九日，中共中央常委通過的《兩湖暴動計劃決議案》中寫道：「目前兩湖的社會經濟政治情形，純是一個暴動局面。」他們規定湖南和湖北都從九月十日開始，組織全省的暴動：湖南暴動分三大區，暴動成功後迅速調遣大部分力量進攻長沙，長沙也應在九月十二三日暴動，建立政權；湖北暴動分七個區，從鄂南開始，暴動後直攻武漢，武漢這時也必須有一個大的暴動。並且強調：「土地革命必須依靠真正的農民的群眾力量，軍隊與土匪不過是農民革命的一種副力。坐待軍隊與土匪的行動，這也是機會主義的一種形式的表現。這樣領導暴動，暴動無疑義的要歸於失敗。這不是暴動，這是一種軍事

1 原文載於日本京都大學《東方學報》第七十一冊，一九九九年三月。

的冒險，或者軍事投機。」1

九月二十三日，中共中央又要求廣東全省應該不等待南昌起義軍的到達，「即行發展普遍的暴動」。「如果我們真正把暴動的主力建立在農民群眾的身上，而不是靠單純的工農軍的軍事行動，則我們槍支雖少，不難撲滅有數倍槍支的敵軍（這是兩湖的經驗）。這裡，所需要的是我們指導者和群眾的堅決的勇氣。我們何可在事先自己懷著一種恐懼的心理？！」對城市來說，儘管「工人大多數沒有槍支」，也不要等待，否則就是「太書生了」。「假設在鄉村中農民暴動很激烈，城市已經很恐慌，而工人群眾的革命情緒又很高漲的時候，我們無論有多少槍支，都應立即暴動，不能等待『得力農軍的幫助』，換言之，便是不要等待直接的軍事力量，否則便是軍事投機。」2

不久，他們又對國民黨統治力量最強大的江浙地區提出這樣的要求：「江浙的農民與工人也要領導起來暴動，以推翻南京政府為目的，至少是擴大土地革命的潮流於農民群眾之中，搖動南京政府的政權。」3

當然，不能籠統地說所有暴動都是錯誤的。當國民黨當局實行大規模的血腥屠殺時，在主客觀條件具備的地方，特別是統治勢力比較薄弱的農村地區，依靠群眾，奮起反抗，實行工農武裝割據，而不是束手待斃，無疑是必要的。在中共六大的大會發言中，有的代表說道：「秋收暴動是對的。何故呢？那時工農群眾受了絕大的打擊，農會、工會都封閉了，工農群眾都恨之入骨。」4在湘贛邊區有著武裝起義的主客觀條件，不這樣做倒是錯誤的。但是，到處要求幾乎赤手空拳又沒有受過嚴格訓練和組織的工農民眾，單憑「指導者和群眾的堅決勇氣」，「無論有多少槍支都應立即舉行暴動」，去同訓練有素又有較好武器裝備、在數量上也佔有絕對優勢的國民黨正規軍隊作戰，去奪取主要城市，以為並「不難撲滅有數倍槍支的敵軍」，這完全是脫離實際的空想。其結果，只能使大革命失敗後好不容易保存下來的那點力量在眾寡懸殊的盲動中再次遭受重大損失，並且使共產黨內和工農民眾的革命信心和積極性進一步受到挫傷。

這種看起來近似兒戲的盲動行爲爲什麼會發生？它在相當程度上反映了當時共產黨內的普遍情緒：第一，那時候，中國共產黨剛成立了六年，是一個年輕的黨。許多黨員在極端困難的條件下頑強不屈，把鬥爭堅持了下來，但十分缺乏對付如此複雜局面的經驗。對國民黨屠殺的憤怒和復仇的渴望，對一部分人動搖背叛的強烈憎恨，使他們產生一種近乎拚命的急躁的衝動的心理，往往只看到（甚至誇大）事情有利的方面，而忽略（乃至無視）事情不利的方面。對情況做出錯誤的判斷。第二，對相隔不久的大革命高潮中那些轟轟烈烈場面的強烈回憶和懷念，使他們中許多人不容易承認已經大大改變了的冷酷現實，從實際出發，做出長期打算，而以爲只要憑著滿腔熱情，不難很快打開一個新的局面，總覺得「現在這種局面持續的時間不會太長」[5]。李維漢曾概括地說：「當時，這種『左傾情緒』，在革命者內部乃是普遍現象。」[6]中共中央許多領導人也是如此。李立三在六大的發言中說道：「革命遭受了失敗，很多的工人遭受屠殺或失業，大多數的群眾因疲倦而要休息，但一部分急進分子是不能忍耐的，而走到群眾前面去了，這就是盲動主義與強迫罷工等的來源。」[7]這個分析是符合實際情況的。

1 中共中央常委：《兩湖暴動計劃決議案》，一九二七年八月二十九日。
2 中共中央致南方局並轉廣東省委信，一九二七年九月二十三日。
3 《中央通告第十五號》，一九二七年十一月一日。
4 余茂懷在中共六大上的發言記錄，一九二八年六月二十四日
5 管文蔚：《管文蔚回憶錄》，北京：人民出版社，一九八五年版，第六一頁。
6 李維漢：《對瞿秋白「左傾」盲動主義的回憶與研究》，《回憶與研究》（上），北京：中共黨史資料出版社，一九八六年版，第二三一頁。
7 李立三在中共六大政治報告討論時的發言記錄，一九二八年六月二十三日。

接連的挫敗沒有立刻使中共中央從中得出正確的結論。相反，那些看起來轟轟烈烈的此起彼伏的各地暴動，包括一部分地區由於主客觀因素配合得比較適當而取得成功，使他們對整個局勢進一步做出錯誤的判斷。本來，中共八七緊急會議通過的《告全黨黨員書中》還這樣說：「中央委員會緊急會議現在致書於全體同志的時候，正是很困難危險的時期——偉大的中國革命遇見了極艱巨的折磨。」1 八月二十一日，中共中央常委通過的決議也仍承認：「如果要達到工農運動方面的勝利，那就必須是民權革命的急劇的前進與高漲。然而實際上現在是資產階級軍閥的反動得著了勝利，這當然是中國革命的極大的嚴重的失敗。」2 而相隔沒有多久，這些領導人卻斷言：整個革命形勢已在「更加高漲起來」。

十月下旬，國民黨統治集團內部的矛盾發展爲武裝衝突，特別是南京政府下令討伐控制著湖北、湖南、安徽等省的唐生智。唐生智部迅速崩潰，兩湖局勢混亂。這更使中共中央認定：工農民眾的革命力量，在反動統治已不能穩定的局面下，客觀上已有一觸即發的趨勢。「中央特委到湖北，命令即刻停止省委工作，隔了一天，特委便發第二號通告，主張即刻暴動。那時特委什麼東西都沒有看到，究竟群眾的情緒怎樣，黨的主觀力量怎樣，群眾的鬥爭和組織力量怎樣，這些都一無所知，只是在通告上：暴動暴動。」3

十月二十四日，中共中央的機關刊物《布爾塞維克》創刊。這時，南昌暴動已經失敗，兩湖暴動也沒有取得預期的成果。這期刊物的一篇文章卻說：「雖然我們的革命軍在潮汕失敗了，然而各地的農民暴動並不是衰落下去，而是要增長起來，更加猛烈而普遍起來。」這就是說：革命浪潮還在高漲。那麼，怎樣看待接連遭受挫敗這個事實呢？文章依然充滿自信地說：「革命史上，從沒有勞動民眾的暴動預先便絕對有勝利保證的事。革命的政黨絕不能因爲暴動亦許會失敗，而決定不顧客觀情形的要求，停止暴動的進行。如果這一政黨竟如此決定，那麼，他絕不是共產主義的黨，絕不是無產階級的黨，絕不是革命的黨。」[4]當下級共產黨組織和黨員幹部客觀地反映組織暴動時遇到的困難，特別是工人在國民黨殘酷鎮壓下還缺乏暴動要求和決心時，就遭到嚴厲的斥責，認爲是對革命的動搖，是機會主義的傾向。

十一月七日，中共中央主要負責人瞿秋白在《布爾塞維克》上發表文章，用更強烈的語調寫道：「中國社會的大破裂現在已經開始了。軍閥混戰和國民黨分崩的局面之下，反革命的豪紳資產階級不能鞏固自己的統治，不能穩定，不能統一；工農貧民的鬥爭卻在急遽的爆發，更加高漲起來；雖然半年來已經受著屢次的挫折，屢次殘暴的壓迫，但是工農貧民的革命力量始終飛突的進展，現時已在全國爆裂起來。」[5]這篇文章，顯然是在爲將要召開的中共中央十一月會議在黨內做輿論準備。

十一月九日至十日舉行的中共中央臨時政治局擴大會議，使這種「左傾」盲動主義的錯誤發展到高峰，取得在共產黨的統治地位。

會議通過的《中國現狀與黨的任務決議案》，一開始就提出要對當前形勢和黨的策略做出新的判斷，寫道：「最近的一期，各地工農民眾的鬥爭又重新猛烈的爆發，一般政治狀況及各階級的相互關係經過了很嚴重的變更。中國共產黨的任務，就是要考察現時的新時機而決定適應這種客觀時機的策略。」決議在列舉中國社會嚴重危機的種種表現後，得出一個重要的結論：「中國勞動民眾革命運動的

1 《中國共產黨中央執行委員會告全黨黨員書》，一九二七年八月七日。
2 《中國共產黨的政治任務與策略的議決案》，一九二七年八月二十一日。
3 任旭在中共六大上的發言記錄，一九二八年六月二十五日。
4 毛達：《八一革命之意義與葉賀軍隊之失敗》，《布爾塞維克》第一卷第一期。
5 秋白：《中國社會的大破裂》，《布爾塞維克》第一卷第三期。

力量不但還有很多很多沒有用盡，而且現在剛在重新爆發革命鬥爭的高潮。」「現時全中國的狀況是直接革命的形勢」，「中國革命帶著長期的性質，但是是無間斷的性質」。決議提出創造總暴動局面的任務，說：「現在雖還沒有到總暴動的時機，而黨的任務卻正在於努力鼓動各地城鄉革命的高潮，創造總暴動的局面。」並且認爲：現在的革命鬥爭，已經必然要超越民權主義的範圍而急遽地進展。對以往多次暴動的失敗，決議不但沒有從中引出必要的教訓，相反卻指責說：「許多次農民暴動之中，指導者猶豫動搖，沒有革命的堅決的意志，都是多次失敗的主要原因。」[1]

這個決議是在共產國際代表羅米納茲指導下起草的，使「左傾」盲動主義的錯誤指導更加系統化和理論化了。把中國革命的性質和速度概括爲「無間斷的革命」，也是羅米納茲的發明。但這種「左」的思想和情緒，當時在中國共產黨內也相當普遍地存在著。

中國共產黨的領導人們接受這些主張，並不只是出自對共產國際的盲從，也經過自己的嚴肅思考，力圖從理論上做出分析和說明。十一月會議結束後數天，瞿秋白寫了《中國革命是什麼樣的革命？》一文，在《布爾塞維克》第五期上發表。這是一篇很有代表性的文章。瞿秋白一開始先提出問題：「革命是低落嗎？」接著便回答道：「革命潮流的低落與消沉，在現時的中國必須有三個條件：一、反革命的統治能相當解決中國社會關係中的嚴重問題（如土地問題、勞資問題等）；二、反革命的統治能夠迅速穩定；三、革命的群眾潰散而消沉。如今事實上中國絕沒有這些條件。」以這三個條件來衡量，他得出結論：「中國革命是高漲而不是低落。中國革命的高漲而且是無間斷的性質——各地農民暴動的繼續爆發以及城市工人中鬥爭的日益劇烈，顯然有匯合而成總暴動的趨勢。」[2]

《布爾塞維克》下一期是「中國共產黨中央臨時政治局擴大會議特刊」。這期的社論中又寫道：「歷史的教訓指示我們……民眾不能等待葉賀來替廣東工農革命，不能等待任何軍事勢力（甚至於某某工農討逆軍、某某農軍）來打倒治者階級。此後的革命，堅決的只有工農自己起來武裝暴動，自動手的殺戮豪紳工賊反革命派，自動手的沒收土地分配土地，摧毀一切舊的社會關係。『民眾反軍閥的戰爭已經開始了』，中國共產黨最近決定如此的策略，實在是開闢中國革命史的新紀元。」「中國現在所需要的革命，是徹底的土地革命——最徹底的推翻封建宗法制度的民權主義革命，而且是急轉直下這種社會主義的革命——馬克思所謂無間斷性的革命。況且，中國革命經過三次失敗而仍舊繼續不斷的高漲，群眾的鬥爭與暴動普遍全國的爆發，更是中國革命的無間斷性之表演。」3

事情確實是複雜的：國民黨雖然繼續打著「國民革命」旗號，中國社會內部那些異常尖銳的根本問題卻一個也沒有得到解決，反動勢力並沒有建立起長期的穩定的統治，人民也不可能放棄鬥爭，在這種情況下，革命自然必將繼續向前發展。如果看不到這一點，就會走到悲觀失望的取消主義的道路上去。但事情還有另外一面：大革命失敗，國民黨已經暫時建立起相對穩定的統治，不少人對它抱有期望，他們的軍事力量更佔有極大的優勢，而革命勢力卻遭到嚴重的削弱。從全國來看，革命潮流正處在低谷，而不是在「一直高漲」之中。這也是無可否認的事實。

王若飛在中共六大的發言中說：「我們或只片面的看到敵人統治的搖動，或只看到群眾有革命的要求，或只看到鄉村爭鬥的發展，或只看到一地方之急進，便認爲全國革命潮流是一直高漲，可以即刻暴動，這是錯的。」4 項英在這次會上也說：「國民黨反叛後工人階級的力量是減弱了。」「我們可以拿

1《中國現狀與黨的任務決議案》，一九二七年十一月九—十日。

2 瞿秋白：《中國革命是什麼樣的革命？》，《布爾塞維克》第一卷第五期。

3《布爾塞維克萬歲》，《布爾塞維克》第一卷第六期。

4 王若飛在中共六大上的發言記錄，一九二八年六月二十五日。

工人的話來講：『我們現在沒有力量。』這表示有些工人一面痛恨國民黨，一面又找不著出路。」[1] 更多的人往往需要經過事實反覆多次的教育，才能真正把事情看清楚，才能真正把錯誤糾正過來。

十一月會議後，中共中央繼續緊鑼密鼓地部署各地暴動，並且仍把主要希望寄托在廣東和兩湖的暴動上：「對於廣東，中央堅決的訓令廣東省委須於最短期間變張（發奎）李（濟深）的軍閥混戰為工農奪取政權的戰爭。對於兩湖，中央亦曾訓令兩湖省委於最短期間佈置出一個總暴動的局面。」[2]十二月十一日，廣東省委根據中共中央的指示，發動廣州起義，經過十多小時激戰，佔領廣州市區的絕大部分，成立了蘇維埃政府。「蘇維埃」這個名詞是從蘇聯搬來的，就是代表會議的意思。這次起義，其實仍是以隱蔽下來的共產黨員葉劍英所領導的第四軍教導團和警衛團等革命軍隊為骨幹發動起來的，也有工人赤衛隊七個聯隊和市郊一部分農民武裝參加。中共中央卻把它看成是「廣大群眾自己的力量舉行暴動，有組織的軍事勢力不過成一種輔助的力量」。並且認為：「中國革命潮流確實是一天一天的高漲，中國革命確實是深入而擴大，不僅沒有失敗，而且不是停頓。」[3]

蘇南地區的宜興和無錫在十一月間相繼爆發有幾千農民參加的武裝暴動，宜興暴動農民並曾一度乘虛佔領縣城，也使中共中央感到十分興奮。《布爾塞維克》第四期的社論寫道：「江南的農民已經在宜興、無錫開始偉大的暴動了。宜興、無錫爆發的農民暴動明顯表示：無論豪紳資產階級政權如何以亞洲式最野蠻的手段鎮壓中國工農貧民的真革命，但中國的革命運動仍然潛滋暗長的發展著，且將更偉大的爆發出來。」「這次暴動是普遍江南各縣的暴動。宜興的挫折和其他城鎮的失敗都不能停止暴動，只有更加擴大暴動的範圍，由蘇常至浙江以及於江北，而且江南正是中國最大的工業區，上海就是中國無產階級最強有力的營壘。江南鄉村農民暴動更將與城市工人暴動聯結起來，根本推翻豪紳資產階級根據地，攫取其政權，建立蘇維埃的中國。」[4]

事情的發展完全不是像他們所期望的那樣。廣州起義，因爲共產國際代表諾伊曼堅持起義只能以城市爲中心，必須「進攻、進攻、再進攻」，而喪失了及早把主力轉向農村、避開優勢敵人打擊的時機，寡不敵眾，維持了三天便失敗了，遭受巨大損失。

湖南的「灰日暴動」一開始就被鎮壓下去。湖北的暴動根本沒有發動起來。蘇南是國民黨統治的心臟地區，兵力集中，交通便利，暴動一起，國民黨軍隊就趕到了，很快把暴動撲滅。

每次暴動起來，盲動主義的領導人總是一味只從順利的方面去設想，以爲只要暴動起來，第一步就可以如何如何，第二步又可以如何如何；而對暴動後會遇到哪些困難，怎樣對付敵人殘酷的鎮壓，很少考慮和準備；對有些根本沒有條件舉行暴動的地方，不但不去組織有秩序的退卻，反而也強令他們去舉行毫無勝利希望的暴動。項英在中共六大會上批評道：「過去黨對於政治分析，只說敵人的弱點與我們的強點。反動勢力進攻的形勢怎樣，我們主觀力量怎樣，都沒有提及。」5

這樣，一旦出現原來沒有料想到的情況，便不知所措而陷於失敗。結果，暴動地區的許多領導人和革命積極分子被殺害，包括中共廣東省委書記張太雷和湖南省委書記王一飛等高級幹部都先後犧牲；中國共產黨在原來群眾基礎最好的這些地區很不容易地保留下來的一點力量，再次遭到嚴重摧殘；群眾情緒也因接連挫敗而明顯低落。羅章龍在中共六大談到湖南的情況：「此時中央派一飛到長沙，唯一政策

1 項英在中共六大上的發言記錄，一九二八年六月二十四日。
2 《中央通告第二十三號》，一九二七年十二月十四日。
3 《偉大的廣州工農兵暴動！》，《布爾塞維克》第一卷第九期。
4 《江南農民大暴動之開始》，《布爾塞維克》第一卷第四期。
5 項英在中共六大上的發言記錄，一九二八年六月二十四日。

是繼續暴動。湖南同志當反革命高壓及大多數同志犧牲之後，在中央的無條件暴動政策之下，並不知道暴動的前途是什麼，只是人人懷必死之心，服從上級命令，爲暴動而暴動罷了。自一飛到長沙後，首先聲明他的唯一任務來湖南是以暴動爲目的的。只有一點力量，便盡量的運用它發動一個暴動，在長沙、安源及外縣盡量的發展。這些單獨盲動的結果，盡被敵人各個擊破，只是將我們黨少數團聚的力量完全毀壞，黨的幹部及工會的幹部直到後來死亡殆盡（只剩了極少數人逃生的）。」1 如果繼續這樣不顧一切地不斷暴動下去，組織和革命的力量可能會全部喪失乾淨。

慘痛而冷酷的事實不能不使中共中央領導人感到震驚，開始冷靜下來重新考慮問題。這是用多少血的代價換來的啊。當時，人們最迫切要求回答的問題是：暴動是不是需要具備應有的條件？一九二八年一月十四日，中共中央發出由剛到中央不久的周恩來起草的致湖北省委的信，指出：「中央認爲你們有無政府黨與盲動主義的傾向，即是認爲一切的鬥爭都是暴動，無往而不暴動，一切解決於暴動。」要求湖北省委「趕快停止無政府黨、盲動主義的行動，很艱苦的深入到工農群眾中去工作，在領導工農群眾的日常鬥爭中，去發動與創造群眾的革命大潮」。2 在整個工作部署上，中共中央也做了重大調整，停止原來計劃的兩湖「年關總暴動」。在實際工作中出現明顯的變化。

但是，要徹底糾正一種已經形成系統的錯誤指導思想，實在不是容易的事情。儘管有了一些變化，中共中央並沒有改變中國革命潮流仍在高漲這個根本估計。二月十日，瞿秋白給共產國際的報告中，雖然講到工農之間、各地域之間革命運動發展的不平衡，但仍認爲「革命的潮流顯然不是低落的」，「一般民眾的出路，是只有武裝暴動，奪取政權。」「階級鬥爭已經到最劇烈最殘酷的形式。」3 而共產黨內對這個問題已經存在不同看法。在第一線工作的中共江蘇省委負責人王若飛、項英等，根據實際生活中的體會，提出：中國革命潮流是低落的，不能簡單地說革命潮流高漲。中共中央一些領導人仍堅持說整個的革命潮流是高漲的。他們有一個很大的顧慮，生怕一說革命潮流低落，會使共產黨內滋長灰心沮喪的情緒，使人心在本已極端困難的情況下更加渙散，對革命的推進產生消極作用。連多次反對過盲動主義的周恩來、羅亦農也是如此。周恩來在中共中央召開的一次談話會上表示：講革命潮流低落是「由失敗而發生出來的觀念，不但是低落，而且會悲觀」。[4]他們十分擔心這一點。這樣，糾正「左傾」盲動主義就很難堅決而徹底。

同年二月，共產國際執行委員會第九次擴大會議通過關於中國問題的決議。這個決議是比較好的，批評了盲動主義和共產國際代表羅米納茲的錯誤。決議指出：「目前中國革命所處的時期是資產階級民主革命時期。」「認爲現階段的中國革命已經轉變爲社會主義革命的看法是不正確的。同樣地，認爲現階段的革命是『不斷革命』的看法（這是共產國際執委會駐中國代表的觀點），也是不正確的。」對中國革命的形勢，決議做出明確的論斷：「這場革命運動的第一個浪潮已經過去，在許多革命運動的中心地區，這個浪潮止息下去，工人和農民遭到慘敗……目前，在全國範圍內還沒有出現群眾革命運動的新高潮。」[5]

對形勢的判斷是制定黨的基本策略路線的依據。共產國際這個決議著重指出：「在目前形勢下，一個最大的危險就是工農運動的先鋒隊由於對當前形勢的錯誤估計，由於對敵人力量估計不足，因而可能

1 羅章龍在中共六大上的發言記錄，一九二八年六月二十四日。
2 中共中央給湖北省委的信，一九二八年一月十四日。
3 瞿秋白：《瞿秋白文集》政治理論編，第五卷，北京：人民出版社，一九九五年版，第三一四、三一五頁。
4 周恩來在政治談話會上的發言記錄，一九二八年二月十二日。
5 中國社會科學院近代史研究所翻譯室編譯：《共產國際有關中國革命的文獻資料》第一輯，北京：中國社會科學出版社，一九八一年版，第三五〇頁。

脫離群眾，過於冒進，分散自己的力量，從而被各個擊破。」「要經常地、日復一日地做提高群眾階級覺悟的工作，要領導群眾的日常鬥爭以及組織群眾。這一切對於中國共產黨來說，目前比過去任何時候都更爲必要。」「必須堅決反對工人階級某些階層中的盲動主義，反對在城市和農村採取無準備、無組織的行動，反對把起義當作兒戲。」1這個決議傳到處於秘密狀態的中共中央手裡，已到了四月下旬。四月二十八日，中共中央召開政治局會議進行討論。參加會議的有瞿秋白、周恩來、李維漢、鄧中夏、項英五人。兩天後，中共中央發出接受共產國際執委會二月決議的第四十四號通告，對中國革命性質和反對盲動主義的問題都明確表示了態度。這樣，中國共產黨在革命時期的第一次「左傾」錯誤，在全國基本結束。

二、革命走向復興和第二次「左傾」錯誤

中國共產黨在革命時期的第二次「左傾」錯誤，是在一九三〇年夏間發生的。它同第一次「左傾」錯誤的結束，相隔兩年時間。兩者有明顯的不同：第一次是在大革命遭受嚴重挫敗時帶有濃厚拚命色彩的盲目蠻幹；第二次卻是在國民黨各派軍事勢力間爆發大規模混戰、革命運動明顯走向復興時，由於對革命發展的有利形勢做出過分誇大的估計而發生的迫不及待的冒險主義。

中國共產黨第六次全國代表大會是在一九二八年六月十八日至七月十一日在莫斯科舉行的。會上許多代表對盲動主義錯誤提出批評，如王若飛說：「這些都是沒有看清當時爭鬥形勢，不顧群眾力量，純主觀的辦法，自然要迭次遭受失敗。」「現在還沒有全國範圍內的高潮，我們要努力準備新的高潮的到來。」2

在經歷了「左傾」盲動主義的狂熱和一連串失敗帶來的迷惘以後，中共六大的基調是堅定而清醒的。它肯定中國革命現在階段的性質仍是資產階級民主革命，明確地指出目前的形勢沒有群眾的革命高潮，要求中國共產黨的工作根據階級力量的實際對比有一個堅決的轉變。中共六大的政治決議寫道：「工農運動底第一浪潮，大都是中國共產黨所指導的。這個浪潮已經完結，因爲工農受著極嚴重的失敗，他們的革命組織受著極大的摧毀（工會、農民協會、共產黨黨部），最好的幹部遭受屠殺，工農底先鋒遭受很大的損傷。現時的形勢，一般說來是沒有廣泛的群眾的革命高潮，中國革命運動發展底速度是不平衡的，亦就是現時形勢底特徵。」決議提出了必須實現工作方向轉變這樣一個十分重要的問題：「因爲革命受了這嚴重失敗的關係，工作底方向必須堅決地從廣大範圍內直接的武裝發動，轉變到加緊組織和動員群眾的日常工作的方向來。」並且明確規定：「現在，第一個浪潮已經因爲歷次失敗而過去了，而新的浪潮還沒有到來，反革命底勢力還超過工農，黨底總路線是爭取群眾。」怎樣才能取得爭取群眾的成效？決議強調指出：「最主要的危險傾向就是盲動主義和命令主義，他們都是使黨脫離群眾的。」「現在必須繼續反對機會主義的鬥爭，尤其要反對左傾的弊病。」[3] 共產國際主席布哈林在會上所做長篇報告，也對盲動主義批評道：「在失敗之後，我們身上現在還有數十百個創傷，現在若仍要暴動，簡直是以革命爲兒戲，這是絕對不正確的。」[4]

1 王若飛在中共六大上的發言記錄，一九二八年六月二十五日。
2《中國共產黨第六次全國代表大會政治決議案》，一九二八年七月九日。
3 中國社會科學院近代史研究所翻譯室編譯：《共產國際有關中國革命的文獻資料》第一輯，北京：中國社會科學出版社，一九八一年版，第三五〇—三五二頁。
4 布哈林在中共六大上關於政治報告的討論結論，《黨的生活》第三期。

對中共六大的歷史評價，延安整風時周恩來說過：「總起說來，『六大』關於革命的性質、動力、前途、形勢和策略方針等問題的決定基本上是對的，所以說『六大』的路線基本上是對的。」1

中共六大後的兩年間，在極端複雜而困難的環境中，中共中央領導各地黨組織進行了艱苦而紮實的工作。儘管工作中仍有失誤，但總的說取得了不少進步，主要表現在兩個方面：

第一，整頓幾乎被打散了的中國共產黨組織，恢復並發展共產黨在國民黨統治區域內的秘密工作。那時候，在國民黨嚴密搜捕和共產黨的「左傾」盲動下，全國的省委機關沒有一個不曾被破壞過。以原來基礎較好的湖北來說，在一九二八年連續遭受三次摧毀性破壞後，全省城市十分之九已沒有中共的組織，工人黨員下降到不足五十人。在這種情況下，中共中央幫助各省一個一個地恢復組織，並且把「深入群眾」當作當前組織上的中心口號。中國共產黨的作風有明顯的改變，注意深入到群眾中去，瞭解他們的切身利益和要求，努力團結更廣泛的群眾。共產黨在群眾中的政治影響和領導鬥爭的力量，都有了新的進展。城市的工人運動出現復興的趨勢。這些雖還是初步的，卻是得來不易的。

第二，工農紅軍和農村革命根據地的工作取得巨大的發展。中共六大前後，中國農村的革命游擊戰爭正處在特別艱難的時刻。那時，國民黨各派軍事勢力間的大規模內戰還沒有爆發，可以集中較多兵力對工農紅軍進行「清剿」。紅軍的農村游擊戰爭開始還不久，力量很小，經驗不足，失利的消息一個接著一個地傳來。經過一年多的努力，加上國民黨各派軍事勢力之間的大規模內戰開始，無暇顧及對工農紅軍「進剿」，紅軍力量有了很大發展。到一九三〇年年初，紅軍已有第一軍至第十三軍共十三個軍，六萬兩千七百多人，兩萬八千九百多支槍（其中最強大的是朱德、毛澤東領導的紅四軍，有一萬人、七千支槍；其次是彭德懷、滕代遠領導的紅三軍，有九千四百多人、六千五百多支槍），分佈在中國南部一百二十七個縣。2在國民黨統治力量薄弱的幾省邊界地區，已先後建立起贛南、閩西、湘贛、湘鄂贛、閩浙贛、洪湖及湘西、鄂豫皖、左右江等大小十五個農村革命根據地，有幾萬、幾十萬農民團結在共產黨周圍，開展土地革命，沒收地主土地，建立自己的武裝和政權。

中國革命運動的面貌，經過兩年的努力，和中共六大閉幕時相比已大大不同了，處處呈現出向前發展的態勢。

中共六大對形勢的估計，本來遺留下一個問題。它雖然指出「現在第一個革命浪潮已經因為歷次失敗而過去了，而新的浪潮還沒有到來」，但對新的革命浪潮究竟在什麼時候可以到來，並沒有具體做出回答，而在當時確實也難以回答。《六大政治決議案》還寫道：「新的廣大的革命高潮是不可避免的。」「反動的統治在各區域鞏固的程度是不平衡的，因此在總的新高潮之下，可以使革命先在一省或幾省重要省區之內勝利。目前沒有革命高潮的條件之下這種勝利沒有可能實現，然而這種前途是可能的。」[3]因此，新的革命高潮何時到來，就一直縈繞在中共中央許多人的頭腦中。在主觀上，他們是急切地期望這種新的革命高潮能夠早日到來的。革命形勢處處呈現向前發展的態勢，更增強了他們的這種情緒。這是中國共產黨內「左」的急性病容易重新抬頭的重要原因。

不過，在六大後的最初一年左右時間內，中共中央的態度仍是比較冷靜的。一九二八年十一月，中共中央軍部給南路軍的指示信，在指出反動統治階級面對的各種基本矛盾一個也無法解決、新的革命高潮終將到來以後，接著就說：「然這也不容許過分估量，因為統治階級雖不能根本解決革命危機，但它

1 周恩來：《關於黨的「六大」的研究》，《周恩來選集》編委會：《周恩來選集》（上卷），北京：人民出版社，一九八〇年版，第一八六頁。

2 周恩來：《紅軍的數目與區域》，一九三〇年三月。

3 《中國共產黨第六次全國代表大會政治決議案》，一九二八年七月九日。

卻能和緩這個革命危機，尤其是我們黨在目前不能領導成千上萬的工農貧民兵士群眾於黨的政治影響之下，坐使工農貧民兵士自發的鬥爭成爲零碎的失敗，而不能使階級鬥爭成爲更劇烈的形式，更足以推延這個革命高潮的到來。故在目前反革命勢力還超過工農鬥爭力量時，黨的總路線是爭取群眾。武裝暴動在全國範圍內還不是行動的口號，而是宣傳的口號。」[1]這一類分析，在當時中共中央文件中到處可見。

已經擔任政治局常委兼宣傳部長的李立三，最初也還能保持冷靜的頭腦，並不像不久後那樣狂熱。他在一九二九年三月發表的文章中寫道：「我們分析各種群眾的情形，很明顯的是廣大群眾的鬥爭又已開始復興的形勢，雖然這一復興的形勢是很緩慢的，但的確是很穩著的向前進展。」同時也指出：「如果認爲現在群眾鬥爭已經復興了，將要很快的走向革命高潮，這也是極不正確的觀點，同一樣的有害於我們正確的路線。因爲這一無聊的樂觀主義要使我們認不清敵人的策略，尤其是使我們認不清革命的主觀的弱點。」「所以我們對於這一開始復興的形勢決不能作過分的估量，認爲革命高漲必然很快的到來。」[2]直到這年七月初，他在一篇文章裡敘述兩個月來國民黨統治危機加深和革命鬥爭發展的事實後，仍然比較冷靜地寫道：「我們不能將這些現象的程度誇大了，我們還不能說很快的便是革命的高潮，但是這種現象卻無疑意的走向革命高潮的形勢。」[3]

但隨著形勢的變化，中共「左」的急性病又一步一步地抬頭。到一九二九年底和一九三〇年初，這種「左」的偏向便急轉直下地發展起來。當時，有兩個不能忽視的因素：一個來自共產國際，另一個來自國內政治局勢的變化。

來自共產國際方面的，主要是兩件事，那就是共產國際十次全會大力開展反右傾鬥爭和國際給中共中央寫來四封指示信。當時共產國際在各國共產黨內有著很高的威信，並且在組織上對中國黨有著約束作用。因此，這兩件事都在中國共產黨內引起震動，產生了不小的影響。

共產國際執行委員會第十次全會是一九二九年七月三日至十九日舉行的。這次會議著重批判了共產國際原主要領導人布哈林的「右傾」，撤銷了他在國際中擔負的工作。會議政治決議案對布哈林在國際六大提出的戰後「第三時期」的論斷重新做了解釋。這樣寫道：「目前是大戰後的第三時期，是資本主義一般危機增長起來而帝國主義內外矛盾日加劇烈的時期。此時期的矛盾將要達到帝國主義新的戰爭，將要達到偉大的階級衝突，將要達到主要資本主義國家的新的革命浪潮之發展，將要達到殖民地反帝國主義的大革命。」

這個論斷，後來成爲中國共產黨內第二次「左傾」錯誤的重要理論依據。全會決議認爲，由於世界資本主義經濟危機的發展和蘇聯第一個五年計劃經濟建設的成功，「帝國主義對蘇聯的進攻乃是主要的危險」。共產國際經常把它自己的主張，不加區別地規定爲各國共產黨一律都要嚴格執行的任務，而不顧這些國家的不同國情和實際形勢。由於這次會議的主題是反右傾，它就提出：「加緊反右傾的鬥爭，在殖民地國家共產黨內也是必要的。」[4]莫洛托夫在會上的演講中說：「反對右派及調和派的鬥爭，帶著國際的性質。這個鬥爭的尖銳程度，它的嚴厲和堅決的程度，大部分可以作爲各國共產黨發展的一個標準。」他還說：「在這個『第三時期』和直接革命形勢之間並沒有隔著一道萬里長城。」[5]

---

1 中央軍部給南路軍的指示信，一九二八年十一月十三日。

2 立三：《目前政治形勢的分析與我們的中心任務》，《布爾塞維克》第二卷第五期。

3 立三：《反動統治的動搖與革命鬥爭的開展》，《布爾塞維克》第二卷第七期。

4 《國際狀況與共產國際的目前任務——一九二九年七月共產國際執行委員會第十次全體會議的政治決議案》，《布爾塞維克》第三卷第一期。

5 莫洛托夫：《共產國際與新的革命浪潮》，《布爾塞維克》第三卷第一期。

這一來，「反右傾」的口號立刻在中國共產黨內上升到突出地位，共產黨內的政治空氣頓時一變。「左」的急躁情緒迅速大幅度上升。《布爾塞維克》爲這次國際會議出版了「特號」，並且發表文章說：「第三時期，是帝國主義沒落的時期，是全世界革命總爆發的時候。」「帝國主義戰爭的危險日益迫近，特別是對蘇聯的進攻的危機更是日益迫近。反對帝國主義戰爭、保護蘇聯的口號，日益成爲共產主義每日的口號。」[1] 十二月二十日，中共中央政治局專門通過《中國共產黨接受共產國際第十次全體會議決議的決議》，完全同意國際十次全會對大戰後第三時期的分析，認爲在中國革命復興的形勢下，要更迅速地開展這一全國革命高潮，提出「在現在中國革命的形勢之下，在城市在工人中組織同盟罷工、示威運動，發展到政治的總同盟罷工，擴大游擊戰爭，組織地方暴動，盡量地擴大紅軍，組織兵變，是現在黨領導各種革命鬥爭匯合起來成爲推翻國民黨軍閥政權、建立蘇維埃政權之直接鬥爭的主要策略」，並且表示要堅決開展反右傾鬥爭。[2]

一九二九年這一年，共產國際給中共中央寫來四封信。它的內容都著重在反右傾。其中影響最大的是十月二十六日的信。它一開始就危言聳聽地說：「中國最近的事實，迫著我們在還沒有接到你們關於黨在現時條件下的行動和路線的消息的時候，就來說一說我們對於中國時局的估計，就來預先指出你們中國共產黨底最重要的任務。」信中做出一個嚴重的結論：「中國進到了深刻的全國危機的時期。」從這個總判斷出發，他們提出：「現在已經可以開始、而且應當開始準備群眾去用革命方法推翻地主資產階級聯盟底政權，去建立蘇維埃形式的工農專政。同時，要積極地發展和擴大革命形式的階級鬥爭（群眾的政治罷工、革命的示威運動、游擊運動等）。」他們不再要求反對盲動主義，相反地認爲：「盲動主義的錯誤在大體上已經糾正過來。你們現在切不要重複這些錯誤，而應當盡力鼓動並加緊階級衝突，領導群眾底義憤，按照階級衝突的向前發展而提高要求，把革命鬥爭推進到日益更高的發展階段上去。」[3]一九三〇年一月十一日，中共中央政治局通過接受國際這封指示信的決議，表示：「目前全國情形，正如國際來信所指出，確已進到深刻的全國危機的時期。」「現時雖不能預言轉變到直接革命形勢的速度，即實行武裝暴動直接推翻反動統治的形勢的速度，但我們必須如國際所指示，在現在就準備群眾去實現這一任務，並積極的開展和擴大階級鬥爭的革命方式。」[4]

國內的政治局勢，這時也朝著有利於革命的方向發展。南京政府在北伐軍佔領北平和天津、北洋軍閥的統治被推翻後，曾有過一段相對穩定的時期，民族工商業因爲國內戰爭基本停息和交通全面恢復而有所發展，但從一九二九年三月蔣桂戰爭爆發起，重又陷入連年不斷的各派軍事勢力的混戰之中，許多原來「清剿」工農紅軍的軍隊紛紛調往軍閥混戰的戰場，後方空虛，給了各地工農紅軍以發展的機會。在國民黨政府統治下，中國的民族危機更加深重，中國社會內部的矛盾不但一個也沒有得到解決，而且更加激化。原來對國民黨抱有期待的人們的不滿情緒也日益滋長起來。一九三〇年二月九日，在華北處於舉足輕重地位的閻錫山通電要求蔣介石下野。閻錫山、馮玉祥、李宗仁和改組派、西山會議派等聯合反蔣的新格局日見明朗，規模空前的中原大戰迫在眉睫。國民黨統治地區內的狀況越來越混亂。

事情就是這樣不幸：當一九二八年革命浪潮低落、革命遭到嚴重挫敗的時候，共產黨內雖然一度出現「左」的錯誤，在事實的教訓下，大家終於清醒過來，糾正了盲動主義的錯誤。但過了一年多，到國

1 陸定一：《共產國際第十次全體會議的總結》，《布爾塞維克》第三卷第一期。
2 《中國共產黨接受共產國際第十次全體會議決議的決議》，一九二九年十二月二十日。
3 《共產國際執委給中共中央關於國民黨改組派和中共任務問題的信》，一九二九年十月二十六日。
4 中共中央：《接受國際一九二九年十月二十六日指示信的決議》，一九三〇年一月十一日

民黨各派軍事勢力混戰大規模爆發、革命運動明顯走向復興時，共產黨內許多人又過分興奮起來，忘乎所以，對革命形勢的發展做出脫離實際的過高估計，逐步導致第二次「左傾」錯誤。

「左」的急性病一旦重新抬頭，很快就不斷升溫。二月十七日，中共中央政治局舉行會議，討論全國的「政治形勢與戰略策略」。李立三在會上做報告。他說：現在全國大混戰又要爆發了，蔣閻戰爭的範圍當然更擴大。他判斷道：「在今天，在全國範圍內固無直接革命形勢，然而它的到來並非很遠。因爲軍閥戰爭削弱統治力量，加重群眾痛苦。這一混戰的確有可能爆發一直接革命形勢。」

因此，他提出：「我們目前總策略路線應針對這一前途，『變軍閥戰爭爲消滅軍閥的革命戰爭』『以群眾武裝暴動消滅軍閥戰爭』不僅爲宣傳口號，而且變爲動員群眾的直接口號。因此，策略總方針是：組織群眾行動，以消滅軍閥戰爭。」「在某幾省的形勢之下，組織一省或幾省暴動，在今天應有堅決決定，首先就是湖北問題。」1在國際指示信影響下，原來比較慎重的周恩來也提出要「組織政治罷工，組織地方暴動，組織兵變，集中紅軍攻堅」，並且說：「這四大口號是我們目前的中心策略。」2當然，也需要注意到：從當時中共中央一些文件來看，他們所考慮的還只是如何「準備全國暴動」，如何「推進直接革命形勢更快到來」，還沒有做出在全國組織暴動的具體部署。

五月間，醞釀已久的蔣介石同閻錫山、馮玉祥、李宗仁等之間的中原大戰爆發。這是一次規模空前的新軍閥大戰。雙方動用的兵力在一百六十萬人以上，在隴海鐵路、津浦鐵路、平漢鐵路一帶展開反覆拉鋸的激戰，戰爭持續達四個月之久。當時，周恩來已去蘇聯向共產國際報告工作，實際上主持中共中央工作的李立三認爲革命危機已在全國走向成熟。他在五月十五日出版的《布爾塞維克》上發表題爲《新的革命高潮前面的諸問題》的長篇文章。這可以說是一篇綱領性的文件，無論在對國內局勢的估計上，還是在整個工作的部署上，都出現重大的轉折。文章對形勢做出這樣的論斷：「有了農村暴動的廣泛的發展，有了工農紅軍的迅速擴大，有了兵士的動搖與自覺的嘩變的事實的增加，有了統治階級這樣嚴重的危機，的確只要是在產業區域與政治中心爆發了一個偉大的工人爭鬥，便馬上可以形成革命的高潮——直接革命的形勢。」「這些革命客觀條件日益成熟的時候……那麼在任何一個問題上都有爆發革命高潮的可能；而且在革命高潮到來的形勢之下，群眾組織可以飛速的從極小的組織發展到幾十萬人甚至幾百萬人的偉大的組織。同樣，黨的組織也可以在幾星期甚至幾日以內變成廣泛的群眾的黨。」3

李立三也知道：中國這麼大，國民黨統治的鞏固程度和革命勢力的發展在各個區域是不平衡的。他在文章中說：「當全國範圍內已經到了革命高潮的時候，但革命政權或許不能同時在全國範圍內取得勝利，而要首先建立一省或幾省的革命政權。」可是，後面又寫道：「一省與幾省政權，必須是緊接著全國革命的勝利，絕不能有什麼『割據』、『偏安』的局面。所以在準備奪取一省與幾省政權的時候，如果只注意在某幾省區的狹隘的範圍而忽視了全國工作同時加緊的配合，便是絕對的錯誤觀念。」4

怎樣來奪取一省與幾省的首先勝利呢？李立三仍從城市中心論的觀點出發，認為主要得依靠城市產業工人從政治罷工到總同盟罷工再到武裝暴動。他寫道：「沒有中心城市，產業區域，特別鐵路海員兵工廠工人群眾的罷工高潮，決不能有一省與幾省政權的勝利。想『以鄉村來包圍城市』，『單憑紅軍來奪取中心城市』都只是一種幻想，一種絕對錯誤的觀念。所以準備奪取一省與幾省政權的勝利的條件，特別要加緊主要城市尤其是重要產業工人中的工作。所以，組織政治罷工，擴大到總同盟罷工，加緊工

1 李立三在中共中央政治局會議上的發言記錄，一九三〇年二月十七日。
2 周恩來在中共中央政治局會議上的發言記錄，一九三〇年二月十七日。
3 李立三：《新的革命高潮前面的諸問題》，《布爾塞維克》第三卷第四、五期合刊。
4 李立三：《新的革命高潮前面的諸問題》，《布爾塞維克》第三卷第四、五期合刊。

人武裝的組織與訓練，以創造武裝暴動的勝利的基礎，是準備一省與幾省政權奪取的最主要的策略。」但工農紅軍這時畢竟已成爲誰都無法忽視的力量，所以，和第一次「左傾」錯誤時不同，李立三沒有再去批評什麼「軍事冒險」，而把紅軍對城市的進攻也看作他的計劃中的重要輔助力量，故這樣寫道：「在中國客觀經濟政治條件之下，單只無產階級鬥爭的高潮，而沒有農民的暴動、兵士的嘩變、紅軍的有力進攻、各種革命勢力的配合，同樣是絕對不會有革命的勝利。而且在這四種革命勢力中，缺乏任何一種，都是不可能的。」1

值得注意的是，王明在同期《布爾塞維克》上也發表了一篇文章。他的基本觀點同李立三沒有多少差別。文章寫道：「此次軍閥戰爭是中國整個政治經濟危機尖銳化的具體反映。」「力爭革命首先在武漢及其鄰近各省勝利的前途加速實現，即變軍閥戰爭爲工農兵武裝暴動推翻軍閥統治的戰爭，不僅是武漢及其鄰近各省的工農群眾的緊迫任務，而是全中國工農群眾的迫切任務。奪取武漢毫無疑義地是建立全中國蘇維埃政府的開始。它不僅能使武漢及其鄰近各省脫離軍閥戰爭的慘禍，而且能變全國軍閥混戰爲全國革命戰爭。共產黨領導全國工農兵群眾爲加速奪取武漢而鬥爭，一切工作和鬥爭都應當向著這個中心任務進行，這毫無疑義是必要的。」2可見他們的思想本來就有很多相通的地方。

六月九日，李立三在中共中央政治局會議上對他起草的關於目前政治任務決議案的內容做報告。他在報告一開始便說：「現在革命形勢上，革命高潮已到了。目前，奪取政權的任務，已到我們前面來。」他說：「現在中國黨總的路線是組織暴動。」「在全國革命高潮將要到來之下，有首先在這一省或那一省爆發革命高潮而馬上普遍到全國的可能，這是對的，不過這一普遍的發展是很快的，因爲在全國任何地方的客觀條件都已經成熟，首先爆發的地方，則是統治階級最弱，而同時是革命鬥爭更加發展的地方。」「因此，中央在七十號通告上指出來，武漢有這一勝利的可能，不是簡單的主觀問題，而是要看客觀的條件。」他在報告中還尖銳地批評毛澤東所主張的要在長時期中用主要力量去創造農村根據地、發展游擊戰爭、以農村來包圍城市、推動全國革命形勢發展的思想，說：「在全國軍事會議中發現了妨害紅軍發展的兩個障礙，一是蘇維埃區域的保守觀念，一是紅軍狹隘的游擊戰略，最明顯的是四軍毛澤東，他有他一貫的游擊觀念，這一路線完全與中央的路線不同。」「這一問題必須要根本解決。游擊戰爭的戰術已不適合於現在的形勢，現在的紅軍需要擴大充實，而不是短小精悍的游擊隊式的組織。」3

六月十一日，政治局根據李立三的報告，通過《目前政治任務的決議——新的革命高潮與一省或幾省的首先勝利》。這個決議改變了中共六大規定的「爭取群眾」這個黨的總路線，寫道：「在革命急劇的發展、偉大的革命巨潮已經接近的現在，黨不只是要注意到奪取廣大群眾，組織廣大群眾的鬥爭，以促進這一革命巨潮更快的爆發，尤其要注意到革命巨潮爆發時，組織全國武裝暴動奪取政權的任務。因此，加緊組織群眾的政治鬥爭，加緊宣傳武裝暴動、奪取政權的必要，注意促進全國革命高潮，注意武裝暴動的組織上和技術上的準備，注意佈置以武漢為中心的附近省區首先勝利，是目前黨的策略總路線。」決議還寫道：「中國是帝國主義統治世界的鎖鏈中最薄弱的一環，就是世界革命的火花最容易爆發的地方。所以在現在全世界革命危機都已嚴重化的時候，中國革命有首先爆發、掀起全世界最後的階級決戰到來的可能。」4

由於這個決議的通過，第二次「左傾」冒險主義錯誤在中共中央內部取得了統治地位。

1 李立三：《新的革命高潮前面的諸問題》，《布爾塞維克》第三卷第四、五期合刊。
2 韶玉：《目前軍閥戰爭與黨的任務》，《布爾塞維克》第三卷第四、五期合刊。
3 李立三在中共中央政治局會議上的報告記錄，一九三〇年六月九日。
4 中共中央：《目前政治的決議——新的革命高潮與一省或幾省的首先勝利》，一九三〇年六月十一日。

接著，中共中央便著手佈置武漢暴動、南京暴動和上海總同盟罷工，把它們作爲全盤計劃的重點。七月十三日，李立三在臨時政治局會議提出：他同江蘇省委討論後認爲，南京兵暴是推動全國革命高潮之起點；組織南京兵暴必須與組織上海總同盟罷工同時並進；南京暴動的勝利必須有武漢暴動緊接著爆發，以爭取武漢首先勝利，中央蘇維埃政府的建立也必須在武漢，全國各省必須注意各重要城市中加緊組織總罷工，各省的工作都須以總罷工爲前提。十六日，中共中央以政治局主席向忠發的名義致書共產國際主席團，聲言：「決定組織南京兵士暴動，同組織上海的總同盟罷工，併力爭武漢暴動首先勝利，建立全國蘇維埃政權。」1

這個計劃聽起來轟轟烈烈，其實根本不具備付諸實施的力量和條件，只是主觀臆想的產物。拿準備「首先勝利」的武漢來說，那時只有共產黨員一百五十多人，2 赤色工人會員也只有近兩百人，而國民黨政府在武漢附近卻駐有重兵。南京也只有很少的士兵傾向革命，並沒有舉行暴動的力量。即便是上海也只有黨員一千多人，赤色工會會員兩千一百人。李立三卻認爲：主觀力量的薄弱並不要緊，既然中國的社會危機這樣深重，統治集團內部狀況這樣混亂，群眾對現狀這樣不滿，可以不需要主觀力量的充分準備，只要登高一呼，便不難收到群山響應的效果，局勢將出現驚人的變化。同年十二月間，李立三在共產國際執委主席團召開的會議上檢討時說：「當時領導同志的意見以爲革命鬥爭爆發的時候，在很短期間就可組織很廣大的工人群眾和革命群眾。整個的方針是這樣的：就是以爲革命鬥爭是可以任其自然的，只要有客觀的革命條件，只要有黨的政治影響，主觀的薄弱是不重要的。」3 第二年，中共中央政治局給李立三的一封信中也寫道：「你過去每每論到工人組織與黨的發展，總是以五卅、武漢時代爲例，證明只要客觀形勢存在，一號召便可罷工，幾萬、幾十萬群眾一下子都可以組織起來。其實，這是你對於過去歷史認識的錯誤，五卅上海和香港大罷工、一九二七年的上海暴動，何嘗不是經過極艱苦的工作與組織力量的推動呢？」4李立三期待的，正是以突然一擊來引發那種戲劇性奇蹟的出現。

七月二十七日，紅軍第三軍團當國民黨各派軍事勢力內戰方殷之際，一度乘虛攻佔湖南省會長沙，李立三更加興高采烈，以爲他的主張是正確的，以爲出現他所期待的那種驚人劇變的時機到了。這時共產國際致電中共中央，認爲中國黨的主觀力量太弱，還沒有奪取工人階級的大多數，不同意佈置武漢暴動、南京暴動和上海總同盟罷工。八月一日，中共中央政治局召開會議，討論國際來電。李立三首先發言。他說：「昨晚看電後，我感覺到國際的來電，確沒有知道中國革命發展的形勢。」「切實說起來，國際不僅不瞭解目前革命發展的形勢，並且沒有瞭解中國革命的總趨勢。」他強調：「我們如用機械的執行國際的指示，表面上忠於國際的來電，實際上放鬆現在革命的緊急關頭，便是不忠於革命，不忠於革命就是不忠於國際。」5八月三日，政治局繼續舉行會議。李立三在長篇發言中進一步談了全國工作佈置和軍事戰略，並且聲言：「我們的戰略也必須推動國際無產階級對帝國主義的決戰」，「國際在目前形勢，我想必須採取積極進攻路線才有辦法，首先是蘇聯，蘇聯必須積極準備戰爭」。6會上決定在發動武漢暴動、南京暴動與上海總同盟罷工的同時，要調集紅一、二、三、四、五、六、八等軍分路向武漢推進，要求南方局在廣州組織暴動，還要求蒙古出兵配合。

八月六日，中共中央成立全國總行動委員會，作爲領導武裝暴動和總同盟罷工的最高指揮機關，

1 向忠發致共產國際主席團的信，一九三〇年七月十六日。
2 中共長江局向中央的報告，一九三〇年九月二十五日。
3 《共產國際執委主席團對於立三路線的討論》，《布爾塞維克》第四卷第三期。
4 中共中央政治局關於李立三聲明書的覆信，一九三一年十月十二日。
5 李立三在中共中央政治局會議上的發言記錄，一九三〇年八月一日。
6 李立三在中共中央政治局會議上的發言記錄，一九三〇年八月三日。

把共產黨、青年團和工會的各級領導機關合併爲準備武裝起義的各級行動委員會，停止了黨、團、工會的正常活動，使一切經常工作陷於停頓。李立三在中共中央行動委員會上做《目前政治形勢與黨在準備武裝暴動中的任務》的報告。他對目前中國革命形勢的高漲做了極其誇大的描述，認爲中國革命高潮到來之後必然緊接著出現全國武裝暴動的形勢。他說：「現在只要有一個偉大的力量，他能堅決號召反對軍閥戰爭，能勇敢的做反對軍閥戰爭的領導者與組織者，則無疑問的，廣大群眾一定會洶湧的起來擁護他。這裡，首先是要求我們有真正的起來反對軍閥戰爭的決心，要勇敢、勇敢、再勇敢的前進，一定可以取得全國最廣大群眾的擁護。」他還是這樣的邏輯：只要黨自己有決心，「勇敢、勇敢、再勇敢」，群眾就一定會「洶湧的起來擁護他」。「如果紅軍更加逼近武漢，統治階級更加失敗動搖，這便是武漢暴動的更成熟的條件，無疑的我們可以領導武漢工人暴動起來，而取得完全的勝利。」1

同在八月六日，中共中央政治局委員項英奉命到達這次計劃中的重點地區——武漢，著手改組長江局，成立總行動委員會，準備發動武漢總暴動。他下車伊始，在八月八日給中共中央的報告中還信心十足地寫道：「一般工人都異常興奮，異口同聲說：我們大幹一下。」「的確武漢工人在目前對於經濟鬥爭的要求反不如要求大幹來得迫切。一般工人都認爲現在還談什麼加工價，要幹就大幹一下。這完全證明中央對於革命形勢發展的估量以及指出中國革命的特點是十分正確。」「中央決定目前在武漢堅決的組織武裝暴動是萬分正確。只有在這一堅決路線之下，才能抓住一切機會，才能獲得廣大工人及勞苦群眾有武裝暴動勝利。」2但只過了兩天，稍稍接觸一點實際情況後，他在報告中的口氣就起了變化：「近幾日來，此地白色恐怖愈加厲害，每日有殺人的舉動，人數一天比一天多。」「最近敵人將川軍繼續調往武漢，現在駐紮武漢軍隊共計七團一旅，武裝保安隊十七隊。」「我抵此數日，對於群眾更詳細情形還未十分知道，因爲省委同志對於情形都不十分瞭解，甚至下層工作更是都知道不大清楚，這是如何嚴重問題。我數日來對於此事真是氣極！」3八月二十日，長江局給中共中央的報告中說：「武漢最近以來，恐慌狀況並未絲毫減少。前幾日敵人故意謠傳共黨於十四、十五、十六三日奪取武漢，借此宣佈特別戒嚴，下午軍警步哨密佈街巷要道大搜行人，到八時即不准行人，頒布十六條斬罪。武漢警備司令部會議決定『寧可誤拿釋放，不可使共犯倖逃』。武漢連日在通衢大道殺頭示威。」更使他們感到棘手的是：「在屢次報告中最大的缺點，就是沒有將武漢工人情形詳細報告。直到這一次報告，仍然是不能寫出。」「甚至到鬥爭來，黨的工作還未達到支部與工會下層組織，當然與群眾隔膜，一切情形無從知道。

這成爲目前黨最嚴重最嚴重的問題，假如不能迅速解決，則武漢工作就不能在最短期內迅速的廣大發展起來。」4到九月五日，項英給中共中央的信中便直截了當地說：「現在我正式向中央說明此地基礎之薄弱，大出乎我們在上海所想像之外。我到此地後，以最堅決的精神來鬥爭，整個工作還未完全迅速轉變過來。」5「大出乎我們在上海所想像之外」這句話，充分說明在上海的中共中央原來對武漢暴動的設想是完全脫離武漢的實際情況的。所謂「武漢暴動」，根本就無法發動起來。李立三等抱著最大希望的武漢的狀況尚且如此，其他地方更可想而知。

第二次「左傾」錯誤在共產黨內統治的時間雖然只有三個多月，但共產黨爲此付出了慘重的代價。

1 李立三在中央行動委員會上的報告記錄，一九三〇年八月六日。
2 項英、關向應給中共中央的報告，一九三〇年八月八日。
3 項英向中央的報告，一九三〇年八月十日。
4 長江局關於目前武漢形勢與工作狀況向中央的報告，一九三〇年八月二十日。
5 項英給中央的信，一九三〇年九月五日。

國民黨統治區內，許多地方的黨組織因爲急於組織暴動而把原來就很有限的力量暴露出來，先後有十一個省委機關遭到破壞，武漢、南京等城市的黨組織幾乎全部瓦解。中共長江局給中央的報告中寫道：武漢黨組織在遭受大破壞後，「漢口、漢陽區的下層組織幾乎完全坍台，誠武漢工作的浩劫」[1]。紅軍在進攻大城市時也遭到很大損失。

這次「左傾」冒險主義的重要特徵，依然是脫離客觀實際，單憑主觀願望或想像，急於求成。因此，在推行過程中受到不少瞭解實際情況的共產黨內幹部的抵制，比第一次「左傾」錯誤時更加明顯。中共江蘇省委常委何孟雄，在九月一日的一次談話會上尖銳地批評「立三主義」的三點錯誤：一、忽視不平衡的發展；二、忽視主觀力量；三、忽視階級力量的對比。毛澤東、朱德率領紅一軍團，奉命攻打南昌，也在執行過程中根據實際情況改變了原有部署，不打南昌。因此，這次「左傾」錯誤在實際工作中，特別是在紅軍和各根據地中，並沒有得到全面的貫徹。

李立三的「左傾」冒險主義，也超出共產國際所能允許的範圍。七月二十三日，共產國際執行委員會做出了《關於中國問題的決議》，認爲：「在分析當前鬥爭階段的時候，必須考慮到，我們暫時還不具備全國範圍的客觀革命形勢」，「運動在革命高潮的初期階段尙有一定弱點，因爲這時投入鬥爭的群眾還不能馬上佔領工業中心，各種鬥爭力量的一般對比，最初是對工農不利的」。「共產黨應當懂得，在目前中國的特殊條件下，建立富有戰鬥力的、政治堅定的紅軍，乃是一項頭等的任務；解決這個任務，才能肯定地保證革命取得重大的進展。」[2]並要周恩來、瞿秋白回國糾正這次錯誤。

周恩來、瞿秋白在八月下半月先後回到上海。中共中央政治局連續舉行了多次會議。這時「左傾」冒險主義錯誤使革命受到的重大損失也已顯露出來。九月八日，中共中央政治局致電共產國際，表示接受國際的《關於中國問題的決議》和停止武漢暴動、南京暴動、上海總同盟罷工的指示。九月二十四日至二十八日，中共中央召開六屆三中全會擴大會議。周恩來在會上所做《傳達國際決議的報告》，指出：「今天尚沒有全中國客觀革命形勢，也就是在今天尚不是全國的直接武裝暴動的形勢。」[3]會後，李立三離開了原有的領導地位，城市暴動的計劃已經取消，中共中央和地方的行動委員會不再保持，黨、團、工會的組織重新恢復。儘管三中全會還有不足之處，但總的說來，作爲「立三路線」主要特徵的那些錯誤已在實際工作中得到糾正，問題基本上得到解決，整個工作正逐步轉到正常軌道上來。

三、「國際路線」和第三次「左傾」錯誤

第三次「左傾」錯誤，幾乎緊接著第二次「左傾」錯誤而來，從一九三一年一月的六屆四中全會開始，一直延續到一九三五年一月遵義會議前，歷時整整四年。它以王明爲代表，以教條主義爲特徵，旗號是「國際路線」。談到第三次「左傾」錯誤同第二次「左傾」錯誤的區別，有兩個問題是特別值得注意的：

第一，它是在共產國際的直接指揮下形成的，比前兩次更完整地體現了共產國際的主張。爲什麼以王明爲代表的第三次「左傾」錯誤要突出地打起「國際路線」的旗號？這裡需要先討論一個問題：李立三爲代表的第二次「左傾」錯誤本來也是在國際十次全會和四次來信的直接影響下形成

---

1 長江局向中共中央的報告，一九三〇年十月二十一日。

2 中國社會科學院近代史研究所翻譯室編譯：《共產國際有關中國革命的文獻資料》第二輯，北京：中國社會科學出版社，一九八二年版，第九三、九四頁。

3 周恩來：《關於傳達國際決議的報告》，一九三〇年九月二十四日。

的，爲什麼共產國際後來要把它稱爲反國際的路線？如果只是因爲它對中國革命形勢做出過高的估計，制定出冒險主義的行動計劃，那完全可以作爲工作中的錯誤來糾正，不需要把事情提到如此嚴重的程度。出現這種狀況，問題的真正癥結究竟在哪裡？

那時候，共產國際的政治路線在相當程度上服從於蘇聯對外政策的需要。一九二九年開始的世界經濟危機，從西方經濟最發達的美國開始，迅速席捲全球，造成空前嚴重的經濟大衰退，持續達四年之久，使資本主義各國內部種種矛盾更加緊張起來，而蘇聯正需要集中力量進行第一個五年計劃的建設，對戰爭危險感到憂心忡忡。共產國際十次全會決議中關於「帝國主義對蘇聯的進攻乃是主要的危險」的結論，便是在這種背景下得出來的。他們希望發展各國的革命運動，包括殖民地、半殖民地國家的革命運動，以利於牽制帝國主義國家的力量，達到「反對帝國主義戰爭、保護蘇聯」的目的。

讀讀李立三的那些主張，不難發現它恰恰同共產國際的設想背道而馳。他在《新的革命高潮前面的諸問題》中寫道：「帝國主義束縛世界的鎖鏈中，中國是最薄弱的一環，就是革命最易爆發的地方。所以世界革命有首先在中國爆發的可能，而且這一爆發以後，必要引起整個世界革命的爆發。」「中國革命只有在與帝國主義作決死爭鬥、取得全世界無產階級的強大的援助與共同鬥爭的條件之下，才能保障最後的勝利。所以更加鞏固與世界無產階級鬥爭的聯繫，特別加強世界無產階級對中國無產階級的信念，加強他們對中國革命的認識，以取得他們對中國革命的強大的援助與及時的一致的行動，這是準備中國革命勝利的主要的條件，這是中國指導革命的無產階級政黨的任務，而且是國際與各國的無產階級政黨的嚴重的任務。」「中國革命要在這一最後的搏戰中取得勝利，同時世界無產階級也會在這一最後搏戰中取得最後的勝利，完成社會主義的世界。」1 他這些話簡直是在向共產國際發號施令了。

中共中央政治局通過的六月十一日《決議》中也寫道：「在現在全世界革命危機都嚴重化的時候，

中國革命有首先爆發、掀起全世界的大革命、全世界最後的階級決戰到來的可能。」「因為中國革命的爆發，可以掀動全世界大革命的客觀條件，到了這一殘酷戰爭的逼臨，我們不只是可以動員國內幾千萬以至幾萬萬群眾對帝國主義作激烈的鬥爭，並且可以號召起全世界無產階級與殖民地的勞苦群眾與帝國主義作最後的決戰，無疑的，在這一最後決戰的當中，可以取得我們的完全勝利。」2

一個是希望中國革命的發展能牽制「帝國主義對蘇聯的進攻」，另一個卻是想以中國革命為起點，把蘇聯和各國無產階級捲進到「世界的大革命，全世界最後的階級決戰」中來，這當然是兩種根本對立的設想。等到李立三八月一日和三日在政治局會議上公然指責共產國際「沒有瞭解中國革命的總趨勢」，說「表面上忠於國際的來電，實際上放鬆在革命的緊急關頭，便是不忠於革命」，並且要求蒙古出兵配合中國革命，「蘇聯必須積極準備戰爭」，那就更使共產國際感到不能容忍了。

這年十二月，共產國際把李立三召到莫斯科，執委主席團會議討論「立三路線」問題時，國際重要負責人曼努伊爾斯基在發言中把他心裡的這個「根本問題」點破了。他說：「現在的問題正不是你們做了個別錯誤的問題。」「我們並不是僅僅批評這些錯誤。所有這樣的錯誤，都是由於一個根本的錯誤——這個根本錯誤是發生於立三從中國革命發展的前途上對於整個國際狀況的估量。」「你們能不能用自己的力量，依靠著蘇聯，依靠自己的紅軍衝破這個制度呢？這是根本問題。……立三同志！問題不在於我們今天通過一個反對你的決議案，我們要你瞭解，你們表現了很厲害的地方主義。從此就發生其他的問題，因此說蘇聯有狹隘的民族成見，說俄國人不瞭解中國情形，其他一切觀點及整個的概念。自

1 李立三：《新的革命高潮前面的諸問題》，《布爾塞維克》第三卷第四、五期合刊。

2 中共中央：《目前政治任務的決議——新的革命高潮與一省或幾省的首先勝利》，一九三〇年六月十一日。

然，很可警心的是我們和中國共產黨的關係。」1

既然共產國際已經把問題提到「我們和中國共產黨的關係」這樣「警心」的高度，在它看來，要解決的自然也就不只是這個或那個「個別錯誤」，而需要根本改變國際「和中國共產黨的關係」。他們希望中國共產黨的中央能夠完全聽他們的話，不折不扣地貫徹共產國際的意圖，其結果，便是在四中全會上，改組中共中央，使多年在蘇聯、一向受到共產國際信任的王明等人取得中共中央領導地位。這是一批缺乏實際工作經驗的空談家，而又目空一切，極端自以為是，不顧中國國情，一味搬用書本教條，機械執行共產國際指示。這就開始了中國共產黨內的第三次「左傾」錯誤。

第二，這次「左傾」錯誤在全盤工作部署上，和第二次也有明顯的不同。

第二次「左傾」錯誤，要在比較短的時間內發動全國的暴動。他們提到「一省或幾省的首先勝利」，但認為主要是靠城市產業工人暴動，並且緊接著必須很快得到全國暴動的配合，否則是無法堅持的。他們又擔心中國革命的力量不足以實現這個目標，又把希望寄托在「引起整個世界革命的爆發」和要求「蘇聯必須積極準備戰爭」上。共產國際既然要求中國共產黨「用自己的力量」來奪取勝利，而事實上已越來越清楚地表明中國革命的主要力量是工農紅軍和農村革命根據地，他們便更多地想依托這個力量來取得全國的勝利。用王明那本《兩條路線的鬥爭》的小冊子裡的話說，就是：「目前我們還沒有直接革命形勢，但在全國革命運動新高潮日益生長和不平衡發展的條件下，直接革命形勢最近可以首先包括一個或者幾個主要的省份。」他所說的這些省份，是指紅軍和革命根據地有較強力量的湖南、湖北、江西等省。他又誇大這些地區的革命形勢，認為：「在那些首先成熟了革命形勢的地域，我們必須奪取政權，建立起紅軍和臨時中央革命政府，建立起鞏固的革命根據地，以便真正實現一省或幾省的首先勝利，進而推進與爭取全國範圍內的勝利。」2

重視工農紅軍和農村革命根據地本來應該是一件好事。問題在於：這時中共中央的領導權已置於教條主義者手裡，隨著就把一整套從他們的主觀意願和推理出發，完全脫離中國實際的荒唐做法，強加給工農紅軍和農村革命根據地，好事便變成了壞事。在這以前，中共中央一直把注意力的重點放在城市工人運動上，雖然多次要求紅軍配合進攻城市，造成一些損失，但對紅軍和農村革命根據地的內部事務還沒有做太多的干預，因此，毛澤東等有較多的餘地，能根據實際情況，採取靈活的做法，獨立地進行探索，使革命力量一步一步發展起來。現在，第三次「左傾」錯誤的領導對紅軍和農村革命根據地事務處處橫加干涉，逐漸發展到控制一切的程度，結果就造成更加嚴重的損失，幾乎把艱難締造的紅軍和農村革命根據地全部斷送掉。

第三次「左傾」錯誤統治的時期長達四年。它有一個發展過程，大體上可以分為三個階段：

第一個階段，從一九三一年一月的中共六屆四中全會到這年九月臨時中央成立之前，主要的內容是在「保障國際路線的執行」的旗號下，改組中共中央。

本來，六屆三中全會已使第二次「左傾」錯誤的主要特徵在實際工作中得到糾正。但共產國際得知李立三在八月一日和三日兩次發言的內容後，又在十月致信中共中央，提出李立三制定的是「反馬克思主義、反列寧主義的方針」，已經形成一條「同共產國際執行委員會政治路線相對立的路線」[3]。王明等從歸國的留蘇學生那裡，比中共中央更早得知來信的內容，立刻寫出《兩條路線底鬥爭》那本小冊

---

1 《共產國際執委主席團對於立三路線的討論》，《布爾塞維克》第四卷第三期。
2 王明：《兩條路線底鬥爭》，一九三一年二月。
3 中國社會科學院近代史研究所翻譯室編譯：《共產國際有關中國革命的文獻資料》第二輯，北京：中國社會科學出版社，一九八二年版，第一〇三、一〇四頁。

子（以後經過增訂，改名爲《爲中共更加布爾塞維克化而鬥爭》），提出一個具有新的形態的「左傾」的政治綱領，猛烈抨擊三中全會沒有揭露「立三路線」的實質，並且把問題集中到這一點上來：「現時的領導同志維它（註：瞿秋白）等，已經沒有可能再繼續自己的領導」，要求「根本改造黨的領導」，「對於政治局成分應有相當的改變」，「以能積極擁護和執行國際路線的鬥爭幹部」來「改造和充實各級領導機關」。他們還在《布爾塞維克》發表多篇文章，要求「黨在自身的工作方法上、幹部的引進和創造上以及整個的領導上，需要有重大而且迅速的轉變。」[1]「撤去不可改正的立三路線的幹部，換上能夠瞭解和執行國際路線的幹部。」[2]可見，「根本改造黨的領導」、「換上能夠瞭解和執行國際路線的幹部」，是他們推行自己那一套錯誤主張的著手點，而這離開共產國際的直接干預是辦不到的。

一九三一年一月十日，中共六屆四中全會在上海舉行。這次全會是根據特地趕來中國的共產國際東方部副部長米夫的要求召開的。它在歷史上沒有任何積極意義可言，主要是做了兩件事：第一，突出強調所謂「進攻路線」。全會決議案一開始就提出共產國際要求中國黨「開展進攻的任務」，並且斷言「右傾依然是黨內目前主要危險」。全會後的第一號中央通告中提出：「我們必須堅決執行進攻路線。」這就開始了比第二次「左傾」更左的錯誤。第二，實行對中共中央的改組。全會決議案規定的第一條任務就是「必須取消三中全會所補選的贊助立三同志的中央委員，引進反立三主義的鬥爭之中擁護國際路線的同志到中央委員會來，並且重新審定政治局的成分，以保障黨的正確領導」。[3]會上，撤銷了瞿秋白、李立三、李維漢在政治局中的職務，而把原來不是中央委員的王明補選入政治局。一批歸國不久的留蘇學生如博古等，分別擔任中國共產黨內重要職務。他們倚仗米夫的直接支持，在中共中央內部很快取得主導地位。

四中全會一結束，立刻向全國各地有系統地派遣中央代表、中央代表機關或新的領導幹部，來貫徹他們所謂的「進攻路線」和「反右傾鬥爭」。二月下旬，以中共中央主要負責人向忠發名義給共產國際執委會報告全會後一個半月來所做的工作時，頭三條都是關於這件事的。報告寫道：「中央對全國工作的指導，過去是偏重形式上的文件，如通告、指導信等，現在則側重在活的指導，派人去直接巡視與加強省委及地方工作。」他們派遣中央代表、中央代表機關或新的領導幹部的重點是各革命根據地。向忠發的報告寫道：「從中央政治局起，以百分之六十的幹部力量去加強與鞏固蘇區的領導。」[4] 除原已成立的蘇區中央局外，又先後在鄂豫皖、湘鄂西兩處成立中央分局，派剛從莫斯科歸來的張國燾、夏曦前往主持。這些組織措施，使第三次「左傾」錯誤在各革命根據地比前兩次得到更加有力得多的貫徹。

這年三月二十六日至四月十一日，共產國際執行委員會舉行第十一次全會。這次大會的基調是更加強調世界的革命高潮在加速發展。曼努伊爾斯基在大會所做報告中認爲，這種形勢的發展必將爲當前的經濟危機轉變爲革命危機創造先決條件。他在報告中說：「中國共產黨現階段正在解決下列三位一體的任務：一，使紅軍成爲一支擁有鞏固的根據地的正規軍隊。二，建立蘇維埃政府，在蘇區實施反帝革命和土地革命的綱領。三，在非蘇區開展工人階級和農民的經濟鬥爭和政治鬥爭，並通過鬥爭把群眾組織起來，做軍閥部隊的工作。」[5] 八月間，中共中央相應地通過了《接受共產國際執委第十一次全會總結

1 澤民：《中國革命的當前任務與反對李立三路線》，《布爾塞維克》第四卷第一期。
2 澤民：《三中全會的錯誤與國際路線》，《布爾塞維克》第四卷第一期。
3 《四中全會決議案》，中央檔案館編：《中共中央文件選集》第七集，北京：中共中央黨校出版社，一九九一年版，第一三、二五頁。
4 向忠發給共產國際執委會的報告，一九三一年二月二十二日。
5 中國社會科學院近代史研究所翻譯室編譯：《共產國際有關中國革命的文獻資料》第二輯，北京：中國社會科學出版社，一九八二年版，第一二〇頁。

的決議》，認爲這「三位一體」的任務是「中國黨的中心的迫切任務」。同第二次「左傾」錯誤相比，他們沒有再主張在中心城市組織起義，在一個時期內也沒有主張集中紅軍進攻主要的中心城市，但當他們把注意力的重點轉向紅軍和革命根據地後，便在紅軍建設和作戰指導上片面強調「正規」的原則，不停頓地發動進攻；而在國民黨統治區開展群眾鬥爭時又急於求成，並在各個方面大力開展「反右傾」鬥爭。這樣，很快就在實際工作中發展成一整套形態更加完備的「左」的錯誤政策。

對農村革命根據內部的各項政策，四中全會後的中共中央也提出一些「左」的錯誤主張，其中最重要的是「地主不分田，富農分壞田」。他們在一封指示信中規定：「地主殘餘即使無顯著反動證據，他的家屬子弟也必須派他們去做苦力工作，絕對沒有權利分得土地。對於富農，在重新平分一切土地時，如果他願以自己的勞動力來耕種田地，則可以分得一份勞動的土地，但必須給他以壞的土地，而不能與貧農、雇農、中農享有同等權利。」[1]這就是不給地主以生活出路，不給富農以經濟出路，並且會因界限不清而使一部分中農的利益受到損害，以後在革命根據地造成十分有害的後果。

第二個階段：從一九三一年九月博古負總責的臨時中央成立，到臨時中央遷入中央革命根據地前。這時，第三次「左傾」錯誤得到比較全面的展開。

當中共臨時中央成立的那一個月，國內政治局勢出現了兩個重大變化：一個是日本軍國主義勢力發動九一八事變，武裝佔領中國的東北地區，激起全國民族民主運動的新高潮，一些中間勢力也提出「民主政治」和「一致抗日」的口號，民族矛盾上升到主要的支配一切的地位；另一個是毛澤東、朱德率領的紅一方面軍粉碎了國民黨軍隊的第三次「圍剿」，殲敵三萬多人，使贛南和閩西兩個根據地聯成一片。

新的客觀形勢，需要中共中央及時決斷，相應地做出重大的政策調整和工作部署，積極發展抗日民族統一戰線。但是，由博古負總責的臨時中央卻忽視九一八事變後民族矛盾的上升和中間階級的抗日民主要求，誇大當時國民黨統治的危機和革命力量的發展，繼續主張打倒一切，甚至把中間勢力看作最危險的敵人。用博古後來的話說：「由於客觀情況的急劇變化」，這就成了「完全同現實不相適合的倒行逆施」[2]。結果，喪失了有利的歷史機遇，反而使革命遭受新的不應有的嚴重挫折。

這些錯誤主張，最初相當集中地表現在九月二十日政治局通過的《由於工農紅軍衝破第三次「圍剿」及革命危機逐漸成熟而產生的黨的緊急任務》。這個文件是王明起草的，突出地提出：「目前中國政治形勢的中心的中心，是反革命與革命的決死的鬥爭。」第三次「左傾」錯誤時期一再高唱的「決戰論」便是從這裡發源的。它不顧九一八事變後國內局勢的變化，用極爲誇張的語言來描述革命力量的急速發展，斷言國民黨統治正在崩潰，認爲這一切「織成了全中國成熟著的革命危機的圖畫，這一圖畫很明顯的畫出了爭取革命在一省或數省首先勝利的前途」。接著，就隨心所欲地提出一系列沒有可能實現的「緊急任務」，包括：蘇區的共產黨在粉碎第三次「圍剿」後必須「集中力量追擊敵人退卻部隊，消滅他的一方面，在政治軍事順利條件之下取得一兩個中心的或次要的城市，不要再重複勝利後休息，致使敵人得以從容退卻，以致能很快的重整他們的旗鼓，向蘇區爲新的搗亂」；盡可能地把零碎的分散的蘇區打成一片，必須在十月革命節正式成立蘇維埃全國臨時中央政府；立刻擴大與鞏固紅軍，「各軍必須開始城市戰、堡壘戰的演習」；在非蘇區，必須向群眾做關於紅軍的宣傳鼓動工作，並同臨時中央政府成立紀念日的群眾運動聯繫起來；要把災民騷動引導走向游擊戰爭；在上海等地提出「罷工、罷操、罷課，反對日本帝國主義」等口號，「但是這些口號絕對不能同『打倒國民黨』、『擁護蘇聯』、『擁

1 中共中央給贛東北特委的指示信，一九三一年二月十二日。

2 博古在中共七大上的發言記錄，一九四五年五月三日。

護工農兵蘇維埃紅軍』等口號的宣傳分裂開來」；盡可能地在某些城市中（如上海、唐山、天津等）組織某一產業的同盟罷工等。文件最後寫道：「各級黨部必定能夠在最短的時期之內，百分之百的把這些緊急任務完成起來。」[1]

這可以算是一個標本，充分表現出那些根本不懂世事的教條主義者一旦掌權，並且自以爲站住腳跟後，竟會如此不顧主客觀條件，隨心所欲地發號施令起來。那時，整個國民黨統治區只有幾千個黨員，全國紅軍主力也只有幾萬人，至於武器裝備更不能同國民黨軍隊相比，他們卻規定出這樣的任務，並且要求各級黨部必須在「最短的時期之內，百分之百的把這些緊急任務完成起來」。這一切，簡直如同夢囈。

三個多月過去了，除蘇維埃全國臨時中央政府按期成立外，其他任務都沒有做到，更談不上「百分之百」地實現了。一九三二年一月九日，中共臨時中央又做出《關於爭取革命在一省或數省首先勝利的決議》。如果說前一個文件還有「最短的時期之內」這樣一個不長的期限，那麼，這一個文件便是必須馬上執行的「決議」，規定的目標也更加具體。決議寫道：由於國內階級力量對比的變動，「過去正確的不佔取大市的策略，現在是不同了；擴大蘇區，將零星的蘇區聯繫成整個的蘇區，利用目前順利的政治與軍事的條件，佔取一二個重要的中心城市，以開始革命在一省數省的首先勝利是放到黨的全部工作與蘇維埃運動的議事日程上面了。」「必須依照中央最近的軍事訓令來努力求得將中央區、閩粵贛、贛東北、湘鄂贛、湘贛邊各蘇區聯繫成整個一片的蘇區，並以佔取南昌、撫州、吉安等中心城市，來結合目前分散的蘇維埃根據地，開始湘鄂贛各省的首先勝利。」爲著實現以上目標，決議著重提出反右傾的任務，說：「右傾機會主義仍然是目前革命的危險，這種傾向在現在表現在對於目前革命危機緊張的估計不足；對於紅軍行動的消極，悲觀失望的胡說紅軍渙散，不願意利用順利的形勢開展進攻的鬥爭，以昨天的正確的策略，當作永遠不變的教條；對於工會工作的消極，忽視工人的經濟鬥爭，認爲工人鬥爭在經濟恐慌之下是不可能的；在反帝運動中作國民黨各派及其他各派的俘虜等。應該集中火力來反對右傾。」2

中共臨時中央這些文件，離開客觀實際實在太遠了。它受到共產黨內各方面的抵制，比第一次和第二次「左傾」錯誤時更加普遍而強烈。這種抵制不僅來自紅軍和革命根據地，在國民黨統治區內也有不同意見。當時擔任中共中央職工部長的劉少奇坦率地反映了不少工人的情緒：「工人群眾絕不願意玩弄罷工，不輕易發動罷工，我們的煽動家多次得到工人這樣的回答：『你們所說的是對的，可是我們暫時還不能照你們說的那樣做。』」他還批評說：「我們的組織還不徹底瞭解企業中的情形，不能提出群眾最迫切的要求。」「不會準備鬥爭。」3這些老實話，卻激怒了毫無實際工作經驗的臨時中央負責人。所有這類批評統統被看作是「機會主義的動搖」。

中共臨時中央的一個負責人康生，三月二十五日在共產黨內刊物上發表《反對職工運動的機會主義》，針對劉少奇的觀點提出：「職工運動，許多機會主義的觀點，必須予以無情鬥爭與徹底的肅清的。」認爲它的具體表現是：對武裝工人、反對帝國主義國民黨的工作表現了機會主義的消極；放棄組織在業工人的罷工；放棄組織赤色工會等。並且總結道：「這些機會主義的來源，主要的是：對於目前政治上的估量不足，不相信群眾的力量，不相信只有無產階級團結起來、武裝起來，才能爭取反帝國主義國民黨的革命戰爭徹底勝利！」4

1《由於工農紅軍衝破第三次「圍剿」及革命危機逐漸成熟而產生的黨的緊急任務》，一九三一年九月二十日。
2《中央關於爭取革命在一省與數省首先勝利的決議》，一九三二年一月九日。
3《一九三一年職工運動的總結》，《紅旗週報》第三十一期。
4 謝康：《反對職工運動中的機會主義》，《紅旗週報》第三十三期。

中共臨時中央另一個負責人洛甫，接著又發表《在爭取中國革命在一省與數省的首先勝利中中國共產黨內機會主義的動搖》。文章以更尖銳的語調提出：「拿革命的進攻，去回答帝國主義與國民黨以及一切反革命派別對於革命的進攻，這是目前中國革命危機中革命與反革命的決死鬥爭的過程中的中心特點。然而這種特點，還沒有能夠爲中國共產黨內的全黨同志所瞭解。反革命的白色恐怖與反革命的武斷宣傳，不能不影響到了我們黨內一部分最不堅定的同志，使他們對於目前的革命估計不足，對於黨所提出的許多中心任務發生機會主義的動搖，對於中國黨實是目前最大的危險。」這篇文章幾乎對中共各革命根據地的黨組織和中央職工部等部門都提出挑戰性的尖銳批評，認爲：「中央蘇區的同志在這裡表示出了濃厚的等待主義，等待敵人的進攻，等待新的勝利。他們始終沒有能夠利用客觀上的順利環境去採取積極進攻的策略。他們把『鞏固蘇區根據地』當作符咒一樣的去念，把消滅『土圍子』當作鞏固根據地的中心工作，以等待敵人的新的進攻，新的『堅壁清野』，新的『誘敵深入』與新的勝利。這種觀點，實際上同樣是對於反動統治的過分的估計所產生的。」文章再次指責：「中央職工部劉同志對於目前工人運動形勢的估計，即犯了右傾機會主義的錯誤，認爲目前工人鬥爭，是防禦的與反攻的。」文章得出結論：「目前的主要危險，是對於國民黨統治過分的估計，與對於革命的力量估計不足的右傾機會主義。」「我們的同志還不能瞭解或不很瞭解，國民黨政府是在迅速地走向崩潰與死亡，蘇維埃政府是在迅速地走向鞏固與發展。」[1]

明明是中共臨時中央對於革命力量做出過分的估計而對國民黨統治的力量估計不足，卻說是別人「對於國民黨統治過分的估計與對於革命的力量估計不足」。只容許不停息地去「積極進攻」，絕不容許「等待」恰當的時機，更不容許在雙方力量懸殊的條件下實行必要的防禦和退卻，以便「誘敵深入」，抓住有利時機，在運動中殲滅敵人。誰要是按照真實情況說一點老實話，講到存在哪些困難，採取一些切合實際的靈活做法，馬上會被指責爲對革命「不堅定」，是受反革命的白色恐怖和武斷宣傳的影響，是「悲觀、失望、消極、怠工」，從而成爲「機會主義的動搖」。

這一路棍子打過來，就是要把共產黨內一切不同意見統統壓下去，爲第三次「左傾」錯誤的全面貫徹掃清道路。

第三個階段，從一九三三年初，中共臨時中央遷入中央革命根據地到一九三五年一月遵義會議前。在這個階段，他們直接控制紅軍和革命根據地，全面推行「左」的冒險主義方針，最後導致中央革命根據地的喪失和紅軍的被迫長征，中國共產黨再次瀕臨大失敗的邊緣。

中共原在上海的臨時中央是在一九三三年一月十七日決定遷入以贛南和閩西爲中心的中央革命根據地的。中國共產黨在國民黨統治區的工作接連遭受嚴重破壞，處境日趨惡劣，中共臨時中央在上海已難繼續立足。二三月間，臨時中央領導人博古等先後到達中央革命根據地。

博古一到，立刻把中共中央革命根據地的黨、政、軍大權全部抓到自己手裡，並且更有系統地進行在前一階段已經開始的「反右傾」鬥爭。當時中央革命根據地邊緣地區一些領導人，根據以往多次粉碎國民黨軍隊「圍剿」的成功經驗，在雙方力量懸殊的條件下，避實就虛，暫時避免同敵人的決戰，把力量轉移到比較有利的邊緣山區開展游擊戰爭。這些，被中共臨時中央看作是「對革命悲觀失望的右傾機會主義的逃跑退卻路線」。爲了排除障礙，中共臨時中央在組織上採取宗派主義的手段，對抱有不同意見的幹部進行「殘酷鬥爭」和「無情打擊」。

二月十六日，也就是他們剛剛到達中央革命根據地的時刻，博古便在工農紅軍學校第四期畢業生的

1 洛甫：《在爭取中國革命在一省與數省的首先勝利中中國共產黨內機會主義的動搖》，一九三二年四月四日。

黨團員大會上做報告，猛烈批判閩粵贛省委代書記羅明。他說：「我們現在要問，在目前的政治形勢之下，黨的策略路線應該是進攻的呢？還是退守的呢？沒有問題，在目前我們黨的策略，黨的總路線應該是進攻的路線。」「但是正在這時候，在我們黨內（很可惜的，甚至在黨的領導），有一部分動搖懦弱無氣節的小資產階級的分子，受著階級敵人的影響，充分地暴露了那種悲觀失望、退卻逃跑的情緒，以致形成他們自己的機會主義的取消主義的逃跑退卻路線，反抗黨的進攻路線，妨害黨的布爾塞維克的動員群眾。這個機會主義的退卻路線最明顯的代表者，便是從前福建省委的代理書記羅明同志與新泉縣委書記楊文仲同志。」他號召：爲著動員一切力量，去粉碎敵人的進攻，克服面前的困難，只有一種方法，便是開展在各方面的布爾塞維克的進攻。「這首先要我們粉碎自己隊伍中的機會主義分子的動搖，把他們隔絕起來，因爲他們妨害我們的進攻。」[1]羅明回憶道：「在福建，反對『羅明路線』的鬥爭首先在省級機關展開，然後自上而下，由內到外，全面鋪開。他們往往採取對待敵人的辦法來對待同志和處理黨內鬥爭，提出了『用布爾塞維克的鐵拳將他們粉碎』、『無情打擊』等等口號。」[2]羅明擔任的省委代理書記的職務被撤銷。省軍區司令員譚震林和省蘇維埃政府主席張鼎丞隨後也被撤職。這可以說是中共臨時中央進入中央革命根據地後對根據地幹部的第一個下馬威。

接著，在博古等部署下，三月三十一日，江西會昌、尋烏、安福三縣共產黨的積極分子會議根據洛甫的報告做出決議：「大會認爲會、尋、安三縣過去在以鄧小平同志爲首的中心縣委的領導之下，執行了純粹的防禦路線。這一路線在敵人大舉進攻前面，完全表示悲觀失望，對於群眾的與黨員同志的力量沒有絲毫信心，以至一聞敵人進攻蘇區的消息，立刻表示張皇失措，退卻逃跑，甚至將整個尋烏縣完全放棄，交給廣東軍閥。這一路線顯然同黨的進攻路線絲毫沒有相同的地方。這是在會、尋、安的羅明路線。」3四月十六日至二十二日舉行的江西黨的全省三個月工作總結會議，又對鄧小平、毛澤覃、謝唯俊、古柏進行批判，稱他們代表著一條「江西的羅明路線（即『單純防禦路線』）」。4鄧小平隨即被撤銷江西省委宣傳部長的職務。這場鬥爭的矛頭，直接批判的是鄧小平等人，實際上是針對毛澤東歷來的各項主張的。這以後，又開展了對政府中和軍隊中的「羅明路線」的批判。對不同意見的壓制和打擊，造成人心惶惶，使中央革命根據地內的政治空氣變得極不正常。

一九三三年下半年，蔣介石發動了對中共中央革命根據地的第五次大規模「圍剿」，並親自擔任總司令，在經濟上實行嚴密封鎖，在軍事上採取「堡壘主義」的新策略，步步推進。這次「圍剿」的規模和動員的力量比前四次要大得多，直接用於進攻中共中央革命根據地的兵力就達到五十萬人。一場更加激烈的大戰開始了。中共中央革命根據地的軍民面對著極爲嚴峻的考驗。這時，臨時中央已同蘇區中央局合併，稱爲中共中央局。那些「左傾」教條主義者是怎樣對待這種嚴峻局勢呢？

在形勢估計上，他們依然一味誇大自身的力量，過分估計國民黨統治的危機，對情況做出根本不符合客觀實際的判斷，認爲這是一場「階級決戰」，可以導致「實現中國革命一省或數省的首先勝利」。七月二十四日，中共中央做出《關於帝國主義國民黨五次「圍剿」與我們黨的任務的決議》，寫道：「五次『圍剿』是更加劇烈與殘酷的階級決戰……五次『圍剿』的粉碎，將使我們有完全的可能實現中

1 博古：《擁護黨的布爾塞維克的進攻路線》，《鬥爭》第三期。
2 羅明：《羅明回憶錄》，福州：福建人民出版社，一九九一年版，第一三五頁。
3 《會尋安三縣黨積極分子會議決議》，《鬥爭》第八期。
4 羅邁：《為黨的路線而鬥爭》，《鬥爭》第十二期。

國革命一省或數省的首先勝利。」1九月下半月，國民黨軍隊對中央革命根據地的全面進攻已經開始，博古在這時發表文章說：「這是殘酷的劇烈的決戰。機會主義的驚慌失措者，已經是在手足無措的叫喊……以及用種種誇大詞句形容國民黨的金錢、軍械、軍隊，而對自己的力量卻處處的過低估計，以爲敵人方面一切都好，我們什麼都沒有。」2這年十一二月間，共產國際執行委員會在莫斯科舉行第十三次全會。十一月三十日，王明在會上講演，更是譁眾取寵地大言道：中華蘇維埃共和國的領土現在已發展到比任何西方與東方資本主義列強的領土更大些，固定的蘇區和游擊區的總面積已佔中國內部十八省總面積的四分之一，已經完全具備有現代國家的一切條件和成分。「中華蘇維埃共和國和中國共產黨，不僅是現代中國整個政治生活的主要因素，而且是世界政治的決定性因素之一。這是去年世界政治中一個最主要、最新穎的因素。」他再三強調：四中全會後的中共中央「百分之百地絕對忠於共產國際的列寧主義總路線」，並得出結論：「通過中國蘇維埃革命的決定勝利來爭取消除遠東的戰爭危機，乃是中國共產黨的最近目標，是它的基本的、偉大的任務。」3

在軍事上，他們認爲，既然這是中國兩個政權之間的一場決戰，就要強調戰爭的正規性，擺出堂堂正正之勢，「禦敵於國門之外」。在中共中央七月二十四日決議中已經提出「創造一百萬鐵的紅軍」「不讓敵人蹂躪一寸蘇區」等錯誤口號。九月間，共產國際派來的軍事顧問李德（德國人）從上海來到中央革命根據地。博古不懂軍事，就把紅軍的指揮大權交給李德。李德根本不瞭解中國國情，完全拋棄紅軍以往粉碎四次「圍剿」時行之有效的成功經驗，而把第一次世界大戰期間歐洲戰場上大規模陣地戰的經驗硬搬到中央革命根據地來強加推行。他的作風又獨斷專行，蠻橫粗暴，要求紅軍處處設防，節節防禦，推行「以碉堡對碉堡」和「短促突擊」的錯誤方針，既不敢舉行向敵人後方打去的進攻，也不敢大膽放手地誘敵深入，聚而殲之。結果，在雙方兵力和武器裝備懸殊的條件下，有如毛澤東所嘲笑的乞丐和海龍王比寶那樣，使紅軍完全陷入被動地位，進行的許多戰鬥都遭到失敗，軍力也受到很大損傷。

在對待同盟者的關係上，他們實行的是拒人於千里之外的嚴重關門主義，繼續把那些同國民黨統治有矛盾而正在積極活動起來的中間派別看做「最危險的敵人」，加以排斥。當時，曾出現過一次對紅軍粉碎第五次「圍剿」十分有利的機會：曾在上海堅持抗日、此時正奉調南下參加「圍剿」的國民黨十九路軍將領在福建宣佈成立政府，主張抗日反蔣，並派代表同紅軍談判合作，雙方草簽了抗日反蔣的初步協定。但博古等依然把十九路軍的行動看作是欺騙行為，拒絕在軍事上同他們配合。結果，孤立無援的福建人民政府很快失敗，蔣介石得以完成對中央革命根據地的四面合圍。凱豐卻高興地在黨刊上發表文章說：「福建『人民』政府是沒有人民、沒有共產黨參加的『人民』政府，有的是一般政客官僚，代表著地主資產階級的另一部分，想用改良主義的欺騙來阻止群眾的鬥爭，來阻止群眾向著蘇維埃道路的邁進。」「福建『人民』政府的破產、蘇維埃紅軍的勝利與二次全蘇大會的開幕，完全的證明著蘇維埃是中國民眾從民族危機與經濟浩劫中唯一的革命的出路。」4

一九三四年一月，中國共產黨在中央革命根據地的首府江西瑞金召開六屆五中全會。這次會議把第三次「左傾」錯誤推向又一個高峰。會議通過的政治決議案寫道：「目前的形勢，是中國領土內存在著的兩個絕對相反的政權，兩個絕對相反的世界，正在進行生死存亡的鬥爭。」「五次『圍剿』的鬥爭，

---

1 《中共中央關於帝國主義國民黨五次「圍剿」與我們黨的任務的決議》，《鬥爭》第二十一期。

2 博古：《獻給江西省第二次黨代表大會》，《鬥爭》第二十七期。

3 中國社會科學院近代史研究所翻譯室編譯：《共產國際有關中國革命的文獻資料》第二輯，北京：中國社會科學出版社，一九八二年版，第二〇二、二〇三、二一二、二一四頁。

4 凱豐：《二次全蘇大會的開幕與福建「人民」政府的破產》，《鬥爭》第四十五期。

即是阻止中國走向殖民地道路的鬥爭，即是爭取蘇維埃中國完全勝利的鬥爭。」決議案得出結論：「中國正處在革命與戰爭的漩渦中，粉碎五次『圍剿』的決戰面前，蘇維埃道路與殖民地道路之間誰戰勝誰的問題，正式尖銳的提了出來。」1 這是以中共中央全會決議的形式再一次把「決戰論」肯定了下來，並且進一步提到「蘇維埃道路與殖民地道路之間誰戰勝誰」的高度。毛澤東幾年後感歎地說：「決戰論興，而紅軍危矣。」

「五中全會以後，這條路線的惡果已經開始可以看出。白區工作在冒險盲動的路線下，已全部損失了。紅軍、蘇區在五次『圍剿』中不斷的遭受失敗。」2 四月中旬，國民黨軍隊集中優勢兵力進攻中央革命根據地的北大門廣昌。博古、李德不顧敵強我弱的實際情況，調集紅軍主力，修築簡陋的工事，堅守廣昌，並親赴前線指揮。經過十八天血戰，在對方猛烈炮火的轟擊下，頑強抵抗的紅軍遭受重大傷亡，廣昌失守。十月初，國民黨軍隊已推進到中央革命根據地腹地，紅軍主力被迫實行戰略轉移。這便是長征的開始。

當「左傾」錯誤的領導還遠在國民黨統治區的大城市中、沒有直接控制紅軍和革命根據地時，儘管敵我力量懸殊，紅軍還能夠獨立地在實踐中進行探索，運用長期積累起來的「打得贏就打，打不贏就走」、「誘敵深入」、「集中優勢兵力，選擇敵人的弱點，在運動戰中有把握地消滅敵人的一部或大部，以各個擊破敵人」等切合實際的戰略戰術，接連粉碎了國民黨軍隊的多次「圍剿」。到九一八事變後，隨著民族矛盾的激化，國內階級關係發生重大變動，情況本來更加有利於中國共產黨和工農紅軍去團結全國絕大多數人，把中國民族民主革命推向前進。可是，由於當時中共中央領導權落到一些根本不懂得中國國情、卻得到共產國際信任的「左傾」教條主義者手中，隨心所欲地發號施令，接著又進入中央革命根據地直接把持一切，結果，幾乎把中國革命斷送乾淨。

事實是最有說服力的教員。慘痛的失敗，幫助了共產黨和紅軍內絕大多數人從實踐中逐漸分清了什麼是正確的，什麼是錯誤的。長征途中，一九三五年一月在貴州遵義召開的政治局擴大會議，終於糾正了第三次「左傾」錯誤，結束了它在中國共產黨內的統治地位，在極端危急的關頭挽救了共產黨和紅軍。中國革命從此揭開了新的一頁。

四、產生錯誤的根本原因

中國共產黨在革命時期所犯的三次「左傾」錯誤，給革命造成嚴重損失。這些錯誤是怎麼造成的？那時候，中國共產黨在政治上還很幼稚。黨的領導人大多是三十歲左右的年輕人，有著滿腔革命熱情，有著不怕犧牲的獻身精神，渴望能夠早日改變中國備受帝國主義奴役和封建勢力壓迫的悲慘命運，渴望能夠早日實現改造社會的良好願望，而對中國國情的複雜性以及由此決定的革命的長期性、艱苦性和不平衡性幾乎沒有認識，總是急於求成，想幹一番轟轟烈烈的大事，使革命在短時間內取得勝利，而不懂得怎樣按照事物本身的客觀規律辦事，結果一次又一次地吃了大虧。

三次「左傾」錯誤各有自己的特點：第一次錯誤是在波瀾壯闊的大革命突然遭受慘重失敗的情況下發生的，人們對革命爲什麼失敗還沒有完全理解，急於改變現狀，進行近乎拚命的盲目蠻幹。他們不顧主客觀條件，只要哪裡還留有一點革命力量，就要求在這些地方組織暴動，並且認爲必須主要依靠工農

1 中共五中全會政治決議案，一九三四年一月十八日。
2 博古在中共七大上的發言記錄，一九四五年五月三日。

民眾的暴動，輕視革命軍隊的力量。第二次「左傾」錯誤是在革命走向復興的條件下發生的。這種剛剛走向復興的趨勢，使他們好不容易才稍稍冷靜下來的頭腦又重新發熱起來，以爲早就期待著的直接革命形勢已經到來。國民黨各派軍事勢力之間空前規模的大戰爆發，更使他們看作統治階級已難再繼續統治下去，是奪取全國勝利的極好機會。他們的目光主要仍放在幾個大城市上，如武漢、南京、上海，認爲這些城市對全國的號召力和影響最大，指望能以突然的行動，一舉衝破國民黨的高壓而取得勝利。由於工農紅軍這時已形成一支不容忽視的力量，因此也要求紅軍向這些大城市進攻，但仍處在配合的地位。他們擔心單靠這些力量還不足以取得全國勝利，又提出要求「蘇聯必須積極準備戰爭」，想以中國革命爲起點，掀起全世界的大革命。第三次「左傾」錯誤是在「國際路線」的旗號下推行的，統治的時間最長。他們具有更加完備的理論形態，認爲中國已具有不需要等待世界革命爆發而單獨取得勝利的條件。怎樣取得勝利呢？這時，城市工人運動的低落和工農紅軍的發展已成爲越來越明顯的事實，他們便越來越多地把重點放到紅軍和革命根據地方面來，認爲中國已出現兩個政權相對峙的局面，強調要實行紅軍和蘇維埃政權的「正規性」，強調必須推行積極的進攻路線，認爲現在已到了決戰的時刻，在獲得一省或幾省首先取得勝利後，可以奪取全國的勝利。這三次「左傾」錯誤都以失敗告終。

爲什麼這種「左傾」錯誤會一次又一次地接連發生，儘管在具體形態上有所不同？爲什麼許多在今天看來十分荒唐可笑的東西，當事人在那時卻十分認真地對待，似乎充滿著信心？它們之間有哪些前後一貫的相通的地方？

最根本的一點，在於他們的指導思想是主觀主義的，缺乏實事求是的態度，並不符合客觀存在的實際。要做到實事求是，主觀符合客觀，本來是一件很不容易的事情。而他們總是單憑熱情，從主觀願望出發，或從搬用書本上的個別詞句或外國的經驗出發，誇誇其談，自以爲是，不尊重客觀實際，不去下苦功夫對周圍複雜的真實情況進行周密的調查和冷靜的分析，這就不能找出解決問題的切實有效的辦法。當然，他們每次也都對形勢做一番分析，但由於早已有了主觀設定的框架，總是把有利的方面無限誇大，把個別事實說成普遍現象，把少數積極分子的思想情緒說成廣大群眾的要求；而對不利的方面卻熟視無睹，或者輕描淡寫地一帶而過，沒有認真加以對待。他們總想走筆直又筆直的道路，希望幾步就跨到目的地，缺乏要經過長期而艱苦工作的精神準備。正當他們興高采烈的時候，原來被忽視而沒有認真對待的不利方面跑了出來，便張皇失措，陷入完全被動的局面。這在三次「左傾」錯誤時幾乎如出一轍，並且一再重複地出現。正因爲如此，延安整風時把「反對主觀主義」放在第一位。只有這樣，才能從思想方法的高度從根本上整治以往幾次錯誤的病根。

這種主觀和客觀相脫離，在中國革命問題上最突出的表現是對中國近代國情這個客觀實際沒有真切的瞭解，對中國革命的長期性、複雜性和殘酷性幾乎沒有認識，把它看作是一件很容易的事情。近代中國是一個半殖民地半封建國家。那時候，儘管各種社會矛盾已達到異常尖銳的程度，但並不等於說問題就能輕易地得到解決。這裡首先有一個力量對比問題：帝國主義和封建勢力的力量是相當強大的，多少年來盤根錯節地統治著這個國家，中心城市更處在他們的嚴密控制下；革命的力量一時還很小，群眾覺悟程度和組織程度的提高不是一朝一夕可以做到的；人數眾多的處於中間狀態的人一時還在觀望和徘徊。就是在革命走向復興和統治階級內部危機加深時，革命的復興一時並沒有強大到足以推翻整個統治者的程度，統治階級內部的危機也沒有很快達到使它崩潰的地步。再加上中國是一個幅員遼闊的農業大國，城市和農村之間、地區和地區之間在經濟上和政治上存在著極大的不平衡性和不統一性。這些都決定著中國革命必須經過一個長期而艱苦的歷程，從小到大，逐步積聚力量，以農村包圍城市，到條件成熟時取得最後的勝利。這不是誰喜歡怎麼做就可以怎麼做的，而是中國社會具體條件下的必由之路。就像登山一樣：你心中盡可以懸著攀登主峰這個遠大目標，腳底下卻只能一個台階一個台階地向上走，有時甚至還需要依照山勢的迂迴曲折，起起伏伏地前進，絕不可能一個大步就登上你預期的目標。洛甫在中共七大上肯定地指出：「革命是一件不容易的事情，是複雜與麻煩的事情。不採取鄭重的與謹慎的態度是決然不會成功的。」「我們只要馬虎一點，成千成萬人的血就會因爲我們的馬虎而白流了。所以鄭重與謹慎的態度，也就是對人民負責的態度。」[1] 如果沒有這種「如臨深淵，如履薄冰」的極端鄭重和謹慎的態度，如果不充分考慮客觀環境，主觀主義地輕率地提出超越實際可能的種種做法，不但無濟於事，而且會導致失敗，付出沉重的血的代價。

這種主觀主義，在第三次「左傾」錯誤時達到最嚴重的程度。由於它披著「理論」的外衣，造成的影響就更大、更壞。博古在延安整風時做過自我批評。他說：「一九三二年至一九三五年的錯誤，我是主要負責的一人……當時我們完全沒有實際經驗，在蘇聯學的是德波林主義的哲學教條，又搬運了一些蘇聯社會主義建設的教條和西歐黨的經驗到中國來。過去許多黨的決議是照抄國際的。」[2] 在中共的七大上，他對教條主義的錯誤做了進一步的檢查，說：「對於馬列主義的著作，只覺得其精深博大，把什麼問題都解決了。對於蘇聯革命鬥爭的經驗，由於革命成功的經驗證明，亦覺得是傳之萬世不可或易的真理。就以爲只熟讀馬克思主義的定義和結論，記得聯共的策略公式，就會使中國革命成功了。因而產生了背誦馬列主義個別結論與辭句，機械搬用死板策略、籠統公式的教條主義的思想方法。」「碰到實際問題，不先想實際情況而是先想馬、恩、列、斯在什麼地方怎樣說過，或者在歐洲或俄國革命史上有過什麼相關的情況、用過什麼口號策略。並把它們原封不動地搬運到中國來。」[3] 博古的自我批評是誠懇的，是符合實際的。當然，犯「左傾」錯誤的負責人的情況並不完全相同。如果讀一讀王明《爲中共更加布爾塞維克化而鬥爭》那本小冊子和他在共產國際執委會十次全會上的長篇發言，都能夠感覺到那種譁眾取寵的自我表現和它背後的勃勃個人野心。而在那些犯過「左傾」錯誤的負責人中，恰恰只有王明從來沒有做過一點自我批評。

對中國革命的認識偏離客觀實際，出現幾次「左」的錯誤，這對還缺乏經驗的中國共產黨來說，也許是難以完全避免的。他們走的是前人沒有走過的路，周圍的環境變化得那麼快，許多陌生的問題突然提出來等待著立刻回答，中國的事情又那麼複雜，任何人都不可能一下子把它完全看清楚，處理得十分恰當和周全。但是，既然主觀的認識同客觀實際並不相符，人們在實踐中總會程度不同地發現這種不符合實際的地方。第一次「左傾」錯誤後期，江蘇省委王若飛、項英等提出過革命已處在低潮的看法。這次錯誤糾正後，劉少奇在共產黨黨刊上發表過一段很有見地的話：「我們對於實際情形的觀察應該經常採取許多真實的材料，切實到群眾中去瞭解各部分群眾的生活與情緒，絕不可單憑某一部分群眾一時特殊的表示及幾個領袖一時氣憤與悲觀的報告，就認定全部群眾的要求和情緒是如此，而規定或轉變我們口號。過去我們許多錯誤的原因，大半是因爲對於實際情形的觀察和估量不能深切和正確。」[4] 第二次「左傾」錯誤時，何孟雄曾尖銳地指出：這樣做是忽視不平衡的發展，忽視主觀力量，忽視階級力量的對比。第三次「左傾」錯誤時，就有更多的地區和部門提出不同意見或採取抵制的做法。爲什麼這些錯誤沒有及時得到糾正，而且延續得這麼久？

這裡有一個能不能保證共產黨內正常的集體領導和群眾路線的問題，也就是黨內民主問題。這裡說

1 洛甫在中共七大上的發言記錄，一九四五年五月二日。
2 《胡喬木回憶延安整風》（上），《黨的文獻》一九九四年第一期。
3 博古在中共七大上的發言記錄，一九四五年五月三日。
4 劉少奇：《口號的轉變》，《布爾塞維克》第二卷第一期。

的群眾路線，很重要的一點，就是要把共產黨在實踐中獲得的正確認識不斷集中起來，這樣才能補救少數人認識上的局限和偏差。那些「左傾」錯誤的負責人、特別是第三次「左傾」錯誤的負責人，卻總是自以爲是，剛愎自用，在很長時間內認定只有自己的看法才是百分之百正確的，不願自我批評，不願意聽別人的批評。如果有人提出不同意見，他們不但不聽，還要壓制和打擊，進行過火的鬥爭，斥爲政治上的不堅定、嚴重的右傾以至機會主義的動搖等，用嚴厲的組織措施來保證他們主張的繼續貫徹。洛甫在延安整風時談到過這方面的教訓。他說：「組織上是宗派主義，不相信老幹部，否定過去一切經驗，推翻舊的領導，以意氣相投者結合，這必然會發展到亂打擊幹部。」[1]在中共七大上，他又誠懇地做自我批評說：「我們爲了貫徹我們的錯誤路線，卻一意孤行，並且還在所謂反對『右傾機會主義』、反『狹隘經驗主義』等的口號之下，完全錯誤的打擊了黨內瞭解中國實際情況與富有中國革命經驗的領導同志，大大的發展了宗派主義，這實在是非常錯誤的。」[2]自然，這不是他一個人的責任，而且他在這些領導人中是覺悟得比較早的。這類根本違背共產黨內民主和群眾路線的做法，使問題不能及時得到糾正，以致使第三次「左傾」錯誤延續了四年之久。

回顧這段歷史時，還不能不看到：中國共產黨在民主革命時期的三次「左傾」錯誤都同共產國際有著密切的關係。第一次「左傾」錯誤是在共產國際代表羅米納茲直接指導下發生的，不少文件就是由他起草的。第二次「左傾」錯誤明顯地受到共產國際十次全會和四封來信的影響，當然李立三後來又把它發展了，增加了新的內容，有著自己的責任。第三次「左傾」錯誤更是完全倚仗共產國際在中國共產黨內的巨大威望和組織約束力，才能取得支配地位並持續得那麼久。當然，共產國際對中國革命也做過一些起了積極作用的好事，不能一筆抹殺。但從根本上說，要指導一個國家的活動，必須從它的具體國情出發，對它的情況有系統而細緻的瞭解，正確地把握住這個國家各個社會階層的要求和情緒，才能對不斷變動著的形勢做出準確的估量，採取恰當的對策。

這些，對遠處萬里之外、對中國國情相當隔膜的共產國際來說，是無法做到的。他們的許多判斷和決定，已被事實證明是脫離實際的瞎指揮，卻被硬搬到中國來，強制性地加以執行，就不能不把事情弄糟。對中國共產黨來說，在不短的一段時間內，幾乎無條件地接受共產國際的指揮，不敢輕易加以懷疑，又反映了當時共產黨在政治上的不成熟。毛澤東在一九三〇年寫了一篇《調查工作》（六〇年代公開發表時改名爲《反對本本主義》），尖銳地批評共產黨內有些人開口閉口要「拿本本來」，指出：「不根據實際情況進行討論和審查，一味盲目執行，這種單純建立在『上級』觀念上的形式主義的態度是很不對的。」他意味深長地寫道：「中國革命鬥爭的勝利要靠中國同志瞭解中國情況。」「共產黨的正確而不動搖的鬥爭策略，決不是少數人坐在房子裡能夠產生的，它是要在群眾的鬥爭過程中才能產生的，這就是說要在實際經驗中才能產生。因此，我們需要時時瞭解社會情況，時時進行實際調查。」[3] 這自然是針對許多人機械式執行共產國際指示或者盲目照搬俄國革命經驗的狀況提出的，表現了獨立自主的精神。

必須堅持實事求是，群眾路線，獨立自主，這是中國共產黨人在長期的革命實踐中經過艱苦探索而得出的三條基本結論，也可以說是從總結三次「左傾」錯誤產生原因中得出的三點基本認識。

1《張聞天選集》編輯組編：《張聞天選集》，北京：人民出版社，一九八五年版，第三一四頁。

2 洛甫在中共七大上的發言記錄，一九四五年五月二日。

3 毛澤東：《毛澤東選集》第一卷，北京：人民出版社，一九九一年版，第一一一、一一五頁。

第六章

遵義會議：中國共產黨的歷史上的轉折點[1]

二〇一五年是遵義會議八十週年。對遵義會議的歷史地位，中共中央在一九四五年的歷史問題決議中有明確的論斷：它「是中國黨內最有歷史意義的轉變」；在一九八一年的歷史問題決議中又指出：「這在黨的歷史上是一個生死攸關的轉折點。」任何重要歷史事件都必須把它放在整個歷史發展進程中來考察，才能真正理解它的意義。既然遵義會議是中共的歷史上的轉折點，就要用長時段的眼光，從中國共產黨整個歷史發展進程來考察，對遵義會議以前和以後中國共產黨的狀況進行比較，看發生了怎樣的根本性變化，才能更清晰更深刻地認識這次會議的歷史地位。

一、分歧的實質

親身經歷過這場巨大變化的陸定一，在遵義會議九年後說過一段沒有引起人們足夠重視的話：「它在黨史上是個很重要的關鍵，在內戰時期黨內有兩條路線：一條是『左』傾機會主義的路線，一條是以毛主席爲代表的正確的路線。遵義會議是由錯誤路線轉變到正確路線的關頭。」他以一個過來人的身份指出：「不瞭解當時的情況，很難瞭解這個決議。」

這句話說到點子上了。那時共產國際剛剛解散，他的話還不便說得更明白。其實，他所說的「兩條路線」是兩種指導思想：前者就是把馬克思主義教條化，把共產國際的指示和決定神聖化，一切聽從它的指揮，在十年內戰時期表現爲「左」的機會主義錯誤，王明和早期的博古是它的主要代表；後者是把馬克思主義基本原理同中國革命實際相結合，獨立自主，堅持一切從中國實際出發，依靠中國人自己的力量去奪取勝利，毛澤東是它的主要代表。這是兩種截然不同的指導思想。遵義會議前，前者在中共中央佔有優勢；遵義會議後，後者在中共中央取得了優勢地位。這個變化可以稱得上中國共產黨歷史上的轉折點，與共產黨和國家命運的關係太大了；而取得這個變化，實在極不容易。

爲什麼會出現把馬克思主義教條化、把共產國際指示神聖化的現象，而且長時間在中共中央居於統治地位？這反映了中國共產黨當時還處在不成熟的幼年時期，也緣於中國革命的極端複雜性和極端曲折性。

中國共產黨從成立時起就把馬克思主義的科學真理作爲指導思想，從而使中國革命的面目爲之一新。但正如列寧在一九一九年十一月向東方的共產主義者所指出的那樣：「你們面臨著全世界共產黨人所沒有遇到過的一個任務，就是你們必須以共產主義的一般理論和實踐爲依據，適應歐洲各國所沒有的特殊條件，善於把這種理論和實踐運用於主要群眾是農民、需要解決的鬥爭任務不是反對資本而是反對中世紀殘餘這樣的條件。這是一個困難而特殊的任務，但又是一個能收到卓著成效的任務。」而這個任務只能在實踐中經過反覆探索才能完成。在開始時，很多人容易無視本國的特點，把書本上的東西當作教條加以絕對化。

再說共產國際和中國革命的關係。這是一個十分重要而又相當複雜的問題，需要進行具體分析。周恩來說過：「毛澤東同志說，它是兩頭好，中間差。兩頭好，也有一些問題；中間差，也不是一無是處。」這是一個實事求是、恰如其分的論斷。

「兩頭好」，包括它的早期。中國共產黨的成立，第一次國共合作的形成，共產國際都起了不可忽視的積極作用。對幼年時期的中國共產黨來說，共產國際的這種幫助十分重要，但確實也有一些問題。共產國際對中國的實際情況瞭解太少，派到中國來指導工作的代表很多並不高明，大革命的失敗同他們指導中的錯誤有重大關係。

1 本文為紀念遵義會議八十週年而作的論文，原文載於《人民日報》二〇一五年一月十五日第七版。

「中間差」，主要是指土地革命時期共產黨內三次「左」傾錯誤都同共產國際有關。第一次「左」傾錯誤集中體現在一九二七年十一月中共中央臨時政治局會議通過的《中國現狀與黨的任務決議案》中，認爲「現時全中國的狀況是直接革命的形勢」，向全黨提出「創造總暴動的局面」的任務。這個決議案是在共產國際代表羅米納茲指導下起草的。第二次「左」傾錯誤（就是「立三路線」）也直接受到共產國際十次全會大力開展反右傾鬥爭和共產國際給中共中央四封指示信的影響。指示信說：「中國進到了深刻的全國危機底時期。」「現在已經可以開始、而且應當開始準備群眾去用革命方法推翻地主資產階級底聯盟，去建立蘇維埃形式的工農專政。」當然，共產國際在這段時間裡也不是一無是處，如中共六大在共產國際指導下指明的中國革命性質、形勢和策略方針是基本正確的。由於中國共產黨當時是共產國際的一個支部，共產國際對它不僅有巨大的思想影響，而且有嚴格的組織約束，重大問題必須執行它的指示並經過它批准，要突破和改變這種格局極爲不易。

爲什麼儘管「左」的錯誤多次在中共中央居於支配地位，但中國內部仍能出現並發展起一批從中國實際出發、建立農村革命根據地的成功範例？那是因爲不少在第一線做實際工作的領導人在實踐摸索中積累起新的經驗和認識，逐漸明白：只有這樣做才能生存和發展，否則只有走向滅亡。而當時中共中央一直留在中心城市上海，工作重心放在城市工作方面，同根據地的通信聯繫十分不便，因而干預比較少。這樣就逐步形成了中國共產黨內兩種不同指導思想之間的根本分歧。

二、矛盾的激化

從一九三一年一月中共六屆四中全會起，「左」傾教條主義在中共中央取得統治地位。在推行

「左」傾教條主義錯誤方面，比起前兩次嚴重得多，所造成的危害要大得多，時間也長達四年之久。

剛從蘇聯回國不久、缺乏實際革命經驗、只會搬用那些書本教條來嚇唬人、主觀主義地發號施令的王明等人，得到共產國際代表和遠東局更大的支持，成爲中共中央的主要領導人。他們自稱「百分之百的布爾什維克」，提出要「爲中共更加布爾什維克化而鬥爭」，把不顧敵我力量對比實際情況的「進攻路線」稱爲「國際路線」，極端誇大革命力量，把反動統治勢力看得不堪一擊，認爲革命和反革命之間已到了決戰階段；而把堅持從中國實際情況出發、趨利避害、靈活機動從而取得一系列反「圍剿」戰爭勝利的正確主張斥爲怠工、逃跑的「右傾機會主義」，進行「殘酷鬥爭、無情打擊」。他們有系統地向全國各地派遣中央代表、中央代表機關或新的領導幹部，來貫徹他們的「反右傾」鬥爭。

一九三三年初，以博古爲首的中共臨時中央由於在城市工作中遭到嚴重失敗，被迫遷入中央蘇區，直接把持了革命根據地和紅軍的一切大權。這是以往不曾有過的。他們在反對「羅明路線」的口號下，嚴厲打擊、排斥以至懲辦從實際情況出發和堅持根據地歷來實行的正確主張的各方面領導人。毛澤東被剝奪黨、政、軍各方面的領導權，處於「靠邊站」的地位。由中共臨時中央召集的六屆五中全會是第三次「左」傾錯誤發展的頂點。會議盲目地判斷「中國的革命危機已到了新的尖銳的階段——直接革命形勢在中國存在著」，說第五次反「圍剿」鬥爭「即是爭取中國革命完全勝利的鬥爭」，說這一鬥爭將決定中國的「革命道路與殖民地道路之間誰戰勝誰的問題」。在軍事上，共產國際遠東局派來的軍事顧問李德，把第一次世界大戰時期的經驗和從蘇聯軍事學校學來的教條硬搬到中國來，反對游擊戰，硬打陣地戰，同強大的敵人死拼。這種「左」傾錯誤氣焰之高、打擊異己手段之狠，在共產黨以往的歷史上不曾有過。儘管中共和紅軍中一些領導人仍提出不同意見，但並不能扭轉和改變這種狀況。最終，第五次反「圍剿」失敗，紅軍被迫長征。

這是中國共產黨繼大革命失敗後一次最重大的失敗，使中共和紅軍面臨極端嚴重的危機。但長征開始時，中共和紅軍的領導權仍掌握在「左」傾教條主義者手中。他們不顧周圍的實際情況，採取直線式行軍，又導致搶渡湘江時的慘重損失。進入貴州時，紅軍已處在千鈞一髮的生死關頭。如果再沿著這條路走下去，中共和紅軍必將被完全斷送。事實是最好的教員。矛盾的激化也表明，長期存在的問題已到了非解決不可的時候了。中共和紅軍中大多數人在慘痛的事實教育下，認識到再也不能照那條錯路繼續走下去。這時，同共產國際聯繫的電台已在過湘江時被敵機炸毀。遵義會議就是在這種情況下召開的。這是中國共產黨第一次完全獨立自主地根據實際情況做出歷史性決斷的會議。

三、歷史的轉折

遵義會議直接解決的是軍事問題和組織問題，這是當時具有決定意義而又有可能解決的問題，但它的意義並不限於這兩個問題，這兩個問題反映的是兩種指導思想、兩種方法論的根本對立。陸定一在一九四四年講解遵義會議決議時說：「軍事問題的討論是放在第一位。但會議的本質是反機會主義的開始。」他舉例說：「過去估計敵我力量都不是從實際出發，如說國民黨已經崩潰了，帝國主義就要垮台。」「我們要學習毛主席，在工作中從實際出發。」毛澤東在一九六三年同外賓談話時更明確地說道：「真正懂得獨立自主是從遵義會議開始的。這次會議批判了教條主義。教條主義者說蘇聯一切都對，不把蘇聯的經驗同中國的實際相結合。」這次會議解決了中國共產黨面對的一個根本問題：究竟一切按共產國際和「左」傾教條主義的指揮行事，還是獨立自主地從中國國情出發走自己的路。會後，中共和紅軍立刻呈現全新的面貌，顯示出強大的生機和活力，四渡赤水，直入雲南，搶渡金沙江和大渡河，同紅四方面軍會合，又擺脫新發生的內部危機，揮師北上，到達陝北，取得長征的勝利。

當時擔任紅軍總參謀長的劉伯承回憶道：「遵義會議以後，我軍一反以前的情況，好像忽然獲得了新的生命，迂迴曲折，穿插於敵人之間，以爲我向東卻又向西，以爲我渡江北上卻又遠途回擊，處處主動，生龍活虎，左右敵人。我軍一動，敵又須重擺陣勢，因而我軍得以從容休息，發動群眾，擴大紅軍。待敵部署就緒，我們卻又打到別處去了。弄得敵人撲朔迷離，到處挨打，疲於奔命。這些情況和『左』傾路線統治時期相對照，全軍指戰員更深刻地認識到：毛主席的正確的路線，和高度發展了的馬克思主義的軍事藝術，是使我軍立於不敗之地的唯一保證。」

爲什麼同樣是這支中共中央紅軍，在長征初期處處被動挨打，造成重大損失，而在遵義會議後便有如生龍活虎，取得如此巨大的勝利？發生這樣令人耳目一新的變化，原因便在於從教條主義的僵硬束縛下解放出來，獨立自主地堅持從實際出發，敢於大膽地靈活地採取被實踐證明行之有效的決斷和行動，衝破萬難，終於闖出一條新路來。

四、新傳統的形成

當然，不可能在一次會議上解決所有問題，特別是還來不及從思想根源上深入總結造成以往種種錯誤的教訓。這需要有一個過程。但只要將遵義會議以前和以後對比一下，就會清楚地看到：中國共產黨從指導思想到實際工作由什麼占主導地位確實已起了根本變化，進入一個新的階段。

這以後，又經過瓦窯堡會議、抗日戰爭爆發、六屆六中全會、全黨整風到中共的七大。現在，很多人對那次整風運動的真實情況和深遠意義瞭解太少，有的還存在誤解或曲解，把某些支流說成主流。其實，那次整風運動最集中的內容不是別的，就是反對主觀主義，尤其是教條主義，要求尊重客觀實際，把實事求是放在最突出的地位。它的方法是要求各級幹部結合以往自己和共產黨的實際工作經歷中的成敗得失進行總結，看清楚只有當主觀符合客觀時才能取得成功，如果只憑主觀行事而違背客觀實際就會碰釘子或導致失敗。這自然比一般空泛的議論有效得多。陳雲在一九四三年系統地讀了毛澤東起草的全部文件、電報後說：「感到裡面貫穿著一個基本指導思想，就是實事求是。」整風運動的最大成果是什麼？就是使這種觀念從此在中國共產黨內深入人心。這是它最重要的意義所在。這是又一次思想大解放。不瞭解這一點，就不可能真正懂得這次整風運動。接著，中共六屆七中全會擴大會議通過《關於若干歷史問題的決議》；中共七大通過的《中國共產黨章程》明確規定：「中國共產黨，以馬克思列寧主義的理論與中國革命的實踐之統一的思想——毛澤東思想，作為自己一切工作的指針。」劉少奇在中共七大所做關於修改黨章的報告中說：「這些理論與政策，完全是馬克思主義，又完全是中國的。」這個極端重要的結論得來不易。它是中國共產黨成熟的表現，又是從遵義會議起順流而下、水到渠成的結果。

實事求是、群眾路線、獨立自主的觀念，就這樣一步一步地深深鐫刻在中國共產黨人的心中，成為黨內公認的正路，形成共產黨新的傳統。以後，在中國革命、建設、改革的各個時期，它成為一種無形的衡量是非的行為準則。人們有時對事情會有各種不同看法，但最終只能以是否符合這些準則來判斷什麼是正確的、什麼是錯誤的。這是一份極端寶貴的精神遺產。儘管以後歷史發展中還經歷過種種困難和曲折，但如果沒有遵義會議開始的這個根本變化和它產生的深遠影響，就很難想像中國共產黨能領導全國人民在此後幾十年歲月裡取得如此巨大的成就。

正因為這樣，遵義會議才稱得上第一次歷史決議所說的「中國黨內最有歷史意義的轉變」，稱得上第二次歷史決議所說的「在黨的歷史上是一個生死攸關的轉折點」。

鄧小平在中共的十二大開幕詞中說：「中國的事情要按照中國的情況來辦，要依靠中國人自己的力量來辦。」「無論是革命還是建設，都要注意學習和借鑒外國經驗。但是，照抄照搬別國經驗、別國模式，從來不能得到成功。這方面我們有過不少教訓。把馬克思主義的普遍真理同我國的具體實際結合起來，走自己的道路，建設有中國特色的社會主義，這就是我們總結長期歷史經驗得出的基本結論。」這也是對遵義會議前後這段歷史做出的最好的結論。

第七章

中共中央紅軍在貴州的若干重大問題[1]

中共中央紅軍長征進程中，在貴州境內的四個多月特別重要。當時紅軍的前途，存在兩種可能性：或者成功突出重圍；或者處置不當，就有全軍覆沒的危險。遵義會議成爲重要的轉折點，紅軍在貴州闖過了生死關頭，從被動轉入主動，爲長征的最終勝利奠定了基礎。這是充滿驚濤駭浪的日子。中共中央紅軍在極端複雜而險惡的環境中，在前進道路上面對眾多不確定因素，經過迂迴曲折的探索，多次果斷地大幅度調整行進方向，終於突破重圍，闖出一條新路來。

對這段引起大家異常關注的歷史，研究成果已經十分豐富。本文不必再原原本本地敘述中共中央紅軍在貴州的全部經過，也不準備以很多篇幅去重複那些極爲重要而已談得很多的事件，只想選擇其中的幾個重大問題試做一些探討，力圖爲長征史研究這項已有巨大成就的工程繼續提供一磚一瓦。

一、中共中央紅軍為什麼會進入貴州

一九三四年十月，中共中央紅軍主力撤離中央革命根據地開始長征，是被迫的、不得已的。陳雲不久後向共產國際書記處匯報時說：「當敵人包圍了我們以前的蘇區，把我們擠到一小塊地區裡時，我黨爲保存紅軍的有生力量，把主力從過去的蘇區撤出。目的是要在中國西部的廣闊地區建立新的根據地。」2當時，中共中央由博古（秦邦憲）負總責，全軍主力突圍的主要著眼點是「撤出有生力量，使它免遭打擊」。這種考慮已經過三四個月的醞釀。至於在西部什麼地方能站得住腳、建立起新的根據地，由於對西部的環境不熟悉以及對可能遇到的問題不十分清楚，最初考慮只能是一個大致設想，並不是很明確、很有把握。一九三四年九月十七日，博古向共產國際執行委員會發出絕密電報：「（中共）中央和革命軍事委員會根據我們的總計劃，決定從十月初集中主要力量在江西南部對廣東的力量實施進攻戰役，最終目的是向湖南南部和湘桂兩省的邊境地區撤退。」三十日，共產國際政治書記處政治委員會致電中共中央正式答覆：「考慮到這樣一個情況，即今後只在江西進行防禦戰是不可能取得對南京軍隊的決定性勝利的，我們同意你們將主力調往湖南的計劃。」3

為了組織並指揮這次突圍和西進，中共中央成立了「三人團」，由博古、李德（從共產國際來的軍事顧問）、周恩來組成。這個「三人團」的工作狀況是怎樣的？《周恩來傳》中有一句很重要而似乎沒有引起研究者注意的話：它「只開過兩次會，一次在李德房中，一次在中央局」4。這句話引自周恩來一九四三年十一月十五日所寫的在中共中央政治局會議上的發言提綱手稿。他在提綱中還寫道：三人團的工作「主要是軍事，且是形式上的」。所以，在現存檔案中找不到「三人團」活動的記錄。實際工作中，政治上由博古做主，軍事上由李德做主，周恩來督促軍事準備計劃的實行。

中共中央紅軍裡除項英、陳毅等率領部分紅軍和地方武裝留在中央革命根據地堅持鬥爭外，參加突圍西征的有第一、三、五、八、九軍團，由中共中央機關和直屬部隊編成的兩個縱隊。其中，主力是第一軍團（軍團長林彪、政治委員聶榮臻）、第三軍團（軍團長彭德懷、政治委員楊尚昆）、第五軍團（軍團長董振堂、政治委員李卓然）。

紅軍突圍從一九三四年十月十日開始。十六日，全軍在中央蘇區東南角的雩都河以北地區集結完

1 原文載於《歷史研究》二〇一四年第一期。
2 陳雲：《在共產國際執行委員會書記處會議上關於紅軍長征和遵義會議情況的報告》，《黨的文獻》二〇〇一年第四期。
3 中共中央黨史研究室第一研究部編：《聯共(布)、共產國際與中國蘇維埃運動(一九三一—一九三七)》(一四)，北京：中共黨史出版社，二〇〇七年版，第一四四、二五一、二五六頁。
4 中共中央文獻研究室編，金沖及主編：《周恩來傳》第一卷，北京：中央文獻出版社，一九九八年版，第三四二頁。

畢。第二天起，以迅速動作渡河西進。由於嚴格保密，並沒有被蔣介石發覺。二十三日，國民黨南路軍（粵軍）第一軍軍長余漢謀致電北路軍（蔣介石嫡系部隊）前敵總指揮陳誠：「共軍主力已西竄，贛南方面僅留有少數共軍擔任掩護。」[1]蔣介石還沒有真正弄清楚，在同一天日記裡帶有疑問地寫道：「匪果西竄乎？」到三十日才斷定：「匪向西竄。」[2]

蔣介石對中共中央紅軍的突圍方向在此前也有過估計：「其突圍竄走，必西與川北之徐匪，或湘西之蕭賀股匪會合。」「曾提出『寧可迫使東竄，不可縱其西竄』之原則，詳定封鎖計劃。」[3]國民黨方面後來有一種說法，認爲蔣介石有意讓中央紅軍西進，以便借此進兵並控制西南。這並不符合當時的事實。

因此，國民黨軍在西、南這兩個方向預先設置了四道封鎖線。紅軍對前三道封鎖線比較順利地突破了，但在廣西北部的全縣和興安之間的界首等處搶渡湘江時，受到湘軍和桂軍的夾擊，又因「大搬家」的方式，攜帶大批物資，行動遲緩，遭受嚴重損失。十二月一日，紅軍主力終於渡過湘江。十一日，大隊穿過桂北龍勝地區走出廣西，來到湖南省西南端的通道縣。十二日，中共中央在通道召開臨時會議，確定了迅速西進貴州。

西進貴州，是不是到通道會議時才提出來的？這在研究工作者中有著不同看法：一種認爲中共通道會議改變了戰略進軍方向，稱爲「通道轉兵」；另一種認爲不宜提「通道轉兵」。筆者認爲，後一種主張比較符合實際情況。

在通道會議上確實發生過爭論。但從當時的情況來看，中央紅軍只能選擇先西進貴州。那時候，受到重大損失的紅軍渡過湘江後還來不及整理，桂軍仍在後面緊緊尾追，薛岳率領國民黨中央軍整整八個師重兵駐紮在離通道北面不遠的芷江、黔陽一帶守候。紅二、六軍團遠在湘西北的桑植、永順、大庸一帶（今張家界地區），同通道之間相隔約三百公里之遙。中間這片地區是苗民聚居區，山巒起伏，地勢險峻。清朝嘉慶年間，為了鎮壓苗民，在這裡連續作戰多年，修建了千餘碉堡，並築有邊牆，易守難攻，行軍十分艱難。而通道離相鄰的黔東南黎平地區不足五十公里，那裡只有少量戰鬥力很差的黔軍，是國民黨軍隊防線上的薄弱環節。紅軍在這種情況下，該怎樣行動是不難判斷的。用陳雲的話來說，這叫「避實就虛」[4]。

其實不到三個月前，由任弼時、蕭克、王震率領的從湘贛邊區西進的紅六軍團，在全縣、興安間渡過湘江後，並沒有從這裡沿湘西直接北上，而是同樣選擇了先西進貴州。紅六軍團先是經廣西龍勝地區，於九月十六日襲占通道，接著在二十二日進入黎平地區，再折而北上，到黔東北同賀龍、關向應率領的紅三軍（不久改稱紅二軍團）會合。應該說，紅六軍團西進是為中央紅軍「探路」。這兩支紅軍在最初所走的幾乎是同一條路。中央紅軍即便要同紅二、六軍團會合，到通道後也只能先西進貴州，再從黔東北上，不宜由通道沿湘西北上。

再細讀紅軍向通道前進的那幾天紅軍總部同各軍團、縱隊的來往電報，更可以清楚地看到紅軍到達通道前規定的下一步行動方向並不是從通道沿湘西北上，而是要西進貴州，特別是指向黔東南的黎平。十二月八日和十日，中共中央革命軍事委員會主席朱德致各軍團、縱隊首長電中只說「我野戰軍明九日繼續西進」和「我軍明十一號繼續西進」。十一日進入通道當天，他給林彪、聶榮臻的電報中要求紅一

1 蔣緯國：《歷史見證人的實錄——蔣中正先生傳》第二冊，台北：青年日報社，一九九七年版，第一三九頁。
2 蔣介石日記（手稿本），一九三四年十月二十三日、三十日，美國斯坦福大學胡佛研究所藏。
3 賀國光：《參謀團大事記》（上），北京：軍事科學院軍事圖書館，一九八六年影印本，第三二六頁。
4 陳雲：《陳雲文選》第一卷，北京：人民出版社，一九九五年版，第五五頁。

軍團派出偵察部隊先行「偵察入黔的道路」。十二日晨六時，朱德致電林、聶，指定紅一軍團和紅三軍團分路「入黔」的分界線，「望依此分界線自定前進路線」。這些都是在通道會議前已經做出的部署。同日十九時半，中共通道會議舉行後，便由中央革命軍事委員會正式「萬萬火急」地致電各軍團、縱隊首長，要求紅一軍團第一師「相機進佔黎平」。十三日二十一時半，朱德又以「萬萬火急」致電各軍團、縱隊首長：「我軍以迅速脫離桂敵，西進貴州，尋求機動，以便轉入北上之目的。」[1]把當時這些電報逐日排列下來，確實可以讓讀者對這一事實看得更準確、更清楚。

再從蔣介石的軍事部署來觀察，他的重點也放在防止紅軍西進貴州，而不是在湘西擺開陣勢準備進行決戰。在湘江戰役前夜的一九三四年十一月十七日，蔣介石下達《湘桂黔會剿計劃大綱》，首先要求「期於湘水以東地區，將匪撲滅」，但「萬一漏網，突竄湘漓水以西」，他的「方針」是「應以不使該匪能長驅入黔，會合川匪及蔓延湘西，與賀蕭合股之目的」。紅軍開始搶渡湘江時，他又在二十六日致電薛岳：「如匪不能在湘桂邊境消滅，則中央追擊兩縱隊應繼續跟進，即入黔川腹地，亦所不辭。並預備入黔爲要。」[2]當紅軍突破湘江、重入湘南時，蔣介石十二月九日在日記「預定」事項中，特別提到要注意「貴州地形」。[3]在十二日中共通道會議的同一天，他又重申《湘桂黔會剿計劃大綱》：「嚴密防贛匪入黔」，並要求「湘軍除鞏固原防外，以追剿部隊之一部，追至銅仁，鞏固黔軍左側之防線。」[4]

在前方指揮的薛岳也這樣判斷：「敵軍從湖南西北入湘西與賀龍合股，公算不大；徘徊於粵邊之連縣、桂邊賀富地區遲遲不動，南入粵桂，生存不易，因之公算也小。全面觀察，企圖西行，強渡湘江入桂轉黔，步蕭克故伎可能性大。」

從以上材料分析可以看出，當時中共中央紅軍從通道西進貴州，在敵我雙方的軍事領導人看來，都是很自然的事情。[5]

二、幾種政治力量的剖析

中共中央紅軍進入貴州後的行動靈活多變，有時使人有撲朔迷離的感覺。不能認爲這一切全都是事前完整地設計好，隨後只是按照原定計劃行事。它是多種力量在衝突中相互制約和相互作用的結果。

正確的決斷，是來自對錯綜複雜的客觀現實進行合理的分析並能及時做出正確的估量，才能用來指導行動。恩格斯有過一段深刻的分析：「歷史是這樣創造的：最終的結果總是從許多單個的意志的相互衝突中產生出來的，而其中每一個意志，又是由於許多特殊的生活條件，才成爲它所成爲的那樣。這樣就有無數互相交錯的力量，有無數個力的平行四邊形，由此就產生出一個合力，即歷史結果，而這個結果又可以看作一個作爲整體的、不自覺地和不自主地起著作用的力量的產物。因爲任何一個人的願望都

1 中共湖南省黨史資料徵集研究委員會研究處編：《紅軍長征在湘南專號》，《崢嶸歲月》第七集，長沙：湖南人民出版社，一九八七年版，第一七六、一七九、一八一、一八四—一八六頁。

2 《蔣介石檔案・事略稿本》（二八），台北：「國史館」，二〇〇七年，第四九一頁。

3 蔣介石日記（手稿本），一九三四年十二月九日，美國斯坦福大學胡佛研究所藏。

4 貴州省檔案館編：《紅軍轉戰貴州——舊政權檔案史料選編》，貴陽：貴州人民出版社，一九八四年版，第七八、八〇、八一頁。

5 李以劻：《薛岳率軍追堵紅軍的經過》，中國人民政治協商會議全國委員會文史資料委員會《圍追堵截紅軍長征親歷記》編審組編：《圍追堵截紅軍長征親歷記——原國民黨將領的回憶》（上），北京：中國文史出版社，一九九一年版，第四四頁。

會受到任何另一個人的妨礙，而最後出現的結果就是誰都沒有希望過的事物。」恩格斯把它稱爲「一個總的合力」。他接著又說明：「然而從這一事實中決不應做出結論說，這些意志等於零。相反地，每個意志都對合力有所貢獻，因而是包括在這個合力裡面的。」[1]

紅軍在貴州的這四個多月內，確實是幾種政治力量各自抱有不同的願望和意志，努力給對方造成妨礙，都在起著作用。最後的結果是紅軍勝利地突出重圍，但它的具體發展過程是最初誰都沒有預想到的。所以，考察中央紅軍在貴州的活動，需要先對中央紅軍當時的狀況、國民黨當局和蔣介石對中共中央紅軍突圍及長征的應對、西南地方勢力的狀況及其對中央紅軍進入貴州後發展進程的影響等幾方面的力量分別做些分析。只有清楚地瞭解當時雙方陣營中矛盾衝突錯綜複雜的大背景，才能正確地理解紅軍到貴州後的活動爲什麼會那樣一步一步地發展。

首先，中共中央紅軍的狀況。

湘江戰役中紅軍受到嚴重損失，這是不爭的事實。軍內因此對博古、李德的領導極爲不滿，強烈要求改組。但有些研究工作者容易由此對紅軍在湘江戰役中的損失做出超過實際的估計，以爲這次戰役使中央紅軍的實力和戰鬥力已損折過半，甚至產生一種錯覺，認爲中央紅軍人數一下子從十一萬六千多人銳減到三萬多人。

這是一種誤解。要是那樣的話，中共中央紅軍進入貴州後所表現出的很強戰鬥力就不好理解了。

對事實需要做具體分析，才能得出恰如其分的估計。石仲泉根據桂林市委黨史研究室提供的資料寫道：「第一次突圍減員三千七百餘人，第二次突圍減員九千七百餘人，第三次突圍減員八千六百餘人，共減員兩萬兩千多人。」「這就是說，紅軍突破第四道封鎖線時的實際兵力，不再是出發時的八萬多，而只有六萬四千人左右。」[2]

突破前三道封鎖線時不是沒有經過激烈的戰鬥嗎？那麼，在這段時間內佔全軍人數四分之一的減員是怎麼發生的？讀一讀當時在第五軍團當師長（後任軍團參謀長）的陳伯鈞的日記就可以想見其大概。陳伯鈞的日記寫得比較詳細，在過湖南道縣以東的瀟水前那段日子裡，看不到這支後衛部隊有過激烈戰鬥的記載，倒是一而再、再而三地可以看到這類事實：「這幾日，因長途跋涉，致病故者不下十人！」「近來落伍人員太多，有真正失去聯絡的，有藉故掉隊的，對我之行軍計劃有莫大障礙。」「昨日各部逃亡現象極為嚴重。」「道路均不良，上高山時，路又滑又陡，污泥太深，掉隊的較多。」「掉隊人員約一百以上，這是歷來最艱難的一次行軍。」如此等等。3 不難看出，到湘江前這段路上的大量減員，有些是因病或其他客觀原因掉隊的，有些是新入伍而不願遠離家鄉的，大多還不是紅軍的主力。

當然，並不是說在這過程中沒有發生過戰鬥。紅三軍團第四師師長洪超，就是在通過第一道封鎖線時犧牲的。紅三軍團政委楊尚昆回憶道：「後來才明白，我們突圍前，軍委雖然通知了粵軍指揮部門，由於前沿陣地還沒有接到『放路』的命令，因而在過第一道封鎖線時造成如此損失，令人歎息不已！」4 湘江的戰鬥進行得很激烈，紅軍損失很大。當時擔任師政治委員的黃克誠寫道：「界首一戰，中央紅軍遭到的傷亡是空前的。自開始長征以來，中央紅軍沿途受到敵人的圍追堵截，迭遭損失，其中

1《馬克思恩格斯選集》第四卷，北京：人民出版社，二〇一二年版，第六〇五、六〇六頁。
2 石仲泉：《長征行》，北京：中共黨史出版社，二〇〇六年版，第三四頁。
3 陳伯鈞：《陳伯鈞日記（一九三三—一九三七）》，上海：上海人民出版社，一九八七年版，第三二四、三二五、三二八、三二九頁。
4 楊尚昆：《楊尚昆回憶錄》，北京：中央文獻出版社，二〇〇一年版，第一〇七頁。

以通過廣西境內時的損失爲最大，傷亡不下兩萬人。而界首一戰，則是在廣西境內作戰中損失最重大的一次。」[1]他說「傷亡不下兩萬人」，是比較準確的。

對這次巨大損失也需要補充做一點分析。石仲泉在《長征行》中寫道：「尤其是擔任殿後任務、掩護大軍渡過湘江的紅八軍團、紅九軍團和紅五軍團，付出了慘重的代價。紅八軍團由長征出發時的一萬零九百二十二人，在渡過湘江後只剩下一千多人；紅九軍團由一萬一千五百三十八人減爲三千多人；紅五軍團第三十四師全部犧牲。」[2]紅八軍團和紅九軍團的減員約一萬八千人，這兩個軍團是中共中央紅軍中成立不久的新軍團：後者成立於一九三三年十月下旬；前者成立於一九三四年九月下旬，離長征出發只有十多天。陳雲說：紅軍在長征開始前「吸收了三萬多志願者參軍」[3]。聶榮臻說：「那時候，教條宗派集團，不注意主力兵團的充實建設，卻成立了一些缺乏基礎的新部隊。」[4]楊尚昆也說：「那時也蠢，只想成立新的師，卻沒有用這些新兵去補充老部隊，結果，新成立的師因爲缺乏訓練和實戰經驗，戰鬥力不強，有些在長征開始後的戰鬥中就潰散了。」[5]紅八、紅九這兩個軍團，新兵占的比重很大，思想政治教育和作戰訓練的時間比較短，在戰鬥中的損失就特別大。（第九軍團在軍團長羅炳輝、政治委員何長工指揮下，以後仍多次擔負獨立作戰的艱巨任務，發揮了牽制和迷惑敵軍的重要作用。）這以外，紅五軍團第三十四師戰鬥力較強，一直作爲全軍的後衛，因浮橋最後被敵機炸毀而未能渡河，最後都犧牲了。第三軍團的第六師有兩個團被敵軍切斷而全部損失。其他部隊雖有傷亡，基本隊伍依然渡過了湘江。

渡過湘江當天（十二月一日）十七時，朱德在致各軍團負責人電中寫道：「我八軍團之一部被敵擊散，我六師約一個團（引者註：後來查明，紅三軍團第六師的第十七、十八兩個團『被截斷於湘江以東，大部犧牲』，該師隨即縮編爲獨立團。[6]）及三十四師被切斷，其餘部隊則已渡過湘江。」[7]這是當天下午所做的統計，雖還有不完備的地方，但總體上同樣印證了前面所說的狀況。

可以看出，儘管中央紅軍在湘江戰役中受到很大損失，人員數量有大幅度減少，但全軍主力也就是它的核心部分依然基本保存下來。這是一支有著共同理想信念和嚴格紀律、有著旺盛的戰鬥意志和作戰經驗、能夠吃大苦耐大勞的精銳軍隊。特別是最早渡過湘江的紅一軍團所受損失較小，中央紅軍全軍建制也沒有被打亂。

正確估量中央紅軍渡過湘江後的實力，十分重要。正因爲這樣，進入貴州後一旦糾正了原來「左」的錯誤，有了正確的軍事指揮，它立刻變得生龍活虎，表現出很強的戰鬥力。這又大大超出國民黨及其高級將領的估計，是他們沒有料到的。滇軍將領、第十路軍總指揮部參謀長孫渡說：最初，「絕大多數人都認爲紅軍只有少數力量，在大軍跟蹤緊迫、各省軍隊到處堵截的情況之下，『實無倖存之理』。」「未幾，聞吳奇偉的第一縱隊向遵義進犯，遭到紅軍猛烈的回擊，幾乎全軍覆滅。我覺得紅軍的威力，並不因長途征戰而稍減。」8 對紅軍力量的這種錯誤估計，成爲他們軍事部署失誤的一個重要原因。

1 黃克誠：《黃克誠自述》，北京：人民出版社，一九九四年版，第一二六頁。
2 石仲泉：《長征行》，北京：中共黨史出版社，二〇〇六年版，第四三頁。
3 陳雲：《在共產國際執行委員會書記處會議上關於紅軍長征和遵義會議情況的報告》，《黨的文獻》二〇〇一年第四期。
4 聶榮臻：《聶榮臻回憶錄》（上），北京：解放軍出版社，一九八四年版，第二三一頁。
5 楊尚昆：《楊尚昆回憶錄》，北京：中央文獻出版社，二〇〇一年版，第一〇三頁。
6 軍事科學院軍事圖書館編著：《中國人民解放軍組織沿革和各級領導成員名錄》，北京：軍事科學出版社，一九九〇年版，第九〇頁。
7 中央檔案館編：《紅軍長征檔案史料選編》，北京：學習出版社，一九九六年版，第四六頁。
8 孫渡：《滇軍入黔防堵紅軍長征親歷記》，《貴州社會科學》編輯部、貴州省博物館編：《紅軍長征在貴州史料選輯》，內部資料，一九八三年版，第四六六、四六七、四七一頁。

其次，國民黨當局、蔣介石對中共中央紅軍突圍和長征的應對策略。

一九三四年十月三日，蔣介石致電時任行政院長的汪精衛還說「目前生死關頭，厥爲剿匪問題」，並稱已到「剿匪工作浮屠合尖之際」[1]。但是，他卻在給汪精衛發電報的次日下廬山北上，花了四十天時間，巡視豫、陝、甘、寧、魯、平、冀、察、綏、晉等省區，直到十一月十二日才回到他指揮幾十萬大軍對中央蘇區進行「圍剿」的大本營——江西南昌。那時，中共中央紅軍已經突破國民黨軍三道防線，向湘江前進了。這一點，確實讓人看起來很奇怪。

還有一點也值得注意：蔣介石在第五次「圍剿」中央蘇區時動用大部分主力自北向南推進，北路軍總司令是顧祝同，前敵總指揮是陳誠。它的東側是陳誠直接指揮的第三路軍，下轄第三、五、十縱隊（即樊崧甫、羅卓英、湯恩伯縱隊），在廣昌戰役後分兩路向石城、寧都推進，直指中央蘇區首府瑞金；西側是薛岳指揮的第六路軍，下轄第七、八縱隊（即吳奇偉、周渾元縱隊），分別向興國和古龍崗推進。當得知中共中央紅軍主力從西南方向突圍後，「『追剿』軍前敵總指揮委何人擔任的問題，蔣初意是陳誠，而陳卻保薦薛岳，後來蔣同意以薛岳充任，決定抽出九個師（引者註：當爲八個師和一個支隊。[2]）的兵力歸薛岳率領；陳誠則任預備軍總指揮，集中極待休整的嫡系部隊作爲機動兵策應各方面的需要。」[3]薛岳指揮的就是原來從北路西側向南推進的吳奇偉、周渾元兩個縱隊。吳奇偉縱隊主要是原張發奎部的粵軍，還有屬於陳誠系的梁華盛師。周渾元縱隊主要是贛軍，還有鄂軍萬耀煌師。

爲什麼蔣介石在中共中央紅軍將要突圍這樣的緊要時刻會花四十天時間去巡視北方各省？爲什麼確知紅軍已從西南方向突圍後，只派薛岳率吳、周兩個縱隊追擊，而沒有動用原來進攻中央蘇區的全部主力？有以下幾個原因：

一是蔣介石對中共中央紅軍的力量一開始就做了錯誤的過低的估計。他在十月三日給汪精衛的電報中說：「倘三個月內，時局不生枝節，則殲滅贛赤，饒有把握。」4 中共中央紅軍突圍後，他仍認爲紅軍喪失中央革命根據地後已成「流寇」，覆滅已爲期不遠。十一月九日，致電陳濟棠：「現竄匪離巢，復經重創，自必愈形慌亂，並希飭令加緊躡追，分頭截擊，務期殲匪於汝城、郴州之線，毋使漏網爲盼。」5

十一月十二日，他從北方回到南昌後，立刻召集楊永泰、熊式輝、林蔚、賀國光、晏道剛等心腹謀士商議，「對大家說：『不問共軍是南下或西行、北進，只要他們離開江西，就除去我心腹之患。』又說：『紅軍不論走哪一條路，久困之師經不起長途消耗，只要我們追堵及時，將士用命，政治配合得好，消滅共軍的時機已到，大家要好好策劃。』」「楊永泰以爲還要考慮紅軍爾後渡長江上游金沙江入川西的可能性。蔣說：『這是石達開走的死路。他們走死路幹什麼？如走此路，消滅他們就更容易了。』」他還「認爲紅軍已經『流徙千里，四面受創，下山猛虎（指紅軍放棄根據地），不難就擒』」。6 十二月九日，他在日記中寫道：「本日擬慶祝剿匪勝利之意義之文

1《蔣介石檔案・事略稿本》（二八），台北：「國史館」，二〇〇七年，第二〇二頁。
2 蔣緯國：《歷史見證人的實錄——蔣中正先生傳》第二冊，台北：青年日報社，一九九七年版，第一四五頁。
3 晏道剛：《追堵長征紅軍的部署及其失敗》，中國人民政治協商會議全國委員會文史資料委員會《圍追堵截紅軍長征親歷記》編審組編：《圍追堵截紅軍長征親歷記——原國民黨將領的回憶》（上），北京：中國文史出版社，一九九一年版，第五頁。
4 秦孝儀總編纂：《蔣介石大事長編初稿》卷三，台北：國民黨中央黨史委員會，一九七八年，第一〇五頁。
5《蔣介石檔案・事略稿本》（二八），台北：「國史館」，二〇〇七年，第四二四頁。
6 晏道剛：《追堵長征紅軍的部署及其失敗》，中國人民政治協商會議全國委員會文史資料委員會《圍追堵截紅軍長征親歷記》編審組編：《圍追堵截紅軍長征親歷記——原國民黨將領的回憶》（上），北京：中國文史出版社，一九九一年版，第五、七頁。

稿。」[1]湘江戰役剛結束，蔣介石就準備「慶祝剿匪勝利」，可見在他看來戰爭已到收尾階段。

在這種得意心態下，蔣介石認爲對付中共中央紅軍已穩操勝券，可以用更多的力量來考慮如何進一步掌握北方全局，特別是如何把自己的勢力伸入西南、加強控制西南地方勢力了。這是他的夙願。

二是紅軍主力雖已離開中央蘇區，仍留下項英、陳毅等率領一萬六千多兵力在那裡繼續堅持。紅軍主力撤走時，石城、古龍崗、興國、寧都、長汀、瑞金、雩都、會昌、寧化等地仍由紅軍據守。蔣介石對中共中央紅軍在這個地區還有多少兵力心中並不完全清楚。就是國民黨軍已經佔領的地區，劃區「清剿」和重新恢復舊社會秩序也不是輕而易舉的事情。這都使蔣介石放不下心來。因此，任命顧祝同爲駐贛綏靖主任、蔣鼎文爲駐閩綏靖主任，率領二十多個師的兵力，繼續致力於摧毀位於江西、福建的中央蘇區，來消除他所說的「心腹之患」。爲什麼最初考慮過由陳誠負責指揮「追剿」軍，後來改由薛岳指揮？據國民黨軍第四軍副軍長陳芝馨說，原因之一也是「蔣介石考慮到江西方面困難重重，須由陳誠負責」[2]。蔣在返抵南昌當天就致電陳誠：「吾人當前最急之務，爲湘邊追擊及贛南清剿，必須用其全力先完成此種任務。」[3]把二者並提，可見他對「贛南清剿」的重視程度。

三是中共中央紅軍突圍後，進入西南地區。這個地區的地方勢力不僅同蔣介石貌合神離，而且彼此猜忌十分嚴重。蔣介石固然打算乘「追剿」紅軍的機會將他的中央軍開入西南諸省，控制這一地區。但如操之過急，將中央軍大量開入，勢必引起同地方勢力之間的矛盾迅速激化。因此，蔣介石在這個問題上顯得十分小心。當薛岳率部進入湖南時，他在十一月十二日任命湖南省政府主席何鍵爲「追剿軍」總司令，而以薛岳、周渾元分任「追剿軍」第二、三路司令，電令：「派何鍵爲追剿總司令。所有北路入湘第六路總指揮薛岳所部，及周渾元所部，統歸指揮；並率領在湘各部隊及團隊，追剿西竄股匪，務須殲滅（於）湘、漓水以東地區。」[4]當薛岳部進入貴州後，貴州省政府主席王家烈的兵力薄弱，不在蔣介石的眼裡，他就任命雲南省政府主席龍雲爲第二路軍總司令，薛岳爲前敵總指揮，吳奇偉、周渾元分任第一、二縱隊司令，滇軍將領孫渡爲第三縱隊司令，王家烈爲第四縱隊司令。他還致電薛岳：「望速與滇龍主席切實聯繫，事事表示敬意，受其指揮爲要。」[5]事實上，何鍵也好，龍雲也好，都無法指揮薛岳的部隊，但蔣介石這樣做無非是爲了減少他們的疑忌。

更值得注意的是，在中央紅軍突圍西進時，薛岳指揮的兩個縱隊雖然一直尾隨紅軍進入西南地區，但在很長一段時間並沒有同紅軍作戰，仗基本都由粵軍、湘軍、桂軍去打。在蔣介石的算盤中，如果這些部隊同紅軍打得相互削弱、兩敗俱傷，那是最合他的心意。

所以，薛岳率領的吳奇偉、周渾元「兩個縱隊均在紅軍的右側後，相距紅軍甚遠，直至貴州邊境，沒有與紅軍接觸過」[6]。「蔣軍以大包圍形勢與紅軍保持二日行程，停止不前。」[7]這真是罕見的怪事，卻又是可以理解其中奧妙的。

第三，西南地方勢力的狀況及其對中共中央紅軍進入貴州後發展進程的影響。

---

1 蔣介石日記（手稿本），一九三四年十二月九日，美國斯坦福大學胡佛研究所藏。

2 魏鑒賢：《隨薛岳所部追堵紅軍長征的見聞》，中國人民政治協商會議全國委員會文史資料研究委員會編：《文史資料選輯》第六十二輯，內部資料，北京：中華書局，一九七九年版，第四八頁。

3 《蔣介石檔案．事略稿本》（二八），台北：「國史館」，二〇〇七年，第四四二頁。

4 貴州省檔案館編：《紅軍轉戰貴州——舊政權檔案史料選編》，貴陽：貴州人民出版社，一九八四年版，第七七頁。

5 《蔣介石檔案．事略稿本》（二九），台北：「國史館」，二〇〇七年，第一九〇、一九一頁。

6 魏鑒賢：《隨薛岳所部追堵紅軍長征的見聞》，中國人民政治協商會議全國委員會文史資料研究委員會編：《文史資料選輯》第六十二輯，內部資料，北京：中華書局，一九七九年版，第五〇頁。

7 湯垚：《紅軍長征中白崇禧「開放」湘桂邊境的內幕》，中共桂林地委《紅軍長征過廣西》編寫組編著：《紅軍長征過廣西》，南寧：廣西人民出版社，一九八六年版，第四四六、四四七頁。

毛澤東在一九二八年所寫的《中國的紅色政權爲什麼能夠存在？》中說：「因爲有了白色政權間的長期的分裂和戰爭，便給了一種條件，使一小塊或若干小塊的共產黨領導的紅色區域，能夠在四周白色政權包圍的中間發生和堅持下來。」1

到了一九三四年，情況雖然和毛澤東六年前說的有了變化，南京政府在名義上已能號令各省，但它們之間的長期分裂以至衝突事實上依然存在。從西南地區（包括廣東在內）來說，還有以胡漢民爲旗號的國民黨西南執行部和西南政務委員會。無論廣東的陳濟棠，還是廣西的李宗仁、白崇禧，同蔣介石一直互存敵意，衝突有一觸即發之勢。而對四川、西康、雲南、貴州，南京政府的勢力也未來得及深入，這些地區仍保持著半獨立狀態。這是蔣介石急於想改變的。

當時，這些地方勢力的心態是既複雜又微妙。他們權衡利害得失的基本點是要保護自己的實力和權益不受損傷，既害怕紅軍深入他們的腹心地區，並需要有一些表現來應付南京政府；又害怕蔣介石的中央軍借口剿共而侵入他們的地盤，取而代之。如果紅軍要深入他們統治下的腹地，他們也會拚死作戰；如果紅軍只是過境而去，他們寧可選擇「保境守土」，以「驅逐」爲止。

考察這段歷史，決不能忽視以下這一重要背景。

中央紅軍主力之所以能比較順利地突破最初幾道封鎖線，重要原因就是這年十月初同廣東的陳濟棠達成五項秘密協議，其中包括「必要時可以互相借道，我們有行動事先告訴陳，陳部撤離四十華里」2。因此，紅軍從中央蘇區開始突圍時並沒有發生激烈戰鬥。蔣介石對此也有所覺察，在十月二十日的日記中寫道：「粵陳通匪乎？」三十日的日記中又寫道：「匪向西竄，電（蔣）伯誠轉誡粵陳：縱匪禍國，何以見後世與天下？」3但他也無可奈何。

紅軍進入湘南後，有西進桂北之勢。李宗仁在回憶錄中寫道：蔣介石「屯兵湘北，任共軍西行，然後中央軍緩緩南下，迫使共軍入桂。……期待我和共軍互鬥兩敗俱傷之後，中央軍可有藉口入占廣西，居心極爲險惡。」4當時給李宗仁當高級參謀的劉斐回憶道：「紅軍的後邊有蔣介石的追兵。蔣介石一再打電報要四集團軍（引者註：指桂系軍隊）傾全力堵截紅軍，他還要湖南何鍵派兵到桂北協助堵擊。我們估計蔣介石的陰謀是要叫廣西軍和紅軍兩敗俱傷，他好順利地進入廣西，『一箭雙鵰』。同時，我們估計何鍵是最滑頭的，他表面可以答應協助堵擊紅軍，到時他會避開。根據以上的估計，我們研究了一個對付紅軍的總方針，就是想法不讓紅軍進廣西內地。如果進了廣西內地，蔣介石就一定會跟進。因此，我們寧可讓出一條走廊，讓紅軍從北路經過，讓紅軍到湖南和貴州去。我們把這一方針概括爲兩個字，就是『送客』。」5白崇禧講得更坦率。他對桂軍供給部參謀長湯垚說：「老蔣恨我們比朱毛還更甚，這計劃是他最理想的計劃。管他呢，有匪有我，無匪無我。我爲什麼頂著濕鍋蓋爲他造機會？不如留著朱毛，我們還有發展的機會。」6

何鍵因爲紅二、六軍團在湘西北十分活躍，生怕中央紅軍同它會合後在湘西建立一個大的根據地，所以，對「追剿」行動比桂軍積極，但基本態度同樣以「送客」出境爲上策。

1 毛澤東：《毛澤東選集》第一卷，北京：人民出版社，一九九一年版，第四九頁。
2 何長工：《何長工回憶錄》，北京：解放軍出版社，一九八七年版，第三二七頁。
3 蔣介石日記（手稿本），一九三四年十月二十日、三十日，美國斯坦福大學胡佛研究所藏。
4 李宗仁：《李宗仁回憶錄》，香港：南粵出版社，一九八七年版，第四二七頁。
5 《劉斐談話記錄》，中共桂林地委《紅軍長征過廣西》編寫組編著：《紅軍長征過廣西》，南寧：廣西人民出版社，一九八六年版，第四二九、四三〇頁。
6 湯垚：《紅軍長征中白崇禧「開放」湘桂邊境的內幕》，中共桂林地委《紅軍長征過廣西》編寫組編著：《紅軍長征過廣西》，南寧：廣西人民出版社，一九八六年版，第四四七頁。

貴州是西南地方勢力中最弱的一支。「黔軍部隊，號稱五個師、三個獨立旅，由省主席王家烈兼任二十五軍軍長。各將領表面上擁護王家烈，實際上各據一方，各自為政，而且互不相容。部隊訓練，民眾組訓，基礎甚差，更兼員額不足，裝備低劣，官兵多食鴉片，戰力異常脆弱。」1它的力量遠不能同粵、桂、川、滇相比。貴州又正位於西南各省的中心區域，戰略地位十分重要。而當時蔣介石因為對這一地區鞭長莫及，因此一時對王家烈採取扶植態度。但王家烈總怕蔣介石有朝一日終會對他下手，因此又同鄰省相連結。其中，貴州和廣西交界綿亙數百里。雲貴兩省盛產煙土，相當數量經廣西外銷。「廣西當時的財政收入，鴉片煙過境稅將近佔到歲入的一半——這是新桂系集團經濟上的命脈。」桂軍主力第七軍軍長廖磊說：「雲、貴兩省的鴉片煙過境稅，是我們一筆最大的財政收入，如果貴州被共產黨盤踞了，或者被蔣介石假道滅虢，把王家烈攆走了，我們這筆財源也就斷絕了，而且直接受到威脅。」2所以，「王上台後，對南京政府『唯命是從』，但為了自保和割據的需要，與兩廣關係打得火熱，最初只限於信使往還，後來因購進槍械，發展到與陳濟棠、李宗仁成立了『三省互助同盟』，公然附桂，與蔣對抗」3。

蔣介石與西南地方勢力之間這種鈎心鬥角的複雜矛盾，對中共中央紅軍的突圍和入黔後的局勢發展有著不可忽視的重要影響。

三、從黎平到遵義

通道會議後，中共中央革命軍事委員會於一九三四年十二月十三日正式下達命令西入貴州。

紅軍迅速跨入貴州境內，但這裡的環境與紅軍此前經過的環境顯然不同。舊中國的貴州常被這樣形容：天無三日晴，地無三里平，人無三分銀。也就是說，百姓窮困，地勢險峻，交通不便，氣候無常。聶榮臻回憶道：「我們站在山頂上朝廣西、貴州交界的地方一看，呵！一層山接著一層山，像大海裡的波濤，無窮無盡，直到天邊。我這個出生在四川、又在江西福建打過幾年山地戰的人，都沒有見過這麼多山！」4 那時貴州絕大多數地方沒有公路相通，只有逶迤曲折、險峻狹窄的山路，大部隊行動十分不便，對國民黨中央軍那樣裝備較重的部隊來說更是如此。

黔東南要地黎平距通道只有五十公里。「黎平城位於清水江東岸，東西面高山環繞，敵人在這裡沒有修築什麼工事。十二月十四日下午六時，駐守黎平的王家烈的一個團，聽到紅軍進攻黎平城的消息後，部隊早就撤走了。」5 十五日，紅一軍團進佔黎平。在此期間，十二月十三日中共中央革命軍事委員會將紅八軍團編入紅三軍團，軍委兩個縱隊合併爲軍委縱隊。

佔領黎平，打開了紅軍向貴州進軍的通道。十八日，中共中央在黎平召開政治局會議。這是紅軍長征開始後舉行的第一次政治局會議，又是一次討論紅軍今後戰略方向的會議。會上爭論激烈，主持會議的周恩來採納了毛澤東的意見。他後來說：「從湘桂黔交界處，毛主席、稼祥、洛甫批評軍事路線，一路開會爭論。從老山界到黎平，在黎平爭論尤其激烈。這時李德主張折入黔東。這也是非常錯誤的，

1 陳壽恆、蔣榮森等編著：《薛岳將軍與國民革命》，台北：「中研院」近代史研究所，一九八八年，第一八六頁。
2 虞世熙：《桂軍遠追紅軍蕭克部深入貴州的內幕》，周朝舉主編：《紅軍黔滇馳騁史料總匯》（上），北京：軍事科學出版社，一九八八年版，第五三七、五三八頁。
3 謝本書、馮祖貽主編：《西南軍閥史》第三卷，貴陽：貴州人民出版社，一九九四年版，第三〇二頁。
4 聶榮臻：《聶榮臻回憶錄》（上），北京：解放軍出版社，一九八四年版，第二三五頁。
5 蕭鋒：《長征過貴州的日日夜夜》，周朝舉主編：《紅軍黔滇馳騁風雲錄》，北京：軍事科學出版社，一九八七年版，第一七四頁。

是要陷入蔣介石的羅網。毛主席主張到川黔邊建立川黔根據地。我決定採取毛主席的意見，循二方面軍（引者註：指紅六軍團）原路，進渡烏江北上。李德因爭論失敗大怒。」「軍事指揮與以前也不同，接受毛主席的意見，對前方只指出大方向，使能機動。」1

會議通過《中央政治局關於戰略方針之決定》（下文簡稱《決定》）。《決定》指出：「鑒於目前所形成之情況，政治局認為過去在湘西創立新的蘇維埃根據地的決定在目前已經是不可能的，並且是不適宜的。」「政治局認為新的根據地區應該是川黔邊區地區，在最初應以遵義為中心之地區，在不利的條件下應該轉移至遵義西北地區，但政治局認為深入黔西、黔西南及雲南地區，對我們是不利的。」2

這是一次十分重要的會議，改變了建立新根據地目標所在，是一個大決策，是紅軍長征中戰略轉變的開始。陳雲半年多後向共產國際書記處報告時說：黎平會議前，「我們彷彿總是沿著一條用鉛筆在紙上畫好的路線，朝著一個方向直線前進。這個錯誤很大。結果，我們無論走到哪裡，到處都是遇到敵人追擊，因為他們早已從地圖上料到我們將出現在哪裡，將往哪裡前進。於是我們變成了毫無主動權，不能進攻敵人，反而被敵人襲擊的對象。」「由於軍用地圖上的位置常常標錯，我們常常走進死路而被迫走回頭路。有一個地方，我們打了三天，才走了四公里。」「在黎平，領導人內部發生了爭論，結果我們終於糾正了所犯的錯誤。我們對此前『靠鉛筆指揮』的領導人表示不信任。」「全體紅軍將士都主張應該突破薄弱環節，朝著敵方較弱而紅軍可獲得新的兵員補充的地方前進。這場爭論以決定改變原來的方針而告結束。」「紅軍已不再是經常不斷地被敵人攻擊、四處流竄的部隊，而變成了一支能戰能攻的有生力量。」3

李維漢談到這個《決定》時也說：「這個決定非常重要。它既使紅軍避敵重兵，免遭滅頂之災，又能放開自己的手腳，打運動戰，主動消滅敵人。特別是使紅一、三軍團獲得『解放』，可以靈活機動地消滅敵人的有生力量，紅五軍團也不致擔負後衛，老吃苦頭。」4

黎平會議使中央紅軍開始從被動轉向主動，爲以後的勝利，爲遵義會議的召開奠定了基礎。黎平會議後，紅軍沒有停留，沿苗族聚居的清水江南岸西進，三天內接連佔領黔東商業重鎮鎮遠和施秉、黃平，這仍是幾個月前紅六軍團剛走過的「原路」。但在這以後所走的路就不同了：紅六軍團是轉向東北，在黔東北角和湘西相鄰的仙桃同賀龍率領的紅三軍（後改紅二軍團）會師；中央紅軍卻轉向西北，經餘慶、甕安在三十一日直抵烏江南岸，向黔北挺進，因爲它的目標不再是想同紅二、六軍團會合，而是要去創建川黔邊區根據地了。

在中央紅軍做出重要戰略部署的同時，蔣介石也在調兵遣將。薛岳率領的吳奇偉、周渾元部的八個師此前一直駐屯在湘西的芷江、黔陽一帶按兵不動，當紅軍轉向烏江前進時，才向西開進到鎮遠、施秉、黃平地區。但他們接著不是向北追擊紅軍，而是繼續向西直奔貴陽。

其實，這並不奇怪。蔣介石特別看重的是要乘紅軍入黔盡快控制貴州省會貴陽。十二月三十一日，多少領會到蔣介石意圖的薛岳致電蔣：「本路軍今次入黔，責在剿匪，間接亦爲中央對西南政治設施之監視者。」蔣當即復電：「所見甚是，當令籌備。」5當時在蔣介石身邊的晏道剛後來回憶：「當紅軍於十二月進入黔邊時，蔣在南昌對陳佈雷說：『川、黔、滇三省各自爲政，共軍入黔我們就可以跟進

---

1 周恩來：《在延安中央政治局會議上的發言（節錄）》，中共中央黨校資料徵集委員會、中央檔案館編：《遵義會議文獻》，北京：人民出版社，一九八五年版，第六四頁。

2 中央檔案館編：《中共中央文件選集》第八冊，北京：中共中央黨校出版社，一九九一年版，第四三六頁。

3 陳雲：《在共產國際執行委員會書記處會議上關於紅軍長征和遵義會議情況的報告》，《黨的文獻》二〇〇一年第四期。

4 李維漢：《回憶與研究》（上），北京：中共黨史資料出版社，一九八六年版，第三五一頁。

5 《蔣介石檔案・事略稿本》（二八），台北：「國史館」，二〇〇七年，第六八四頁。

去，比我們專爲圖黔而用兵還好。川、滇爲自救也不能不歡迎我們去，更無從借口阻止我們去，此乃政治上最好的機會。今後只要我們軍事、政治、人事、經濟調配適宜，必可造成統一局面。』薛岳進佔貴陽，正是這一陰謀的具體行動。」[1]

還有一個在蔣介石心中佔有很重份量的因素，那就是對桂系的高度疑忌。紅軍入黔後，李宗仁、白崇禧就致電追剿總司令何鍵，提出劃分作戰境界線：「該線以東，歸何總司令所部，以西歸黔、粵、桂軍。」[2]很明顯，他們的目的是要由桂軍來控制貴陽。那時桂軍廖磊部兩個師已開到黔南的都勻。「這條路線不是紅軍長征的道路，沒有與紅軍接觸。」廖磊部「構築防禦工事，名爲『防共』，實則『防蔣』」[3]。蔣介石十分擔心桂軍會搶先控制貴州，因此更加急於要趕在桂軍到達前能進入貴陽。這已成爲他一塊很大的心病。當薛岳部開入貴州後，蔣介石稍覺寬慰，在十二月二十九日的日記中寫道：「我軍既入黔，不患不能制桂。」[4]

根據薛岳口述、又經他審定的《薛岳將軍與國民革命》一書，也這樣描寫王家烈同桂系之間的關係：「他怕共匪侵佔貴陽，他又怕中央軍進入貴陽，但是，又無法保住貴陽。因之，不惜飲鴆止渴，轉向桂系李、白求救，請他們派兵，協守貴陽。野心勃勃的李宗仁，滿口答應拔刀相助，即派第七軍軍長廖磊，率領桂軍三師，浩浩蕩蕩，開向獨山前進。」書中接著寫道：十二月三十日，也就是紅軍前鋒紅四團到達烏江南岸那一天，薛岳「決向貴陽速進，單槍匹馬行入貴陽」。一九三五年一月四日，薛岳到達貴陽。「一月八日，薛將軍令九十九師進入貴陽。二縱隊吳奇偉部，亦抵貴陽近郊。三縱隊周渾元部，到達馬場坪、貴定之線。」「一月十三日，桂軍之廖磊三個師，到達獨山。聞悉中央軍捷足先登，只得望貴陽而興歎。當時，如桂軍膽敢先入貴陽，真是不堪設想。」[5]周渾元部師長萬耀煌自述：「迨元月三日行軍至黃平，薛岳來電報要我軍快去貴陽，其時匪已北竄。」「白崇禧聞訊，急令桂軍周祖晃部星夜向貴陽急進，周部到都勻始知中央軍已佔貴陽，急電向白報告，白聞訊色變，貴陽在戰略政略地位之重要可見一斑。」[6]

這就不難明白，為了要趕在桂軍前搶先趕到貴陽，而且把它看作異常急迫的任務，蔣介石、薛岳一時就顧不上正向烏江前進的中共中央紅軍了。

王家烈早就清楚，蔣介石對他是不懷好意的，是準備奪取對貴州的控制權的。一看薛岳部置北上的紅軍於不顧，直奔貴陽，他也急忙率部趕回省會貴陽。他回憶道：「這次，他的中央軍乘追擊紅軍的機會，要進貴州來了，想拒絕他，也不可能。前思後想，心緒非常煩亂。在當前形勢下，我只有執行蔣介石的命令，阻擊紅軍，使其早日離開黔境；一面相機同兩廣聯繫，保存實力，以圖生存。我初步計劃是：將黔北（烏江以北）的防務交與侯之擔負責；烏江以南的防務由我和猶國才負責。我本人擔任貴州東南路的指揮作戰，以便到不得已時向廣西靠攏。」[7]

1 晏道剛：《追堵長征紅軍的部署及其失敗》，中國人民政治協商會議全國委員會文史資料委員會《圍追堵截紅軍長征親歷記》編審組編：《圍追堵截紅軍長征親歷記——原國民黨將領的回憶》（上），北京：中國文史出版社，一九九一年版，第一一頁。

2 中國第二歷史檔案館編：《國民黨軍追堵紅軍長征檔案史料選編（中央部分）》（上），北京：檔案出版社，一九八七年版，第三〇四頁。

3 黃炳鈿：《阻擊紅軍北上親歷記》，周朝舉主編：《紅軍黔滇馳騁史料總匯》（上），北京：軍事科學出版社，一九八八年版，第五二九頁。

4 蔣介石日記（手稿本），一九三四年十二月二十九日，美國斯坦福大學胡佛研究所藏。

5 陳壽恆、蔣榮森等編著：《薛岳將軍與國民革命》，台北：「中研院」近代史研究所，一九八八年，第一八七—一九〇頁。

6 萬耀煌口述、沈雲龍訪問、賈廷詩等記錄：《萬耀煌先生訪問記錄》，台北：「中研院」近代史研究所，一九九三年，第三四五頁。

7 王家烈：《黔軍阻擊中央紅軍經過》，中國人民政治協商會議全國委員會文史資料委員會《圍追堵截紅軍長征親歷記》編審組編：《圍追堵截紅軍長征親歷記——原國民黨將領的回憶》（上），北京：中國文史出版社，一九九一年版，第一八一頁。

蔣介石、薛岳、王家烈的關注點都集中在貴陽。貴陽離烏江重要渡口江界河等很遠，相距一百多公里。中共中央紅軍突破烏江、進佔遵義時，以爲有薛岳和王家烈部緊緊追來，處於兩面夾擊的險境中，結果面對的主要對手只有戰鬥力薄弱的黔北軍閥侯之擔部，背後並沒有追敵，這自然是十分有利的條件。

一九三五年一月一日，中共中央在烏江南岸甕安縣的猴場附近召開政治局會議。會議由周恩來主持，通過《中央政治局關於渡江後新的行動方針的決定》。因爲那時還不知道薛岳部到達鎮遠、施秉、黃平後，並沒有緊緊尾追紅軍、形成南北夾擊之勢，而是西入貴陽。所以，紅軍仍把準備同薛岳部作戰看作首要任務。《決定》寫道：「立刻準備在川黔邊廣大地區內轉入反攻。主要的是和蔣介石主力部隊（如薛岳的第二兵團或其他部隊）作戰，首先消滅他的一部，來徹底粉碎五次『圍剿』，建立川黔邊新蘇區根據地。首先以遵義爲中心的黔北地區，然後向川南發展是目前最中心的任務。」[1]建立新根據地的具體目標，猴場會議和黎平會議是基本一致的。雖然講到「然後向川南發展」，但沒有提出北渡長江，依然是「以黔北爲中心來創造蘇區」。

由於薛岳部沒有尾追而來，王家烈部也隨薛部西入貴陽，中央紅軍搶渡烏江的對手只有黔北軍閥侯之擔部。侯之擔時任第二十五軍副軍長兼教導師師長，自成一股地方武裝勢力，並不聽王家烈指揮，他派副師長侯漢佑爲江防司令。侯漢佑說：「侯部雖號稱八個團，但多屬空架子，每團兩三個營不等，總數約一萬人左右。武器除有部分漢陽槍外，余爲川造、赤造等雜槍，一部分小迫擊炮、輕機關鎗和擲彈筒。」戰鬥力十分薄弱，又缺乏作戰準備，實在不堪紅軍一擊。但他們認爲：「烏江素稱天險，紅軍遠征，長途跋涉，疲憊之師，必難飛渡。紅軍或不致冒險來烏江，可能另走其他路線。」[2]

烏江的確是天險，但中央紅軍還是決定在江界河、回龍場、茶山美幾個渡口搶渡烏江。一九三五年一月三日，紅軍在江界河分批乘竹筏強渡成功，又搭起浮橋，乘勝猛烈追擊，侯部軍心動搖，全線潰退。江防司令侯漢佑由電話向坐鎮遵義的侯之擔請示處置。侯之擔認爲：自身兵力不足，援軍一時無望，若繼續抵抗，必遭殲滅。「於是侯不及向王家烈請示，即電話指示侯漢佑轉令河防部隊撤退。」侯漢佑退回遵義，向侯之擔建議「避紅軍銳鋒」。「侯之擔早已驚惶失措，急圖逃命，同意侯漢佑意見，命他率潰退部隊後撤。侯之擔則率少數衛隊乘車退經桐梓、綦江到重慶。」「侯的企圖是保全力量，在紅軍走後，復據黔北各縣防地。」[3]蔣介石卻乘此機會將侯之擔扣押，收編了他的部隊。

中共中央紅軍在渡過烏江後，立即由軍委總參謀長劉伯承指揮紅二師六團毫不停頓地飛速奔襲遵義。一月六日下午，紅軍消滅了距遵義二十里團溪鎮的黔軍「九響團」。當時，天正下著大雨。「他們迷信烏江天險的障礙，又認爲大雨天更爲太平。因此，當他們聽到槍聲倉惶迎戰的時候，早已成了甕中之鱉了。」[4]一部分紅軍隨即改穿繳獲的國民黨軍服並帶著俘虜的「九響團」營長冒雨趕到遵義城下，自稱是從外圍敗退下來的侯部，騙開了城門，紅軍大隊隨即開入城內。侯之擔部三個團棄城而逃，沒有經過多少戰鬥，遵義城便得到解放。

遵義是貴州第二大城市、黔北首府、黔北各種土產的集散地，交通便利，也是貴州通往四川重慶的

1 中央檔案館編：《中共中央文件選集》第八冊，北京：中共中央黨校出版社，一九九一年版，第四四一頁。

2 侯漢佑：《烏江戰備和侯之擔部的改編》，中國人民政治協商會議全國委員會文史資料委員會《圍追堵截紅軍長征親歷記》編審組編：《圍追堵截紅軍長征親歷記——原國民黨將領的回憶》（上），北京：中國文史出版社，一九九一年版，第二三九頁。

3 李祖明：《侯之擔部防守烏江潰敗經過》，中國人民政治協商會議全國委員會文史資料委員會《圍追堵截紅軍長征親歷記》編審組編：《圍追堵截紅軍長征親歷記——原國民黨將領的回憶》（上），北京：中國文史出版社，一九九一年版，第二四九、二五一頁。

4 王集成：《智取遵義》，周朝舉主編：《紅軍黔滇馳騁風雲錄》，北京：軍事科學出版社，一九八七年版，第二九八頁。

必經之地，同四川關係密切。城內商業繁榮，市面繁華，男女中學有五六所，書店就有三家。紅軍在遵義時，所有商店照常營業，參加紅軍的有四五千人，都是黔滇籍的貧民和退伍者，熟悉地方情形，對紅軍有很大幫助。紅軍在兵員和物資上都得到不少補充。

一拿下遵義，劉伯承、聶榮臻立刻命令耿飆、楊成武率領紅四團出發北上，迅速佔領婁山關和桐梓。婁山關是黔北婁山山脈的最高峰，川黔公路從這裡盤旋通過。楊成武回憶道：「遵義到婁山關是六十里，從婁山關到桐梓還有三十里。我們幾乎一直都是用跑步的速度行軍。」「婁山關是遵義通向桐梓的大門，貴州北方的要衝，東西高山聳峙，南北有盤山小道，若是從川南到黔北，佔領了婁山關，無險可守的遵義城便成囊中之物了。所以婁山關便成了扼守遵義的兵家必爭之地。」1 紅四團乘半夜突襲，攻下了婁山關，隨即佔領桐梓，遵義北面的安全得到了保障。

由於薛岳、王家烈部遠在貴陽，劉湘部川軍一時還沒有南下，中央紅軍得以在遵義休息了十二天，這是長征開始後從來不曾有過的。它實在很重要。陳雲寫道：「這十二天的休息，使赤軍在湘南之疲勞，完全恢復，精神一振；使以後之戰爭，不僅戰鬥力不減，反如生龍活虎。」他還著重指出：「當時赤軍之所以能休息十二天者，由於南京進剿軍薛、周兩部急急進貴陽城，爭奪貴陽地盤，不願向赤軍攻擊，深懼犧牲自己實力。然而侯之擔、王家烈等小軍閥之命運則均至末路矣。」2

蔣介石和西南地方勢力之間這場涉及彼此核心利益的尖銳爭奪，使他們的注意力一時只能集中在如何控制貴陽，而無力顧及黔北，這就為中央紅軍順利地渡過烏江、佔領遵義並在遵義比較平靜地休整提供了便利條件。更重要的是，有了這十二天相對安定的環境，中共中央便能在一九三五年一月十五日至十七日期間，在遵義比較從容地召開了政治局擴大會議，即遵義會議。這次會議是根據黎平政治局會議的決定召開的，比較系統地批評了博古、李德在軍事指揮上的嚴重錯誤。根據會議精神通過的《中央關於反對敵人五次「圍剿」的總結決議》指出：「我們的戰略路線應該是決戰防禦（攻勢防禦），集中優勢兵力，選擇敵人的弱點，在運動戰中，有把握的去消滅敵人的一部或大部，以各個擊破敵人，以徹底粉碎敵人的『圍剿』。」3會議改組了中共中央領導機構：「毛澤東同志選爲常委。」「取消三人團，仍由最高軍事首長朱、周爲軍事指揮者，而恩來同志是黨內委託的對於指揮軍事上下最後決心的負責者。」「以澤東同志爲恩來同志的軍事指揮上的幫助者。」4

遵義會議集中解決了當時具有決定意義的軍事和組織問題，是中國共產黨歷史上一個生死攸關的轉折點，在極端危急的歷史關頭，挽救了共產黨，挽救了紅軍，挽救了中國革命。

對中央紅軍當前的行動方向，會議也做出北渡長江的新決定。陳雲在遵義會議傳達提綱中說：「擴大會一致決定改變黎平會議以黔北爲中心來創造蘇區根據地的決議，一致決定紅軍渡過長江在成都之西南或西北建立蘇區根據地。這個決定的理由是：由於四川在政治上、軍事上（與四方面軍的更好的配合，背靠西康一個空無敵人的區域）、經濟上都比黔北好。」5

這是對紅軍在何處建立新根據地的目標所做的又一次重大改變，是到黔北後根據實地觀察做出的決斷。渡江北上的主張由劉伯承、聶榮臻提出，他們都是四川人，對四川的情況比較熟悉。聶榮臻回憶道：「伯承同志和我在會上建議，我們打過長江去，到川西北去建立根據地，因爲四川條件比貴州要好得多。從我到貴州看到的情況，這裡人煙稀少，少數民族又多，我們原來在貴州又毫無工作基礎，要想

1 楊成武：《楊成武回憶錄》，北京：解放軍出版社，一九八七年版，第一〇四頁。
2 陳雲：《陳雲文選》第一卷，北京：人民出版社，一九九五年版，第五九、六〇頁。
3 中央檔案館編：《中共中央文件選集》第八冊，北京：中共中央黨校出版社，一九九一年版，第四四五頁。
4 陳雲：《陳雲文選》第一卷，北京：人民出版社，一九九五年版，第四三頁。
5 陳雲：《陳雲文選》第一卷，北京：人民出版社，一九九五年版，第三六、三七頁。

在這裡建立根據地實在是太困難了。而到四川，一來有四方面軍的川陝根據地可以接應我們，二來四川是西南首富，人煙稠密，只要我們能站穩腳跟，就可以大有作爲，三來四川對外交通不便，當地軍閥又長期有排外思想，蔣介石想往四川大量調兵不容易。會議接受了我們的建議。」[1]

在黎平會議時，中央紅軍初到貴州，對貴州的情況很少瞭解，但下一步的行動方向在當時必須立即做出決斷，因此提出建立以遵義爲中心的川黔根據地，而不到湘西北同紅二、六軍團會合，這是大膽而重要的決定。到了黔北，在遵義停留了十多天後，中共中央有了實地觀察，「看到的情況」是這裡地勢險峻，經濟貧瘠，米糧缺乏，人煙稀少，民族關係複雜，漢苗糾紛很多，黨的工作基礎薄弱，軍事行動又缺乏比較寬裕的迴旋餘地，要在黔北建立強大而鞏固的根據地「實在是太困難了」，這樣，便根據實際情況，果斷地對原來的決定做出改變。

國民黨方面的軍事部署這時也有重大調整。蔣介石牢牢控制貴陽後，在一九三五年一月十三日致電薛岳：「近日匪情如何，甚念。遵義應即須規復，稍緩恐更難圖。一俟遵義克復後，即可判斷匪情之趨向，乃可確定整個計劃。」接著，他也把目光轉向川南，在第二天致電劉湘：「匪必進佔瀘州、敘府，務望從速籌備，先派得力軍隊鞏固該處城防，預作一個月以上守城之計。」這時，敘府在與劉湘不和的劉文輝手中，蔣在電文中又叮囑道：「萬一無兵可派，與其爲匪佔領，不如與兄（引者註：指劉文輝，當爲叔）自動修好。劉文輝責成其固防敘府，以瀘、敘非固守不可也。」[2]

於是，薛岳率領的「追剿軍」和王家烈的黔軍迅速向黔北開來，川軍、湘軍、滇軍也密集地進入這個地區。川軍爲防止紅軍渡江北上，進入四川腹地，決心以主力開往川南。湘軍主力在一月中旬從湘西開入川黔邊區，防止中共中央紅軍進入湘西北，同紅二、六軍團會合。湘軍第十五師師長王東原在二月二十六日日記中寫道：「奉令責成本師仍駐酉（陽）、秀（山），防堵蕭、賀兩匪西竄與朱、毛會合，分頭派隊赴烏江與西水偵察中。」3雲南的「龍（雲）主席即以訓練精悍、戰力較強之第二旅安恩溥部，第五旅魯道源部，第七旅龔順璧部，推進三省交界之威信、鎮雄一帶構築工事，嚴密戒備」。4龍雲這樣做的目的，是將紅軍阻擋在雲南境外，避免紅軍進入雲南。國民黨幾路軍隊集中在這個地區的總兵力已約四十萬人，而中共中央紅軍只有三萬七千多人。這種異常緊迫的局勢也要求中央紅軍不能不迅速做出新的決斷。

一九三五年一月十九日，中央紅軍撤離遵義，開始北上，準備北渡長江。二十日，中共中央革命軍事委員會發出《關於渡江的作戰計劃》，提出：「我野戰軍目前基本方針，由黔北地域經過川南渡江後轉入新的地域，協同四方面軍，由四川西北方面實行總的反攻。」但新的嚴峻局面又擺在紅軍面前，從這裡渡江作戰的計劃仍難以實現。中央紅軍的行動，便轉入四渡赤水、西進雲南的新階段。

四、四渡赤水，西進雲南

遵義會議後，中共中央紅軍的行動立刻以新的面貌呈現在人們面前，和此前有很大的不同。它的主要特徵是：堅持從實際出發，靈活機動，避實就虛，不再是被動挨打，也不是墨守固定的計劃，盲目硬幹，而是從實際出發，力爭掌握戰爭行動的主動權。

1 聶榮臻：《聶榮臻回憶錄》（上），北京：解放軍出版社，一九八四年版，第二四八頁。
2《蔣介石檔案・事略稿本》（二九），台北：「國史館」，二〇〇七年，第七七、八四頁。
3 何鍵、王東原：《何鍵・王東原日記》，北京：中國文史出版社，一九九三年版，第二〇〇頁。
4 陳壽恆、蔣榮森等編著：《薛岳將軍與國民革命》，台北：「中研院」近代史研究所，一九八八年，第一九二頁。

中共中央和中央革命軍事委員會一九三五年二月十六日發佈的《共產黨中央委員會與中央軍事委員會告全體紅色指戰員書》，很能表現出這種變化。該文件明確指出：「爲了有把握地求得勝利，我們必須尋求有利的時機與地區去消滅敵人，在不利的條件下，我們應該拒絕那種冒險的沒有勝利把握的戰鬥。因此紅軍必須經常的轉移作戰地區，有時向東，有時向西，有時走大路，有時走小路，有時走老路，有時走新路，而唯一的目的是爲了在有利條件下，求得作戰的勝利。」1 這段話，集中反映了紅軍作戰指揮在遵義會議後發生的巨大變化，可以說是中共中央紅軍在這個階段行動的扼要概括。

當然，在戰爭中要做到從實際出發、要做到正確地判斷什麼是「有利的時機與地區」十分不易。戰爭是敵對雙方的殊死較量，充滿著未知數和變數。中央紅軍又是剛突破國民黨軍隊的重圍，來到陌生的地區，情報渠道十分有限，要正確判斷周圍的客觀局勢更加不易。因此，在初期不可避免地遇到許多困難，甚至遭受一些挫折。

中央紅軍離開遵義後，主力先北上經過桐梓、松坎再轉而向西，於二月二十四日和二十六日先後攻佔土城、赤水。土城、赤水雖仍屬貴州境內，卻是向西突出的一角，北、西、南三側都屬四川。由此北渡長江有兩條路：東面是從重慶對面渡江，那裡是劉湘的根據地，守軍兵力雄厚，顯然不宜在此渡江，紅軍也沒有打算這樣行動；紅軍的計劃偏向西行，在瀘州、納溪上游地區渡過長江。朱德十多年前曾任靖國軍旅長，在瀘州駐防兩年。劉伯承在國共分裂後，曾在瀘州、順義領導過武裝起義。兩人在當地都有相當大的影響。四川軍閥內部，一年多前剛發生劉湘、劉文輝之間的大規模混戰，雙方動用兵力二十多萬。這時，混戰雖已停息，雙方矛盾仍很深，瀘州、敘府正處二劉勢力交界之處。這些都是有利條件。

中央紅軍估計不足的是，劉湘部川軍的兵力和裝備遠比黔軍要強：「綜計各省及本軍在黔邊兵力數在二十萬以上。」2那時，徐向前率領的紅四方面軍正活躍於川北，中央紅軍如果北渡長江就有向川中地區發展的可能，這使劉湘深感對他構成心腹之患。蔣介石又特地設立軍事委員會委員長行營參謀團，以賀國光爲主任，於一九三五年一月十二日到重慶督戰。賀國光一到四川就發表書面談話稱：「徐匪向前，盤踞川北；朱毛股匪，圖竄川南；川省形勢，頗趨嚴重。中央爲促進剿匪成功起見，不得不側重川局，此行營參謀團之所由設也。」3在這種情況下，劉湘在川南投入了很大兵力，竭盡全力堵截中央紅軍北上渡江。一月十四日，也就是蔣介石致電劉湘要求他固守瀘州、敘府的同一天，劉湘任命第二十三軍軍長潘文華爲四川南岸剿匪軍總指揮，率領十二個旅四十多個團的兵力沿江構築工事，部署防禦，派定炮艦游弋江面，並在瀘縣設立總指揮部。「追剿軍」薛岳部、湘軍劉建緒部、滇軍孫渡部、黔軍王家烈部也分頭向這一地區趕來。

蔣介石對此下了很大決心，他在日記中這樣記下自己的全盤部署：「進剿方針：先使其被圍，限制其範圍，勿使擴大爲第一步辦法，即：一、封鎖；二、包圍；三、局部分區清剿；四、固守重要據點。」4

那時，雙方兵力懸殊。紅軍在沒有根據地而又地瘠民貧的地區連續行軍作戰，加上春雨連綿，敵軍空襲，部隊經常夜行軍，吃不好，睡不好，困難很多，局勢確實十分險惡。

第一場惡戰，一月二十八日發生在土城地區。土城是黔北入川的要衝。川軍精銳郭勳祺部來攻。紅

1 中央檔案館編：《紅軍長征檔案史料選編》，北京：學習出版社，一九九六年版，第九七頁。
2 四川省檔案館編：《國民黨軍追堵紅軍長征檔案史料選編（四川部分）》，北京：檔案出版社，一九八六年版，第九一頁。
3 賀國光：《參謀團大事記》（上），北京：軍事科學院軍事圖書館，一九八六年影印本，第二七〇頁。
4 蔣介石日記（手稿本），一九三五年一月十九日「本周反省錄」，美國斯坦福大學胡佛研究所藏。

軍奮力抗擊，最初取得一些勝利，但隨著川軍的源源增援，形勢越來越不利。楊尚昆回憶道：「這時，彭總發現敵軍的兵力不是原來預計的四個團，而是三個旅近九個團，火力很強，立刻建議軍委：『脫離此敵，轉向新的地區前進。』那天晚上我們都沒有睡覺。當晚，毛主席、朱總司令親臨前沿觀察，只見周圍的山頭上，四面都是敵軍的探照燈、信號彈，照得夜空雪亮，電台的馬達聲也隆隆直響，反而使我們知道他們在哪裡。判明情況後，軍委當機立斷，改變原定的渡江計劃，命令紅軍快撤，在第二天拂曉前脫離此敵，西渡赤水，向川南的古藺地區轉進。這就是一渡赤水。後來，毛主席總結了土城之戰的三條教訓：一是敵情沒有摸準；二是對劉湘『模範師』（引者註：土城戰役後，蔣介石升郭勳祺爲模範師師長）的戰鬥力估計不足；三是分散了兵力，不該讓一軍團北上。」[1] 二十一年後，毛澤東在中共八大預備會議上又說：「我是犯過錯誤的。比如打仗，高興圩打了敗仗，那是我指揮的……長征時候的土城戰役是我指揮的……」[2] 他總結錯誤教訓後，從實際情況出發，立刻果斷地調整作戰部署，開始一渡赤水。

赤水和長江之間是一條狹長地帶，東端是黔北，中間是川南，西端是滇東北。一月二十九日三時，朱德電令各軍團在拂曉前脫離接觸之敵，西渡赤水河（即一渡赤水），向川南的古藺地區西進。（途中，中共中央決定改由張聞天代替博古總負責）渡過赤水後，紅軍最初仍準備經過古藺、敘永、長寧，到宜賓（即敘州）附近北渡長江。但很快發現川軍各路重兵已逼近川南，他們還有四十多個團扼守長江北岸。中共中央革命軍事委員會鑒於敵情的變化，在二月三日決定撤出戰鬥，向西開向雲南東北端的扎西（今威信）地區，尋機渡江。

蔣介石對中共中央紅軍的西進，認爲正是消滅中央紅軍的大好機會。他在一月三十一日致電賀國光：「照現情判斷，若匪不南竄滇北，則必向敘府屏山雷波之間北竄無疑。務望將第五路主力最好廿團以上兵力迅速移置於敘州與雷波之間，乃有堵截圍殲之望。何如請與甫澄兄（引者註：即劉湘）速即商決立復。」3二月一日寫道：「匪向西竄，受川軍此次土城之打擊，則其愈進愈死矣。」三日又寫道：「匪情，迫其竄入川西巒地，陷於絕境。」4

中共中央紅軍並不像蔣介石所預期的那樣行動，先頭部隊在二月六日抵達滇北扎西。由於進入雲南境內，蔣介石判斷紅軍將從這裡渡江，急調滇軍孫渡部從黔西向扎西地區趕來。那時紅軍對周圍敵情還沒有完全弄清，還不能做肯定的判斷。朱德當天給一、三軍團的命令中把話還說得活一些：「根據目前敵情及渡金沙江、大渡河的困難，軍委正在考慮渡江可能問題，如不可能，我野戰軍應即決心留川、滇邊境進行戰鬥與創造新蘇區。」5

第二天，中共中央在扎西大河灘召開政治局會議，根據面對的險惡局勢，再次果斷地做出重大決斷：放棄原來的渡江計劃。當天下午七時正式以軍委名義指示各軍團：「根據目前情況，我野戰軍原定渡河計劃已不可能實現。現黨中央及軍委決定，我野戰軍應以川、滇、黔邊境爲發展地區，以戰鬥的勝利來開展局面，並爭取由黔西向東的有利發展。」6可以注意到，這裡已提出「爭取由黔西向東的有利發展」，也就是說已在考慮二渡赤水的問題。

二月十日，中共中央判斷國民黨軍大量被吸引到川滇邊地區，黔北防守力量薄弱，決定轉兵東進，

1 楊尚昆：《楊尚昆回憶錄》，北京：中央文獻出版社，二〇〇一年版，第一二三、一二四頁。
2 毛澤東：《毛澤東文集》第七卷，北京：人民出版社，一九九九年版，第一〇六頁。
3 《蔣介石檔案・事略稿本》（二九），台北：「國史館」，二〇〇七年，第一八九、一九〇頁。
4 蔣介石日記（手稿本），一九三五年二月一日、三日，美國斯坦福大學胡佛研究所藏。
5 中共雲南省委黨史資料徵集委員會編：《紅軍長征過雲南》，昆明：雲南民族出版社，一九八六年版，第一五頁。
6 中央檔案館編：《紅軍長征檔案史料選編》，北京：學習出版社，一九九六年版，第九三頁。

二渡赤水河，再向黔北進軍。十一日，朱德電令各軍團：「我野戰軍爲準備與黔敵王家烈及周渾元部隊作戰，並爭取向赤水河東發展，決改向古藺及其以南地域前進，並爭取渡河先機。」十五日，更明確指示：「我野戰軍以東渡赤水河消滅黔敵王家烈軍爲主要的作戰目標。」1 這是國民黨軍根本沒有想到的。

那時，國民黨軍雲集川滇黔邊境地區，一心想在這裡同中央紅軍決戰：「周代總指揮（引者註：指周渾元）所部扼守馬蹄灘清水塘。萬師扼守鄔家渡、仁懷。川軍扼守古藺、敘永。滇軍扼守威信、赤水。黔軍扼守二郎灘、土城。以上各友軍，均以主力準備向匪進擊。」2 二月十三日，蔣介石在致薛岳電中興奮地說：「朱毛一股自竄土城敘永、迭受鉅創之後，殘餘不過數千人，已潰不成軍，現甫澄以三旅之眾，與中央各部跟蹤窮追，在橫江以東地區，必可殲滅。」3

十八日至二十一日，紅軍卻擺脫各路國民黨軍特別是川軍和滇軍的夾擊，第二次渡過赤水河，回師黔北。由於國民黨軍一心想在川南打一個大仗，在黔北兵力空虛，紅軍渡過赤水河後，面對的對手又是那個不堪一擊的黔軍王家烈部。二十五日紅軍再次佔領婁山關，二十八日晨重占遵義城。這對蔣介石真如晴天霹靂那樣，他完全沒有想到紅軍竟會突然東返黔北，這就把他的所有部署全打亂了。他在二月二十一日的日記中還帶著懷疑的態度寫道：「匪向東竄乎？」二十三日寫道：「朱匪被滇軍截擊，向東回竄，頗可顧慮。」二十七日寫道：「朱匪進窺遵義，薛岳處理不當，憤怒傷神，戒之。」4

紅軍將占遵義時，蔣介石在二月二十一日派薛岳爲貴州綏靖主任，並急調中央軍吳奇偉縱隊兩個師，從貴陽和黔西地區馳援遵義。這支「追剿軍」尾追紅軍已四個月，還沒有同紅軍真正交過手，紅軍最初也不清楚它是哪一支部隊。一交火，「敵軍的機關鎗和迫擊炮都響起來了」，「王家烈部隊沒有輕機槍，聽槍聲就知道是吳奇偉部隊上來了」5。經過激戰，孤軍深入的吳部兩個師全線動搖，大部被殲，少數人向烏江方向潰逃。五天內，中央紅軍從桐梓、婁山關到遵義一直打到烏江邊，消滅吳奇偉部兩個師、黔軍王家烈部八個團，繳槍兩千多支，俘敵三千多人。這是中共中央紅軍長征以來打的第一個大勝仗，而且是對「追剿」的國民黨中央軍的大勝仗，獲得大量武器、彈藥等物資補充，士氣受到很大鼓舞。

當戰鬥還在激烈地進行時，蔣介石十分緊張。他在二月二十三日致薛岳、萬耀煌電中寫道：「如果匪竄踰遵義以東地區，則我在黔之中央部隊軍譽掃地，且將四面楚歌。關係如此之大，望奮勉無誤。」6 敗耗傳來，蔣介石再也坐不住了，在三月二日從武漢飛到重慶指揮作戰。這個時候他還擔心桂軍乘薛岳部遭受重創的機會擴充在貴州的勢力，在日記中說：「批閱桂逆廖磊部思逞貴陽，殊堪痛心。」他在到達重慶當天的「本周反省錄」中寫道：「朱匪陷遵義，桂逆思逞貴州，局勢嚴重，故直飛重慶鎮懾。」7

蔣介石親臨前方，認爲他自己到重慶指揮，不難擊敗以至全殲中央紅軍。當天他致電何鍵：「遵義又陷，是圍剿良機。」又致電薛岳：「前電關於對桂軍處置閉門固守辦法，事前切勿慌忙，務望沉著應

1 朱德：《朱德選集》，北京：人民出版社，一九八三年版，第二二、二三頁。
2 中國第二歷史檔案館編：《國民黨軍追堵紅軍長征檔案史料選編（中央部分）》（上），北京：檔案出版社，一九八七年版，第二九四頁。
3 《蔣介石檔案・事略稿本》（二九），台北：「國史館」，二〇〇七年，第三五三、三五四頁。
4 蔣介石日記（手稿本），一九三五年二月二十一日、二十三日「本周反省錄」、二十七日，美國斯坦福大學胡佛研究所藏。
5 王平：《王平回憶錄》，北京：解放軍出版社，一九九二年版，第八五頁。
6 《蔣介石檔案・事略稿本》（二九），台北：「國史館」，二〇〇七年，第五〇九頁。
7 蔣介石日記（手稿本），一九三五年三月二日、六日，美國斯坦福大學胡佛研究所藏。

付，尤須嚴防貴陽城內雜部，秘密籌劃，不可稍露形跡。此時，仍以先破赤匪爲要也。」[1]第二天正式發佈電令：「本委員長已進駐重慶，凡我駐川黔各軍，概由本委員長統一指揮，如無本委員長命令，不得擅自進退。務期共同一致完成使命。」[2]

從最初發出的電令來看，他到重慶後最關心的問題：一是要賀國光「下達命令」，令周渾元部和川軍郭勳祺部即向遵義東北和西南地區進攻，[3]力圖早日重占遵義；二是令湘軍何鍵部三個師「以主力守備烏江沿岸」，又令吳奇偉一部及黔軍一部「守備烏江上游」，以「殲滅該匪於烏江以西、巴黔大道地區爲目的」。[4]事實上也是防止中央紅軍東進湘西，同紅二、六軍團會合。

但對中共中央紅軍的真實動向，蔣介石仍心中無數，捉摸不定。他在三月九日的日記中寫道：「匪情：盤踞遵義城，與我決戰。」同天「本周反省錄」中又寫道：「朱匪盤踞遵義，思一決戰乎?抑先圍擊破仁懷周部，留其西竄余步乎？」[5]紅軍在十三日放棄遵義。蔣介石在十四日的日記中寫道：「本日朱匪尚未竄出赤水河以東，猶在圍剿之中，如上帝賜我中華以解放，尚可一網打盡也。」[6]

這時，蔣介石的中央軍、川軍、湘軍、黔軍又調集赤水河和烏江之間地區，準備同中共中央紅軍決戰。滇軍孫渡部又移駐黔西，防止紅軍西進雲南。紅軍再次陷入險境。

爲了對付蔣介石的圍攻，紅軍又採取出乎他意料的奇招。中共中央革命軍事委員會在三月四日決定組織前敵司令部，朱德任司令員，毛澤東任政治委員。接著，又成立由周恩來、毛澤東、王稼祥組成的新「三人團」，以周恩來爲團長，全權指揮軍事行動，紅軍行動更加飄忽靈活。十五日，紅軍主力向魯班場的周渾元縱隊發動進攻。

由於周縱隊有三個師集中在一起，進攻沒有奏效。多路國民黨軍隊趕來，企圖夾擊紅軍。十六日，中央紅軍當機立斷，朱德對各軍團做出三渡赤水的部署：「我野戰軍決於今十六晚和明十七日十二時以前，由茅台附近全部渡過赤水河西岸，尋求新的機動。」7 當國民黨軍自以爲調動部署將成之際，紅軍突然三渡赤水，重返川南的古藺、敘永地區。

這一行動著實出乎蔣介石意料。他實在判斷不了紅軍的戰略意圖究竟是什麼，在三月十六日日記中寫道：「匪由茅台西竄。其再轉南？轉北？抑留一部於東面乎？」十七日寫道：「匪果西竄古藺乎？」十八日寫道：「匪向古藺東南地區竄進，其將越赤水河南而西竄乎？」8 他還擔心紅軍重到川南會不會又要北渡長江。於是，急忙調整部署，重兵再集中到赤水河西，星夜趕築大量碉堡，企圖用緊密銜接的碉堡封鎖線，再度圍困紅軍在赤水河以西，迫使紅軍在古藺地區決戰。張愛萍回憶道：「三渡赤水河，進入川南地區。蔣介石以爲我軍又要北渡長江，急調川、滇、黔軍閥和薛岳部，在長江沿岸設置防線。並在滇黔邊境加築碉堡，構成封鎖線，企圖圍殲我軍於長江南岸。」9

大部隊的調動是不可能馬上把部署調整好的，往往使原有的部署陷入混亂，對戰局造成很大影響，這是兵家的大忌。國民黨的軍隊更缺乏那種靈活性，弄得手忙腳亂。而紅軍的三渡赤水，根本不是爲了

1《蔣介石檔案・事略稿本》（三〇），台北：「國史館」，二〇〇八年，第二〇、二二頁。
2《貴州社會科學》編輯部、貴州省博物館編：《紅軍長征在貴州史料選輯》，內部資料，一九八三年版，第六〇〇頁。
3 賀國光：《參謀團大事記》（上），北京：軍事科學院軍事圖書館，一九八六年影印本，第二一四頁。
4《貴州社會科學》編輯部、貴州省博物館編：《紅軍長征在貴州史料選輯》，內部資料，一九八三年版，第六〇一頁。
5 蔣介石日記（手稿本），一九三五年三月九日「本周反省錄」，美國斯坦福大學胡佛研究所藏。
6 蔣介石日記（手稿本），一九三五年三月十四日，美國斯坦福大學胡佛研究所藏。
7 朱德：《朱德選集》，北京：人民出版社，一九八三年版，第二五頁。
8 蔣介石日記（手稿本），一九三五年三月十六日、十七日、十八日，美國斯坦福大學胡佛研究所藏。
9 張愛萍：《從遵義到大渡河》，羅永賦、費侃如主編：《四渡赤水戰役親歷記》，北京：中央文獻出版社，二〇一〇年，第八七頁。

從這裡渡江，更不會在這裡決戰，只是虛晃一槍，迷惑蔣介石，把國民黨各路軍隊再調動到赤水河西岸，自己立刻乘虛轉身東進。這更是蔣介石怎麼也想不到的。

中共中央紅軍在赤水河西只停留了五天。三月二十日下午，朱德下達四渡赤水河的行動部署：「我野戰軍決秘密、迅速、堅決出敵不備折而東向，限二十一日夜由二郎灘至林灘地段渡過赤水東岸，尋求機動。」[1]二十一日夜，中央紅軍以突然行動閃電式四渡赤水，突出重圍，把正在趕築碉堡的國民黨重兵拋在赤水河西。楊尚昆回憶道：「四渡赤水後，軍委曾考慮向西南行動，擴大機動，以轉移戰局。彭總和我分析戰場態勢後，認爲『目前向西南尋機動很困難，首先要突破周（渾元）、王（家烈）、孫（渡）縱隊，很難完成達到黔西、大定地域的戰略任務』，而在東南方向，由於原在烏江沿岸設防的周渾元、吳奇偉縱隊及黔軍已經被我軍吸引北上，敵方兵力空虛，因此建議：目前『轉到東南之烏江流域比較有利』。」「朱總接受了我們的建議，立刻集結主力南下，再一次命令彭、楊指揮一、三兩軍團迅速向烏江前進。那幾天，正是清明前夕，連日陰雨，天空烏雲密佈，能見度極低，敵機無法偵察，一時敵軍摸不清紅軍的去向，他們既怕我們到四川，又怕我們回湖南，卻沒有料到紅軍會如此神速地南下。三十日，我們到達烏江邊時，南岸的守敵只有一個營，我軍先頭部隊在風雨呼嘯中乘竹筏渡烏江。第二天，大軍分三處架設浮橋過烏江。」[2]

蔣介石因貴州戰局越來越棘手，在三月二十四日攜陳誠、晏道剛等乘飛機由重慶親赴貴陽，在當天日記中寫道：「以晏（道剛）辦事遲緩，又加上官（雲相）放棄桐梓，憂憤暴戾，不可抑止。」這下蔣介石已親自到貴州第一線來指揮作戰了。他指揮作戰的能力到底又怎樣呢？其實，他根本弄不清紅軍的行蹤所向。五天後，他在二十九日的日記中還寫道：「匪果由沙土西竄乎？抑圖偷渡烏江東竄乎？」到三十一日才知道：「匪已全部渡過烏江，今日圍攻息烽碉堡。」[3]這又使他隨後再次做出錯誤的判斷。

息烽就在貴陽正北約六十公里，蔣介石所在的貴陽立刻受到嚴重威脅。四月一日，滇軍將領孫渡的報告中寫道：「匪大部已過烏江，大有襲攻貴陽之勢。」[4]當時駐守貴陽及其附近的國民黨軍只有郭思演部第九十九師的四個團，兵力單薄。中共中央紅軍的行動使剛到貴陽十來天的蔣介石十分震驚。他在三日致電何應欽、顧祝同，要他們調兵來黔。電文中說：「此間兵力實感不足，匪於三十日以主力乘虛偷渡烏江南岸，即攻息烽，只有一營部與一連之兵憑守碉堡，又抽貴陽守兵一營赴援。」不久，「再抽貴陽守備隊一營，進駐紮佐防守。至此，貴陽守備隊實不足五營之數。四日之內，竟無一兵可調」[5]。足見蔣介石當時處境之狼狽。晏道剛回憶：「約在四月二日左右，蔣介石召陳誠、薛岳、何成浚和我一起商談。大家判斷紅軍這個行動，一是乘虛襲擊貴陽，一是仍圖東進與湘西紅軍會師，兩案之中以後者公算較大，但兩者都威脅貴陽的安全，當前應以確保貴陽爲急。」蔣介石隨即做出決定，嚴令前線各部隊銜尾疾追，入黔湘軍在黔東準備堵截，並「調大定孫渡縱隊限期東進集結貴陽」。「約在四月六日（或七日），滇軍孫渡縱隊先頭急行軍三四天走了四百多里路終於照蔣的電令趕到貴陽，並確實固守機場。」[6]

1 朱德：《朱德選集》，北京：人民出版社，一九八三年版，第二六頁。
2 楊尚昆：《楊尚昆回憶錄》，北京：中央文獻出版社，二〇〇一年版，第一二七頁。
3 蔣介石日記（手稿本），一九三五年三月二十四日、二十九日、三十一日，美國斯坦福大學胡佛研究所藏。
4 《貴州社會科學》編輯部、貴州省博物館編：《紅軍長征在貴州史料選輯》，內部資料，一九八三年版，第六五六頁。
5 《蔣介石檔案・事略稿本》（三〇），台北：「國史館」，二〇〇八年，第三二一、三二二頁。
6 晏道剛：《追堵長征紅軍的部署及其失敗》，中國人民政治協商會議全國委員會文史資料委員會《圍追堵截紅軍長征親歷記》編審組編：《圍追堵截紅軍長征親歷記——原國民黨將領的回憶》（上），北京：中國文史出版社，一九九一年版，第一五—一七頁。

蔣介石對滇軍孫渡縱隊東調貴陽這件事十分看重。他在三月三十一日得知紅軍渡過烏江後立刻致電孫渡：「望兄速率全部」「兼程猛進」「尤勿延誤」。[1] 四月六日日記中記錄：「見滇軍將領。」七日記下：「滇軍補助費。」八日寫道：「孫司令幸平安通過，到達龍裡（引者註：龍裡在貴陽東南約二十公里）。」九日寫道：「滇軍在龍裡與黃泥哨東西夾擊，皆不能包圍殲滅。」十一日寫道：「匪必狡謀脫滇軍追擊範圍，恐其旋盤打圈。」十三日寫道：「焦灼異甚，終日研究地圖。西征以來，以今日憂慮爲最甚。」[2] 可見他對貴陽安危的心情何等焦慮和急迫。

其實，中央紅軍的目的既不是「仍圖東進」，也不想「乘虛襲擊貴陽」，正是要以佯攻貴陽、虛張聲勢來迫使蔣介石慌慌忙忙地把原來駐防黔西、阻擋紅軍進入雲南的滇軍孫渡部東調貴陽，這樣紅軍西進雲南的門戶便敞開了。劉伯承說過：「在部署這次行動時，毛主席就曾說：『只要能把滇軍調出來，就是勝利。』果然，敵人完全按照毛主席的指揮行動了。」[3] 雙方在博弈中的高下，不言自明。

但蔣介石向來不願真正做自我反省。他在四月四日所寫的「本月反省錄」中寫道：「對匪情判斷處置，皆如所料。惜將士愚弱，不能遵照旨意，致匪東西自如，不能如計殲滅，任其偷竄者三次，失卻良機，可痛。」[4] 蔣介石對情況「判斷處置」的失誤，到此還沒有結束。這時，紅軍以一個團佯攻貴陽，並且在貴陽城外貼出「拿下貴陽城，活捉蔣介石」的標語來迷惑蔣介石，主力卻乘隙從貴陽、龍裡之間穿越湘黔公路西行。蔣介石在四月四日電令白崇禧、廖磊中卻說：「此間各部仍照原定部署向東猛追。」[5] 一時，戰場上出現十分奇怪的局面：國民黨軍向東猛追，紅軍主力卻悄悄地向西南向雲南疾進，雙方正好背道而馳！

這時，紅軍以每天行軍六十公里的速度急進。楊尚昆回憶道：「十八日，三軍團渡過北盤江，改推進爲疾進，占貞豐，取興仁，入普安，幾乎每天打下一個縣城。二十二日，和一、五軍團及中央縱隊會合，第二天到達黔滇邊的盤縣。二十四日，紅軍從貴州進入雲南省境。」[6]中央紅軍終於脫離國民黨軍重兵雲集的貴州，這是一個重要時刻。中共中央做出兩手準備，在二十五日以「萬萬火急」致電紅一、三、五軍團，指出最近時期是「爭取勝利的轉變戰局的緊急關頭」，要準備在進入雲南境內時同國民黨軍隊「決戰」。[7]由於已經東進的滇軍主力無法趕到，這場決戰沒有發生。

蔣介石一時仍摸不清紅軍的行動方向。他在十六日寫道：「本日仍研究作戰，匪蹤不明。」十七日寫道：「匪已渡百層河，向貞豐西竄乎？」到十八日才斷定：「匪果經貞豐企圖西竄。」十九日寫道：「本日匪先頭已竄至興仁之六官堡，其迅速可羨。」[8]此時，他要調動軍隊阻擋紅軍入滇已來不及，而且龍雲深深疑懼外省軍隊入滇也使蔣介石在調動軍隊時不能不有所顧忌，因此行動遲緩。

但蔣介石仍執著地認爲：「西邊之金沙江，他便不能渡越過去，所以他簡直是成了陷於『死地』的『窮寇』。」到四月二十五日，他致薛岳並各縱隊司令官、各師旅長電中仍說：「此次匪入滇境，層

1《蔣介石檔案・事略稿本》（三〇），台北：「國史館」，二〇〇八年，第二七二頁。
2 蔣介石日記（手稿本），一九三五年四月六日、七日、八日、九日、十一日、十三日，美國斯坦福大學胡佛研究所藏。
3 中國人民解放軍軍事學院編：《劉伯承軍事文選》，北京：解放軍出版社，一九八二年版，第七二六頁。
4 蔣介石日記（手稿本），一九三五年四月四日「本月反省錄」，美國斯坦福大學胡佛研究所藏。
5《蔣介石檔案・事略稿本》（三〇），台北：「國史館」，二〇〇八年，第三三一、三三二頁。
6 楊尚昆：《楊尚昆回憶錄》，北京：中央文獻出版社，二〇〇一年版，第一二九頁。
7 中共雲南省委黨史資料徵集委員會編：《紅軍長征過雲南》，昆明：雲南民族出版社，一九八六年版，第二五頁。
8 蔣介石日記（手稿本），一九三五年四月十六日、十七日、十八日、十九日，美國斯坦福大學胡佛研究所藏。

巒重壑，通路崎嶇，又復到處苗居，不唯給養困難，而且氣候險惡，瘴霧瀰漫，是匪更陷入絕地與死地也。」[1]

蔣介石所說的「絕地與死地」都沒有難住中共中央紅軍。紅軍進入雲南後，又像佯攻貴陽那樣，擺出進攻昆明的姿態。朱德回憶道：「到了離昆明三十里處，這時坐鎮貴陽的蔣介石部都調到東面去，一下就落後了五天路。雲南的五個旅也還在貴州，昆明城內只有一個教導團。但我們的目的，並不在佔領昆明，而是引誘軍隊來援。同時，更故意向西去占元謀、祿勸，佯向龍街企圖過金沙江。這樣，引得大部敵軍都趨向元謀，而我們折回頭，在皎平渡渡過了金沙江。」[2]周渾元部師長萬耀煌說：「在匪尚未渡金沙江時，薛岳曾電令吳奇偉、周渾元乘匪未渡江時圍剿之。薛命我去元謀馬街堵擊，我只有放棄原來追匪計劃，回頭走兩天，未到武定，薛來電報說匪並未去元謀，為何消息如此不確?可見諜報大有問題。」「我追到金沙江邊，匪已渡完，船已為匪鑿沉。周渾元追到金沙的一個渡口，也是匪走船沉。」[3]

這樣，紅軍就通過靈活機動的行動，順利渡過了天險金沙江，擺脫了國民黨中央軍的追擊。

紅軍離開貴州前，蔣介石正式免去王家烈的貴州省政府主席和第二十五軍軍長的職務，在四月十六日把他送到南京去當一個空頭的軍事參議院中將參議。貴州完全落入蔣介石的直接控制之下。

紅軍渡過金沙江進入川西後，五月九日，龍雲致電蔣介石稱：「實職之調試無方，各部隊（之）追剿不力，尚何能尤人。唯有請鈞座將職嚴行議處，以謝黨國。」十三日，孫渡也致電龍雲，以紅軍渡江北進而提出引咎辭職。[4]但這時蔣介石還不能像處理王家烈那樣來對待龍雲和滇軍，最後只能不了了之。

接著，紅軍搶渡大渡河，翻過夾金山，同前來迎接的紅四方面軍李先念部會師。從此，中共中央紅軍長征史進入了一個新階段。

五、結語

中共中央紅軍長征在貴州的四個多月，特別是遵義會議後的四渡赤水，創造了中國戰爭史上的奇蹟。

中央紅軍之所以能取得成功的最重要原因，是堅持從實際出發，採取符合實際情況的行動方針。對脫離根據地、來到對周圍環境都十分陌生的貴州，要做到這一點談何容易。唯一辦法只有在實際活動中去摸索，敏銳地觀察動向，沉著地做出判斷，靈活應對。因此，他們在四個多月中曾經根據實際情況，幾次當機立斷地對行動方針做出重大調整：黎平會議，放棄了過去在湘西創立新的根據地的目標，決定新的根據地應該在川黔邊區，也就是陳雲所說「以黔北爲中心來創造蘇區根據地的決議」；遵義會議又改變以黔北爲中心來創造根據地的計劃，決定渡過長江，在成都的西南或西北建立根據地；扎西會議，又提出原定渡河計劃已不可能實現，決定以川、滇、黔邊境爲發展地區，以戰鬥的勝利來開展局面。以後，又決定重回黔北，搶渡烏江，佯攻貴陽，西進雲南。這幾次及時的重大調整，出乎國民黨軍統帥部的意料之外，目的都是爲了使紅軍的行動方針符合當時不斷變化的實際情況。

當時擔任中共中央紅軍總參謀長的劉伯承評論道：「遵義會議以後，我軍一反以前的情況，好像忽

1《蔣介石檔案・事略稿本》（三〇），台北：「國史館」，二〇〇八年，第四二五、五七四頁。

2《朱總司令自傳（一八八六—一九三七）》，孫泱筆記，稿本。

3 萬耀煌口述、沈雲龍訪問、賈廷詩等記錄：《萬耀煌先生訪問記錄》，台北：「中研院」近代史研究所，一九九三年，第三四九、三五〇頁。

4 中共雲南省委黨史資料徵集委員會編：《紅軍長征過雲南》，昆明：雲南民族出版社，一九八六年版，第三八一、三八二頁。

然獲得了新的生命，迂迴曲折，穿插於敵人之間，以爲我向東卻又向西，以爲我渡江卻又遠途回擊，處處主動，生龍活虎，左右敵人。我軍一動，敵又須重擺陣勢，因而我軍得以從容休息發動群眾，擴大紅軍。待敵部署就緒，我們卻又打到別處去了，弄得敵人撲朔迷離，處處挨打，疲於奔命。」1

還有一個重要問題：行動方針需要靠人去實行。如果沒有紅軍這樣一支隊伍，再高明的戰略戰術也難以得到實施。紅軍的戰略戰術，是它在同內外敵人長期作戰的鍛煉中產生出來，並且完全適合於紅軍的情況。蔣介石和他們的高級將領熟知紅軍的作戰特點，但他們的軍隊無法做到，也找不到對付的辦法。中央紅軍在貴州連綿不絕的險峻山地強行軍的速度，也是國民黨軍隊怎麼也趕不上的。英國軍事學家李德・哈特寫道：「精神與士氣乃戰爭之主宰。」「拿破侖的格言的新解是：士氣以三比一重於實力。」2事實上，它的比重有時還超過三比一。當年在紅三軍團擔任過營長、參謀的張震寫道：「紅軍之所以能在艱苦卓絕的長征中，戰不垮，打不敗，最根本的一條原因是，大家有著共同的理想和必勝的信念。紅軍戰士有了共同的理想，就有了巨大的精神力量，有了明確的行動指南，就不怕任何艱難，不惜流血犧牲，表現出對黨的一片赤誠。他們始終把人民的利益看得高於一切，頑強戰鬥，勇往直前，無堅不摧。」3這也是一位親歷者的自述，說出了紅軍在貴州所以能突破國民黨軍重圍的又一個重要原因。

1 中國人民解放軍軍事學院編：《劉伯承軍事文選》，北京：解放軍出版社，一九八二年版，第七二六頁。
2〔英〕李德・哈特著，林光余譯：《第一次世界大戰史》，上海：上海人民出版社，二〇一〇年版，第三九一、四〇六頁。
3《偉大轉折的起點：黎平會議》編輯組編著：《偉大轉折的起點：黎平會議》，貴陽：貴州人民出版社，二〇〇九年版，「序言」，第四、五頁。

第八章

抗戰前夜中共中央戰略決策的形成 [1]

從中共中央紅軍抵達陝北到抗日戰爭爆發，在短短一年多時間內，中國共產黨實現了一次戰略性的大轉變：由國內土地革命戰爭轉到實現第二次國共合作，形成抗日民族統一戰線，為全民族抗日戰爭打下了基礎。

經歷了十年內戰後，要實現這樣的大轉變談何容易。在十年中，中國共產黨人在國民黨大屠殺下積累的創痛和仇恨是很難淡忘的。國民黨對抗日的態度一時又令人難以捉摸，並且在很長時間內依然一心想消滅共產黨。這樣兩個黨要實現和解和合作，結成抗日民族統一戰線，不能不經過一段艱難而曲折的旅程。

看起來似乎難以想像的事情，最後終於變成事實。對這個問題，許多學者已從不同角度做過細緻的論述。[2]本文想著重從中共中央高層決策過程的視角，做一點探討。

一、中共中央紅軍到達陝北

歷史是無法割斷的。如果要全面論述這個問題，應該從更早說起。為了節省篇幅，本文選擇一九三五年十月中共中央紅軍到達陝北，作為考察的起點。

為什麼選擇一九三五年最後幾個月作為考察的起點？那時，日本軍國主義者正加緊對中國的侵略，特別是要把華北納入它的直接控制之下，「中華民族到了最危險的時候」的沉痛呼聲便是在這時喊出來的；在民族危機空前深重的刺激下，以一二・九運動為起點，中國社會各階層的抗日救亡浪潮蓬勃興起，民眾廣泛覺醒，「停止內戰，一致抗日」成為人們的強烈要求；國民黨當局由於自身統治遭受嚴重威脅，開始醞釀改變對日政策；共產國際七大結束不久，提出要建立反法西斯統一戰線的策略方針，中共駐共產國際代表團起草的《八一宣言》已經發表。這些構成一幅波瀾壯闊的歷史畫面。離開這個大背景，什麼問題都無法說清楚。

本文準備著重考察的是中共中央戰略決策的演變，自然不能不先來看一看中共中央當時的具體處境。

結束長征，到達陝北，建立起新的根據地，對中國共產黨來說，是一件非同小可的事情。長征開始後，中共中央紅軍一直遭受著處於優勢地位的國民黨軍隊的前堵後追。多次從千鈞一髮的險境中衝出來。它所面對的首先是自身的生存問題，如果不能生存，其他一切都無從談起。這時，它同外界的聯繫又幾乎全被切斷，能夠得到的國內外訊息很少。在這種狀況下，中共中央沒有可能把建立抗日民族統一戰線立刻提到重要的實際工作日程上來。

中共中央紅軍同紅四方面軍會合後，曾先後在兩河口會議、沙窩會議、毛兒蓋會議上確定北上創造川陝甘蘇區根據地的戰略方針。這是一個正確的方針。但是，張國燾的分裂活動使局勢陡然發生逆轉。一九三五年九月九日，中共中央被迫率領右路軍中的紅一軍、紅三軍和軍委縱隊組成陝甘支隊，人數只有不多的七千多人，先行北上。下一步到哪裡去才能站定腳跟，一時並沒有把握。十二日，中共中央政治局在甘肅南部的俄界召開擴大會議。毛澤東在會上說：「我們可以首先在蘇聯邊境創造一個根據地，來向東發展。」他說：「目前戰略方針，川陝甘計劃是有變更，因一、四方面軍分開，張國燾南下，使

1 原文載於《歷史研究》二〇〇五年第四期。

2 有關抗戰前後國共關係研究的著作可參考胡繩主編：《中國共產黨的七十年》，北京：中共黨史出版社，一九九一年版；黃修榮：《國共關係七十年》，廣州：廣東教育出版社，一九九八年版；程中原：《張聞天傳》，北京：當代中國出版社，二〇〇〇年版；楊奎松：《西安事變新探——張學良與中共關係之研究》，台北：東大圖書公司，一九九五年版。

中國革命受到相當嚴重損失。」「所以應該明確地指出這個問題，經過游擊戰爭，打通國際聯繫，得到國際的指示與幫助，整頓休養兵力，擴大隊伍。」[1]共產黨內負總責的張聞天在會上也說：在川陝甘創造根據地，建立全國革命中心，在目前較少可能。「因爲一、四方面軍分開，我們的力量削弱了，所以我們的戰略方針不能不有變更。」[2]

俄界會議這個決定很值得注意。變更原定在川陝甘創造根據地的戰略方針，準備「首先在蘇聯邊境創造一個根據地來向東發展」，當然是萬不得已的事情，可以看出當時情勢是多麼險惡。

但出乎意外，情況很快發生了變化。九月十七日，陝甘支隊先頭部隊乘虛搶佔天險臘子口，突入甘南開闊地帶。十八日，紅軍到達宕昌縣。在這裡，收集到一批天津《大公報》和《山西日報》等，得知在陝北已有徐海東、劉志丹等很有戰鬥力的紅軍和大片比較鞏固的根據地。這是中共中央紅軍長征出發以來不曾遇到過的。事情需要做新的考慮。二十七日，陝甘支隊繼續前進到通渭縣榜羅鎮。第二天，中共中央政治局在這裡舉行常委會議，改變俄界會議的決定，把落腳點確定在陝北。毛澤東在二十多天後舉行的政治局會議上說：「榜羅鎮的會議（由常委同志參加）改變了俄界會議的決定。

改變了，因爲那裡得到了新的材料，知道陝北有這樣大的蘇區與紅軍，所以改變決定，在陝北保衛與擴大蘇區。在俄界會議上想會合後帶到接近蘇聯的地區去，那時保衛與擴大陝北蘇區的觀點是沒有的，現我們應批准榜羅鎮會議的改變，以陝北蘇區來領導全國革命。」[3]

毛澤東曾稱讚徐海東是「對中國革命有大功的人」[4]，既是對徐海東的讚揚，也是對整個陝北紅軍和根據地的讚揚，他們在這個重大歷史關頭立下的，確實是「大功」。

十月十九日，北上的陝甘支隊到達保安縣吳起鎮，隨後同陝北紅軍會合。這兩支紅軍合組後，恢復了第一方面軍番號。二十二日，中共中央在這裡召開政治局會議。這次會議最重要的內容有兩點：一是宣告中共中央紅軍主力的長征勝利結束，二是提出了抗日民族戰爭的新口號。張聞天在會上說：「長途行軍中間所決定的任務已經最後完成。到達某一蘇區，長途行軍就是完結了。現在新的任務是保衛與擴大這一蘇區。」「應使同志們瞭解，現在保衛蘇區要變爲直接的民族革命戰爭，要把土地革命與反帝直接結合起來。」5 毛澤東在會上的報告中說：「現在形勢環境均已改變，我們應接受新的形勢來工作。」「到達這地區的任務已完成了，敵人對我們追擊堵擊不得不告一段落。現在是敵人圍剿，而我們保衛與擴大陝北蘇區。」他又說：「日本帝國（主義）獨佔華北，反帝運動高漲。昨日捉到東北軍俘虜，發二元錢回家，（他）說東三省、熱河失去，回什麼家！于學忠發宣言，聲明退出東三省是上級命令。反帝革命是在全國醞釀，陝北群眾急需革命，這是粉碎圍（剿）的客觀條件。」6

中共中央紅軍主力到達陝北，一個大變化是重新有了可以立足的根據地。有這樣一個根據地和沒有這樣一個根據地是大不一樣的。如果連生存都沒有保障，其他自然都顧不上。而他們能在這時提出抗日民族戰爭的新口號，又同他們來到接近抗日前線的北方地區、能得到更多訊息直接有關。從此，「一個歷史時期已經完結，一個新的歷史時期開始了。」

1《中國工農紅軍第四方面軍戰史資料選編・長征時期》，北京：解放軍出版社，一九九二年版，第一五一、一五二頁。
2 張聞天：《張聞天文集》（一），北京：中共黨史出版社，一九九〇年版，第五六六頁。
3 毛澤東在中共中央政治局會議上的報告記錄，一九三五年十月二十二日。
4《憶徐海東》編輯組編：《憶徐海東》，鄭州：河南人民出版社，一九八一年版，第二頁。
5 張聞天：《張聞天文集》（二），北京：中共黨史出版社，一九九三年版，第一頁。
6 毛澤東在中共中央政治局會議上的報告記錄，一九三五年十月二十二日。

二、瓦窯堡會議

一九三五年最後兩個月，對中共中央的戰略決策產生重大影響的有兩件事：一件是隨著日本軍國主義者對加緊侵略華北又跨出新的重大步伐，國難更加深重；另一件是參加共產國際七大的張浩回國，向中共中央口頭傳達了這次大會的精神。

日本軍國主義者企圖獨佔華北，蓄謀已久，早已採取一系列實際行動，深深刺痛著中國人的心。這年十一月中旬，一個更加令人震驚的消息傳來：日本軍方導演的所謂「華北自治運動」公開出台。誰都明白，所謂「自治」其實就是要使華北五省二市脫離中央政府，建立親日政府，處在日本的直接控制之下。日本關東軍司令官南次郎派特務機關長土肥原賢二到北平，向兼任平津衛戍司令的第二十九軍軍長宋哲元提出最後通牒式的警告：限他在十一月二十日前宣佈「自治」，否則日軍將武力攻佔河北和山東。宋哲元等在十九日密電蔣介石報告：「北方情勢，已甚明顯，似非少數日本軍人自由之行動。日來應付極感困難，彼方要求，必須華北脫離中央，另成局面。迭經拒絕，相逼益緊。」[1]二十四日，土肥原策動成立「冀東防共自治委員會」（兩天後改稱「冀東防共自治政府」），公開宣稱「自本日起，脫離中央，宣佈自治」。[2]華北上空陰雲密佈，彷彿又重現九一八事變前夜那種濃烈的戰爭氣氛。

民族生存比什麼都重要。人們對國民黨當局一再對日屈服退讓極爲不滿。北平學生的一二・九運動，便是在這種背景下爆發的。它像燎原的烈火那樣，得到社會各階層的普遍同情和支持，迅猛地向全國各地展開。民眾的覺醒和行動引起中共中央的極大重視，抗日救亡的任務自然地被提到越來越突出的地位。

張浩是代表中華全國總工會到蘇聯參加赤色職工國際工作的，也是中共駐共產國際代表團的成員。這年七月二十五日至八月二十日，共產國際第七次代表大會在莫斯科舉行。張浩和中共代表團其他成員出席了這次大會。針對德、意、日法西斯勢力在東西方日益猖獗，嚴重威脅世界的和平與安全，大會提出建立反法西斯統一戰線的方針。這次大會著重討論的是歐洲問題，但共產國際總書記季米特洛夫在報告中也說道：中國共產黨要「同中國一切決心真正救國救民的有組織的力量結成反對日本帝國主義及其走狗的廣泛的反帝統一戰線」[3]。爲了盡快恢復共產國際同中共中央之間在紅軍長征期間中斷的聯繫，不等會議結束，共產國際和中共代表團就派張浩回國。他經過長途跋涉，在十一月十八日或十九日到達瓦窯堡，憑記憶向中共中央傳達了共產國際七大的精神。共產國際的意見，對中共中央產生重大影響。它同中共中央在實際生活中強烈感受到的必須團結抗日、救亡圖存的要求是一致的。

中共中央機關十一月七日從吳起鎮遷到瓦窯堡。十三日，中共中央發出《爲日本帝國主義併吞華北及蔣介石出賣中國宣言》。這時張浩還沒有到達瓦窯堡。中共中央在《宣言》中提出：「一切抗日反蔣的中國人民與武裝隊伍，不論他們的黨派、信仰、性別、職業、年齡有如何的不同，都應該聯合起來，爲打倒日本帝國主義與蔣介石國民黨而血戰！」《宣言》還寫道：「不反對日本帝國主義，我們無法打倒蔣介石國民黨，不打倒蔣介石國民黨，我們也無法停止日本帝國主義的侵略，推翻日本在中國的統治！抗日反蔣是全中國民眾救國圖存的唯一出路！」[4]《宣言》雖沒有明確地提出建立抗日民族統一戰

1《中華民國重要史料初編——對日抗戰時期》第六編，傀儡組織（二），台北：中國國民黨中央黨史委員會，一九八一年，第八一頁。
2《中華民國重要史料初編——對日抗戰時期》第六編，傀儡組織（二），台北：中國國民黨中央黨史委員會，一九八一年，第一八六頁。
3 中國社會科學院近代史研究所翻譯室編譯：《共產國際有關中國革命的文獻資料》第二輯，北京：中國社會科學出版社，一九八二年版，第三九二頁
4 中央檔案館編：《中共中央文件選集》第十冊，北京：中共中央黨校出版社，一九九一年版，第五七四、五七五頁。

線的主張，但要求各種力量聯合起來，顯然已包含這個意思，因爲這是中國實際情況所要求的。

二十九日，中共中央舉行政治局會議。毛澤東、周恩來因爲在前線指揮直羅鎮戰役剛剛結束，沒有能回來參加這次會議。張浩已來到瓦窯堡。張聞天在會上的報告中，根據共產國際七大的精神和中國面對的現實，著重談了抗日民族統一戰線問題，說：「日本對中國的侵略更加緊了。」「在目前形勢下，反對日本侵略者的，不僅有工農群眾、大學教授以及某些派別的資本家，就是在軍閥中間也有人對日本侵略不滿意。廣大階層參加到民族戰線中，許多人持同情態度或守善意中立，反日的基本力量更加廣泛。」他強調：「甚至對上層統一戰線，我們都要爭取。」過去，中國共產黨看重的只是「下層統一戰線」，這時提出對「上層統一戰線」也要爭取，是一個重要變化。在結論中，張聞天對建立上層統一戰線的問題做了更多的闡述，說：「今天提出統一戰線，與過去有很大不同。一九二七年大革命失敗後，反革命團結起來向革命進攻，小資產階級消極或同情反革命，我們的力量散了些。在這些條件下，只能搞下層統一戰線，我們的工作集中於工農群眾中團結和鞏固自己的力量。現在情形不同，整個小資產階級動搖及同情我們，在軍閥中也有分化，有的動搖、中立或對我們同情，我們有著堅強的蘇維埃、紅軍及廣大的群眾擁護，黨的力量也比以前加強了。在全國提出的兩條道路問題更清楚的提到群眾的前面。這樣，就更迫切的提出了實行統一戰線策略的任務。這個策略是可以實現的，抗日反蔣必須很好的運用這一策略。」[1]劉少奇在會上說：「統一戰線問題，我們沒有能發動廣大群眾運動是犯了嚴重的關門主義，上層領導同志甚至都犯了。」「日本帝國主義在侵略中國，中國群眾反日運動在高漲，黨應去領導和組織這一運動，因此必須反對關門主義。」[2]

十二月十三日，毛澤東、周恩來回到瓦窯堡。從十七日至二十五日，中共中央連續舉行政治局會議。這是一次討論中國共產黨戰略決策的十分重要的會議，後來被稱爲瓦窯堡會議。會議開始後，先由張聞天做政治形勢和策略問題的報告，張浩做關於共產國際七大精神的傳達報告。會議通過張聞天起草的《中央關於目前政治形勢與黨的任務決議》。決議指出「目前政治形勢已經起了一個基本上的變化」，「黨的策略路線，是在發動、團聚與組織全中國全民族一切革命力量去反對當前主要的敵人：日本帝國主義與賣國賊頭子蔣介石。」3

二十三日，政治局會議著重討論軍事問題，由負責軍事工作的毛澤東報告。他在報告中提出的戰略方針是：「在以堅決的民族戰爭反抗日本帝國主義進攻總任務之下，首先須在一切政治的軍事的號召與實際行動上，確定『把國內戰爭同民族戰爭結合起來』的方針。」「土地革命在民族戰爭的口號與策略之下執行。」行動上，他主張分三個步驟：第一步是在陝西，包括擴大紅軍、完成渡河準備等；第二步是在山西，準備用六個月（二月—七月），依情況延長或縮短之；第三步在綏遠，時機看戰爭情況及日本對綏遠進攻情形決定。4

爲什麼在建立抗日民族統一戰線已成爲放在中國共產黨面前突出課題的時候，要討論東征的軍事行動？那是現實的需要。第一，它是鞏固和發展根據地的需要。直羅鎭戰役的勝利，雖然已爲中共中央把全國革命大本營放在陝北舉行了一個奠基禮，但陝北面積狹小，人口稀少，土地瘠薄，經濟落後，糧食和工業品缺乏，又遭受國民黨重兵的封鎖和圍困，如果不積極向外發展，只是消極地坐待應付國民黨軍

1 張聞天：《張聞天文集》（二），北京：中共黨史出版社，一九九三年版，第一六、一八、二〇頁。
2 劉少奇在中共中央政治局會議上的發言記錄，一九三五年十一月二十九日。
3 中央檔案館編：《中共中央文件選集》第十冊，北京：中共中央黨校出版社，一九九一年版，第五九八、六〇四、六一八頁。
4 毛澤東：《毛澤東軍事文集》第一卷，北京：軍事科學出版社、中央文獻出版社，一九九三年版，第四一三、四一五頁。

隊的圍剿，很容易陷入難以持久的不利處境。要向外發展，山西閻錫山部隊的戰鬥力比駐在陝北以南的張學良部東北軍弱，打起來較有把握；山西人口稠密，物產豐饒，比陝北以西和以北都要富裕，便於紅軍的發展；晉綏部隊還有一部分已進駐陝北的吳堡、葭縣、綏德、清澗一帶，進攻山西可以迫使閻錫山將這部分軍隊調回山西，擴大並鞏固陝北蘇區。第二，它又便於紅軍投入抗日的實際行動。那時日本已在河北增兵，並策動僞蒙軍向綏遠侵襲。東征山西，可以東入河北或北轉綏遠，「對日直接作戰」。張聞天在討論時說：「我同意先向山西方向發展。」「我們到了山西，就能組織更廣大的群眾到我們領導之下，以便來組織抗日的民族戰爭。山西環境與陝北亦有不同，更能取得廣大群眾的同情。我們高舉抗日旗幟，肯定會取得群眾的同情與擁護，群眾更會走到我們的領導之下。」1

十二月二十七日，毛澤東在共產黨的活動分子會議上做《論反對日本帝國主義的策略》的報告。他在報告一開始就指出：目前形勢的基本特點，就是日本帝國主義要變中國爲它的殖民地，威脅到了全國人民的生存。「這種情形，就給中國一切階級和一切政治派別提出了『怎麼辦』的問題。反抗呢？還是投降呢？或者游移於兩者之間呢？」他指出：在這種時候，敵人的營壘是會發生破裂的，而和民族資產階級有重新建立統一戰線的可能性。他進一步分析道：「我們說，時局的特點，是新的民族革命高潮的到來，中國處在新的全國大革命的前夜，這是現時革命形勢的特點。這是事實，這是一方面的事實。現在我們又說，帝國主義還是一個嚴重的力量，革命力量的不平衡狀態是一個嚴重的缺點，要打倒敵人必須準備作持久戰，這是現時革命形勢的又一個特點。這也是事實，這是又一方面的事實。這兩種特點，這兩種事實，都一齊跑來教訓我們，要求我們適應情況，改變策略，改變我們調動隊伍進行戰鬥的方式。目前的時局，要求我們勇敢地拋棄關門主義，採取廣泛的統一戰線，防止冒險主義。」2

這篇講話，更透闢地闡述了瓦窯堡會議的精神，指明共產黨的基本策略任務是建立廣泛的抗日民族革命統一戰線；同時指出中國革命的長期性，預見到反對日本帝國主義的鬥爭「必須準備作持久戰」。還需要提到，它又是遵義會議的繼續和發展。遵義會議是在紅軍長征途中召開的，只能對當時最迫切的軍事問題和中央領導機構問題做出決定。只有到了這時，才有可能進一步系統地說明共產黨的政治策略。

中共中央到達陝北還只有兩個多月。在這樣短的時間內，不僅打破了國民黨軍隊對陝北的第三次「圍剿」，鞏固並發展了陝北革命根據地，開始了東征山西的部署和準備；並且對全國的政治形勢做出通盤分析，提出建立廣泛的抗日民族統一戰線，特別強調發展上層統一戰線的必要性和可能性，反對關門主義，在政治策略上實現了大轉變。這是一個重大突破，是極不容易的。

自然也要看到，中共中央當時所要建立的抗日民族統一戰線甚至上層統一戰線，都沒有把蔣介石包括在內，主要的口號是「抗日反蔣」，把蔣介石稱爲「賣國賊頭子」。這並不奇怪，且不說十年來國共之間的生死搏鬥留下的深重傷痕難以在短期內消除；而且在此前他們看到國民黨政府從九一八事變到放棄熱河和簽訂塘沽協定，再到所謂「何梅協定」和「秦土協定」，對日本侵略者一直是步步屈辱退讓，而看不到國民黨有改變「攘外必先安內」的方針、奮起抗日的決心；蔣介石又正在繼續調集重兵，要把中國共產黨和工農紅軍一舉消滅在陝北一隅。在這種情況下，如果能提出「聯蔣」的口號倒是一件奇怪的事情。這些問題，從雙方來看，都需要再經歷一段艱難而曲折的過程才能得到解決。

1 中共山西省石樓縣委宣傳部編：《紅軍東征》（上），北京：中共黨史出版社，一九九七年版，第四四、四五頁。

2 毛澤東：《毛澤東選集》第一卷，北京：人民出版社，一九九一年版，第一四三、一五三頁。

三、東征和晉西會議

一九三六年二月二十日，紅一方面軍主力按照瓦窯堡會議的決定，突然強渡黃河，進入山西。中共中央主要負責人張聞天、毛澤東和彭德懷、凱豐、張浩等都隨軍東征，周恩來、博古、鄧發、王稼祥等留在陝北，負責後方工作。東征紅軍進入山西後取得重大勝利。他們使用中國人民抗日先鋒軍的名義發表佈告：「本軍東行抗日。一切愛國志士、革命仁人，不分新舊，不分派別，不分出身，凡屬同情於反抗日本帝國主義者，本軍均願與之聯合，共同進行民族革命之偉大事業。」1 這也是抗日民族統一戰線主張的體現。

在這期間，整個局勢進一步變化，民族危機更加深重，國內各種政治力量之間的關係也出現重要而微妙的變動。

日本軍國主義者加緊對華侵略，力圖把華北從中國分割出去。一九三六年一月十三日，日本對中國駐屯軍司令官提出《第一次北支（華北）處理要綱》，宣稱：「自治的區域，以華北五省爲目標」，「先求逐步完成冀察兩省及平津兩市的自治，進而使其他三省自然地與之合流」。2 二月二十六日，日本部分少壯軍人在東京發動兵變，事後由廣田弘毅擔任首相，蠻横而不可一世的軍部牢牢控制了日本中央政府，戰爭氣氛更加濃重。

全國的愛國救亡運動蓬勃高漲，群情日趨激昂，上海和許多城市相繼成立起各界救國聯合會。國民黨上層的政治態度也在發生變化，使中國共產黨爭取建立「上層統一戰線」有了更多可能。

駐軍陝西關中地區的張學良部東北軍的中下級軍官和士兵，因爲家鄉淪陷，強烈地要求停止內戰，一致抗日。英國記者詹姆斯・貝特蘭當時訪問東北軍後得到的印象是：「他們對於逼迫他們打自己同胞的命令，日益不滿，而打回老家的決心也日益加強，至少也得爲自己所信仰的主義戰鬥到死。」一個四十多歲的團長對他說：「當我們全體都希望打日本的時候，我們爲什麼還要打紅軍呢？」3這種情緒對張學良和東北軍高級將領產生了影響。中共中央在實際接觸中逐漸看清了這一點，便把「上層統一戰線」的重點首先放在張學良和東北軍身上。他們讓被俘的東北軍團長高福源回去說明中國共產黨的政治主張，又派聯絡局局長李克農兩次去見張學良秘密商談合作，取得很好的效果。駐在關中地區的楊虎城部同中國共產黨也早有聯繫。

這時，蔣介石的態度同樣在悄悄地發生變化。日本侵略者的胃口實在太大，已超出南京國民黨政府所能容忍的程度，直接威脅到它的生存。正如蔣介石不久後所說：華北一旦成爲東北第二，南京又何嘗不可以變成北平？社會各階層強烈要求抗日，也對它形成巨大壓力。正是在這種情況下，南京政府不能不開始考慮調整它的對日政策。蔣介石以後有一段話，把他這種內心變化刻畫得十分清楚：「廣田內閣成立之後，把他們侵華的計劃，綜合爲『善鄰友好、共同防共與經濟合作』的三原則，向國民政府提出交涉。當時的情勢是很明白的，我們拒絕他的原則，就是戰爭；我們接受他的要求，就是滅亡。」「中日戰爭既已無法避免，國民政府乃一面著手對蘇交涉，一面著手中共問題的解決。我對於中共問題所持的方針，是中共武裝必先解除，而後對他的黨的問題才可作爲政治問題，以政治方

1 中共山西省石樓縣委宣傳部編：《紅軍東征》（上），北京：中共黨史出版社，一九九七年版，第一二三頁。
2 復旦大學歷史系日本史組編譯：《日本帝國主義對外侵略史料選編（一九三一—一九四五）》，上海：上海人民出版社，一九七五年版，第一九一頁。
3〔英〕詹姆斯・貝特蘭著、林淡秋譯：《中國的新生》，北京：新華出版社，一九八六年版，第二一九、二二〇頁。

法來解決。」1

正是在這種心態下，蔣介石在繼續「剿共」的同時，開始伸出一些觸角進行政治試探。他加強同蘇聯的接觸，在國內也通過多種渠道設法找尋中共的關係。陳立夫的親信曾養甫先後與同中共北方局有聯繫的呂振羽和上海地下黨派出的張子華會晤，但他們都不能代表中共中央進行談判。因此，國民黨當局仍希望能同中共中央直接取得聯繫。最早將這個訊息直接送給中共中央的是宋慶齡。一九三六年一月，宋慶齡在上海找到有著牧師身份的秘密共產黨員董健吾，要他送一封信到陝北交給毛澤東、周恩來，還給他一張由孔祥熙簽名委董爲「西北經濟專員」的委任狀，這顯然是得到南京政府同意的。張子華與董同行。二月二十七日，董、張兩人到達瓦窯堡，會見博古。三月四日，在山西前線的張聞天、毛澤東、彭德懷復電博古轉董健吾，表示：「弟等十分歡迎南京當局覺悟與明智的表示，爲聯合全國力量抗日救國，弟等願與南京當局開始具體實際之談判。」電報中向南京政府提出五點要求：「一、停止一切內戰，全國武裝不分紅白，一致抗日；二、組織國防政府與抗日聯軍；三、容許全國主力紅軍迅速集中河北，首先抵禦日寇邁進；四、釋放政治犯，容許人民政治自由；五、內政與經濟上實行初步與必要的改革。」2第二天，董健吾帶著這個密件離開瓦窯堡，回宋慶齡處覆命。國共兩黨高層間中斷八年多的聯繫，終於在宋慶齡推動下接通了。當然，這種聯繫只是初步的。雙方都在相互試探，彼此都還不清楚對方的底細。

三月間，共產國際七大的正式文件由劉長勝帶回國內，送交中共中央。董健吾返回南京後，張子華隨博古到山西前線向中共中央報告同南京當局接觸中的重要情況。這兩件事都是牽動戰略全局的大事，需要中共中央領導集體認真研究，及時做出決斷。

三月二十日—二十七日，中共中央接連舉行六次政治局會議，被稱爲晉西會議。會議有兩項議事日程：一是結合中國實際情況討論共產國際第七次大會決議，二是研究目前戰略方針。很可注意的是：第一，這些會議是在緊張的行軍過程中進行的，幾乎每次會議都要更換地點：二十日在交口縣大棗郊上賢村，二十三日在隰縣石口，二十四日、二十五日在羅村，二十六日在四江村，二十七日在石樓附近。第二，參加會議的，除在山西前線的中共中央領導人張聞天、毛澤東等外，原來留在陝北負責後方工作的周恩來、博古等也趕來參加。從這兩點，可以看出這次會議是多麼重要。

前三次會議討論共產國際七大決議。首先由張聞天做報告。根據共產國際七大精神，他在報告中說：「中國共產黨的任務是，準備開展大規模的民族革命戰爭，反對日本帝國主義的侵略。目前的關鍵，是建立統一戰線——抗日的人民統一戰線。」3這就把那次政治局會議的主題點明白了。

討論中，大家同意這個報告。毛澤東發言中表示：瓦窯堡會議決議是符合共產國際七大決議的。他說：「要提出停止內戰」，「『爭取對日作戰的時機』應改爲『爭取直接對日作戰』」。在革命策略上，「我們的任務，利用每一分鐘來爭取最多數」。「我們要謹防扒手，但第一是應開大門。」「政權問題，主張蘇維埃當然是對的，但（哪一個）對全國更好，就用哪一個。在華北，一般的用抗日政府較好。」談到「聯俄問題」時，他說：「中國人的事要自己幹，相信自己。故（一）相信自己。（二）不要朋友是不對的。」4張浩說：瓦窯堡會議時，政治局並沒有因爲我傳達不充分而對共產國際七大的精神不瞭解，反而具體討論了問題，與國際決議精神符合。談到統一戰線問題時，他主張：「集中一切力

1 蔣中正：《蘇俄在中國》，台北：「中央」文物供應社，一九九二年版，第五九、六二頁。

2 洛甫、毛澤東、彭德懷致博古轉周繼吾（董健吾）的電報，一九三六年三月四日。

3 張聞天：《張聞天文集》（二），北京：中共黨史出版社，一九九三年版，第八三頁。

4 毛澤東在中共中央政治局會議上的發言記錄，一九三六年三月二十三日。

量反對主要敵人。過去『打倒一切帝國主義、一切軍閥』，好聽而做不到。只打一個，就使主要敵人孤立。」1彭德懷說：「十二月決議在現在事實證明正確。未過黃河之前，對山西群眾的估計不如現在。這裡比（中央蘇區的）廣昌、石城之間還好。學生運動之激烈，刊物之左傾，表示中國革命形勢猛烈開展著。」「怎樣促成抗日反賣國賊統一戰線的實現？要定出具體口號，站在領導地位。統一戰線的成功，首先要分裂統治階級的力量。統治者有一部分同情我們，一部分反對我們，要分裂他們，才能促成統一戰線。」2

可以看出，隨著國內外局勢的發展，中國共產黨的抗日民族統一戰線主張已更趨明朗化和具體化，「停止內戰」的口號已經提出，對南京國民黨政府內部各種力量開始按照是否贊同抗日而區別對待，原來的蘇維埃政權也可考慮改稱抗日政府。

在這次會議上，有兩個問題沒有完全解決，說明黨的戰略決策仍處在逐步形成的過渡階段。

第一個問題是：抗日民族統一戰線是否包括蔣介石。儘管蔣介石通過多種管道在尋找中國共產黨的關係，進行政治試探，董健吾、張子華還拿著南京政府的證件來到瓦窯堡，但這畢竟只是接觸的開始，對南京政府的真實意圖究竟是什麼並不清楚。何況蔣介石又在三月二十四日委派陳誠爲太原綏靖公署第一路總指揮，率領關麟征、湯恩伯等部重兵進入山西協助閻錫山作戰，企圖圍殲紅一方面軍主力於黃河以東。因此，這次會議自然不可能把蔣介石立刻列入聯合對象之內。會上「抗日的人民統一戰線」的提法，特別標出人民二字，也表明這種保留態度。但會議沒有提抗日反蔣，而是提抗日反賣國賊，包含著一層意思：如果蔣介石決心抗日，那就不是賣國賊了，不再是反對的對象；如果他採取相反的態度，反賣國賊自然也成爲反蔣的同義語。張浩在講要「集中一切力量反對主要敵人」後又說了一句：「打蔣介石，現改爲『打賣國賊』」，表明這裡是有意識地留有餘地的，從一個側面反映出同董、張接觸後在口號上的調整。張聞天在做結論時說：「有反動派來談判，我們應說你抗起日來，蘇聯會幫助。全中國群眾看到蘇聯是好的。故恩來說講此問題時，要他們表示抗日誠意，這是對的。」[3]這也說明此時中共中央對待蔣介石的態度如何，關鍵是看他究竟有沒有真正的抗日誠意，他的下一步行動如何。

第二個問題是，實行抗日統一戰線是否要改變土地革命的政策。十年內戰時期中共的主要口號是土地革命，它涉及同廣大農民的關係，因此，中共中央在這個問題上不容易很快下決心是很自然的。特別當全國抗日民族統一戰線還沒有真正形成時，更不可能輕言改變。張聞天在報告中籠統地談道：「土地革命與抗日鬥爭聯繫起來的方式應隨環境而異。這種聯繫也不是公式，是要根據環境而採取的。」討論中，許多人都對這個問題發表意見。大家更多傾向於不宜改變土地革命的政策，以免脫離農民群眾。博古說：「土地問題的解決不違背民族統一戰線。是否土地革命服從民族革命？如瞭解爲『低一點』則不對的、不適合的。」「有人以爲『著重土（地）革（命），將使我們與反帝群眾脫離』。他未想『群眾』是誰。我們恰恰是在群眾中依照民眾的程度與力量，領導到土地革命。當然土革不是在任何地方簡單化，但我們的立場應堅持。」[4]周恩來說：「現在土地革命的開展，正是加強統一戰線的力量。農民總是要走上土革，是否推遲之使會利於民族革命？黨不是勉強製造，亦不是做尾巴。我們的統一戰線不是要地主資本家全部而不要農民。對於抗日地主可以優待，而不是不動其土地。」[5]王稼祥說：「不發

1 張浩在中共中央政治局會議上的發言記錄，一九三六年三月二十三日。
2 彭德懷在中共中央政治局會議上的發言記錄，一九三六年三月二十四日。
3 張聞天在中共中央政治局會議上結論的記錄，一九三六年三月二十四日。
4 博古在中共中央政治局會議上的發言記錄，一九三六年三月二十三日。
5 周恩來在中共中央政治局會議上的發言記錄，一九三六年三月二十三日。

動土地革命，主要人口之農民不能吸收到抗日的戰線上去。」1會議並沒有對這個問題做出結論。

大革命失敗時，八七會議確定的總方針是土地革命和武裝反抗國民黨。十年內戰中，中國共產黨始終堅持這個總方針，一切行動都是爲了實行土地革命和推翻國民黨的統治。人們的思想總容易有慣性。因此，新形勢下，在處理如何對待蔣介石和如何對待土地革命這兩個問題上實行大的轉變格外慎重，是可以理解的。

中共晉西會議後的兩次會，是討論目前戰略方針，由毛澤東做報告。他說：「經營山陝，主要是山西，是對日作戰必要與重要的步驟。」方針應該是：「以發展求鞏固，反對鞏固的向前發展。」「現在應進攻，圍剿來時則防禦，圍剿打破則應進攻，李德則取消進攻。」2他批評李德，因爲李德不久前寫了一個《意見書》，裡面說：「轉到戰略的進攻，我們還非常之弱。我們的轉入進攻是過早的，且在將來行動區域中的政治準備不充分，應當注意這兩點。」《意見書》還提出「我們應當從我們的戰略計劃取消向綏遠先機接迎外蒙的條文」，他擔心的是「（蘇日）戰爭未發生以前，在我們方面應當避免能夠引起蘇日衝突的行動」3。討論中，與會者都同意毛澤東的報告。周恩來說：「發展問題：迅速直接作戰之下規定計劃，以華北爲抗日戰場，現在進行山西第一時期的計劃。以後計劃看形勢來定，現在是進行山西作戰。」他也批評李德《意見書》：「其整個估計，右傾出發。過去錯誤根源的未認識，及對紅軍此次行動政治任務與軍事上進攻不認識，是保守主義。這不但是單純防禦，而且喪失進攻機會，引到失敗，必須批評之。」4

中共晉西會議最後一天，討論外交（統一戰線）問題，仍由毛澤東做報告。他對情況的估計，第一條就是國民黨破裂：民族反革命派，以蔣介石爲代表，「堅持大革命失敗時期的反動路線，現在與將來暫不改變」（說暫不改變，多少留了餘地）；民族革命派又分爲左右兩翼，右翼是「昨天的民族反革命，而由於日本之壓迫與民眾的壓迫，開始變成民族改良主義」，左翼如宋慶齡、中小工商業、中小資產階級、《大眾生活》等，「誠意聯俄聯共，自信能打日本，在我們領導下可以堅決走上革命」。他特別指出東北軍的特點：「失掉土地，因此其抗日情緒高，願與我們合作。其策略：借助我們與蘇聯回東三省去。這種情形將來向兩極分化。」報告提出的方針：「不但要把『民改』與『民反』區別，在外交進行中亦應區別。而且要把『民改』之左右派區別。」對報告中幾次提到的「民族改良主義」，中共中央曾有一個解釋：「民族改良主義就是和帝國主義妥協的主義」，「在某種情況下，民族資產階級得到相當的讓步與利益，或鬥爭更進一步深入時，他們就會動搖，妥協以至投降叛變，這就是民族改良主義的實質。」5

晉西會議後，四月九日，毛澤東、彭德懷致電已回瓦窯堡的張聞天，提出：目前不應發佈討蔣令，而應發佈告人民書與通電。

我們的旗幟是討日令，在停止內戰旗幟下實行一致抗日。十日，周恩來到延安同張學良會談，取得良好的效果。

五月二日，因爲國民黨軍隊在山西對紅軍大舉進攻，爲了避免發生大規模內戰，紅一方面軍主力開始西渡黃河，至五日全部渡完，結束了歷時七十五天的東征。

1 王稼祥在中共中央政治局會議上的發言記錄，一九三六年三月二十四日。
2 毛澤東在中共中央政治局會議上的報告記錄，一九三六年三月二十五日。
3 李德：《關於紅軍渡過黃河後的行動方針問題的意見書》，一九三六年一月二十七日。
4 周恩來在中共中央政治局會議上的發言記錄，一九三六年三月二十六日。
5 中央宣傳部關於目前形勢與共產黨的策略路線的問答，一九三六年二月三日。

四、對兩廣事變和國民黨五屆二中全會的反應

紅軍結束東征返回陝北後，又發動了西征。爲什麼要發動西征？只要看一看陝甘革命根據地四周的形勢，就可以明白。那時，陝甘革命根據地需要鞏固和發展。在它的南面，中國共產黨同駐防陝西關中地區的張學良部東北軍和楊虎城部十七路軍的關係發展得很快，已建立起比較密切的秘密聯繫，兩部官兵都不願同紅軍作戰；東面的閻錫山同蔣介石之間也存在矛盾，不再以大量兵力進入陝北「剿共」；因此，這兩個方向的戰線比較穩定，而西面和北面是國民黨軍隊兵力較爲薄弱的方向。五月十八日，中共西北軍委領導人毛澤東、周恩來、彭德懷下達西征戰役的命令，由彭德懷率領紅軍一萬三千多人，組成西方野戰軍，向西北方向的陝甘寧三省邊界地區進攻。發動這次戰役的目的，一是鞏固並擴大陝甘抗日根據地，二是爭取向北打通同蘇聯、蒙古的聯繫，三是策應紅四方面軍和二、六軍團北上。但和東征不同，中共中央沒有隨西征軍行動。

這時，國內政治局勢發展中最令人怵目驚心的是兩件事：第一，日本對華北的侵略採取了新的嚴重步驟，一是增兵，二是走私。他們「借口保僑，增兵華北。於五月一日宣佈以田代皖一郎爲日本駐屯軍新任司令官，增加兵額約六千名，連同原有駐軍達八千餘眾，於沿平津鐵路之楊村、馬廠等地分建營房，並設旅團司令部於北平，違反『辛丑條約』限制駐軍員額之規定，嚴重侵犯我國之主權」1。在日軍控制冀東地區後，走私活動日趨猖獗。從一九三五年八月至一九三六年四月間，中國關稅損失達兩千五百萬元以上；而一九三六年四月一個月的損失就達八百萬元，相當全國關稅收入的三分之一。華北風雲更加險惡。南京政府除令駐日大使許世英向日本提出交涉，並由外交部提出抗議外，並沒有採取任何有力措施。第二，南京政府再度準備對陝甘根據地發動大規模軍事進攻，他們把紅軍西渡黃河視爲已

「遭受重創」，可以乘勢「進剿」。中央紅軍主力又已出動西征。五月二十六日，蔣介石任命陳誠爲晉陝甘寧邊區「剿匪」總指揮。二十八日，中央軍關麟征、湯恩伯等部由山西渡河，進入陝北的清澗、綏德，準備大舉進撲中共中央所在的陝甘根據地，一時險象環生。這也是中共中央一時難以下決心把蔣介石列入抗日民族統一戰線之內的一個重要原因。

挽救更加危急的民族危機，打破南京政府企圖用武力消滅中國共產黨的圖謀，成爲放在中共中央面前的兩個最緊迫的問題。

正在這個時刻，爆發了以陳濟棠、李宗仁爲首打起抗日旗號的兩廣事變。六月二日，他們用國民黨中央執行委員會西南執行部和國民政府西南政務委員會的名義突然發出通電稱：「時危勢極，敝部等認爲非立即對日抗戰，國家必無以求生。」2 四日，陳、李等通電北上抗日，桂軍四個師開入湖南境內，矛頭實際上對著蔣介石和南京政府。

兩廣事變的發生很突然，遠在陝北的中共中央所掌握的訊息更十分有限，但局勢卻要求它必須很快做出反應。兩廣事變的旗號是北上抗日。在南京政府正準備對陝北大舉進攻的時候，兩廣事變迫使它不能不分兵南顧，這多少減輕了陝北的壓力，自然容易得到中國共產黨的好感。起初，中國共產黨對兩廣事變曾做出比較樂觀的估計，抱有較大的希望。六月十二日，中共中央召開政治局會議，由周恩來做關於西南問題的報告。他說：「陳濟棠已稱抗日革命軍，並電蔣北上抗日，總的口號表現抗日的、革命的，這是我們應有之估計。」「全國抗日運動將因此而推動，可以利用這次事變將運動推動到廣大範圍

1 秦孝儀總編纂：《蔣介石大事長編初稿》卷三，台北：中國國民黨中央黨史委員會，一九七八年，第二九三頁。

2 《一周國內外大事述要》，《國聞週報》第十三卷第二十三期，一九三六年六月十五日。

及更徹底道路上去。」[1]毛澤東說：「西北是抗日大本營，西南發動對西北起了大作用。」「前途：蔣是否能戰勝兩廣？在政治、軍事上不能壓倒廣東，這次內戰帶若干革命性質，但兩廣壓倒蔣，暫時亦難做到。」博古說：「廣東事變是日本更進一步併吞華北所引起人民抗日的一個標誌，表現人民抗日運動的高漲。」張聞天說：「兩廣是人民武裝抗日的開端，左傾分子到兩廣是人民陣線的開端。」但政治局會議也多少注意到兩廣事變的消極方面。王稼祥說：「西南行動政綱我們不清楚，但內部有左的及右的，同兩廣要聯合，但也要善意批評及建議。」張聞天說：「兩廣事件發動有很大弱點，弱點在發動領袖。」[2]周恩來在做結論時也講道：「西南事件是抗日民族統一戰線最廣泛的發端，但運動不發展擴大，有可能妥協軟弱下去。」[3]同一天，以毛澤東、朱德的名義公開發表《中華蘇維埃人民共和國中央政府、中國人民紅軍革命軍事委員會爲兩廣出師北上抗日宣言》，對兩廣事變做了充分肯定。[4]

兩天後，中共中央舉行政治局常委會時，態度更冷靜一些。毛澤東在報告中說：「西南事變，發動是抗日革命軍，故系進步的。第二，它因受帝國主義之操縱及阻止群眾鬥爭，我們立場應該是以進步的革命的建議批評，使他們成爲真正抗日的力量。」[5]也就是說，已經多少覺察到對兩廣事變還不能做過高的估計，不能把它看作已是真正抗日的力量。

隨著國內政治局勢的發展，加上共產國際對兩廣事變並不肯定，中共中央對這個問題又有新的估計，並且把原來的態度作爲教訓來總結。九月十五日的中共中央政治局擴大會議上，張聞天在報告中說：「對蔣（向陝北）的進攻，我們應站在自衛的立場上來反對進攻。對西南問題，他發表抗日宣言，我們擁護是對的；但在對他挑撥內戰上並沒有嚴厲的批評是不對的；對於他沒有在廣東、在軍隊中發動群眾，我們也沒有嚴厲的批評，也是不對的。因此，我們好像袒護了西南，喪失了我們的立場。在發動西北抗日戰爭上，我們應接受這一教訓。」[6]

這裡所說引起中共中央態度變化的國內政治局勢的發展，最重要的是指國民黨五屆二中全會的召開，蔣介石公開表明對日政策有明顯轉變。

這次國民黨中央全會是蔣介石在兩廣事變發生後決定召開的。召開的原因，一是日本在華北大舉增兵等事實直接威脅蔣介石在中國的統治，更使他感到難以容忍，覺得需要加緊應對的準備；二是兩廣事變反映出國內以至國民黨內部對他的對日政策的強烈不滿，民眾的抗日呼聲更加高漲，在國民黨內也需要統一認識。蔣介石在中央紀念周上表示：「應該採取何種方法來應付當前的事勢」，是「一個國家根本大計的決定」，「不但我們任何個人不敢將國家民族生死存亡的大事隨便決定，就是中央常會所有負責的同志也不敢隨便來斷定」，所以需要召開中央第二次全體會議，「對以後的方針有一個決定和指示。在此困難嚴重的時期，這個會議關係國家前途甚爲重要」。[7]可見，蔣介石對這次全會相當看重。

本來，一九三五年十一月的國民黨五大宣言中已曾提出：「在和平未至完全絕望之時，決不放棄和平，如國家已至非犧牲不可之時，自必決然犧牲，抱定最後犧牲之決心，對和平爲最大之努力。」[8]這裡已表露出南京政府對日政策的某些變化，但話畢竟說得很籠統，可以從完全不同的角度來解釋。隔了

1 周恩來在中共中央政治局會議上的報告記錄，一九三六年六月十二日。
2 毛澤東、博古、張聞天、王稼祥在中共中央政治局會議上的發言記錄，一九三六年六月十二日。
3 周恩來在中共中央政治局會議上的結論記錄，一九三六年六月十二日。
4 中央檔案館編：《中共中央文件選集》第十一冊，北京：中共中央黨校出版社，一九九一年版，第二五頁。
5 毛澤東在中共中央政治局常委會上的報告記錄，一九三六年六月十四日。
6 張聞天：《張聞天文集》（二），北京：中共黨史出版社，一九九三年版，第一四七、一四八頁。
7 《一周國內外大事述要》，《國聞週報》第十三卷第二十三期，一九三六年六月十五日。
8 中國第二歷史檔案館：《中華民國史檔案資料彙編》第五輯第一編政治（二），南京：江蘇古籍出版社，二〇〇〇年版，第四九〇頁。

半年多，到一九三六年七月，國民黨五屆二中全會在南京召開。蔣介石的話就說得明白多了。他在會議第一天講話，表示要把「所謂最低限度的解決明白說明一下」。他說：「中央對外交所抱的最低限度，就是保持領土主權的完整。任何國家要來侵擾我們領土主權，我們絕對不能容忍，我們絕對不訂立任何侵害我們領土主權的協定，並絕對不容忍任何侵害我們領土主權的事實。再明白些說，假如有人強迫我們欲訂承認僞國等損害領土主權的時候，就是我們不能容忍的時候，就是我們最後犧牲的時候。這是一點。其次，從去年十一月全國代表大會以後，我們如遇有領土主權再被人侵害，如果用盡政治外交方法而仍不能排除這個侵害，就是要危害到我們國家民族之根本的生存，這就是爲我們不能容忍的時候。到這時候，我們一定作最後之犧牲，所謂我們的最低限度，就是如此。」[1]日本對中國實在欺侮得太狠了。像這樣的硬話，蔣介石以前從來沒有說過，更沒有在如此重要場合公開說過，不能不引起各方面的極大關注，感到蔣介石有可能參加抗日民族統一戰線。這是時局發展中的一個重要關鍵點，是中共中央稍後做出《關於逼蔣抗日問題的指示》的重要由來。

五、中共中央關於逼蔣抗日的指示

但真要把一直被稱爲賣國賊頭子的蔣介石列爲抗日民族統一戰線的爭取對象，對中國共產黨來說，這個決心仍不好下，有些事情一時還沒有完全看清楚，何況國民黨當局仍在策劃對陝甘根據地的進攻，用武力阻止紅二、四方面軍北上，有極大可能在解決西南問題後，騰出手來，又大舉進攻陝北，並且一直強調抗日的先決條件是實行軍政軍令的統一，也就是以強勢姿態要迫使國內一切政治力量和社會力量聽從他的指揮，稍不小心就會跌入他設下的陷阱。但總的趨勢確實已發生明顯變化。爲此，中共中央進行了多次討論。[1]

八月十日，也就是國民黨五屆二中全會結束後不到一個月，中共中央召開政治局會議。這是中國共產黨開始確定從「抗日反蔣」向「逼蔣抗日」轉變的一次重要會議。

毛澤東在會上做軍事、外交兩個報告。他首先提出蔣介石的對日態度在看起來基本戰略沒有變中正在發生的微妙變化：「準備抗日、國防會議以至局部的對日作戰等戰術大部變了。然而戰術既大變，將來革命發展更大，將來影響他的戰略動搖，也有可能。」「關於南京往來，對我們提出五條件，他們第一種答覆說我們分散力量，再對恩來同志的來信，要我們出去，領袖到南京，改組國民政府，促進聯俄，從此可看出蔣有動搖的可能。還有一件事，蔣在蘇聯大使館談話，表示還好。」毛澤東著重指出：「明顯可以看出蔣的策略：過去是讓出東三省等，盡量鎮壓全國革命，現在總方針變了，現在是鞏固他的統治；從前和我們無往來，現在有些改變了，現在他也來談統一戰線；他可能改成國防政府，但要他統一指揮，使群眾對他改變態度，使日本退步。他想利用這一民族運動，不願站在敵對地位。在今天，我們該承認南京是一種民族運動的大的力量。我們爲要達到真正的抗日，必須經過這種中間的過程。我們可以和他談判，但我們唯一的要求是真正的抗日。」他強調：在新形勢下，當前黨的各項任務中，「統一戰線應放在第一位」。[2]

毛澤東報告後，列席會議的潘漢年（潘剛由中共駐共產國際代表團派回國內不久）報告了在蘇聯同國民黨方面的鄧文儀、回國後同曾養甫和張沖接觸的情況。討論中，周恩來說：「過去抗日必先反蔣的

1 秦孝儀總編纂：《蔣介石大事長編初稿》卷三，台北：國民黨中央黨史委員會，一九七八年，第三〇四、三〇五頁。
2 毛澤東在中共中央政治局會議上的報告記錄，一九三六年八月十日。

口號，現在不適合，現在應以抗日聯合戰線爲中心，抗日聯俄聯紅爲中心。」「與南京談判應提出實際問題：一、停止內戰；二、抗日民主，發動抗日戰爭。」張聞天說：「從南京方面所提出四個條件，雖然我們不能滿意，但從他容納各派一點，共產黨從此有取得公開活動的可能；從他集中全國人才一點，可說我們可以到南京去。所以我們說，可以與南京談判。」「我們不一定先抗日後統一，這樣不能得到群眾擁護，我們應該在抗日原則下來統一。」他還談到一直有爭議的土地革命問題，說：「現在民族革命是第一，土地革命的策略的改變，主要是適合民族革命。」[1]

毛澤東在做結論時說：「對南京問題，現在民主的抗日已衝破蔣的壓迫，但並沒有衝破蔣的最高界限。他同我們的往來，我們是有半公開活動的可能。我們爲什麼與他們來往，重心是爭取群眾。先抗日後統一問題，蔣總說先統一後抗日，我們要他先給抗日的民主，只要看他做到怎樣程度，我們就同他講統一。抗日必須反蔣，不適合。」「對蘇維埃形式，紅軍形式，土地政策等應有新的變動。這是爲得爭取群眾，是有利的。我們應公開宣言，專門送一封信給南京。」[2]這裡說到的那些變動，都是共產黨的戰略決策上的重大變動。

這次中共中央政治局會議決定發表一個公開宣言，發一個秘密指示。公開宣言就是《中國共產黨致中國國民黨書》。秘密指示就是《中央關於逼蔣抗日問題的指示》。會後半個多月，中共中央書記處收到共產國際執委會八月十五日發來的電報。電報說：「得悉你們一九三五年十二月二十五日決議與電報內容後，我們基本同意你們通過的建立抗日民族統一戰線的方針。」「我們同意你們的看法，即爲了建立抗日民族統一戰線，黨應該對過去的經濟政策做一些重大改變：停止不必要的沒收，特別是不再沒收出租土地的小土地所有者的土地，不再沒收積極參加抗日的官兵的土地，允許自由貿易。」「我們認爲，把蔣介石與日本侵略者相提並論是不對的。」「在現階段，一切都應服從於對日本帝國主義的鬥爭。」3它的基本精神同這次政治局會議的看法是一致的，也使中共中央的一些提法比原來更明確了。

《中國共產黨致中國國民黨書》在八月二十五日發出，是毛澤東寫的。信中一開始就強烈呼籲：「現在是亡國滅種的緊急關頭了。」信中提到蔣介石時都稱爲蔣委員長，這在中共以往文件中從來沒有過。對蔣介石在國民黨五屆二中全會上就最低限度所做的解釋，信中說：「我們承認蔣委員長的這種解釋，較之過去是有了若干進步，我們誠懇地歡迎這種進步。」同時，對蔣介石接著所說「半年來外交的形勢，大家相信並未到達和平絕望的時期」提出了批評。信中對蔣介石把集中統一說成抗日的先決條件稱爲本末倒置。信中鄭重宣言：「我們贊助建立全中國統一的民主共和國，贊助召集由普選權選舉出來的國會，擁護全國人民和抗日軍隊的抗日救國代表大會，擁護全國統一的國防政府。我們宣佈：在全中國統一的民主共和國建立之時，蘇維埃區域即可成爲全中國統一的民主共和國的一個組成部分，蘇區人民的代表將參加全中國的國會，並在蘇區實行與全中國一樣的民主制度。」信中最後呼籲：「只有國共的重新合作以及同全國各黨各派各界的總合作，才能真正的救亡圖存。」4這裡正式提出了國共合作的主張，並且公開發表，是一個引人注目的突破。

九月一日，中共中央發出張聞天起草的秘密文件《關於逼蔣抗日問題的指示》，明確提出：「目前中國的主要敵人，是日帝。所以把日帝與蔣介石同等看待是錯誤的，『抗日反蔣』的口號，也是不適

1 周恩來、張聞天在中共中央政治局會議上的發言記錄，一九三六年八月十日。

2 毛澤東在中共中央政治局會議上的結論記錄，一九三六年八月十日。

3 中國社會科學院近代史研究所翻譯室編譯：《共產國際有關中國革命的文獻資料》第三輯，北京：中國社會科學出版社，一九九〇年版，第七—九頁。

4 毛澤東：《毛澤東文集》第一卷，北京：人民出版社，一九九三年版，第四二四—四三三頁。

當的。」「在日帝繼續進攻，全國民族革命運動繼續發展的條件之下蔣軍全部或其大部有參加抗日的可能。我們的總方針，應是逼蔣抗日。」「在全國人民前面，我們應表現出我們是『停止內戰一致抗日』的堅決主張者，是全國各黨各派（蔣介石國民黨也在內）抗日統一戰線的組織者與領導者。」1從抗日反蔣到逼蔣抗日，確實是抗戰前夜中國共產黨戰略決策的重大轉變，從而開始了中國共產黨推進抗日民族統一戰線形成的新階段。

爲了落實「逼蔣抗日」的方針，中共中央在九月十五日、十六日舉行政治局擴大會議。這次會議的規模很大，參加者有三十四人，這在以往很少有。

會議一開始，由張聞天做題爲《目前政治形勢與一年來民族統一戰線問題》的報告。他說：「現在全國一致要求抗日，停止內戰是全國人民的共同要求。」「蔣介石正在動搖走到抗日方面來。」報告中最值得注意的是第三部分「修改我們的部分口號」。他說：我們的基本口號是聯合全民族的統一戰線，這是十二月決議提出來的，但根據目前的形勢，部分口號應有修改。「第一，從前是把抗日反蔣並提的，這是錯誤的；過去我們對南京政府的估計，說他完全是與冀察政權一樣的，這也是錯誤的；說蔣的力量削弱了，但沒有估計蔣仍是抗日的大的力量，這也是錯誤的。」「第二，我們所主張的是『停止一切內戰，一致抗日』。我們應反對反蔣戰爭，不應如從前給上海指示信所說的同情反蔣戰爭。」這裡，自然不包括當蔣介石發動進攻時被迫進行的自衛戰爭。「第三，我們還主張建立『和平統一的國家』。因爲全國人民要求的是一個全國統一的民主共和國。這個共和國目前還是資產階級的民主共和國。過去說國防政府是各階級的聯盟，但現在看來還是不夠的。我們應贊成建立民主共和國，應宣佈蘇維埃願成爲它組成的一部分。」2

會上的討論十分活躍，對報告中一些問題的認識又深化和發展了。毛澤東說：「民族資產階級動搖性，怕帝國主義，又怕民眾，表現在國民黨方面很明顯。」「只有共產黨有力量來領導，但是這樣的領導，還是要爭取。」「現在問題，國民黨說要納三民主義與共產主義於軌道，雖然沒有明說要取消紅軍，但要改編紅軍。我們要保持獨立，不在乎名義上，主要在政治上的獨立。」「我們現在要用各種辦法，逼蔣抗日，抗日統一戰線是一條統一戰線，不是兩條統一戰線。對統一戰線工作，我們指出自九一八以來是提出了，然而我們是犯了錯誤的，我們沒有實際進行。在與十九路軍雖做了些，但仍是有錯誤。我們應老實承認這一錯誤。」周恩來引人注目地提出了「聯蔣抗日」的問題。他說：「聯蔣抗日是具有重要意義的。」「對南京是否全部或大部可參加到抗日方面來，我們應有正確的估計。過去把蔣所代表的力量除外是不對的，我們現在要改變過來。」「過去蔣是投降的，但自五全大會後是有變動的，近半年來有更多的變動。蔣對帝國主義關係上，認蔣是完全投日的，也是不對的。實際，英美對南京是支持的，英美與日是有矛盾的，蔣是利用這一矛盾來與日講價錢的。」「蔣的本身，如果完全投到日本是不利的。事實因爲蔣還沒有完全降日，所以他還能維持他的統治，他的本身力量是加強了，這就是由於他沒有公開投日，並且利用一些以前不敢用的口號，如停止內戰等。不管他的欺騙作用怎樣，都說明他在動搖著。察看向著哪個方向動搖，是傾向抗日方面的。但是要實現走到抗日，還是要從鬥爭中來使它實現。」周恩來對蔣介石的這些分析是很實在的、切合實際的。他還談到一個需要考慮的問題：「廣大群眾已起來抗日，但未接受土地革命。」毛澤東在第二次發言中說：「聯蔣問題，我們一方面要聯，現在還沒有實行聯。我們的警戒是不能放鬆的。他和我們聯合是可能的，但哪天可實現聯合，是說

1 中央檔案館編：《中共中央文件選集》第十一冊，北京：中共中央黨校出版社，一九九一年版，第八九、九〇頁。

2 張聞天：《張聞天文集》（二），北京：中共黨史出版社，一九九三年版，第一四五—一四八頁。

不定的。我們的方針應如此，那方面的事情要由他自己去決定。」1

會後，中共中央起草了國共兩黨抗日救國草案。張聞天、毛澤東在一份電報中說：「此草案是我方起草，準備恩來帶往談判，彼方所能容納之最後限制尚不詳知。」2由於希望談判能取得成果，先派潘漢年作爲初步談判代表，到上海同陳立夫、張沖會談，但國民黨方面提出的卻完全是收編條件，同時又調胡宗南等部進逼陝甘根據地，企圖形成城下之盟。毛澤東在給潘漢年的電報中說：「條件使紅軍無法接受，恩來出去也無益。近日蔣先生猛力進攻，不能不使紅軍將領生疑。」3這樣，周恩來就無法前去談判。陳立夫晚年在回憶錄中說周恩來曾到南京同他進行談判4，並非事實，可能是他年老記憶失誤。

從「逼蔣抗日」到實現「聯蔣抗日」，這一步實在相當艱難。在日本軍國主義者企圖獨吞中國的狼子野心和步步緊逼面前，從一九三五年下半年起，蔣介石逐漸下決心加緊準備抵抗日本的侵略，這是事實。中國要實現全民族的抗日戰爭，確實離不開蔣介石這個掌握著全國政權、主要軍事力量並受到國際承認的最大的政治力量。

聯蔣抗日是必需的，爲此而做出某些重大讓步也是必需的。但另一方面，蔣介石對共產黨的疑忌實在太深。儘管他派人同共產黨聯繫和談判，只要有可能，他還是希望先用武力來消滅中國共產黨，再來抗日，繼續以很大力量來做這種準備和部署。他對包括救國會在內的民眾運動同樣十分疑忌，仍採取壓制的態度，不久還逮捕了救國會「七君子」。而且他的抗日決心並不是不再存在搖擺。這些也是事實。事情就是那樣複雜，這兩個方面同時都在起作用。蔣介石和國民黨這種兩面性，給中共中央出了相當大的難題：既要力爭同它聯合，又要對它保持高度警戒；既要看到實現聯合的可能性，又要做好應對一切不測事件的準備。必須以兩手來對付對方的兩手，其中還有許多變數。這樣，局勢只能在一波三折中前進，不可能那樣直捷和順當。

十月二十二日，三大主力紅軍勝利會師，結束了長征。對中國共產黨來說，這確是一件了不起的大事：如果自身沒有足夠的力量，別人就容易輕視你，難以團結和帶領方方面面的力量形成強大的抗日民族統一戰線；有了這樣一個堅強的支柱，中國的民族民主革命便有可能很快打開一個新的局面。

十一月九日，毛澤東、周恩來致電正在同國民黨方面接觸的張子華：「甲，請告陳委員、曾市長（指陳立夫、曾養甫——引者註），日本新的大舉進攻，迫在目前，我方切望南京當局堅持民族立場，立即準備抗戰，我方願以全力贊助，萬不可作任何喪失領土主權之讓步，再使全國失望，以符蔣介石先生七月間對全國人民宣示之諾言。乙，當此國難嚴重關頭，我方正式宣言只要國民黨方面不攔阻紅軍抗日去路，不侵犯紅軍抗日後方，紅軍願首先實行停止向國民黨軍隊攻擊。以此作爲我方停止內戰、一致抗日的誠意表示，靜待南京當局回答，僅在國民黨軍隊向我方攻擊時，我方才在不得已的防禦方式下給以必要的回擊。」5

十一月十三日，中共中央舉行政治局會議，討論在新形勢下共產黨的戰略方針。毛澤東做了紅軍行動方向和外交問題的報告，他對張學良和蔣介石的態度都做了冷靜而中肯的分析，提出明確的方針，說：「張的改變，不完全是表面上的，而是帶有根本性的而有內容的改變。我們的方針應更爭取他根

1 毛澤東、周恩來在中共中央政治局擴大會議上的發言記錄，一九三六年九月十五日、十六日。
2 中央統戰部、中央檔案館編：《中共中央抗日民族統一戰線文件選編》（中），北京：檔案出版社，一九八五年版，第二八七頁。
3 毛澤東致潘漢年電，一九三六年十一月十二日。
4 陳立夫：《成敗之鑒——陳立夫回憶錄》，台北：正中書局，一九九四年，第一九四、一九五頁。
5 毛澤東、周恩來致張子華電，一九三六年十一月九日。

本改變。」「對蔣的問題，現在還沒有把握。他是要簽字才作算的。我們應用很大的力量，要群眾的力量。」「張學良向蔣說與紅軍聯合，楊虎城亦講了，都碰了釘子。閻亦來西安要問蔣，蔣不給他講話的機會。然而蔣不一定始終是不變的。根據情況的變遷，有可能逼他走到與我們聯合。現在與南京妥協的範圍縮小到紅軍怎樣處理問題，焦點在這裡。最近他要我們照廣西的樣，要服從中央，除紅軍叫國民革命軍，這與國防政府、抗日聯軍在表面上是不同的。但是表面得不到，我們應準備重實際，應該承認他，這在政治上是勝利的。雖然穿件白軍衣服，但更便於進行與白軍接洽，便於改白為紅。」1周恩來做了長篇發言。他說：「我們的戰略基礎應在促成統一戰線的成功，不管所遇的困難怎樣，每個行動都要在這個基礎出發。」「我們應估計蔣有可能利用形勢，利用抗日力量控制在他手裡，有與我們一面妥協，一方面利用可能向我們進攻。蔣是代表資產階級，即使參加到民族統一戰線，他是始終是動搖的。」「兩廣事件妥協後，他就積極派兵來，他是要封鎖黃河，阻止我們抗日，逼我們就範，剝奪我們的政治資本。」「他對我們的妥協，現在主要是軍隊問題，想把紅軍控制在他的下面。逼蔣抗日，是要有很大的力量的，現在力量還不大，他現在只能控制，我們應使他控制不住。」「停戰運動生了效力，紅軍的勝利更要推動全國力量。假使我們與全國見面，我們的影響更擴大。紅軍改名字是不要緊的，是更有利的，不僅包括主力，應包括全國各地紅軍與游擊隊。這四種力量（指英美、群眾、南京統治集團的其他各派力量、紅軍的力量——引者註）的範圍，是使蔣走到抗日方面來的重要條件，應在這一前途上來實現我們的戰略計劃。」2

這是西安事變爆發前夜中共中央的一次重要會議。由於各方面的情況已逐漸明朗，中共中央充分估計到局勢發展中多種可能的複雜性，特別是充分估計到蔣介石政治態度的兩面性，甚至還會「利用可能向我們進攻」，但仍判斷在各方面壓力下，蔣有走到抗日方面來的可能。因此，中共中央已考慮就紅軍改編爲國民革命軍等重大讓步達成協議，以求得停止內戰、一致抗日。可以清楚地看出，中國共產黨稍後主張和平解決西安事變，絕不是出於一時的決斷，也不是主要因爲共產國際因素的影響，而是基於對國內外政治局勢的冷靜分析，經過一年多對戰略決策的深思熟慮和逐步演變的必然結果。

六、西安事變前後

十二月十二日，震驚中外的西安事變爆發了。蔣介石去西安，是爲了督責張學良、楊虎城所部全力「進剿」陝甘紅軍。爲什麼蔣介石一方面已開始同中國共產黨接觸和談判，一方面仍要堅持「剿共」？這種矛盾的現象該怎樣解釋？其實，蔣介石原來所提以政治方法來解決中共問題，不過是要中共向他投誠，受他收編，這自然是辦不到的。因此，如果能用武力來強行解決，在他看來依然是「上策」，還要想試一試。他在動身去西安前的十二月二日的日記中寫道：「本月局勢，察北匪僞未退，倭寇交涉將裂，而陝甘邊區殘匪企圖渡河西竄，局勢甚不清也。且東北軍之兵心，爲察綏戰爭而動搖，而剿赤之舉，幾將功虧一簣，此實爲國家安危最後之關鍵，故余不可不進駐西安，以資鎭慴，而挽危局，蓋余個人之生死，早置諸度外矣。」[3] 他帶了大批高級將領如陳誠、衛立煌、蔣鼎文、朱紹良、陳調元、萬耀煌等同去，顯然準備取張、楊而代之。張、楊向他進言，要求停止內戰，一致抗日，苦諫不從，最後只

1 毛澤東在中共中央政治局會議上的報告記錄，一九三六年十一月十三日。
2 周恩來在中共中央政治局會議上的發言記錄，一九三六年十一月十三日。
3 秦孝儀總編纂：《蔣介石大事長編初稿》卷三，台北：國民黨中央黨史委員會，一九七八年，第三六〇頁。

得出以兵諫。

關於西安事變的研究成果已經很多很多，這裡不復贅言，只準備集中考察一下中共中央高層的決策過程，著重看看在這個時期舉行的三次中共中央政治局會議。

西安事變的發動，中國共產黨事先並未與聞。張學良扣留蔣介石後，在當天寅時致電毛澤東、周恩來稱：吾等為中華民族及抗日利益計，不顧一切，今已將蔣等扣留，迫其釋放愛國分子，改組聯合知府，兄等有何高見，速復。毛、周亥時復電，除對軍事部署提出建議外，並稱：恩來擬來兄處協商大計。

第二天，中共中央召開政治局會議。因為西安事變發生得很突然，內外各方面的情況還不很清楚，有待進一步瞭解和觀察，會上對許多重大問題只是交換意見，需要在進一步弄清情況後才能做出決斷。當時最急迫要求立刻回答的問題是毛澤東在會議開始時所說：「我們對這一事變的態度怎樣，應該擁護，還是中立，或反對？應該明白確定，是不容猶豫的。」由於蘇聯對張學良一向持懷疑態度，中國共產黨更需要表明自己的看法。毛澤東提出明確的主張：「這次事變是有革命意義的，是抗日反賣國賊的。他的行動，他的綱領，都有積極的意義，就是在他們自己的出發點上也是革命的。」「蔣最近的立場雖是中間的立場，然在剿共一點上還是站在日本方面的，這一立場對他的部下是有很多矛盾的，所以他是被這樣的矛盾葬送了。」他把西安事變同兩廣事變做了比較，指出：「這次事變與西南事變是顯然不同的，因為他沒有任何帝國主義的背景，而且他完全站（在）反對剿匪立場上的。同時，他同我們的友好是公開的。」「我們對西安事變說明是革命，但不是共產黨幹的，是他們自己的英勇。這對於爭取蔣的內部與資產階級是有利的。我們暫不即發宣言，但在實際行動上應積極做。我們應以西安為中心的來領導全國，控制南京，以西北為抗日前線，影響全國，形成抗日戰線的中心，並且這一地區又很鞏固，應抓緊這一環去做。」「我們的政治口號：召集救國大會。其他口號都是附屬在這一口號下，這是中心的一環。」1周恩來接著說：「在西北的聯合是三個力量（指東北軍、十七路軍和紅軍——引者註），應使它更鞏固，更成為抗日的中心力量，我們應有相當的努力，給他以幫助。在全國力量團結上，首先要注意的是閻錫山，援綏應成為政治的宣傳中心。」2這裡說的援綏，是指日本指使偽蒙軍侵入綏遠東部，傅作義部晉綏軍奇襲百靈廟，取得重大勝利，在全國民眾中產生重大影響，應當對它聲援。

在這次政治局會議上，由於多年來堅持「剿共」的蔣介石突然被扣，很多人都很興奮。而發言表現得最激烈的是張國燾。他提出的具體主張是：「我們以西安為抗日中心，就包含了以西安為政權中心的意義。」「在反對獨裁上，亦要聯繫到南京政府存在問題。」「在西安事件意義上，第一是抗日，第二是反蔣。」「內亂問題是不是可免？這是不可免的，只是大小的問題。」「以抗日的政府代替妥協的政府。因此，打倒南京政府，建立抗日政府，應該討論怎樣來實現。」討論中，沒有人同意張國燾的主張。周恩來說：「在政治上不採取與南京對立，但在實際上應取領導作用，用團結名義，如抗日救國會等，不取發號施令形式。歡迎各方面派代表來參加。」張聞天說：「我們不採取與南京對立的方針，不組織與南京對立方式，實際是政權形式，把西安抓的很緊，發動群眾，威逼南京。改組南京政府口號並不壞，盡量爭取南京政府正統，聯合非蔣系隊伍。」博古說：「我們對西安事件，應看成是抗日的旗幟，而不是抗日反蔣的旗幟。」3毛澤東在做結論時說：「為的要爭取群眾，我們發言要不輕易的。我

1毛澤東在中共中央政治局會議上的報告記錄，一九三六年十二月十三日。

2周恩來在中共中央政治局會議上的發言記錄，一九三六年十二月十三日。

3張國燾、周恩來、張聞天、博古在中共中央政治局會議上的發言記錄，一九三六年十二月十三日。

們不是正面的反蔣，而是具體的指出蔣的個人的錯誤。我們對這一事變要領導，又要反蔣又不反蔣，不把反蔣與抗日並立。」1

十四日，毛澤東等十人致電張學良、楊虎城，主張組成西北抗日援綏聯軍，由張任總司令，下編三個集團軍，以張、楊和朱德分任總司令，並主張在聯軍三部分中提出十個口號，這十個口號沒有提到反對蔣介石。十五日，毛澤東等十五人又致電南京國民黨、國民政府諸負責人，說明中共一直「謀國共之合作，化敵為友，共赴國仇」，要求他們「宜立下決心，接受張、楊二氏主張，停止正在發動之內戰，罷免蔣氏，交付國人裁判，聯合各黨、各派、各界、各軍，組織統一戰線政府，放棄蔣氏愛攬之集權、統一、綱紀等等索然無味之官僚架子，老老實實與民更始，開放言論自由，啓封愛國刊物，釋放愛國人犯，舉內戰之全軍，立即開赴晉綏，抗禦日寇，化黑暗為光明，變不祥為大慶。」2十七日，到達西安並已同張學良進行會談的周恩來致電中共中央，通報他所瞭解的內外各方面情況，報告「張同意以西北三角團結成推動全中國」，並提出「答應保蔣是可以的，但聲明如南京兵挑起內戰則蔣安全無望」。

次日，又續電報告：「蔣態度開始強硬，現在亦轉取調和。」3十八日，中共中央致電國民黨中央執行委員會，提出停止一切內戰，一致抗日，召集全國各黨各派各界各軍的抗日救國代表大會，決定對日抗戰，組織國防政府、抗日聯軍等要求，並明白提出：「本黨相信，如貴黨能實現上項全國人民的迫切要求，不但國家民族從此得救，即蔣氏的安全自由當亦不成問題。」4

十二月十九日，中共中央召開西安事變發生後的第二次政治局會議。由於對西安和全國的情況比以前更清楚了，這次政治局會議對如何處理西安事變就能提出更明確的方針，那就是和平解決。毛澤東在會上做報告。他說：「西安事變發生後，南京的一切注意力都集中在捉蔣介石問題上，動員一切力量來對付西安，把張楊一切抗日主張都置而不問，更動員所有部隊討伐張楊，這是西安事變發生後所引起的黑暗方面的表現。這是對於抗日不利的，客觀上是有利於日本帝國主義的陰謀，指出目前問題主要是抗日問題，不是對蔣個人的問題。」「西安事變後，對於內戰的發生與延長是不利的，我們主要是要消弭內戰與不使內戰延長。」當時蘇聯報紙上毫無根據地指責西安事變是日本人策動的，不承認它的革命意義。毛澤東不同意這種看法，說：「蘇聯《真理報》兩次的評論，對西安事變認爲等於兩廣事變一樣。日本說蘇聯造成，蘇聯說日本造成，雙方對事實的實質都有抹煞。」[5]博古說：「這一事變有兩個前途，一方面是一些蔣的部下在日本帝國主義的挑撥下而進行更大的內戰，一方面是成爲抗日戰爭的起點，我們應爭取成爲抗日戰爭的前途，我們應反對轉爲內戰。」張聞天說：「一、這次事變的前途，一是全國抗日的發動，一是內戰的擴大。我們的方針應確定爭取成爲全國性的抗日，堅持停止內戰、一致抗日的方針。這一立場得到全國的同情，這是完全正確的。二、不站在反蔣的立場上，不站在恢復反蔣的立場，因爲這一立場可以使蔣的部下對立，是不好的。我們應把抗日爲中心，對於要求把蔣交人民公審的口號是不妥的。」張國燾也改變了說法，稱：「這幾天事變與消息，我們應採取停止內戰、一致抗日的立場是對的。」[6]毛澤東在結論中說：「我們應變國內戰爭爲抗日的戰爭。」「內戰的前途一定要結束，才能抗日。現在應估計到這次是有可能使內戰結束。」[7]

---

1 毛澤東在中共中央政治局會議上的結論記錄，一九三六年十二月十三日。

2 毛澤東：《毛澤東文集》第一卷，北京：人民出版社，一九九三年版，第四六九頁。

3 周恩來致毛澤東並中共中央電，一九三六年十二月十七日、十八日。

4 中國共產黨中央委員會致南京國民黨中央執行委員會電，一九三六年十二月十八日。

5 毛澤東在中共中央政治局會議上的報告記錄，一九三六年十二月十九日。

6 博古、張聞天、張國燾在中共中央政治局會議上的發言記錄，一九三六年十二月十九日。

7 毛澤東在中共中央政治局會議上的結論記錄，一九三六年十二月十九日毛澤東在這次會上還講道：「我們準備根據這樣的立場發表通電。國際指示還未到，或者要停兩天再發。」本來，中共中央在西安事變當天中午就把事變的情況電告共產國際，以後幾天又連續多次將情況的發展電告共產國際，但共產國際在十六日才給中共中央發來一個電報，又因密碼差錯，無法譯出。中共中央在十八日去電要求重發。因此，毛澤東在十九日的會上說：「國際指示還未到。」原來他講通電「或者要停兩天再發」，由於局勢緊急，需要中共立刻表明態度，領導層內部又已取得一致意見，所以仍在十九日由中華蘇維埃中央政府和中共中央公開發出通電，並由中共中央在內部發出《關於西安事變及我們的任務的指示》。公開發出的通電要求由南京召開和平會議，西安、中共等各方參加，團結全國，反對一切內戰，一致抗日。內部指示中更明確地說：「反對新的內戰，主張南京及西安間在團結抗日的基礎上，和平解決」，並且指出事變發展有兩個前途：「或者由於這一發動使內戰爆發，使南京中派（民族改良派）一部或大部主觀上與客觀上走向親日，削弱全國抗日力量，推遲全國抗戰的發動，以致造成了日寇侵略的順利條件」；「或者由於這一發動結束了『剿共』的內戰，使停止內戰一致抗日反而得到早日的實現，使全國的抗日救亡的統一戰線反而更迅速的實際建立起來。」1 同一天，毛澤東致電潘漢年：「請向南京接洽和平解決西安事變之可能性，及其最低限度條件，避免亡國慘禍。」2 這很清楚，中共中央和平解決西安事變的方針在十九日這一天已正式確定下來，並且依此同南京政府接洽。第二天，也就是二十日，共產國際的來電也到了，電報中說：「主張用和平方法解決這一衝突。」中共中央當天把共產國際的電報全文立刻電告在西安的周恩來。它同中共中央的決定是一致的。

周恩來到西安後，和張、楊同蔣介石以及隨後到西安的宋美齡、宋子文之間的談判緊張地進行著，其中經過多次反覆。最近在海外公佈的宋子文十二月二十二日日記中記錄了當晚蔣介石同他的談話：

「委員長說，我必須要求周（恩來）同意廢除：（一）中國蘇維埃政府；（二）取消紅軍名義；（三）階級鬥爭；（四）願意接受委員長之領導。去告知周，他無時無刻不在思考重組國民黨的必要性。如果需要，他會要求蔣夫人簽訂保證書，保證在三個月內召開國民大會。但在此之前，他必須要求國民黨大會把權力交給人民。國民黨重組後，他將：（一）同意國共聯合——假如共產黨願意服從他，正如同他們服從總理；（二）抗日，容共，聯俄；（三）同時他願意給漢卿（即張學良——引者注）收編共產黨的手令，而收編進來的夥伴都會配備良好的武器。」宋子文二十五日的日記又記載，周恩來會見了蔣介石，對蔣說：「共產黨過去一年來爲保存國力，曾試圖避免打仗。他們並沒有利用西安事變，而且建議的措施也同幾個月前提出來的一樣。」他要蔣保證：「（一）停止剿共；（二）容共抗日；（三）允許派遣代表前往南京向委員長解釋。」「委員長回應說，共產黨向北推進抵抗日本一直是他的希望，果如周所言，共產黨願意停止一切共產主義宣傳活動，並服從他的領導，他將像對待自己子弟兵一樣看待他們；雖然剿共之事常縈繞於心，但是大部分共產黨領導人都是他以前的部下，如果他能以寬大胸懷對待廣西，當然也能以寬容態度對待他們。他已經把納編的共產黨軍隊委託張學良。如果他們對他是忠誠的，他將像對待胡宗南的軍隊一樣對待他們。委員長要周，休息夠了，也針對相關問題詳細討論之後，親自去南京。」宋子文還對周恩來說：身爲委員長的舊部屬，應該知道委員長是重然諾之人。3

當天下午，張學良沒有同周恩來商量，就送蔣介石回南京，並且自己陪去。蔣介石在機場對張、

1 中央檔案館編：《中共中央文件選集》第十一冊，北京：中共中央黨校出版社，一九九一年版，第一二七、一二八頁。

2 毛澤東致潘漢年電，一九三六年十二月十九日。

3 《宋子文西安事變日記》，《近代中國》季刊第一五七期，二〇〇四年六月三十日。

楊說：「今天以前發生內戰，你們負責；今天以後發生內戰，我負責。今後我絕不剿共。我有錯，我承認；你們有錯，你們亦須承認。」1他還把答應的條件重申了一遍。蔣介石一離西安，態度就發生變化，扣留了張學良，調集中央軍直逼西安，並對東北軍和十七路軍進行分化。但「剿共」的內戰畢竟停止了下來，這是很不容易的。國共兩黨走向第二次合作。

二十七日，中共中央舉行政治局擴大會議。毛澤東在報告中對西安事變的意義，用斬釘截鐵的肯定語言，做出高度評價。他說：「西安事變成爲國民黨轉變的關鍵。沒有西安事變，轉變時期也許會延長，因爲一定要一種力量逼著他來轉變。西安事變的力量使國民黨結束了十年的錯誤政策，這是客觀上包含了這一意義。就內戰來說，十年的內戰，什麼來結束內戰？就是西安事變。西安事變結束了內戰，也就是抗戰的開始。國共合作雖然說了很久，尚未實現，聯俄問題，亦在動搖中。西安事變促進了國共合作，結束了他的動搖。西安事變，開始了這些任務的完成。」2在張學良送蔣介石回南京剛兩天、政治局勢還顯得有些撲朔迷離的時候，對西安事變的意義和歷史地位就說得這樣明白和肯定，真是難得。

爲什麼西安事變後國共內戰能夠停止，能促成這個轉變的實現？毛澤東接著指出：「西安事變這樣的收穫不是偶然的，因爲國民黨已開始動搖，醞釀了很久。他們內部矛盾發展到最高度。所以西安事變便解決了這個矛盾，這是醞釀成熟、時局轉變的焦點。西安事變是劃時代轉變新階段的開始。」3也就是說：在日本侵略者咄咄逼人地進攻和全國洶湧澎湃的民眾抗日救國熱潮的壓力下，蔣介石已著手準備抵抗日本侵略的戰爭。對轉變政策、團結國內各方面力量共同抗日，「國民黨已開始動搖，醞釀了很久」，但這個決心一時仍下不了，「一定要一種力量逼著他來轉變」。繼福建事變和兩廣事變之後，東北軍和十七路軍在西安事變中竟採取如此激烈的「兵諫」手段，不能不給蔣介石留下極深的印象，感到自己陣營內部的抗日要求也已很難壓抑得住，這就「結束了他的動搖」。周恩來同蔣介石直接接觸，使蔣多少感受到中共的誠意。事實也使他看到中共不是在短期內能夠消滅的。這一切推動並促使他終於下了決心。歷史就是在這樣充滿矛盾的運動中前進的。

在中共中央政治局討論毛澤東的報告時，林伯渠在發言中說：「黨對這次事變的處置，所採取的策略路線完全是正確的。」「國民黨十年錯誤政策的轉變，我同意毛（所說）是由於內部矛盾的發展。」他又說：「國際對西安事件總的分析是對的，但有些沒有顧到中國實際情形，應多多供給他們實際材料。」在中共中央政治局擴大會議上能這樣說，而且出於林伯渠這樣的長者之口，可見共產國際的意見雖仍受到尊重，但已不再都被看作金科玉律。張聞天說：「現在一般的說，結束內戰的前途是佔了優勢，但是我們應估計到這中間一些可能發生的障礙。我們應爭取把中派的動搖最後的結束。」[4]毛澤東在做結論時說：「關於內戰是否結束，我們應該說基本上是結束了。至於前途，不是內戰或是抗日的問題，而是抗日迅速與遲緩問題。」[5]

這三次政治局會議，清楚地表明中共中央對西安事變的決策過程。在局勢彷彿仍在千變萬化的進程中，能如此當機立斷地做出正確的判斷和決策，實在極不容易。

爲了調整政策，國民黨決定在一九三七年二月召開五屆三中全會。這是西安事變後舉行的第一次國民黨中央全會。一月二十四日，中共中央在剛接管的延安召開政治局常委會議。毛澤東報告談判問題。

1《周恩來選集》編委會：《周恩來選集》（上卷），北京：人民出版社，一九八〇年版，第七三頁。
2 毛澤東在中共中央政治局擴大會議上的報告記錄，一九三六年十二月二十七日。
3 毛澤東在中共中央政治局擴大會議上的報告記錄，一九三六年十二月二十七日。
4 林伯渠、張聞天在中共中央政治局擴大會議上的發言記錄，一九三六年十二月二十七日。
5 毛澤東在中共中央政治局擴大會議上的結論記錄，一九三六年十二月二十七日。

他說「自從釋蔣後，我們總的方針是和平」，「現在已一般的趨向和平了」，「現在困難問題，就是怕和平沒有保障」。1張聞天說：「照現在看，蔣一般的是想和平的，蔣開始結束他的動搖。」他提出：「關於三中全會，還有二十天要開，這是國民黨轉變關鍵。我們的方針應爭取國民黨徹底的轉變。我們不能希望他立刻宣佈對日作戰，但停止內戰是可能做到的。」「我們要發表宣言：第一要表白我們在西安事變和平的決心。第二，要堅決擁護和平統一，擁護能夠和平統一的中央政府。第三，應表示我們願意改變紅軍的番號與蘇維埃名稱，紅軍應改什麼名稱，可以考慮。我們表示忠於和平統一。在蘇維埃區域可以實現普選的制度。我們要聲明停止沒收豪紳地主。」朱德說：「我們過去如果條件苛刻，我們就覺得有些投降的樣子。現在看清楚只要於抗日有利，無論條件怎樣都好的，因為真要抗日，群眾和我們是一定要發展的。」張浩說：「在國際國內的情勢上，我們在某些地方讓步，在別的地方獲得勝利是策略上需要的。我們願意改變紅軍番號，改蘇區為特別區域，多給面子與蔣。」他又說：「我們與國際指示有一點不同，就是逼蔣抗日。國際也是主張用群眾的逼，但我們還主張利用張、楊、陳、李、白、劉（湘）逼他。這在中國封建社會環境下，這種方法也未嘗不對。」從共產國際歸來的張浩這樣說，再次表明中共中央已不只是亦步亦趨地按照共產國際的指示去做，而是努力按照中國的實際情況辦事了。毛澤東再次發言說：「對三中全會，應有表示。這次表示應有新問題。」「我們並不主張成立西北國防政府，我們要張學良去與蔣介石說和，但蔣不要他去，蔣要派兵來消滅我們，要說我們是漢奸。當時我們對內是動員抵抗，但對外還是積極表示和平的。至於蔣扣留起來，我們還是主張和平。至於放了蔣，我們開去，還是為著和平。」他坦率地指出在這過程中的一點教訓：「西安事變後，那宣言上交人民裁判是不對的。」張聞天最後說：「關於和平談判，是表示雙方讓步，實際上所說到的，我們是大的勝利。」2

二月九日，中共中央政治局常委會通過對國民黨五屆三中全會的通電。通電在第二天發出，提出著名的「五項要求」和「四點保證」，[3]奠定了第二次國共合作的基礎。十一日，毛澤東在政治局會議上說：「我們的通電，是大的讓步，是帶原則性的讓步，是對工人農民以外的小資產階級等的讓步。因爲爲著一個大的問題。就是爲著現階段的革命，爲著抗日問題。對於土地問題在大階段說，是不放鬆的，但在目前階段是應停止的。蘇維埃過去十年鬥爭是對的，現在改變是對的，應從理論上說清楚這個問題。」[4]事實確實如此：中國的土地屬於日本還是屬於中國，比它屬於地主還是屬於農民更加重要。當時要團結一切有愛國心的中國人一起抗日，只能限制地主的剝削，還不能完全解決土地問題。這樣，晉西會議上沒有解決的怎樣對待蔣介石和土地革命這兩大問題都得到了解決。

三月二十三日，毛澤東在政治局擴大會議的發言中提出一條極爲重要的原則：「中日矛盾是基本矛盾，國內矛盾放在次要地位。在早我已提出，在十二月決議上還沒有明顯的規定。」[5]也就是說：在現階段，中日之間的民族矛盾是中國社會的主要矛盾，階級矛盾應該處在次要和服從的地位。這便把共產黨在戰略決策上的大轉變，「從理論上說清楚」了。從而，使中國共產黨在整個抗日戰爭時期處理各種複雜問題時，始終有一條明確的指導原則，不致因某些一時或局部的現象偏離大的方向。

正確的戰略決策，來自主觀認識能符合不斷變動著的客觀實際。經過一年多在實踐中的艱難探

1 毛澤東在中共中央政治局常委會上的報告記錄，一九三七年一月二十四日。
2 張聞天、朱德、張浩、毛澤東在中共中央政治局常委會議上的發言記錄，一九三七年一月二十四日。
3 中央檔案館編：《中共中央文件選集》第十一冊，北京：中共中央黨校出版社，一九九一年版，第一五七、一五八頁。
4 毛澤東在中共中央政治局會議上的發言記錄，一九三七年二月十一日。
5 毛澤東在中共中央政治局擴大會議上的發言記錄，一九三七年三月二十三日。

索，包括過程中的若干反覆和曲折，抗戰前夜中共中央的戰略決策和中國的抗日民族統一戰線已經大體形成，開始進入實際準備抗日的階段。儘管前進中仍不斷遇到這樣那樣的障礙，總的發展趨勢已不可逆轉。再過三個多月，中國歷史上空前規模的全民族抗日戰爭便開始了，中華民族的歷史揭開了新的一頁。

第九章

從十二月會議到六屆六中全會[1]

——抗戰初期中共黨內的一場風波

中國共產黨領導人民取得今天的成就，確實太不容易。無論革命時期還是社會主義建設時期，都曾走過曲折的道路。這不奇怪，因爲那是前人沒有走過的路，在前進中遇到許多以往從來沒有遇到過的新情況、新問題，不少人有時會感到困惑、甚至做出錯誤的判斷是可以理解的。但中國共產黨總是依靠自己的力量和人民的支持，在實踐中總結經驗教訓，摸索出一條正確的新路來，勝利前進，這給我們留下寶貴的精神遺產。

抗日戰爭初期，共產黨內有過一段不算大也不算小的曲折，出現過以王明爲代表的右傾錯誤，從一九三七年十二月會議開始，到第二年中共六屆六中全會召開，前後半年多時間。周恩來在延安整風時曾一針見血地指出：「王明路線的本質：黨外步步投降，黨內處處獨立。」它在共產黨內不少人中產生過一定影響。如果沿著這條錯路走下去，中國革命又會遭受新的挫折。但是，中國共產黨此時畢竟已走向成熟，王明的右傾錯誤終究只是局部性的問題，中共六屆六中全會從根本上給予了糾正，避免對革命造成嚴重損失。

對於這場鬥爭，共產黨史著作已經談得很多，但仍有進一步探討之處。比較重要的問題有兩個：第一，遵義會議後已經在實際上確立了毛澤東在共產黨的領導地位，黨內不少領導人對王明原來也有所瞭解，爲什麼他在十二月會議上的主張一時還能產生相當大的影響？第二，共產國際當時的看法到底是怎樣的？王明在十二月會議上的報告是否都是共產國際的意見？爲什麼共產國際在中共六屆六中全會時會支持毛澤東而沒有支持王明？本文準備著重就這些問題做一些探討。

一、中共中央在抗戰爆發初期的決策

中國全民族抗戰到來的大趨勢雖然早在中共中央的預料之中，但一九三七年七月七日盧溝橋事變的發生仍有突然性。第二天，中共中央在告全國同胞書中號召全國一切力量團結起來，抵抗日本侵略者。可是事變將如何發展，是以前曾多次發生過的那種局部性事件，還是全民族大規模抗戰的開始？這個問題還不明朗。中國共產黨必須很快做出準確的判斷，才能制定相應的應對方針。

平津失守後，中共中央在八月九日召開政治局會議。由於局勢發展還有不少未知數和變數，討論中的看法並不一致。會議主持人比較謹慎，認爲：全國抗戰已經起來，這樣說還早了點，應該說接近全國抗戰，把事變的曲折性包含在內是有好處的。毛澤東卻斬釘截鐵地指出：「應估計大戰已經到來，新的階段在七月七日晚上即已開始。抗戰已經開始，準備抗戰的階段已經結束。」在這樣大轉折面前，中國共產黨應該怎麼辦？毛澤東對一些原則性問題，特別是國共合作中獨立自主問題和軍事問題，提出了明確意見。他先從軍事談起，說：「紅軍應當是獨立自主的指揮與分散的游擊戰爭。必須保持獨立自主的指揮，才能發展紅軍的長處。」「國共合作大體成功，徹底完成是以後任務。」「反傾向問題，一是急躁病，一是適合國民黨的適合主義。保持組織的獨立性、批評的自由。」2

要實行國共合作，又要堅持共產黨的獨立自主，確實是中國共產黨當時面對的最重要也最不容易處理的問題。國民黨是全國性的執政黨，有幾百萬軍隊和國際承認的外交地位。沒有它的參加，難以形成全民族的抗日統一戰線。但是，蔣介石對共產黨的疑忌實在太深。他既需要國共合作來抵抗日本侵略，又總想在抗戰過程中限制、溶化乃至最後消滅共產黨。如果共產黨在國共合作中放鬆甚至放棄了獨立自主，聽任別人支配，那就存在被消滅的危險，這是生死攸關的大事。毛澤東在國共合作一開始就清醒地

1 原文載於《黨的文獻》二〇一四年第四期。

2 毛澤東在中共中央政治局會議上的發言記錄，一九三七年八月九日。

提出堅持獨立自主這個極端重要的問題，這對以後局勢的發展有著巨大而深遠的影響。

國共合作的談判最初並不順利，但抗戰的形勢卻發展得很快。八月十三日，日本侵略軍對上海發動大規模進攻，戰火燃燒到南京政府統治的心臟地區。蔣介石看到中日之間的全面戰爭再難避免，更迫切需要紅軍開赴抗日前線，共同作戰。於是，國共談判中長期拖延不決的一些問題急轉直下地得到解決。十八日，蔣介石同意紅軍改編為國民革命軍第八路軍，任命朱德、彭德懷為正副總指揮。同一天，中共中央書記處致電朱德、周恩來、葉劍英，提出紅軍充任戰略的游擊支隊，在總的戰略方針下執行獨立自主的游擊戰爭。經過反覆磋商，蔣介石、何應欽最後同意：八路軍充任戰略游擊隊，執行只作側面戰、不作正面戰，協助友軍，擾亂與鉗制敵人大部並消滅敵人一部的作戰任務。

在這種新形勢下，中共中央又在八月二十二日召開政治局會議，即洛川會議。這次會議通過了《抗日救國十大綱領》。毛澤東在會上談了兩個問題：一個是戰略問題，一個是兩黨關係問題。他談到這兩個問題時，都強調了要在國共合作中保持相對的獨立自主。對前一個問題，他說：「獨立自主的山地游擊戰爭——包括有利條件下消滅敵人兵團與在平原發展游擊戰爭——但著重於山地。a.在統一戰略下，是相對的獨立自主（在總的戰略上），但一定要爭取戰略方針的共同商量——指揮原則。b.游擊戰爭——分散發動群眾，集中消滅敵人，打得贏就打，打不了就跑——作戰原則。c.山地戰——要達到創造根據地及便於游擊戰爭——小游擊隊去發達平原。」對後一個問題，他說：「現在統一戰線正成熟中，但另一方面黨的階級的獨立性問題，應提起全體黨員注意。」「獨立性是組織的、政治的獨立問題兩方面。一九二七年革命，以後只有組織的獨立性，而無政治的獨立性，做了資產階級的尾巴。現在在政治上，我們有大革命教訓。」1

在重大的歷史轉折關頭，怎樣才是正確的領導者？那就需要有清醒的頭腦、深遠的戰略眼光、果斷的膽略，不是被動地走一步看一步，而能敏銳地抓住全局中的關鍵問題，做出正確的判斷和應對方針。事實表明：在盧溝橋事變爆發剛一個多月時，以毛澤東爲代表的中共中央做到了這一點，從而保證局勢能循著正確的軌道發展。

這些是王明從莫斯科歸國前的事情。

二、王明歸國和十二月會議

共產國際此時對中國共產黨的態度怎麼樣，產生了怎樣的影響？周恩來在一九六〇年做過一個綜合的分析。他說：「毛澤東同志說它是兩頭好，中間差。兩頭好，也有一些問題；中間差，也不是一無是處。」他又說：「一九三五年七八月，共產國際召開了第七次代表大會。斯大林更多地注意國內問題，共產國際由季米特洛夫領導。當時通過了一個決議，說國際執委會要把工作重心轉到規定國際工人運動基本政治路線及策略路線方面去，一般不干涉各國黨的內部事務。當時，共產國際搞反法西斯統一戰線，和中國搞抗日民族統一戰線相合。」2 這是一個基本評價。

中日全面戰爭爆發後，共產國際認爲它將對世界力量對比的全局產生重大影響。七月十六日，共產國際執委會主席團發表決議說：「中國人民的勝利，將是對所有法西斯侵略者的征服計劃的沉重打擊。」3

1 毛澤東在中共中央政治局會議上的發言記錄，一九三七年八月二十二日。
2 《周恩來選集》編委會：《周恩來選集》（下卷），北京：人民出版社，一九八四年版，第三〇〇、三一一頁。
3 〔英〕珍妮・德格拉斯選編：《共產國際文件（一九二九—一九四三）》，北京：東方出版社，一九八六年版，第五三六頁。

八月十日，共產國際執委會書記處舉行特別會議，總書記季米特洛夫在會上說：「中國黨面臨的問題異常複雜，而黨的處境十分特殊。請想想看，近兩年發生了多少事情。曾作爲中國紅軍領導者的中國共產黨正在進行重要轉折。你們找不到共產國際的任何一個支部，像中國共產黨這樣，面臨如此複雜的局面，並在幾年之內於政策和策略上完成了如此重要的轉折。」「在反對南京政府的武裝鬥爭中，培養了幹部，優秀的幹部成長起來了，一批政治活動家也成長起來了。」他由此得出結論：「還是這些幹部，不是別的政黨，不是新換的人，還是這些黨員，這些群眾，卻要去執行另外一種政策。」「這樣一來，我們中國同志和中國黨就會遇到很大的艱難險阻，因爲蔣介石及其親信會耍弄種種手腕。不難想像，我們黨面臨的是何等嚴重的險象環生的局面。這就必須給予幫助，派人去幫助，從內部加強中國的幹部隊伍。」1

可見，在季米特洛夫看來，當中國抗日民族統一戰線建立起來後，中國共產黨面臨的「嚴重的險象環生的局面」是「蔣介石及其親信會耍弄種種手腕」。在這個問題上，他的認識是清醒的。他肯定中國黨在如此複雜的局面下「完成了如此重要的轉折」，顯然並不認爲中共中央在抗日民族統一戰線問題上存在什麼原則性的錯誤，更不是因此而決定派王明等回國。派人回去，只是爲了加強些力量。一九三七年十月，去蘇聯療傷的王稼祥接替王明、康生，成爲中國共產黨在共產國際執委會的代表。王明、康生回國的前一天，十一月十三日，他們和王稼祥一起去見季米特洛夫，進行臨行前的談話。王稼祥在延安整風時回憶道：「季米特洛夫對王明說：你回中國去要與中國同志關係弄好，你與國內同志不熟悉，就是他們要推你當總書記，你也不要擔任。」王稼祥又說：「對於中國黨的路線，我的印象沒有聽過國際說過路線不正確的話。」2這是一個極爲重要的總印象。以後，季米特洛夫對任弼時也說過在王明回國前，他特地提醒王明：「雖然你在國際工作了多年，而且又是執委會成員和書記處書記，但你並不代表國際，而且你長期離開中國，脫離中國革命實際，所以，回國後，要以謙遜的態度尊重黨的領導同志。」3這裡說得很明白：「你並不代表國際。」可見共產國際派王明等在這時回國，並沒有要他們以「欽差大臣」身份去糾正中國共產黨「路線不正確」的意思。

王明和康生在十一月十四日動身，二十九日到達延安。十二月九日至十四日，中共中央舉行政治局會議，通常稱爲十二月會議。

會議一開始，先由張聞天做政治報告。他說：「這個會議是轉變關頭的會議。」「現在說來，中國的抗戰還只是政府片面的抗戰。」對國共關係，他從兩方面進行分析。一方面是：「抓住抗日爲中心，鞏固抗日民族統一戰線的基礎，我們不能因爲民主與民生等問題而放鬆抗日這一中心問題。」另一方面，他又強調：「我們在統一戰線中需要保持我們的獨立自主性。」「不要在民族革命浪潮中被淹沒在浪潮中，而是要在民族革命浪潮中保持獨立性，使我們在大海中不會淹死。」4這正是重申洛川會議的方針。

接著，由王明做報告。他一直講到第二天下午，唱的調子卻是著重批評洛川會議提出的在國共合作中要堅持共產黨的獨立自主的方針，實際上是提出中國共產黨的路線是否正確的問題。他在報告中重申了抗日民族統一戰線和國共合作的重要性，這本來並不成問題，而他強調的卻是：「目前的中心問題是

1 中國社會科學院近代史研究所翻譯室編譯：《共產國際有關中國革命的文獻資料》第三輯，北京：中國社會科學出版社，一九九〇年版，第一七、一八頁。
2 王稼祥在中共中央書記處工作會議上的發言記錄，一九四一年十月八日。
3 師哲口述、李海文整理：《在歷史巨人身邊：師哲回憶錄》，北京：中央文獻出版社，一九九一年版，第一二一頁。
4 張聞天在十二月會議上的政治報告記錄，一九三七年十二月九日。

如何爭取抗日戰爭的勝利。如何鞏固統一戰線，即是如何鞏固國共合作問題。我們黨雖然沒有人破壞國共合作，但有同志對統一戰線不瞭解，是要破壞統一戰線的。」

所謂「有同志對統一戰線不瞭解，是要破壞統一戰線的」，指的是什麼？前面說到，洛川會議主要討論國共兩黨關係和軍事戰略問題，都談了必須堅持共產黨的獨立自主。王明的報告正是針鋒相對地直指這個問題。

對國共兩黨的關係，他說：「在統一戰線中兩黨誰是主要的力量？在全國政權與軍事力量上要承認國民黨是領導的優勢的力量。」「沒有力量，空喊無產階級領導是不行的。空喊領導，只有嚇走同盟軍。」「我們的鬥爭方式也要注意，如章乃器說多建議少號召，在一定程度上是有意義的。」

他提出一個口號：「今天的中心問題是一切為了抗日，一切經過抗日民族統一戰線，一切服從抗日。現在我們要用這樣的原則去組織群眾。」（這是記錄的原文，也沒有說這是共產國際的意見。）他舉例說：「我們對政權問題，不要提改造政權機構，而是要統一的國防政府。」「行政制度在山西等地區不能建立與（陝甘寧）特區同樣的政策，要同樣用舊縣政府、縣長，不用抗日人民政府的，少奇同志寫的小冊子提得太多。」

既然王明很明白地說：「在統一戰線中兩黨誰是重要的力量？」「要承認國民黨是領導的優勢的力量」，那麼，他所說的「一切經過抗日民族統一戰線」，顯然就是「一切經過」蔣介石，他所強調的「服從」，也只能是一切「服從」蔣介石。

對軍事問題，他也強調要實現「統一」，說：「我們要擁護統一指揮，八路軍也要統一受蔣指揮。我們不怕統一紀律、統一作戰計劃、統一給養，不過注意不要受到無謂的犧牲。紅軍的改編，不僅名義改變，而且內容也改變了。」「我們八路軍、新四軍是要向著統一的方向發展，而不是分裂軍隊的統一。過去提國民黨片面抗戰，是使他們害怕，要提出政府抗戰很好，要動員廣大人民來幫助抗戰，不要提得這樣尖銳。」「在抗戰條件下不怕國民黨的限制，而是我們的方法不好。人民擁護八路軍，許多同志過於高興，也是不好的。」1

對蔣介石的政治態度應該怎樣估量？這是決定如何對待他的政策的依據。應該說，蔣介石此時決心進行並積極投入抗戰是值得肯定的，同共產黨的關係也確有改善，堅持以國共合作爲基礎的抗日民族統一戰線是十分重要的；但蔣介石對共產黨的疑忌實在太深了，始終想在抗戰過程中限制、溶化以至伺機消滅共產黨。進入一九三七年十二月時，上海已經失陷，南京岌岌可危，戰局異常緊急。他在日記中的「本月大事預定表」中「考慮長期抗戰之最惡場合」，第二項就是防止「共黨乘機搗亂，奪取民眾與政權」。他還在「對共黨對軍閥政客之方針」中規定：「未至潰決，當以苦心維持忍耐處之。若果一旦崩潰則無此顧忌，唯以非常手段處理。」2這裡早已透露出殺機來了。十二月十日，也就是十二月會議的第二天，蔣在日記中寫道：「以全局設計，應暫使能與共黨合作共同抗倭，似爲相宜。」「應與共黨從速談判開始。」3這裡值得注意的是一個「暫」字，可見在蔣介石看來國共合作不過是權宜之計。十一日，他在日記的注意事項中寫道：「控制共黨，勿使搗亂。」4十三日又寫道：要注意「共黨陰謀與反動派」，「如一旦潰決，只有快刀斬亂麻，成敗有所不計也」5。

1 王明在十二月會議上的報告記錄，一九三七年十二月九日。
2 蔣介石日記（手稿本），一九三七年十二月一日，美國斯坦福大學胡佛研究所藏。
3 蔣介石日記（手稿本），一九三七年十二月十日，美國斯坦福大學胡佛研究所藏。
4 蔣介石日記（手稿本），一九四七年十二月十一日，美國斯坦福大學胡佛研究所藏。
5 蔣介石日記（手稿本），一九三七年十二月十三日，美國斯坦福大學胡佛研究所藏。

蔣介石在國共合作剛開始時，就在盤算如何「控制共黨」，並且準備在需要時以「快刀斬亂麻」的斷然手段對付共產黨。他從來沒有忘記過這一點。若是沿著王明在十二月會議上提出的路走，在合作中解除一切戒備，甚至連「八路軍也要統一受蔣指揮」。那樣，蔣介石什麼時候一旦翻臉，勢必會葬送共產黨、葬送革命。

討論中，毛澤東接著林伯渠後第二個發言，對王明的報告做出回答，他說：「團結禦侮是我們的基本方針，執行這個方針是內外一致、切實執行的。」對王明所談的統一戰線和軍事問題，毛澤東說：「統一戰線問題——總的方針要適合於團結禦侮。在統一戰線中，要瞭解『和』與『爭』是對立的統一。目前應該是和爲貴。章乃器說少號召多建議，我們是要批評的。」「我們要在政治上有號召，在做的時候要經過國民黨來做，向國民黨建議。」「紅軍問題：八路軍與游擊隊應當使成爲全國軍隊的一部分，但是要政治上的區別。」「我們所謂獨立自主是對日本作戰的獨立自主，戰役戰術是獨立自主的山地戰，游擊戰是我們的特長。」「如果沒有共產黨的獨立性，便會使共產黨降低到國民黨方面去。國民黨與共產黨誰吸引誰這個問題是有的，不是要將國民黨吸引到共產黨，而是要國民黨接受共產黨的政治影響。」[1]毛澤東在延安整風時講到十二月會議說：「我是孤立的。當時，我別的都承認，只是持久戰、游擊戰、統戰原則下的獨立自主等原則問題，我是堅持到底的。」[2]這時，毛澤東同從蘇聯歸來的王明剛剛相識，而且對共產國際的態度還不是很清楚，他的發言是慎重的，講話口氣是和緩的，但實際上已經態度鮮明地回答了王明對洛川會議的批評。

由於王明是共產國際執委會主席團成員和政治書記處候補書記，他還曾起草並發表了影響很大的《八一宣言》，雖然他在十二月會議上的報告沒有說是傳達共產國際的指示，但許多人把王明的話看作是共產國際的意見。國共兩黨經過十年內戰後又重新合作，是十分缺乏經驗的新問題。要重新合作，不能不做出一些讓步，有的是重大的讓步。怎樣恰當地處理合作和保持獨立自主的關係，如何準確把握其中的「度」，許多人心中還不那麼有數。所以，不少重要領導人聽王明報告後檢查過去的統一戰線工作，在不同程度上做了自我批評。如說：「抗戰以來對國民黨本質上的轉變估計不足」，「我們強調獨立自主，便走到與統一戰線對立起來」；「把全面抗戰與片面抗戰對立起來」，「對抗日問題沒有抓住這一基本問題，常常拿民主、民生與抗日問題並列起來，甚至強調起來」，「只著重批評國民黨片面抗戰一定要失敗」；「在黨方面，把獨立自主提得太高」，「把獨立自主發展到各方面，妨礙統一戰線，如自立軍區，自行罰款，聶（榮臻）沒有得閻（錫山）合法承認」等。兩位以往與王明關係比較密切的政治局成員還說：「抗日高於一切、一切經過民族統一戰線、一切為了民族統一戰線的口號沒有提出」；「群眾運動，一切要為了統一戰線，一切服從統一戰線。」3

儘管如此，會議並沒有形成決議案，中共中央的常委成員也沒有變更，因此依然能繼續實行洛川會議決定的政治路線。會議確定：中共的第七次代表大會籌備委員會以毛澤東為主席，王明為書記。

還有一點不能忽視：王明回到延安時，揚言「說他跟斯大林談過話」4。那時斯大林在中國共產黨內有非常高的威信。王明這樣說給人一個錯覺，彷彿他那些主張是斯大林的意見，這也是許多人受他影響的重要原因。那時候，斯大林擔心蘇聯受到日、德從東和西兩面的夾擊，確曾過於看重蔣介石的軍事力量，想用它來牽制日本從東面向蘇聯進攻。但不能把王明在十二月會議上那些主張看成就是斯大林

1 毛澤東在十二月會議上的發言，一九三七年十二月十日。
2 毛澤東在中共中央政治局會議上的發言記錄，一九四三年十一月十三日。
3 十二月會議記錄，一九三七年十二月十日、十一日。
4 《周恩來選集》編委會：《周恩來選集》（下卷），北京：人民出版社，一九八四年版，第三一一頁。

的意見。在王明、康生歸國前三天的十一月十一日，他們和季米特洛夫、王稼祥一起到克里姆林宮聽取過斯大林的意見。這是斯大林表明對中國共產黨態度的一次最重要的談話。好在季米特洛夫日記中對這次談話要點做了詳細記錄。斯大林說：「對於中國共產黨現在的基本問題是：融入全民族的浪潮並取得領導地位。」他說的是要「取得領導地位」，而不是如王明在十二月會議上所說的「沒有力量，空喊無產階級領導是不行的」，更不是要中國共產黨「一切經過」和「一切服從」蔣介石。斯大林又說：「口號就是一個：『爭取中國人民獨立的勝利戰爭』，『爭取自由中國反對日本侵略者』。」他沒有再提什麼別的口號。斯大林還談了軍事問題，說：「八路軍必須要有三十個師，而不是三個師。」「在八路軍還沒有炮兵的時候，它的策略不該是直接進攻，而應該是騷擾敵人，把他們引進自己一方，並在後方打擊他們。」1也就是說：八路軍在敵我力量懸殊的條件下應該發展游擊戰爭，這當然不能「統一受蔣指揮」。薄一波還回憶過，一九三八年，曾聽和王明等一起見斯大林的王稼祥傳達過斯大林的一句很重要的話，大意是：「你們中國現在搞統一戰線，要注意自己不要叫人家統走。要有決心到大海中游泳，但又不要把自己淹死。」張聞天在十二月會議開始時也引用了這句話。這自然不是「一切經過」和「一切服從」，而是提醒在統一戰線工作中要保持自己的獨立自主。薄一波說：「這句話給我印象很深刻，因為我當時在跟國民黨的地方實力派搞統一戰線工作。這句話用得著。」2

瞭解了這些就不難理解：為什麼當共產國際進一步瞭解中國實際情況後，沒有給王明以支持，而是明確表示領導機關要在毛澤東為首下解決。這不是偶然的。

當然，如周恩來後來所說：「第二次王明路線與共產國際不無關係。斯大林信任王明，季米特洛夫和王明的關係也好。後來我去莫斯科對季米特洛夫談王明的錯誤，季米特洛夫聽了還表示驚訝。」3周恩來這段評論，在用詞的分寸把握上是很慎重和準確的，沒有縮小，也沒有誇大。

三、建立長江局和三月會議

十二月會議開始時，南京還沒有陷落。會議最初規定：「王明同志到南京後回中央工作」，並指定他回來後主管統一戰線部。因爲南京隨即陷落，王明又要去武漢。那時，國民政府從南京遷到重慶，但蔣介石和國民黨的主要黨軍政機關都移到武漢。全國各界各派愛國民主人士、社會名流、外國外交官和記者也大多集中在這裡。王明不願留在延安而急於去武漢，顯然在他看來，只有武漢才是中國政治舞台的中心。周恩來後來指出他「十二月出去意在入閣」。毛澤東說他「梳妝打扮，送上門去」，也是這個意思。

十二月十八日，王明、周恩來、博古等到達武漢。二十一日，同蔣介石會談。同日，他們給中共中央的電報說：蔣要王明「在漢相助」。[4] 這樣，他就在武漢留了下來。但蔣介石這天日記中只淡淡地寫了一句：「與共黨代表談組織事，此時對共黨應放寬，使之盡其所能也。」[5] 這裡值得注意的有兩點：第一，他說「此時對共黨要放寬」，同十一天前日記中所說「當暫使能與共黨合作共同抗倭」是同一意思：那只是爲了使中共能在抵禦日軍大舉進攻時「盡其所能」的權宜之計。第二，這是蔣介石第一次同

1〔保〕季米特洛夫：《季米特洛夫日記選編》，桂林：廣西師範大學出版社，二〇〇二年版，第六〇頁。
2 薄一波在中央整黨工作指導委員會第十次辦公會議上的講話，一九八四年二月十一日。轉引自徐則浩：《王稼祥傳》，北京：當代中國出版社，一九九六年版，第二八八頁。
3《周恩來選集》編委會：《周恩來選集》（下卷），北京：人民出版社，一九八四年版，第三一一頁。
4 王明、周恩來、博古、葉劍英致洛甫、毛澤東並中共中央政治局的電報，一九三七年十二月二十一日。
5 蔣介石日記（手稿本），一九三七年十二月二十一日，美國斯坦福大學胡佛研究所藏。

王明相見，但日記中連王明的名字也沒有提到，可見他對王明並不那麼看重。周恩來以後也說：「當時蔣介石也不要王明，連個部長都沒給他當。毛澤東同志說，要是給他一個部長當，也許情形更壞。」1周恩來還說過：王明沒有被蔣介石選中的一個原因是：腳跟輕，腹中空，未為人所重視也。

兩天後，也就是十二月二十三日，中共中央代表團與長江中央局在武漢舉行第一次聯席會議。會議做出決議：「A、因代表團與中央局成分大致相同，為工作集中和便利起見，決定合為一個組織，對外為中央代表團，對內為長江局。B、中共代表團與長江中央局的項英、博古、恩來、劍英、王明、必武、伯渠組織之。C、暫以王明為書記，周恩來為副書記。以上A、B、C三項呈報中央政治局批准。」2

中共長江中央局成立後，對推動抗日民族統一戰線的發展做了許多開拓性的重要工作。那時，國民黨對抗戰比較努力，與共產黨的關係有所改善。中國共產黨以各種形式向蔣介石和國民黨當局提出種種建議，同他們進行周旋。一九三八年一月，國民黨代表在國共兩黨關係委員會上提出「一個政黨、一個領袖、一個主義」的主張。二月十日，周恩來見蔣介石，說明宣揚「一黨運動」的嚴重後果。蔣介石說：「對各黨派並無取消或不容其存在，唯願溶成一體。」周恩來在給中共中央的電報中指出：「其意仍在一黨。」並當場答覆蔣介石：取消國共兩黨都不可能，只有「聯合中找出路」3。武漢當時又是各方人士相當集中的地方。以前，共產黨處在遭受被「圍剿」和嚴密封鎖的條件下，無法在國民黨統治區公開活動，社會上不少人對共產黨缺乏瞭解。這時，長江局利用各種合法條件同他們廣泛交流，宣傳共產黨的主張，增進相互信任和友誼，還輸送大批進步青年到延安和根據地去。經中共中央批准，周恩來兼任了國民政府軍事委員會政治部副部長，利用這個陣地，開展聲勢浩大的群眾性愛國救亡活動。中共長江局還負責領導雲南、貴州、四川、湖南、湖北、安徽、江西、浙江、福建、廣東、廣西、河南等省及東南分局、新四軍的黨的工作。這些地區的共產黨組織在戰前由於「左」傾錯誤的惡果，受到極其嚴重的摧殘和破壞，有的已不存在，大多數地區還沒有恢復或建立起共產黨的組織。長江局在這些地區迅速重建各級組織，大量吸收積極分子加入共產黨，還完成了新四軍的組建工作。當年在長江局工作的鄧穎超後來說：「關於抗戰初期長江局組織是否執行了王明右傾投降主義路線，是否影響了武漢的工作問題，我們應該承認有一點影響。項英是長江局的委員，他就是受了王明的影響。但是影響不大，不是全局性的影響，工作有缺點。當時長江局的民主與集中制不健全，分工如劃線，各人管各人的工作。」4這是實事求是的分析。長江局所做的這些工作，對以後中國政治局勢的發展有著深遠的影響。

王明在長江局時期的錯誤，正如前引周恩來指出的那樣：「黨外步步投降，黨內處處獨立。」短短的兩句話，都說到點子上，而到武漢後表現得更爲突出。

中共長江局成立的第三天，十二月二十五日，王明起草了《中國共產黨對時局的宣言》，隨後在《新華日報》和《群眾》週刊上公開發表。

這樣一個用中國共產黨名義發表的《宣言》竟沒有報中共中央批准。它在強調鞏固國共兩黨合作的重要性方面是正確的，但在堅持全面抗戰路線和獨立自主的原則上卻比中國共產黨在《抗日救國十大綱領》中提出的目標後退了。《宣言》宣稱：「我國軍民在國民政府軍事委員會委員長蔣先生領導之

1《周恩來選集》編委會：《周恩來選集》（下卷），北京：人民出版社，一九八四年版，第三一一、三一二頁。
2 中央代表團與長江中央局第一次聯席會議記錄，一九三七年十二月二十三日。
3 陳紹禹、周恩來、秦邦憲、葉劍英、董必武致毛澤東、張聞天意見，一九三八年二月十日。
4《鄧穎超談長江局及其婦女工作》，中共湖北省委黨史資料徵集編研委員會：《抗戰初期中共中央長江局》，武漢：湖北人民出版社，一九九一年版，第四七三頁。

下」，「開始形成了我統一的國家政權和統一的國家軍隊」，並且提出要「鞏固和擴大全中國的統一的國民革命軍」，做到「統一指揮、統一紀律、統一武裝、統一待遇、統一作戰計劃」。1

同一天，王明會見美國合眾社記者白得恩時說：「國民政府軍事委員長蔣先生精明堅決、雄才大略，力能勝任領導全國抗戰。」又說：「抗戰以來，中國在各方面已有相當進步，例如政府開始成立全中國統一的中央政府。」「同時，開始建立了全中國統一的國民革命軍的基礎，更有重大意義。」2

兩天後，他又寫了一篇《挽救時局的關鍵》，在強調必須更加鞏固和擴大國共兩黨合作時寫道：國共兩黨是中國一大部分優秀進步青年的總匯。3

當國民黨方面狂熱鼓吹「一個政黨、一個領袖、一個主義」時，一九三八年二月十日和二十二日在《新華日報》和《群眾》週刊上，先後發表王明起草而署名毛澤東的《與延安新中華報記者其光先生的談話》。它的主要內容雖然是駁斥那種鼓吹「現在國民黨應該實行『一黨專政』」的言論4，但它不僅沒有報經中共中央批准，而且完全沒有徵得毛澤東本人的同意。在發稿當天，才致電中共中央書記處稱：「此稿所以用澤東名義發表者，一方面使威信更大，另方面避免此地負責同志立即與國民黨起正面衝突，不過因時間倉猝及文長約萬字，不及事先徵求澤東及書記處審閱，請原諒。」5這樣目無中央的做法，前所未見。在王明看來，十二月會議後的中共中央政治局常委共九人，除正在接受批判的張國燾外，在延安的有張聞天、毛澤東、康生、陳雲四人，在長江局的有王明、周恩來、博古、項英四人，他認爲已可同在延安的中央書記處分庭抗禮、爲所欲爲了。

就在這些日子裡，中央代表團與長江局聯席會議在二月六日決議：「建議中央召集政治局會議，日期二月廿二號。」6第二天，王明、周恩來、博古、董必武、葉劍英致電中央書記處，提出「最近時局中發生許多新的嚴重問題」，建議召開中共中央政治局會議。7次日，中央書記處復電同意。

那麼，時局到底發生了哪些「新的嚴重問題」呢？主要是指兩點：第一，日本侵華戰爭的作戰中心要迅速打通津浦鐵路，奪取徐州，然後截斷隴海鐵路，造成包圍武漢的形勢，奪取武漢。戰局日趨嚴重。第二，國民黨方面一再鼓吹「一個政黨、一個領袖、一個主義」，在一月十七日發生新華日報館被搗事件，政治局勢日趨惡化。

中共中央政治局會議於二月二十七日至三月一日在延安舉行，通常稱為「三月政治局會議」。

王明在會上做政治報告。他再次肯定十二月會議，說：「我感覺前次政治局會議的方針是正確的，但統一戰線的基本政策在黨內的教育不夠，沒有許多新的論文解釋。其次是前次政治局會議沒有寫成一個決議，同時對國民黨提議的意見也沒有寫出來，這是政治上的損失。」

對國共關係，王明說：「現在蔣介石等國民黨不承認國共合作，不許新華日報登國共合作，不許登共產主義、共產黨等。即陳立夫也認為只有共產黨投降國民黨。國民黨認為軍令統一，只有服從國民黨軍委的命令。所謂軍政統一，便是人事的統一，八路軍幹部要由他們調動。」怎麼辦？他卻說：「我們

1《群眾》週刊第一卷第四期，一九三八年一月一日。
2 陳紹禹：《王明選集》第五卷，〔日本〕汲古書院，一九七五年十一月發行，第七七、八〇頁。
3 參見《群眾》週刊第一卷第四期，一九三八年一月一日。
4《毛澤東先生與延安新中華報記者其光先生的談話》，《新華日報》一九三八年二月十日。
5 中共武漢市委黨史研究室：《抗日戰爭初期中共中央長江局史》（上冊），北京：中共黨史出版社，二〇一一年版，第四一三頁。
6 中央代表團與長江局第九次聯席會議記錄，一九三八年二月六日。
7 中共武漢市委黨史研究室：《抗日戰爭初期中共中央長江局史》（上冊），北京：中共黨史出版社，二〇一一年版，第三九六頁。

認爲統一軍令是統一指揮、統一紀律、統一供給（山西軍隊：八路軍四塊〔元〕半，山西軍六元半，中央軍是九元二角，供給是不統一的）、統一武器。」「國民黨現在提出只要一個軍隊，我們也不能反對這個口號。現在大公報認爲國家要有超黨派的國家軍隊。關於統一軍隊問題，需在黨內外進行教育。」

對「關於統一政府與擁護中央政府問題」，王明說：「現在邊區要開放黨禁，允許國民黨的公開活動，現在特區不允許國民黨活動是不好的。」「八路軍新佔領的區域還是中華民國的一部分，還是服從中央政府的。」1

毛澤東在次日發言。他說：「我只講軍事問題，先說軍事的長期性。」他指出：「中國抗戰最後是必然勝利的，但如何取得最後勝利是沒有解答的，這是人人都要知道的問題。」2軍事問題是這次政治局會議的重要議題之一。毛澤東做了詳細的分析，實際上就是不久後發表的《論持久戰》的初步論述。

會議的最後一天，王明做結論後，毛澤東再次發言說：「王明同志在今天的形勢下不能再到武漢去。」這時，他已明白不能再讓王明離開延安到武漢去了，但並不是所有人都明白。會議付表決，以五票贊成、三票反對通過決定：「政治局決定王明同志同凱豐同志去武漢。王明同志留一個月即回來（如估計武漢、西安交通有斷絕之時則提前），凱豐同志留長江局工作。」3

王明回武漢後，對「留一個月即回來」的決定置之不顧，留在武漢不走。他一到武漢，就在三月十一日寫成一篇沒有報經中共中央同意而用他個人署名的《三月政治局會議的總結》，在《群眾》週刊上公開發表。

《總結》一開始就宣稱出席這次會議的政治局成員「對目前時局和黨的工作問題完全一致」。

在回答「如何繼續抗戰和爭取抗戰勝利」時，王明寫道：「須要建立統一的國家軍隊。」它的基本條件有七點：統一指揮、統一編制、統一武裝、統一紀律、統一待遇、統一作戰計劃、統一作戰行動。

怎樣作戰？他要求「確定和普遍地實行以運動戰爲主、配合以陣地戰、輔之以游擊戰的戰略方針」。他用了「普遍地」幾個字，也就是要求八路軍和新四軍都得以運動戰爲主，那就推翻了洛川會議確定的戰略方針。

王明在《總結》中還寫道：「國民黨現在在政府和軍隊中均居於領導地位」，「陝甘寧邊區政府是中華民國的地方政府之一，服從統一的中央國民政府」；各地的群眾團體也「應向政府機關登記，並接受政府的領導」，「以達到群眾運動和群眾組織的統一」。4

不知什麼原因，這篇東西寫成後擱了近一個半月，才在《群眾》第十九期上刊出。這時早已超過了三月政治局會議對王明留武漢一個月就回的決定，但他仍不返回延安。

五月二十六日至六月三日，毛澤東在延安做了《論持久戰》的講演，不久就正式刊印出版。這是科學地指導全國抗戰的軍事理論綱領，其中也澄清了王明在《三月政治局會議的總結》中散播的種種錯誤論點。七月上旬，中共中央電示長江局在《新華日報》上刊發這篇文章。王明卻藉口文章太長加以拒絕。中共中央又要求可以連載，王明仍拒不執行。以後，周恩來等以《新群叢書》名義印成單行本，隨新華日報附送並正式銷售，在大後方產生巨大反響。

王明這類目無中央、自作主張的事情很多。八月六日，毛澤東致電王明、凱豐：「致參政會賀電，《新華日報》改易了一些文句，與我發致該會的及在解放報發表的不符，對外顯示了一點分歧，似不甚

1 王明在三月政治會議上的政治報告記錄，一九三八年二月二十七日。
2 毛澤東在三月政治局會議上的發言記錄，一九三八年二月二十八日。
3 三月政治局會議記錄，一九三八年三月一日。
4 參見《群眾》週刊第十九期，一九三八年四月二十三日。

妥。爾後諸兄如有意見，請先告後方，以便發時一致。」1

王明始終把工作重點放在大城市和同國民黨上層的關係上，把武漢看得比延安更重要，將自己置身於中央書記處之上。中共中央準備召開六屆六中全會時，他又提出全會在武漢或西安舉行。

回國後這些日子，他儼然以領袖自居，言論行動處處自行其是，已令人忍無可忍。

毛澤東在延安整風時說：「王明路線的特點是：(1)以速勝論反對持久戰；(2)以一切經過統一戰線反對獨立自主；(3)軍事上反對游擊戰主張運動戰；(4)有了上面三個基本問題的不同，因此就要在組織上鬧獨立性，不服從中央，鬧宗派主義。」2

王明的問題已到非解決不可的時候了。

四、在共產國際的討論

要解決王明的問題，需要取得共產國際的認可和支持。三月政治局會議上，中共中央決定派遣瞭解十二月會議以來王明種種表現和中國共產黨實際情況的中央政治局委員任弼時到莫斯科去向共產國際匯報，並代替王稼祥擔任中共駐共產國際的代表。任弼時這次去莫斯科解決這些問題並沒有受到大的阻礙，甚至可以說很順利。這不奇怪，因爲主要分歧本來並不在共產國際和中共中央之間存在。

一九三八年三月底，任弼時到達莫斯科。四月十四日，他出席共產國際執委會，向主席團遞交了題爲《中國抗日戰爭的形勢與中國共產黨的工作和任務》的書面報告大綱。

這份手寫的報告大綱長達一萬五千字。它首先分析中國抗日戰爭的形勢，指出中國人民、政府與軍隊開始了保衛民族生存的自衛鬥爭，給了日寇以相當打擊，造成中國從未有過的內部團結統一的局勢。

同時也指出：「國民黨和政府對群眾運動，還是害怕而未能充分動員民眾」；「在軍事上要取單純正面防禦作戰方針」。

報告大綱接著談了抗日民族統一戰線的現狀，說國共兩黨的合作在西安事變後逐漸具體化，抗戰爆發後這一合作日益進步。同時又說：「在統一戰線中黨應保持組織上的獨立與批評的自由，但批評應當善意的，反對投降主義與關門主義。」接著指出：「蔣介石希望中國只有一個黨，企圖引誘共產黨成爲這個黨中的一個派別。復興社（國民黨內的一個派別）中的頑固分子乃提出『一個主義』、『一個政黨』、『一個領袖』、『一個軍隊』、『一個政府』等口號，並勾結和利用托匪分子，對共產黨與八路軍作種種的進攻。」

報告大綱用不少篇幅來談八路軍在抗戰中的作用，說：「八路軍有著紅軍時代與工農群眾親密合作關係的優良傳統，在抗日戰爭中與地方人民建立了極親密的關係。」「由於八路軍在平型關、廣陽和在敵人側後取得許多勝利，提高了一切軍隊與人民對抗日戰爭的勝利信心。」「八路軍在敵人佔領的後方地區，開展著廣大的游擊戰爭，創造了持久的根據地區——晉察冀三省交界邊區。」它的結論很醒目：「八路軍在改編爲國民革命軍後，仍然保持共產黨的絕對領導。」

報告大綱特別強調：「鞏固共產黨在八路軍、（新）四軍中的絕對領導，保持和發揮過去十年來紅軍的優良傳統，提高一般指戰員政治上、軍事上和技術上的水平，阻止外界惡劣影響的侵入。」[3]

---

1 毛澤東致陳紹禹、凱豐電，一九三八年八月六日。

2 毛澤東在西北局高幹會上的報告記錄，一九四三年十月十四日。

3 任弼時：《中國抗日戰爭的形勢與中國共產黨的工作和任務》（報告大綱），手稿，一九三八年四月十四日，第三、八、九、一二—一四、二一頁。三九六頁。

一個月後，任弼時在共產國際執委會主席團會議上就報告大綱做了詳細的說明和補充。在討論時，王稼祥也發了言。他著重補充說明：這次抗日民族統一戰線與第一次統一戰線的不同點，「即是同國民黨第一次合作破裂後的第二次合作，而且國共兩黨現在都有武裝」。1

共產國際原來對中國共產黨在抗戰以來的實際情況瞭解並不多，聽取任弼時的報告後沒有提出任何異議，而對它做了很高的評價。王稼祥回國後傳達說：「根據國際討論時季米特洛夫的發言，認為中共一年來建立了抗日統一戰線，尤其是朱、毛等領導了八路軍執行了黨的新政策，國際認為中共的政治路線是正確的。中共在複雜的環境及困難條件下真正運用了馬列主義。」2

六月十一日，共產國際執委會主席團根據討論結果通過兩個文件：一個是內部的《關於中共代表報告的決議案》，另一個是公開發表的《共產國際執委會主席團的決定》。

《決議案》用明確的語言寫道：「共產國際執委會主席團在聽了關於中國共產黨的活動的報告以後，認為中國共產黨的政治路線是正確的。中國共產黨在複雜和困難條件之下，靈活地轉到抗日民族統一戰線的政策之結果，已建立起國共兩黨的新的合作，團結起民族的力量，去反對日本的侵略。」「共產黨的鞏固，它的獨立性及它的統一，正是繼續向前發展民族統一戰線和繼續同日寇作勝利的鬥爭的基本保證。」3

公開發表的《共產國際執委會主席團的決定》，刊登在《國際月刊》（俄文版）一九三八年八月號上。一九三八年九月八日，《新華日報》發表了它的中譯文。《決定》宣告：「共產國際執委會主席團聲明完全同意中國共產黨的政治路線，並聲明共產國際與中華民族反對日寇侵略者的解放鬥爭是團結一致的。」4這個《決定》，以簡明的語言在國際宣佈完全同意中國共產黨的政治路線。

王稼祥到蘇聯原本是為了治傷。任弼時到莫斯科接替駐共產國際代表的工作後，他便在一九三八年七月初動身回國。行前，季米特洛夫同他做了一次重要談話。王稼祥回憶道：「在我要走的那一次，他向我和任弼時同志說了一番語重心長的話。他說：應該告訴大家，應該支持毛澤東同志爲中共領導人，他是在實際鬥爭中鍛鍊出來的。其他人如王明，不要再去競爭當領導人了。」5

王稼祥回國後在中共中央政治局會議和隨後召開的六屆六中全會上正式傳達了共產國際的指示和季米特洛夫的意見。王稼祥帶回的共產國際書面指示中說：「要保持統一戰線中各黨派的獨立性，說不要在統一中束縛自己手足，最低限度綱領是不能讓步的。」6 特別引人注目的是，他傳達季米特洛夫的話：「今天的環境中，中共主要負責人很難在一塊，因此更容易發生問題。在領導機關中要在毛澤東爲首的領導下解決，領導機關中要有親密團結的空氣。」7

共產國際執委會主席團做出的《決議案》和《決定》、季米特洛夫的意見傳達後，對糾正王明的右傾錯誤起了重大作用。陸定一回憶道：「這樣，就把王明路線所以能夠存在的第一個原因——共產國際的支持——取消了。」8 中共中央「要在毛澤東爲首的領導下解決」的地位，雖然遵義會議後已在實際

1 徐則浩：《王稼祥傳》，北京：當代中國出版社，一九九六年版，第二九四頁。
2 王稼祥：《王稼祥選集》，北京：人民出版社，一九八九年版，第一三八頁。
3《共產國際執委會主席團關於中共代表報告的決議案》，《文獻和研究》一九八五年第四期。
4《共產國際執委會主席團的決定》，《新華日報》一九三八年九月八日。
5 王稼祥：《我的履歷》（一九六八年），轉引自徐則浩：《王稼祥傳》，北京：當代中國出版社，一九九六年版，第二九六頁。
6 毛澤東在中共中央政治局會議上的發言記錄，一九四三年十一月十三日。
7 王稼祥：《王稼祥選集》，北京：人民出版社，一九八九年版，第一四一頁。
8 陸定一：《陸定一文集》，北京：人民出版社，一九九二年版，第八頁。

上解決，而這是第一次由共產國際正式加以肯定，它的意義自然非同小可。

毛澤東對共產國際的態度也高度肯定。他後來在中共七大會議上說：「遵義會議以後，中央的領導路線是正確的，但中間也遭過波折。抗戰初期，十二月會議就是一次波折。十二月會議的情形，如果繼續下去，那將怎麼樣呢？有人說他奉共產國際命令回國，國內搞得不好，需要有一個新的方針。所謂新的方針，主要是在兩個問題上，就是統一戰線問題和戰爭問題。在統一戰線問題上，是要獨立自主還是不要或減弱獨立自主；在戰爭問題上，是獨立自主的山地游擊戰還是運動戰。六中全會是決定中國之命運的。六中全會以前雖然有些著作，如《論持久戰》，但如果沒有共產國際指示，六中全會還是很難解決問題的。」1

五、中共擴大的六屆六中全會

解決王明問題的條件，無論在中共黨內還是共產國際方面，都已漸趨成熟。中共中央決定從一九三八年九月十四日至二十七日舉行政治局會議，為召開六屆六中全會做準備。

這次政治局會議開得十分隆重。第一個議程是由王稼祥做關於共產國際指示的報告，這在某種意義上確定了會議的基調；接著，由朱德、劉少奇、周恩來、博古、項英、高崗分別代表八路軍、北方局、中共代表團、長江局、新四軍、邊區做工做報告，由王明、張聞天、陳雲、康生分別做專題發言；九月二十四日，由毛澤東在政治局會議上做經常委討論過的題為《抗日戰爭與民族戰線的新階段新形勢與黨的任務》的報告。

毛澤東先講了這次會議的意義，強調共產國際指示不僅是政治局會議成功的保證，而且是六中全會以至七大的指導原則。他接著說，我們的責任是要向全國人民解釋三個問題：「第一，抗日戰爭是長期的或是短期的；第二，最後勝利是中國的還是日本的；第三，怎樣進行持久戰與爭取最後勝利。」對抗日戰爭的形勢，他說：「在武漢淪陷後將開始進入新階段」，「軍事意義上是相持階段。

政治的情況特點有兩方面，更進步，也更困難」。對抗日統一戰線的新形勢，他著重講了「統一戰線中的統一性和鬥爭性」問題，說：「統一戰線下，統一是基本的原則，要貫徹到一切地方、一切工作中，任何時候，任何地方，不能忘記統一。同時，不能不輔助之以鬥爭的原則，因為鬥爭正是為了統一，沒有鬥爭不能發展與鞏固統一戰線。適合情況的必要鬥爭是須要的，對付頑固分子，推動他們進步是必要的。」最後，他提出十一項任務，指出這是「黨的任務，也是全民族的任務，即民族統一戰線中的任務」。2

十個報告、發言和毛澤東長篇報告後，政治局展開了討論。周恩來在發言中說：「我完全同意國際指示與澤東等同志的報告。」「我們擁蔣抗日、擁護三民主義是鞏固統一戰線的政治基礎，但我們必須在保持黨的獨立性的原則之下。」3 九月二十六日是會議的最後一天，通過了六屆六中全會的議程。

九月二十九日至十一月六日，中國共產黨在延安舉行擴大的六屆六中全會。參加這次會議的中央委員和候補中央委員十七人，中央各部門和各地區領導幹部三十多人，這是中共六大以後出席人數最多的一次中央全會。

張聞天在九月二十九日致全會開幕詞，他說：「在我們今天開會的時候，國際形勢和國內形勢都是

1 毛澤東：《毛澤東在七大的報告和講話集》，北京：中央文獻出版社，一九九五年版，第二三一頁。
2 毛澤東在中共中央政治局會議上的報告記錄，一九三八年九月二十四日。
3 周恩來在中共中央政治局會議上的發言記錄，一九三八年九月二十五日。

非常緊張的。國際上和平陣線和侵略陣線進行著激烈的鬥爭，國內武漢的抗戰正處在最緊急的關頭。我們是處在抗戰的新階段前面。如何使我們在中國民族抗戰中發揮先鋒作用，堅持已經進行了一年三個月的抗戰，並增強我們的力量，這是這次全會要討論的問題。」1

王稼祥在全會上再次傳達共產國際的指示和季米特洛夫的意見。與會的中央委員李維漢後來回憶說：「季米特洛夫的話在會上起了很大作用，從此以後，我們黨就進一步明確了毛澤東的領導地位，解決了黨的統一領導問題。」2

十月十二日至十四日，毛澤東在全會上做《論新階段》的報告。他系統地談了從五中全會到六中全會、抗戰十五個月的總結、抗日民族戰爭與抗日民族統一戰線發展的新階段、全民族的當前緊急任務、長期戰爭與長期合作、中國反侵略戰爭與世界反法西斯運動、中國共產黨在民族戰爭中的地位、中共的七次全國代表大會等八個問題。

在《長期戰爭與長期合作》中，他說：「戰爭的長期性決定合作的長期性。」「這裡就發生了各黨之間互助互讓的問題。」「統一戰線中有什麼互讓呢？有的。我們曾經在政治上作過一些讓步。那就是停止沒收土地，改編紅軍，改變蘇區制度，這是一種政治上的讓步，這是為了建立統一戰線團結全民共同對敵的必要步驟。」「互助就不是互害。損人利己，在個人道德是不對的，在民族道德上更加不對。因此，無理的摩擦，甚至捉人、殺人等事，無論如何是要不得的。共產黨是絕不應該以此對待友黨。而如若友黨以此對待我們時，我們也決不容置之不理。」

在《中國共產黨在民族戰爭中的地位》一文中，他說：「堅持抗日民族統一戰線才能勝敵，並須是長期堅持，這是確定了的方針。但同時，必須保持加入統一戰線中的任何黨派在思想上政治上組織上的獨立性」，「如果被人抹殺或自己拋棄這種相對的獨立性或自由權，也同樣將破壞團結對敵，破壞統一戰線」。他還著重提出：馬克思主義的中國化，使之使其一切表現中帶著中國的特性，即是說，按照中國的特點去應用它，成為共產黨極待瞭解並極須解決的問題。[3]

周恩來在中共中央代表團報告中，敘述了抗日民族統一戰線形成和發展的歷史過程，剖析了國民黨在抗戰中表現出來的複雜的兩重性，指出統一戰線工作的原則應該是堅持抗戰高於一切，堅持共產黨的政治上的獨立性。張聞天在關於組織工作的報告中說：「兩條戰線鬥爭的目的，不是在造成同志們怕犯錯誤的心理，而是在教育同志們能夠正確的執行黨的路線與運用策略」，「但這一切決不能放鬆對真正機會主義傾向與機會主義者的鬥爭，這種鬥爭是鞏固黨的必要條件」。[4]

會議進行過程中，廣州、武漢在十月二十一日和二十七日相繼淪陷。

十一月五日、六日兩天，毛澤東在全會上做結論，著重講了統一戰線中的獨立自主、戰爭和戰略這兩個根本問題。

對前一個問題，他再一次說：「為了長期合作，統一戰線中的各黨派實行互助互讓是必需的，但應該是積極的，不是消極的。」他沒有點誰的名而批評了「一切經過統一戰線」的錯誤口號，說：「中國的情形是國民黨剝奪各黨派的平等權利，企圖指揮各黨聽它一黨的命令。我們提這個口號，如果是要求國民黨『一切』都要『經過』我們同意，是做不到的，滑稽的。如果想把我們所要做的『一切』均事先

1 《張聞天選集》編輯組編：《張聞天選集》，北京：人民出版社，一九八五年版，第二二四頁。
2 李維漢：《回憶與研究》（上），北京：中共黨史資料出版社，一九八六年版，第四一六頁。
3 中央檔案館編：《中共中央文件選集》第八冊，北京：中共中央黨校出版社，一九九一年版，第六二三、六三〇—六三二、六四六、六五八、六五九頁。
4 張聞天：《張聞天文集》（二），北京：中共黨史出版社，一九九三年版，第四五五、四五六頁。

取得國民黨同意，那末，它不同意怎麼辦？國民黨的方針是限制我們發展，我們提出這個口號，只是自己把自己的手腳束縛起來，是完全不應該的。」

對後一個問題，他從中國的國情和歷史發展進行分析，指出：「在中國，主要的鬥爭形式是戰爭，而主要的組織形式是軍隊。」「游擊戰爭是在全戰爭中佔著一個重要的戰略地位的。沒有游擊戰爭，忽視游擊隊和游擊軍的建設，忽視游擊戰的研究和指導，也將不能戰勝日本。」1

這兩個問題，正是近一年來同王明爭論的焦點所在。

由於這些問題上的是非已經分清，毛澤東對王明的錯誤，用正面說理的方式來進行總結；對王明本人採取同志式的幫助態度，希望他能改正錯誤。以後，他曾這樣說明：「在六中全會的文件上，在六中全會的記錄上，看不出我們尖銳地批評了什麼東西，因爲在那個時候，不可能也不應該提出批評，而是從正面肯定了一些問題，就是說在實際上解決了問題。」2

確實，毛澤東從抗戰開始以來一直堅持的那些正確主張，在六屆六中全會上已得到絕大多數人的理解和擁護。彭德懷在這次全會上的發言中說：「領袖是長期鬥爭經驗總結的，是長期鬥爭中產生的。毛澤東的領導地位是由正確的領導取得的。」3

全會除根據毛澤東的報告通過《政治決議案》外，還通過《關於中央委員會工作規定與紀律的決定》《關於各級黨部工作規則與紀律的決定》《關於各級黨委暫行組織機構的決定》和其他一些文件。文件中規定：「各中央委員不得在中央委員會以外對任何人發表與中央委員會決定相違反的意見，亦不得有任何相違反的行動。」「各中央委員如果沒有中央委員會、中央政治局及中央書記處的委託不得以中央名義向黨內黨外發表言論與文件。」「中央委員如有違犯紀律及有重大錯誤發生，中央委員會全體會議及政治局得依其程度之大小給以適當處分。」4 這顯然也是總結王明在黨內向中央鬧獨立性的嚴重教訓後提出來的，並且做出有關紀律處分的嚴格決定，以儆傚尤。這在共產黨的建設歷史上也跨出了一大步。

根據形勢的發展變化，全會撤銷長江局，設立南方局（周恩來爲書記）和中原局（劉少奇爲書記），將東南分局改爲東南局（項英仍爲書記）；對北方局做了調整，以楊尚昆爲書記。王明留在延安，不久擔任中央統一戰線部部長，對中共中央的實際工作不再發生重大影響。

六屆六中全會是中國共產黨歷史上一次具有重大意義的會議。

它正確地分析了抗日戰爭的形勢，規定了共產黨在抗戰進入新階段後的任務，並做出全面的規劃。它基本上克服了共產黨內以王明爲代表的右傾錯誤，進一步確立了毛澤東在共產黨的領導地位，統一了全黨步調，推動了各項工作的迅速發展。因此，毛澤東在中共七大上說「六中全會是決定中國之命運的」，這絲毫不是誇張。

六、結語

中國共產黨黨內的這場風波，是在抗日戰爭爆發不久後發生的。國共兩黨從十年內戰到合作抗日，是很多人原來沒有想到的大轉折。隨著客觀局勢的急遽變化，許多問題擺在人們面前，需要相應地做出

1 毛澤東：《毛澤東選集》第二卷，北京：人民出版社，一九九一年版，第五三七、五三九、五四〇、五四三、五五二頁。
2 毛澤東：《毛澤東在七大的報告和講話集》，北京：中央文獻出版社，一九九五年版，第一六三頁。
3 彭德懷在中共六屆六中全會上的發言記錄，一九三八年十月二十三日。
4 中央檔案館編：《中共中央文件選集》第九冊，北京：中共中央黨校出版社，一九九一年版，第七六〇、七六一頁。

新的考慮。

這是國共兩黨在歷史上的第二次合作。它同大革命時期的第一次合作相比，有著顯然不同的特點：第一，它是在中日的民族矛盾處於壓倒一切地位時形成的。一個民族遭到敵人侵略這一事實，起著決定一切的作用。「中華民族到了最危險的時候」，只有合作抗日，才能挽救中華民族。這就決定了這次合作能夠比較長時間地保持下去。第二，它是在兩黨經歷了十年內戰的生死搏鬥後重新合作的。十年裡，共產黨人的血流得太多太多了，這種傷痕難以很快消除。合作抗日期間，國民黨仍力圖限制以至消滅共產黨，共產黨不能不時刻保持著戒備。這就給第二次國共合作帶來很大的複雜性，包括嚴重的鬥爭。第三，它是在國共雙方都有自己的軍隊和政權的情況下合作的。國民黨有著全國性的政權和強大的軍隊，所以很自大，合作是不平等的。共產黨也有自己的軍隊和政權，並且在敵後迅速壯大，這是它賴以生存和發展的保障。因此，在軍隊和政權問題上限制與反限制的鬥爭，一直成爲兩黨矛盾的焦點。

這些特點，使中國共產黨面對許多從來沒有遇到過的新問題，一些問題相當棘手，需要在實踐中探索並闖出一條路子來。

要合作，而且是相當長時間的合作，正如毛澤東所說：「互助互讓是必需的。」停止沒收土地，改編紅軍、改變蘇區制度，這些對共產黨來說都是非常大的讓步。它是必要的，不這樣做就不可能換得停止內戰，合作抗日，也就不可能在生死存亡關頭挽救中華民族。問題在於：讓步的底線是什麼？在合作的同時是不是有鬥爭？哪些讓步是容許的，哪些讓步是不容許的？對中國共產黨來說，這些是缺少足夠經驗和沒有把握的新問題。在抗戰開始不久、蔣介石表面上還做出一些友好表示時，尤其如此。事後看來很清楚的事情，在當時卻不易做出判斷。這是王明打著共產國際旗號、提出「一切經過統一戰線」的錯誤口號，能在共產黨內產生不小影響的根本原因。

但中國共產黨此時畢竟已走向成熟，並沒有重複第一次國共合作破裂時的慘痛經歷。抗戰開始才一個多月，毛澤東在洛川會議上就明確提出共產黨在抗日民族統一戰線中的獨立性問題，告誡人們不要忘了「大革命教訓」。在十二月會議上，他始終堅持自己的主張。以後，在爭論中又恰當地把握住鬥爭的方式和火候，始終用事實來教育人們，最後使問題水到渠成地得到解決。

不僅如此。由於在這場鬥爭中有了不同意見的比較，促使人們更深入地去思考，對在統一戰線中必須堅持獨立自主、在敵強我弱的形勢下必須堅持以游擊戰爲主這些根本問題有了更深刻的理解，更自覺地堅持這些原則。

中國共產黨從它誕生之日起，就是這樣在實踐中不斷進行或大或小的思想鬥爭，辨明是非，逐步深化對客觀實際的認識，形成完整的新民主主義革命理論，而走向勝利的。

第十章

抗日戰爭與中華民族的新覺醒[1]

抗日戰爭勝利已經七十年了。中國人在日本軍國主義者的野蠻侵略下，遭受到空前未有的蹂躪和苦難，付出了重大代價。但正如恩格斯所說：「沒有哪一次巨大的歷史災難不是以歷史的進步爲補償的。」這場戰爭又是一所大學校，教育人們懂得了許多平時不明白的道理，成爲中華民族走向偉大復興的重要樞紐。

實現中華民族的偉大復興，是深埋在中國人內心最強烈的願望，是鼓舞無數中華優秀兒女不惜付出任何代價爲之奮鬥的內在動力。

人們對事物的認識有一個過程。近代以來，爲了拯救這垂危的民族，中國的先進分子進行了可歌可泣的頑強鬥爭，人們的覺悟在不斷提高。但是，古老中國社會幾千年來許多消極方面的因素已凝成相當大的惰性，容易習慣地束縛著不少人的頭腦。如果沒有極爲強烈的刺激，要撼動它直到根本改變它並不容易。即便少數先進分子已初步認識的事情，要使它成爲億萬大眾的共識，也需要他們在親身經歷的事實教育下，經過若干階段，才能做到。

日本侵略者對中國發動的全面戰爭，給中華民族帶來前所未有的苦難。它給中國人思想上引起的變動，無論在廣度和深度上，都大大超過以往任何時候。抗日戰爭成爲中華民族覺醒歷程中一個極爲重要的階段。只要把抗戰前的中國和抗戰後的中國、特別是人們深層次的意識形態狀況具體地比較一下，不難看到在這短短八年中所發生的變化。

其中，影響最深遠的三個方面，一是中華民族的民族自覺達到前所未有的高度；二是民主觀念日益深入人心；三是中國共產黨抵抗外來侵略的高度民族自信和提出的正確主張被越來越多的中國人所瞭解和接受。這些變化不是局部的枝節的，而是對全局的變動有著根本性的意義。抗戰勝利時的中國與抗戰前的面貌確實已大不相同。如果沒有這八年中發生的深刻變化，很難想像新生的人民共和國會那麼快地在中國大地上建立起來。

一、民族自覺的新高度

中華民族由五十六個民族組成，被稱爲「多元一體」。它所以能夠形成，首先是中國各族人民在幾千年漫長歲月中經濟和文化密切交流的結果，融合成你中有我、我中有你、誰也離不開誰的命運共同體。而在近代以來，更在反對外來侵略者的共同鬥爭中形成自覺的認識。

這些外來侵略者替中華民族充當了反面教員。一八四〇年的鴉片戰爭，標誌著中國開始走上半殖民地半封建社會的悲慘道路。在外來侵略者中，後來居上的日本軍國主義者扮演了格外突出的角色。中日甲午戰爭的慘敗給了中國先進分子極大的刺激。「振興中華」的口號，便是孫中山在甲午戰爭發生那年喊出來的。「中華民族」這個名稱，從已知的材料來看，是當年流亡日本的梁啓超一九〇二年提出來的。

進入二十世紀後，日本軍國主義者的侵華步伐大大加速：向袁世凱政府提出「二十一條」，巴黎和會後奪取在中國山東的特權，一九二七年的東方會議等，都給了中國人巨大的刺激。一九三一年九一八事變的消息傳來，如此大片富饒的國土不經抵抗而淪喪，更使整個中國爲之震動。東北人民的悲慘遭遇，使人們感同身受。原先政治態度比較溫和的鄒韜奮，在對全國青年擁有巨大影響的《生活》週刊上寫道：「今日日本在東北無端佔我土地，焚我官署兵營，解我軍械，逮捕我官吏，慘殺我無辜，凡此種

1 原文載於《歷史研究》二〇一五年第四期。

種，亡國奴所受之至慘極痛之悲劇，若我們無徹底覺悟，與堅決奮鬥的抗禦，則爲我們人人及身所必須遭遇，妻女任人姦淫擄掠，自身任人奴役蹂躪，子子孫孫陷入非人的地獄深淵，皆非意想而爲可能之事實。」

日本軍國主義者並沒有就此停步，緊接著又把侵略矛頭伸入包括平津在內的華北地區。塘沽協定、何梅協定、「華北五省自治運動」等令國人驚心動魄的噩耗一道接著一道傳來。北平（今北京）是中國幾百年的故都，它的遭遇使人感到亡國慘禍已迫在眉睫。以《義勇軍進行曲》爲主題歌的影片《風雲兒女》，正是在一九三五年拍攝的。「中華民族到了最危險的時候」的歌聲唱遍全國。以一二．九運動爲標誌的愛國救亡運動高潮，也在這一年震動全國。

一九三七年七月七日，是中國人永遠不會忘記的日子。這一天，日本軍國主義者發動了企圖滅亡中國的全面侵略戰爭。這一天，中國人民終於開展了全民族的抗日戰爭。它改變了幾乎所有中國人的生活。

在亡國滅種的嚴重威脅面前，如果國家民族沒有前途，根本沒有什麼個人前途可言。這種人人都能親身感受到的事實，比別的千言萬語更具有強烈的說服力。著名作家巴金寫道：「這一次全中國的人真的團結成一個整體了。我們把個人的一切全交出來維護這個『整體』的生存。這個『整體』是一定會生存的。『整體』的存在就是我們個人的存在。我們爲著爭我們民族的生存雖至粉身碎骨，我們也不會滅亡，因爲我們還活在我們民族的生命裡。」爲什麼那麼多志士仁人不惜犧牲個人的一切，甚至獻出自己最寶貴的生命，去爲國家民族的前途奮鬥？原因就在這裡。

中華民族空前地團結起來。它所蘊藏著的巨大能量，在反抗外來侵略者的戰鬥中，像火山般噴發出來。這是抗日戰爭能夠頑強堅持下去、直到取得最後勝利的力量源泉所在。

中國共產黨全力共赴國難。中國工農紅軍改編成國民革命軍第八路軍和新編第四軍，開赴前線。平型關戰役是抗戰開始以來中國軍隊取得的第一場大捷，打破了「皇軍不可戰勝」的神話。他們隨後又深入敵後，同一切不願做亡國奴的中國人緊緊團結在一起，開展游擊戰爭，建立起抗日根據地，迅速發展壯大。

國民黨將士中，眾多人也表現出高度的愛國熱情。盧溝橋事變炮聲一響，守軍第二十九軍便奮起抗擊，副軍長佟麟閣和師長趙登禹英勇犧牲。茅盾在回憶錄中寫道：「國民黨軍隊的廣大將士們，是不願做亡國奴的。他們同仇敵愾，就等一聲令下，奔赴疆場。」在淞滬戰役、台兒莊戰役、忻口戰役、武漢保衛戰、三次長沙會戰、滇緬戰役等戰場上，許多愛國官兵寧死不屈，壯烈殉國。棗宜戰役中，第三十三集團軍總司令張自忠壯烈殉國。他是抗戰期間犧牲的最高級將領。周恩來在紀念文章中寫道：「張上將是一方面的統帥，他的殉國，影響之大，決非他人可比。」「這種生死不苟、大義凜然的民族氣節，乃是抗日戰爭中所需要的寶貴精神。」

蔣介石和國民黨副總裁汪精衛不同，看到日本侵略者要滅亡中國，下決心堅持抗戰。盧溝橋事變後十天，他在廬山談話會上發表演講說：「如果戰端一開，那就是地無分南北，年無分老幼，皆有守土抗戰之責任，皆應抱定犧牲一切之決心。」這句話傳誦一時，受到普遍歡迎。在八年抗戰的艱苦歲月中，他始終堅持抗戰，沒有屈服於強敵，這是值得肯定的。中國國民黨是當時中國最大的握有全國性政權的政黨，有著幾百萬軍隊和得到國際承認的外交地位。沒有它的參加，全民族的抗戰是難以形成的。

國民參政會一九三八年在武漢舉行時，年齡最長的老翰林張一麟在開幕式上說：「暴日處心積慮，積十年之準備，加之以謀我，意在全部覆滅我中華。到今日況既讓無可讓，忍無可忍！政府為求延續我國家和民族的生命，萬不得已出而抗戰。我全國人民，是當捐棄一切，團結各黨各派各地各界之心思財力，凝成整個的力量，樹立我抗戰政府有力之後盾。」

戰爭烈火迅速蔓延。日本侵略鐵蹄踏遍中國的富庶地區。鄒韜奮一九四一年在香港寫道：「自從全面抗戰發動以來，全國的許多同胞受到日本帝國主義者的摧殘蹂躪、姦淫殘殺。在這極慘酷的苦痛中，使每一個中國人（漢奸當然除外）雖不出國門一步，也都深深地感覺祖國的可寶貴，也都能深深地感覺到爭取祖國的獨立自由是每一個中國人所不得不負起的重要責任。我們要做一個堂堂正正的人，就不得不愛我們的祖國。」在國家民族面對生與死的嚴峻考驗時，這些發自肺腑的呼喊產生了巨大的感染力。

日本侵略者所到之處，從來就把中華民族作爲一個整體來對待，並不區分你是漢族還是滿族、蒙古族、回族、壯族、彝族、苗族等。中國各族人民面對的是共同的命運，單靠哪一個民族都不足以抵抗日本侵略者。當時流行的《流亡三部曲》歌曲中唱道：「敵人打來，炮毀槍傷，到頭來都是一樣。」正是日本侵略者這個反面教員，大大增強了中國各族人民的認同感和凝聚力。

這種高度的民族自覺，是中華民族所以能在抗日戰爭中頑強地堅持下來，直到取得最後勝利的力量源泉。反過來，經過這場血與火的洗禮，深深扎根於人民腦海中的民族自覺，成爲抗戰結束後鼓舞無數優秀兒女繼續爲實現中華民族偉大復興奮鬥的無形動力。經過八年浴血抗戰，最終取得完全勝利，又一掃不少人在長期半殖民地境遇中造成的自卑心理，極大地增加了中華民族的民族自信。

二、民主觀念的深入人心

在全民族抗戰歲月中，人們最關切的頭等重要問題，莫過於怎樣才能取得抗戰的勝利。

毛澤東一九三八年在《論新階段》中正確指出：「敵人乘我弱點之處，不但在軍事，而且在政治，在我政治制度之不民主化，不能與廣大人民發生密切的聯繫。」「長期艱苦的抗日戰爭，一切須取給於民眾，沒有普遍發展的並全國統一的民眾運動，要長期支持戰爭是不可能的。」這就說明了抗日和民主是不可分割的，沒有民主政治就不能取得抗戰的勝利。

中國經歷過幾千年的封建社會，民主傳統一直極爲缺乏。只有「奉天承運」的皇帝至高無上、神聖不可侵犯，握有一切大權。百姓被稱爲「子民」、「蟻民」。被一些人大肆吹捧過的清末《欽定憲法大綱》頭兩條便寫道：「大清皇帝統治大清帝國，萬世一系，永永尊戴。」「君上神聖尊嚴，不可侵犯。」被編織得異常精密的「三綱五常」那套意識形態所網羅，從小就灌輸在一般人頭腦中，不敢越雷池一步。辛亥革命推翻了君主專制制度，建立起共和政體，這是二十世紀中國第一次歷史性變化。領導這次革命的孫中山曾說：「在南京所訂民國約法，內中只有『中華民國主權屬於國民全體』一條是兄弟主張的。」可見他最看重是這一點。但事實上，國家主權依然沒有「屬於國民全體」，先是北洋軍閥，隨後是蔣介石和國民黨的獨裁統治，儘管搬用過一些西方的政治名稱，其實哪裡談得上什麼民主。

抗日戰爭時期，民主呼聲在全國日益高漲。因爲它是實現爭取抗戰勝利這個人們最關切的焦點的重要條件，便產生前所未有的巨大吸引力，並被賦予新的更廣闊的含義。

中國共產黨所以能在極端困難的敵後環境中站住腳跟並不斷發展壯大，原因就在於實行了民主政治，同民眾建立起不可分離的魚水情。敵後建立的根據地稱爲抗日民主根據地，以往被人瞧不起的勞苦大眾如今抬起頭來自己當家做主。八路軍和新四軍被稱爲「人民子弟兵」。這在人們面前展開了一片新天地。

在國民黨統治下的大後方，走過的卻是曲折的道路。鄒韜奮在遺著《患難餘生記》中寫道：「八一三全面抗戰開始，如把政治的進步當作『曲線圖』來看的話，那麼可說這『曲線』是開始逐漸上升，取徑儘管迂迴曲折，而漸漸上升卻是事實。」「一九三八年是『曲線』的最高峰。一九三九年便很不幸地漸漸下降了，至一九四一年的皖南事變後的數月間降到最低層。」

爲什麼「一九三九年便很不幸地漸漸下降了」？原因在於：武漢和廣州失陷後，日本侵略者的兵力財力物力已大大損耗，難以再發動以前那樣規模的攻勢。蔣介石感到來自日本侵略者的威脅和壓力已明顯減輕。於是，他的反民主的獨裁統治日益加強。其中突出的是特務橫行。董必武從重慶回延安時說：「在國民黨特務政策統治下面，在路上走的人有被抓去的，在家中坐的人有被抓去的，甚至坐在辦公室的公務員有被抓去的。抓去的方式，不依任何法律手段，不公開，被抓到什麼地方去拷問和監禁，沒有人知道。」這些常被稱爲「失蹤」的人，有些關進了集中營，有些被秘密殺害。

就連有很高聲望的經濟學家馬寅初教授，因爲發表文章，指出豪門資本的大發「國難財」：「現在前方抗戰百十萬之將士犧牲其頭顱熱血，幾千萬人民流離顛沛，無家可歸，而後方之達官資本家，不但與政府無所貢獻，且趁火打劫，大發橫財，忍心害理，孰甚於此。」建議：「欲實行資本稅必須先自發國難之大官始。」他說出了百姓普遍的心裡話，卻被國民黨當局逮捕。蔣介石在日記中寫道：「本日押解馬寅初在憲兵司令部，以此人被共產黨包圍，造謠惑眾，破壞財政信用也。」馬寅初被捕後，先後被關押達二十一個月之久。

人民連起碼的人身安全都毫無保障，哪還有什麼民主可言？

這種憤怒越積越深。到抗戰即將勝利的前夜，垂敗的日本侵略者在一九四四年鼓其餘力向河南、湖南、廣西發動大規模軍事進攻，短短八個月內先後攻陷中國二十萬平方公里國土。重慶陷入一片恐慌之中。如果人們對其他有些問題還可勉強忍受的話，那麼，抗日戰爭在軍事方面出現不應有的大潰敗就使人無法忍受。誰都看得出來，這其實是國民黨當局政治腐敗的集中大暴露。

於是，大後方的民主運動便風起雲湧般以空前的規模掀起新的熱潮。許多大學教授、文化界人士、青年知識分子紛紛投入反對國民黨專制獨裁的鬥爭。中國民主同盟主席張瀾老先生在一九四四年九月說：「關鍵是在民主。只有民主是中國唯一的道路，只有實行民主才是國家人民之福。」一個月後，他在成都五所大學兩千多學生的座談會上說：「你們提出這樣許許多多的問題出來，其實根本問題只有一個。爲什麼你們會提出這樣許多問題來呢？反面就是不民主。」

人心的這種大變動，使蔣介石和國民黨當局陷於前所未有的孤立境地，它的後果，在抗戰勝利後、特別當國民黨政府冒天下之大不韙發動全面內戰時，便再清楚不過地表現出來。

三、中國共產黨被更多人所瞭解和接受

中國共產黨從誕生之日起，就是爲中國最廣大人民的根本利益奮鬥的。但是，在抗日戰爭前，它的政治影響主要在各革命根據地的貧苦農民和城市裡的革命知識分子中。由於國民黨當局對革命根據地嚴密封鎖和對共產黨的造謠污蔑，加上中共中央多年「左」的關門主義錯誤，一般民眾對共產黨的真實情況瞭解有限。

抗日戰爭開始後，國共兩黨實行第二次國共合作，共產黨人在一些地區能夠公開或半公開地活動。人們對中國共產黨逐漸有了較多的認識和瞭解。

周恩來等中共領導人先後在武漢、重慶同國民黨當局談判，並同社會各界、各黨派人士和外國友人廣泛接觸，坦誠相待，增強了相互瞭解和友誼，博得了人們的普遍尊敬。加拿大的白求恩大夫、印度的柯棣華大夫等就是經他介紹，到敵後抗日根據地去的。

毛澤東在一九三八年五月、六月間寫成了名著《論持久戰》，系統地闡明爲什麼這場戰爭一定是長期的艱苦的持久戰，中國怎樣在持久戰中一步步地轉弱爲強，直到取得最後勝利。這本書在武漢公開出版，在大後方產生了轟動的效果，回答了人們最關心而一時還看不清楚的問題，也使很多人進一步瞭解並信任中國共產黨和它的主張，一個外國記者評論說：「不管他們對於共產黨的看法怎樣，以及他們代表的是誰，大部分的中國人現在都承認毛澤東正確地分析了國內和國際的因素，並且無誤地描繪了未來的一般輪廓。」

曾留學美國的救國會領導人李公樸，根據半年內在共產黨領導的敵後抗日根據地親身考察所見所聞，在一九四〇年寫出《華北敵後——晉察冀》，一開始便說道：「模範的抗日根據地，模範的抗日民主、抗日民族統一戰線的晉察冀邊區，象徵著中華民族解放的勝利，象徵著新中國光輝燦爛的前景。」「民主政治的徹底實施，行政機構的改革，經濟政策的規定，人民生活的改善，邊區政權的日益鞏固和擴大亦是人所共見的事實。」美國很有影響的《時代》和《生活》兩雜誌的駐華記者西奧多・懷特和安娜・雅各布也有一段異常生動的描繪：「共產黨的全部政治論題可以概括爲下面的一段話：如果你遇見這樣的農民——他的一生都被人欺凌、被人鞭笞、被人辱罵，而且他的父親把祖祖輩輩傳下來的痛苦感情都轉移給了他。你真正把他作爲一個人來對待，徵求他的意見，讓他投票選舉地方政府，讓他組織自己的警察和憲兵；給予他權力，讓他決定自己應交納多少賦稅，讓他自己決定是否減租減息。如果你做到了這一切，那麼，這個農民就會變成一個具有奮鬥目標的人。而且，爲了保衛這個目標，他將同任何敵人——不管是日本人還是中國人——進行殊死拚搏。如果你再給這個農民提供一支軍隊和一個政權，幫助他們耕種土地、收割莊稼，爲他們消滅曾經強姦他妻子、糟蹋他母親的日本鬼子，那麼，他就必然會忠於這支軍隊，這個政府以及控制軍隊和政府的政黨；必然會擁護這個政黨，按照這個黨給他指引的方向進行思考，並在很多情況下成爲這個政黨的積極參加者。」

全國各地有成千上萬青年知識分子奔向延安，其中包括不少平津的大學生。任弼時說過：「抗戰後到延安的知識分子總共四萬餘人，就文化程度言，初中以上百分之七十一（其中高中以上百分之十九，高中百分之二十一，初中百分之三十一），初中以下約百分之三十。」他們很多在陝北公學、魯迅藝術學院、抗日軍政大學等學習，畢業後奔赴前線，成爲傳播革命思想的種子，許多人成長爲革命的骨幹力量。

抗日戰爭後期，同盟各國的對日作戰將進入決戰階段，迫切需要瞭解中國戰場的全盤情況。在中國，以往共產黨領導的各抗日根據地或者遠處敵後，或者遭受國民黨當局的嚴密封鎖，大後方許多人不容易瞭解它的具體情況。這時，在各方面壓力下，國民黨當局第一次允許中外記者西北參觀團二十一人到這些根據地採訪，其中包括美聯社、合眾社、美國《時代》雜誌等六名外國記者。一九四四年六月九日，他們到了延安。有些人還到敵後抗日根據地考察，他們所寫的大量報導和評論，在大後方和國外一些報刊上陸續發表，成爲轟動一時的事情。

美國《紐約時報》記者福爾曼進行了六個月的採訪後寫出一本《來自紅色中國的報告》。他一開始說明：「我們新聞記者多半既不是共產主義者，也不是共產主義的同情者。」在描述了大量親眼目睹的事實後，他寫道：「凡見到過八路軍的都不會懷疑他們，他們所以能以繳獲的武器或簡陋的武器堅持作戰，就是他們能與人民站在一起。」「在延安他們把戰果告訴我時，我真不敢相信。但是我和八路軍在敵後共同作戰兩個月後——真正地去參加佔領和摧毀這些據點和碉堡，我所見到的一切證明了共產黨的敘述並無誇大。」

《新民報》記者趙超構所寫的《延安一月》，黃炎培在同其他五位參政員訪問延安五天歸來後所寫的《延安歸來》，也產生很大影響。

這些報導和評論，是大後方許多人以往沒有接觸過的，使他們看到一個過去並不瞭解的天地，感到耳目一新，對中國的未來產生新的希望。

四、結語

經過漫長的八年歲月，經歷了這樣一場決定國家民族命運的生死搏鬥，中國人付出了極其慘痛的代價，卻也受到平常日子裡難以相比的深刻教育。

拿抗日戰爭前的中國同抗戰勝利時比較一下，就會看到，中國的狀況、特別是人心的趨向發生了巨大的變化：這個變化的歷史地位和意義，只有把它放在中華民族走向復興前後相續的過程中，作爲經歷的一個特定階段去考察，才能真正理解它。

民族自覺的提高，使人們在付出血的代價後，思想境界變得大大開闊，超越過去僅僅局限於個人和家庭小圈子的狹隘眼光，更多地關心國家和民族的命運。中華民族的覺醒是一股巨大的無形凝聚力，成爲鼓舞人們萬眾一心地爲實現中華民族偉大復興而奮鬥的自覺和推動力量。

民主觀念的日益深入人心，深刻地改變了眾多人的生活態度，拋棄那種逆來順受、安於現狀的消極心態，不再滿足於對舊社會秩序做些枝枝節節的改良，期待著建立一個真正由人民當家做主的新社會和新國家。

許多原來在政治上處於中間狀態的人，對長期居於統治地位的國民黨當局強烈失望，轉而對以往還比較生疏甚至抱有若干懷疑的中國共產黨越來越寄以信任和期望。到抗日戰爭結束時，在大多數中國人眼中，共產黨和國民黨已成爲中國的兩大政黨，而且越來越多的同情在傾向共產黨。這對抗戰勝利後中國政治局勢的發展，有著不可忽視的影響。

當然，不能對這種變化做過分的估計，政治上處於中間狀態的人一時依然很多，但風向標已顯然朝前面所說這個方向轉動，出現了八年抗戰以前不曾有過也難以想像的新格局，並且繼續沿著這個方向大步邁進。

抗日戰爭的勝利，是一百多年來中國人民反對外來侵略者第一次取得完全勝利的民族解放戰爭。由於中國抗日戰爭對世界反法西斯戰爭做出的巨大貢獻，受到國際社會的肯定和尊重，中國的國際地位有很大提高。

抗日戰爭不只是軍事行動。毛澤東在中共七大報告中指出：「這個戰爭促進中國人民覺悟和團結的程度，是近百年來中國人民的一切偉大的鬥爭沒有一次比得上的。」把「促進中國人民覺悟和團結的程度」稱爲「是近百年來中國人民的一切偉大的鬥爭沒有一次比得上的」，這是一個份量極重的論斷。八年抗戰，有些事情如戰爭的勝利，當下就給人立刻留下極爲強烈的印象，而有些事情如它對「人民覺悟和團結」的意義也許過些時間後會看得更清楚。相隔七十年後再回頭來看，對中共七大當年做出的這個沒有引起足夠重視的重大論斷和它包含的深遠含義又會有新的更深切的體會。

第十一章

三大戰略決戰中的毛澤東和蔣介石[1]

什麼是戰略決戰？就是指對戰爭全局有決定意義的戰役，通常表現為交戰雙方的主力會戰，因為只有在會戰中殲滅對方的主力，才能最終決定戰爭的勝負。在國共內戰中，戰略決戰就是遼瀋、淮海、平津三大戰役。正因為戰略決戰對戰爭全局起著決定性作用，是戰爭的真正重心所在，雙方的軍事統帥不能不全力以赴地為爭取真正的勝利而投入這場鬥爭。又因為它是雙方主力的會戰，在整個戰爭過程中是最激烈、最複雜、最變化多端的階段，在指揮上也是最不容易駕馭的時段。

對軍事統帥來說，戰略決戰是檢驗他的戰略眼光、駕馭複雜局勢的能力以及決心和意志力的最好試金石。這裡包括：他能不能總攬全局地正確判斷客觀戰爭局勢的發展；能不能敢於在適當時機下常人難以決斷的最大決心，排除種種困難，堅決貫徹實行；能不能靈活地應對戰場上出現的可以預見或難以預見的重要變化，隨機應變，及時調整部署；能不能巧妙地從戰役的這一階段向下一階段發展，如此等等。可以說，戰略決戰在相當程度上也是雙方軍事統帥指揮作戰能力的較量。較量中孰優孰劣，空言爭辯是沒有用的，一切只能靠戰爭實踐的事實來檢驗。

當然，戰略決戰的勝敗不能單純從軍事這一個角度來考察，它通常有著深刻的社會原因，同政治、經濟、思想、文化等諸多因素交織在一起，特別是由人心向背這一根本因素所支配，但軍事統帥的主觀指揮是否正確無疑也起著極為重要的作用。

毛澤東曾著重指出這一點：「我要優勢和主動，敵人也要這個，從這點上看，戰爭就是兩軍指揮員以軍力財力等項物質基礎作地盤，互爭優勢和主動的主觀能力的競賽。競賽結果，有勝有敗，除了客觀物質條件的比較外，勝者必由於主觀指揮的正確，敗者必由於主觀指揮的錯誤。」2

他還指出：「戰爭是力量的競賽，但力量在戰爭過程中變化其原來的形態。在這裡，主觀的努力，多打勝仗，少犯錯誤，是決定的因素。客觀因素具備著這種變化的可能性，但實現這種可能性，就需要正確的方針和主觀的努力。這時候，主觀作用是決定的了。」[3]他在這短短的一段話裡連用了兩次「決定」這個詞，來加強語氣。戰爭的勝敗，從根本上說，自然取決於客觀因素是否具備，取決於人心的向背，取決於勝利一方各級將領、戰士以及民眾的共同努力，而有了這些條件以後，軍事統帥的作戰指導是否正確，無疑可以起「決定」作用。

對抗雙方的統帥，在戰略決戰中總是竭盡自己的全力進行較量。雙方又各擁有一定的實力，力圖取勝，否則也沒有什麼「決戰」可言。這就使歷史的發展顯得波瀾起伏，險象環生。最後，一方勝利了，一方失敗了。雙方統帥的高下和優劣，在這種全力較量的檢驗中，表現得遠比其他時候更爲明顯，從而能激起人們研究它的濃厚興趣。

筆者常感覺：研究中國共產黨在革命時期的歷史，必須同時研究國民黨，而研究這個時期國民黨的歷史，也必須研究共產黨，注意它們之間的互動關係。如果只把眼光始終對著其中的一個方面，就難以對那段歷史有全面的真實的瞭解。

筆者記得在高中讀書時，課外看過梁啓超的《中國歷史研究法》和它的《續編》。有一段話給筆者留下很深的印象。他說：「我們看李瀚章做的《曾文正公年譜》，實在不能滿足我們這種慾望。因爲他只敘譜主本身的命令舉動，只敘清廷指揮擢黜諭旨，其餘一切只有帶敘，從不專提，使得我們看了，好像從牆隙中觀牆外的爭鬥，不知他們爲什麼有勝有負！雖然篇幅有十二卷之多，實際上還不夠用。倘然有人高興改做，倒是很好的事情；但千萬別忘記舊譜的短處，最要詳盡的搜輯太平天國的一切大事，同

1 原文載於《黨的文獻》二〇一三年第一期。
2 毛澤東：《毛澤東選集》第二卷，北京：人民出版社，一九九一年版，第四九〇頁。
3 毛澤東：《毛澤東選集》第二卷，北京：人民出版社，一九九一年版，第四八七頁。

時要〔把〕人的相互關係，把當時的背景寫個明白，才瞭解曾國藩的全體如何。」1這段話是六十多年前讀的，但梁啓超所說的「從牆隙中觀牆外的爭鬥，不知他們爲什麼有勝有負」那幾句話，至今不忘。

還可以打個比喻：看人下棋，一定要同時看雙方分別如何佈局，如何下子。棋局中變化多端，充滿著未知數和變數，還要看一方走出什麼別人原來沒有料到的一著棋時，另一方又是如何應對的，應對得是對還是錯。這樣才能看懂這局棋。如果眼睛只盯著一方的佈局和下子而不看對方，那就根本無法看懂這局棋，甚至也無法真正看懂你所關注的那一方爲什麼勝利或失敗。

在戰爭史中，雙方統帥如何統籌全局、做出判斷、佈局下子，如何處理戰爭進程中那些異常複雜而有關鍵意義的問題，他們的領導能力究竟怎樣，後果又是如何，常常引起人們的特別興趣。下面，就毛澤東和蔣介石在三大戰略決戰中的作戰指導，分別做一點綜合的考察。

一、關於毛澤東

毛澤東本來不是軍人。他自己說過：「我是一個知識分子，當一個小學教員，也沒學過軍事，怎麼知道打仗呢？就是由於國民黨搞白色恐怖，把工會、農會都打掉了，把五萬共產黨員殺了一大批，抓了一大批，我們才拿起槍來，上山打游擊。」2

既然如此，毛澤東爲什麼會成長爲一位出色的軍事統帥？他的辦法是從戰爭中學習戰爭。這有兩層意思：一是要投身到戰爭實踐中去，否則就談不上從戰爭中學習戰爭；二是要在戰爭實踐中用心去想，不斷總結實踐中成功的經驗和失敗的教訓，用來校正自己的認識和行動，並且把戰爭中遇到的重要問題提到較高的原則性上去思索和解決，這就是研究戰略問題。

陳毅曾對毛澤東的軍事思想做過這樣的概括：「其特點是以實事求是的方法去研究中國戰爭的實際，去發現和掌握中國革命軍事的總規律。」3

陳毅說得很對。實事求是，確實是毛澤東軍事思想的精髓。

在戰爭中，他總是力求熟識敵我雙方各方面的情況，使作戰的部署和指揮盡量適合當時當地的情況，使主觀的指導和客觀的實際情況相符合，做那些實際上可能做到的事情，而不是只憑主觀願望去瞎指揮，更不是只說一大堆空話。這是他在戰爭中所以能克敵制勝的關鍵所在。

當然，對客觀事物的認識不可能一次完成，在戰爭中尤其如此。他清醒地看到：「統統相符合的事，在戰爭或戰鬥中是極其少有的，這是因爲戰爭或戰鬥的雙方是成群的武裝著的活人，而又互相保持秘密的緣故，這和處置靜物或日常事件是大不相同的。然而只要做到指揮大體上適合情況，即在有決定意義的部分適合情況，那就是勝利的基礎了。」

他對軍事統帥如何才能正確地指揮作戰的思考和實行過程做了具體而清晰的敘述：

指揮員的正確的部署來源於正確的決心，正確的決心來源於正確的判斷，正確的判斷來源於周到的和必要的偵察，和對於各種偵察材料的聯貫起來的思索。指揮員使用一切可能的和必要的偵察手段，將偵察得來的敵方情況的各種材料加以去粗取精、去僞存真、由此及彼、由表及裡的思索，然後將自己方面的情況加上去，研究雙方的對比和相互的關係，因而構成判斷，定下決心，作出計劃——這是軍事家

1 梁啟超：《中國歷史研究法補編》，上海：商務印書館，一九四七年版，第一〇三頁。
2 中共中央文獻研究室，金沖及主編：《毛澤東傳（一八九三—一九四九）》，北京：中央文獻出版社，二〇〇四年版，第一六四頁。
3 中國人民解放軍軍事學院編：《陳毅軍事文選》，北京：解放軍出版社，一九九六年版，第三二五頁。

在作出每一個戰略、戰役或戰鬥的計劃之前的一個整個的認識情況的過程。粗心大意的軍事家，不去這樣做，把軍事計劃建立在一廂情願的基礎之上，這種計劃是空想的，不符合於實際的。

認識情況的過程，不但存在於軍事計劃建立之前，而且存在於軍事計劃建立之後。當執行某一計劃時，從開始執行起，到戰局終結止，這是又一個認識情況的過程，即實行的過程。此時，第一個過程中的東西是否符合於實況，需要重新加以檢查。如果計劃和情況不符合，或者不完全符合，就必須依照新的認識，構成新的判斷，定下新的決心，把已定計劃加以改變，使之適合於新的情況。部分地改變的事差不多每一作戰都是有的，全部地改變的事也是間或有的。魯莽家不知改變，或不願改變，只是一味盲幹，結果又非碰壁不可。[1]

這兩段話是毛澤東在一九三六年十二月寫的，而他在十二年後的三大戰略決戰時作爲中國人民解放軍最高統帥時也是這樣思考和踐行的。

正確判斷戰爭全局的客觀形勢，是中國人民解放軍決定發動三大戰略決戰的出發點和基本依據。到一九四八年八月，正確選擇決戰時機已成爲刻不容緩的問題。

國共內戰兩年來國民黨軍有生力量被大量消滅，雙方力量對比已發生巨大變化。國民黨當局正在考慮撤退東北、確保華中的問題，但仍舉棋不定。葉劍英寫道：「在這種情況下，究竟是讓敵人實現他們把現有兵力撤至關內或江南的計劃，使我們失去時機，從而增加我軍爾後作戰的麻煩呢？還是在敵人還沒有來得及決策逃跑之前，我們就當機立斷，抓住大好時機，組織戰略決戰，各個消滅敵人的強大戰略集團呢？機不可失，時不再來。毛澤東同志根據對戰爭形勢的科學分析，毅然決然地抓住了這個戰略決戰時機，先後組織了遼瀋（遼瀋會戰）、淮海（徐蚌會戰）、平津（平津會戰）三大戰役。」[2]

在兵力還沒有超過對方的條件下，綜合各方面因素的考慮，下決心發動戰略決戰，需要有大智大勇。這也是蔣介石沒有料到、因而在事先也沒有做出應對準備、結果處處陷於被動挨打的重要原因。

抓住決戰時機後，確定決戰方向十分重要。既要全局在胸，又要正確地選擇從何著手，接著如何一步一步發展，直至達到預期的目標。這對軍事統帥的指揮能力是一個重要考驗。

毛澤東歷來強調：「一戰而勝，再及其餘，各個擊破，全局因而轉成了優勢，轉成了主動。」[3]他寫道：「第一個戰鬥，關係非常之大。第一個戰鬥的勝敗給予極大的影響於全局，乃至一直影響到最後的一個戰鬥。」怎樣打好第一個戰鬥？毛澤東歸納了三條原則：「第一，必須打勝。必須敵情、地形、人民等條件，都利於我，不利於敵，確有把握而後動手。否則寧可退讓，持重待機。機會總是有的，不可率爾應戰」；「第二，初戰的計劃必須是全戰役計劃的有機的序幕。沒有好的全戰役計劃，絕不能有真正好的第一仗」；「第三，還要想到下一戰略階段的文章。」「戰略指導者當其處在一個戰略階段時，應該計算到往後多數階段，至少也應計算到下一個階段。儘管往後變化難測，愈遠看愈渺茫，然而大體的計算是可能的，估計前途的遠景是必要的。」「走一步應該看那一步的具體變化，據此以修改或發展自己戰略戰役計劃，不這樣做，就會弄出冒險直衝的錯誤。然而貫通全戰略階段乃至幾個戰略階段的、大體上想通了的、一個長時期的方針，是決不可少的。」[4]

三大戰略決戰是從東北戰場開始的。葉劍英描述了毛澤東的決策過程：「當時全國各戰場的形勢雖然在不同程度上都有利於人民解放軍的作戰，但敵人在戰略上卻企圖盡量延長堅守東北幾個孤立要點的

1 參見毛澤東：《毛澤東選集》第一卷，北京：人民出版社，一九九一年版，第一七九、一八〇頁。
2 中國人民解放軍軍事學院編：《葉劍英軍事文選》，北京：解放軍出版社，一九九七年版，第四五八頁。
3 毛澤東：《毛澤東選集》第二卷，北京：人民出版社，一九九一年版，第四九一頁。
4 參見毛澤東：《毛澤東選集》第一卷，北京：人民出版社，一九九一年版，第二二〇—二二二頁。

時間，牽制我東北人民解放軍，使我軍不能入關作戰；同時，敵人又準備把東北敵軍撤至華中地區，加強華中防禦。在這種情況下，如果我們把戰略決戰的方向，指向華北戰場，則會使我軍受到傅作義、衛立煌兩大戰略集團的夾擊而陷於被動；如果我們把戰略決戰的方向首先指向華東戰場，則會使東北敵人迅速撤退，而實現他們的戰略收縮企圖。因此，東北戰場就成爲全國戰局發展的關鍵。」「決戰首先從局部的形勢開始，進而爭取全局上的更大優勢。由於迅速而順利地取得了遼瀋戰役的勝利，就使全國戰局急轉直下，使原來預計的戰爭進程大爲縮短。」[1]

作戰方向確定後，爲了取得理想的作戰效果，毛澤東和中共中央軍委在三大戰略決戰中幾乎都採取了奇襲的作戰方法。正如《孫子兵法・九地篇第十一》所說：「兵之情主速，乘人之不及由不虞之道，攻其所不戒也。」又如《孫子兵法・始計篇第一》所說：「兵者，詭道也。」「攻其無備，出其不意。此兵家之勝，不可先傳也。」英國軍事學家李德・哈特也寫道：「軍事計劃不用『奇襲』這把永遠管用的鑰匙，失敗就可能接踵而至，不現實的想法是替代不了這把鑰匙的。」[2]這句話大體上也是這個意思。

要做到奇襲，並不容易。怎樣才能使對方「無備」和「不意」呢？有兩個重要條件：一是迅速，二是保密。有時還需要以佯動來造成對方的錯覺。

在三大戰略決戰中，初戰幾乎都採取奇襲的做法，先從對方「不意」的要地突然發動強有力的攻擊，在它的防禦鏈上打開一個大的缺口，使對方在部署和心理上都陷於異常慌亂的地步，再一步一步擴大戰果，直到取得全局的勝利。

拿遼瀋戰役來說，錦州的重要戰略地位是誰都知道的。但當時東北野戰軍的主力和後方根據地都在北滿，又採取了一些佯動，使國民黨軍誤以爲解放軍會將進攻重點指向長春，而解放軍主力卻隱蔽地遠途奔襲錦州地區，直到以突然行動包圍義縣並切斷錦州同關內的陸路交通，才使蔣介石如夢初醒，慌忙地調整部署，陷入一片混亂。這可以稱爲奇襲。

再看淮海戰役，國民黨軍原來判斷解放軍會從西側奔襲徐州，解放軍又以多路佯動，增強對方這種錯覺，從而將李彌兵團西調，孫元良兵團北調，集中在徐州周圍。華東野戰軍主力立刻乘虛而入，隔斷孤懸東側的黃百韜兵團同徐州之聯繫，開始了淮海戰役的第一個戰鬥。這就打亂了國民黨軍隊在徐州地區的整個部署，隨後，中原野戰軍同樣乘虛而入，突襲宿縣，切斷徐州同蚌埠之間的聯繫，奠定淮海戰役全勝的基礎。這也是「攻其不備，出其不意」的奇襲。

在平津戰役中，國民黨軍的注意力最初集中在東面，提防東北野戰軍主力大舉入關，蔣介石還要求把部隊東移津沽，以備必要時從海路南撤。解放軍卻出其不意地從西線打起，讓原在歸綏的楊成武兵團和原在石家莊北面的楊得志兵團分別迅速包圍張家口和新保安，將傅作義的注意力吸引到西邊，顧不上東線。而東北野戰軍主力又提前行動，悄悄地越過長城南下，分割東面的北平、天津、塘沽之間的聯繫。儘管東北解放軍不進行休整就開始秘密入關，但有如時任東北野戰軍第一兵團副司令員的陳伯鈞所說：「這時我們對整個華北敵人的戰略包圍還未形成，我們在津塘方面的兵力還很不夠，倘若過早對平津等地實行戰役包圍，對張家口、新保安、南口等地實行戰役進攻，勢必嚇跑敵人，不利今後作戰。除此而外，在遼瀋戰役結束之後，部隊由於連續作戰未及休整，又經過長途跋涉，來到關內，十分疲勞。」[3] 這些都需要有一定時間。因此，才採取「圍而不打」和「隔而不圍」這種戰史上十分罕見的打

1 中國人民解放軍軍事學院編：《葉劍英軍事文選》，北京：解放軍出版社，一九九七年版，第四五九、四六〇頁。

2 〔英〕李德・哈特著，林光余譯：《第一次世界大戰戰史》，上海：上海人民出版社，二〇一〇年版，第二二〇頁。

3 陳伯鈞：《兵臨城下——回憶解放北平》，《紅旗飄飄》編輯部編：《解放戰爭回憶錄》，北京：中國青年出版社，一九六一年版，第二九七頁。

法。在這過程中，也有許多奇襲的因素。

像下棋一樣，下好每一步重要的棋，都必須具有戰略眼光，充分考慮這步棋會引起全局發生怎樣的變化，乘勢擴大戰果，奪取全局的勝利。而在關鍵的地方，必須十分用心，考慮到多種可能性和切實的應對辦法。毛澤東指出：「學習戰爭全局的指導規律，是要用心去想一想才行的。」「指揮全局的人，最要緊的，是把自己的注意力擺在照顧戰爭的全局上面。主要地是依據情況，照顧部隊和兵團的組成問題，照顧兩個戰役之間的關係問題，照顧各個作戰階段之間的關係問題，照顧我方全部活動和敵方全部活動之間的關係問題，這些都是最吃力的地方，如果丟了這個去忙一些次要的問題，那就難免要吃虧了。」[1]

在毛澤東和中共中央軍委指揮下，三大戰略決戰不是分散的、孤立的、各自進行的三個戰役，而是有著通盤籌劃，一環緊扣一環，相互照應，一氣貫注地完整部署。

對具體的作戰方法，毛澤東在一九四七年十二月會議上提出了著名的十項軍事原則。[2]其中，「集中優勢兵力，各個殲滅敵人」是根本的方法。毛澤東很早就說過：「集中兵力看來容易，實行頗難。人人皆知以多勝少是最好的辦法，然而很多人不能做，相反地每每分散兵力，原因就在於指導者缺乏戰略頭腦，爲複雜的環境所迷惑，因而被環境所支配，失掉自主能力，採取了應付主義。」[3]這種根本的作戰方法，在毛澤東指導三大戰略決戰時得到了充分的運用。

軍事勝利從來不是單靠軍隊來實現的。人民戰爭更是如此。

毛澤東一向強調「兵民是勝利之本」。三大戰略決戰能獲得勝利，一個基本原因是民眾的支持，不斷以人力物力支援前線。

拿淮海戰役來說，中共中央軍委決定「舉行淮海戰役，甚爲必要」後三天，毛澤東就爲中共中央軍委起草電報指出：「這一戰役必比濟南戰役規模要大，比睢杞戰役的規模也可能要大。因此，你們必須有相當時間使攻濟兵團獲得休整補充，並對全軍作戰所需包括全部後勤工作在內有充分之準備方能開始行動。」4 戰役開始後不久，周恩來又為中共中央軍委起草致中原局、華北局、華東局電報，說明前線參戰部隊和民工近百萬人，每月需糧約一億斤，要求各地立即動手籌集並速調糧食供應前線。5

那時供應解放軍前線的物資運送，幾乎全靠肩挑背負、小車推送。粟裕回憶道：「參戰部隊加支前民工每日需糧數百萬斤。加上天氣寒冷，供應線長，運輸不便。因此，糧食的供應，就成為淮海戰役能否取勝的一個重要關鍵。為此，毛澤東同志一再指示我們，必須統籌解決全軍連同民工一百三十萬人三至五個月的口糧，以及彈藥、草料和傷員的治療等問題。華東局發出了『全力以赴，支援前線』的指示，提出了『解放軍打到哪裡，就支援到哪裡』的口號，組成了華東支前委員會，進一步加強了對支前工作的統一領導。山東人民積極響應黨的號召，省吃儉用，保證了部隊用糧。」淮海戰役後期的解放軍陣地上，「糧足飯香，兵強馬壯。待戰役結束時，前方尚存餘糧四千多萬斤」。6

整個淮海戰役中，共動員民工五百四十三萬人次，運送彈藥一千四百六十多萬斤，糧食九億六千萬斤。陳毅深情地說：淮海戰役的勝利是人民群眾用小車推出來的。這同國民黨軍隊屢屢彈盡糧絕，陷入

1 毛澤東：《毛澤東選集》第一卷，北京：人民出版社，一九九一年版，第一七七、一七六頁。
2 參見毛澤東：《毛澤東選集》第四卷，北京：人民出版社，一九九一年版，第一二四七、一二四八頁。
3 毛澤東：《毛澤東選集》第一卷，北京：人民出版社，一九九一年版，第二二二頁。
4《毛澤東軍事文集》第五卷，北京：軍事科學出版社、中央文獻出版社，一九九三年版，第二六頁。
5 參見中共中央黨史資料徵集委員會主編：《淮海戰役》第三冊，北京：中共黨史資料出版社，一九八八年版，第一二頁。
6 粟裕：《山東人民對解放戰爭的支援》，鄧華、李德生等：《星火燎原未刊稿》第十集，北京：解放軍出版社，二〇〇七年版，第一〇一、一〇二頁。

絕境，成爲他們多次覆沒的重要原因，恰成鮮明的對照。能不能得到民眾的全力支持，確實是戰爭能不能取得勝利的根本問題。

毛澤東思想是集體智慧的結晶。在軍事領域內，他十分重視處在第一線的將領們的意見，常同他們反覆商議，認真聽取並考慮他們的判斷和建議。

以淮海戰役爲例：它的發動，起於華東野戰軍代司令兼代政委粟裕在濟南戰役快結束時向中共中央軍委「建議即進行淮海戰役」。[1]

第二天，毛澤東立即爲中共中央軍委起草復電：「我們認爲舉行淮海戰役，甚爲必要。」[2]

當華東野戰軍正準備分割包圍黃百韜兵團時，留在大別山地區的中原野戰軍司令員劉伯承在一九四八年十一月三日致電中共中央軍委提出：「蔣軍重兵守徐州，其補給線只一津浦路，怕我截斷……只要不是重大不利之變化，陳、鄧（指陳毅、鄧小平——引者註）主力似應力求截斷徐、蚌間鐵路，造成隔斷孫（指孫元良——引者註）兵團、會攻徐州之形勢，亦即從我軍會戰重點之西南面斬斷敵人中樞方法，收效極大。」[3]第三天，毛澤東就爲中共中央軍委起草致陳、鄧並告粟、陳、張（指粟裕、陳士矩、張震——引者註）電，提出在宿蚌地區作戰的兩個方案，「何者爲宜，望酌復」。七日，粟、陳、張報告，「如中原軍殲滅劉汝明部作戰已經完成，則建議以主力直出津浦路徐蚌段……截斷徐敵退路，使李、邱（指李彌、邱清泉——引者註）兵團不能南撤」[4]。九日，毛澤東爲中共中央軍委連續起草兩個電報，前一個電報，要求「陳鄧直接指揮各部，包括一、三、四、九縱隊應直出宿縣，截斷宿蚌路」[5]。後一個電報更明確地指出：「齊辰電（指粟裕、張震十一月八日電——引者註）悉。應極力爭取在徐州附近殲滅敵人主力，勿使南竄。華東、華北、中原三方面應用全力保證我軍的供給。」[6]淮海戰役的全盤戰略設想，就是在中共中央軍委同前線各將領根據實際情況經過反覆磋商後確定的。

中原野戰軍參謀長李達評論道：「軍委、毛主席善於採納前線指揮員的建議，及時修改計劃，適應已經變化的情況，並再次重申給予總前委劉陳鄧（指劉伯承、陳毅、鄧小平——引者註）『臨機處置』之權，這是淮海戰役所以能順利發展並取得全勝的一個重要原因。」7

軍情本來是異常緊迫的，但在決策醞釀階段或情況許可時，毛澤東總是同前方將領反覆磋商，聽取他們的意見，然後做出決斷；在決策已定而情況緊急時，又要求前方將領一切由他們「臨機處置，不要請示」。這在蔣介石的作戰指揮中是沒有的。

中國共產黨提倡：在民主基礎上的集中，在集中指導下的民主。三大戰略決戰過程中，解放軍最高統帥部和前方將領間在這方面確實達到了水乳交融的地步。

這裡還要講一講周恩來在三大戰略決戰中發揮的特殊作用。

一九四七年三月國民黨軍隊進攻延安後，中共人民解放軍總參謀長彭德懷擔負起西北解放軍的指揮工作，以少數兵力抗擊胡宗南部隊的進攻。周恩來擔任中共中央軍委副主席兼代總參謀長。那時，毛澤東、周恩來、任弼時帶了一支八百人的小隊伍轉戰陝北。爲適應當時的緊張局勢，這個時期中共中央的領導是高度集中的，在中央決定問題的只是毛、周、任三個人。周恩來後來對外賓說：「在中央只有三

1 粟裕：《粟裕文選》第二卷，北京：軍事科學出版社，二〇〇四年版，第五七一頁。
2 毛澤東：《毛澤東文集》第五卷，北京：人民出版社，一九九六年版，第一五七頁。
3 中國人民解放軍軍事學院編：《劉伯承軍事文選》，北京：解放軍出版社，一九八二年版，第四三七頁。
4 粟裕：《粟裕文選》第二卷，北京：軍事科學出版社，二〇〇四年版，第六一六頁。
5 毛澤東：《毛澤東軍事文集》第五卷，北京：軍事科學出版社、中央文獻出版社，一九九三年版，第一八二頁。
6 毛澤東：《毛澤東軍事文集》第五卷，北京：軍事科學出版社、中央文獻出版社，一九九三年版，第一八四頁。
7 中國人民解放軍軍事學院編：《李達軍事文選》，北京：解放軍出版社，一九九三年版，第二九一頁。

個人，毛澤東、周恩來與任弼時同志。所謂中央，就是這三個人嘛！」[1]在他們轉戰陝北的一年內，劉鄧大軍千里躍進大別山，人民解放軍從戰略防禦轉入戰略進攻，戰爭形勢發展之快是驚人的。新中國成立後不久，毛澤東曾說過：「胡宗南進攻延安以後，在陝北，我和周恩來、任弼時同志在兩個窯洞指揮了全國的戰爭。」

周恩來接著說：「毛主席是在世界上最小的司令部裡，指揮了最大的人民解放戰爭。」[2]他沒有提到自己，但他在其中所起的作用是不言自明的。

三大戰略決戰時，中共中央已集中在河北西柏坡，周恩來繼續擔任著中央軍委副主席兼代總參謀長。他的工作是最忙碌的。每晚都是工作到次日凌晨才去睡覺，到上午九時又準時起床，一天休息不過五個小時。他和毛澤東住的院子靠得很近，隨時見面，一有什麼問題，兩人就交換意見，商議解決辦法。二十世紀八〇年代初，筆者曾訪問當時在周恩來身邊工作的張清化。他說：那時軍事上的問題，主要是由毛澤東和周恩來商量解決。毛澤東是掛帥的，周恩來參與決策，並具體組織實施。除了軍委作戰部外，周恩來還有個小作戰室，由張清化任主任，相當於他的軍事秘書。每天根據局勢的變化負責標圖。周恩來經常到軍委作戰室瞭解情況。他對敵我雙方的戰爭態勢、兵力部署、部隊特點、戰鬥力強弱，以至國民黨方面指揮官的簡歷、性格等，可以說瞭如指掌。有了什麼情況，周恩來總是仔細地核實並弄清，然後向毛澤東報告。兩人經過研究確定對策後，多數由毛澤東起草文電，少數由周恩來起草，而所有軍事方面的文電都經周恩來簽發。

從中央檔案館保存的當時軍事方面的文電來看，由於軍情緊急，除很少數經過書記處五位書記共同商議後做出決定外，其他大多數是毛澤東和周恩來商議後爲中共中央軍委起草發出的。發出時大抵是兩種情況：一種，比較多的是在文電上由毛澤東或周恩來批有「劉、朱、任閱後發」，經三人圈閱後發出；另一種，軍情特別緊迫時，就批有「發後送劉、朱、任閱」。由於文電都是毛、周兩人共同商議後用軍委名義起草的，不能說毛澤東起草的只是毛澤東一個人的意見，只有周恩來起草的才是周恩來的意見。在重大戰略問題上，究竟哪些意見是周恩來提出的，由於當時只有他們兩人商議，沒有別人在場，現在已難以辨別，以後恐怕也無法再說清楚了。

還有一點需要說明：軍事從來不能同經濟、政治、文化等因素分割開來孤立地考察。李德・哈特說：「勝利是累積而成的。在此，所有武器包括軍事、經濟以及心理皆有所貢獻。勝利的獲得，唯靠善用與整合現代國家中一切既存資源。成功則需依賴各種行動的圓滿協調。」[3]毛澤東在軍事指導中的一個重要特點，是他始終把軍事同經濟、政治、文化等諸多因素作爲一個整體，綜合起來考察，在此基礎上做出判斷和決策。

二、關於蔣介石

蔣介石是一名軍人，先後在保定軍官學校和日本士官學校學習過。在大陸期間，他任職最久的職務是軍事委員會委員長，很多人往往用「委員長」這個稱呼來代表他。毛澤東曾說過：「蔣介石代替孫中山，創造了國民黨的全盛的軍事時代。他看軍隊如生命。」「有軍則有權，戰爭解決一切，這個基點，

1 中共中央研究室編，金沖及主編：《周恩來傳》第二卷，北京：中央文獻出版社，一九九八年版，第八四二頁。
2 榆林地區《毛主席轉戰陝北》編寫組編：《毛主席轉戰陝北》，西安：陝西人民出版社，一九七九年版，第二、三頁。
3 〔英〕李德・哈特著，林光余譯：《第一次世界大戰戰史》，上海：上海人民出版社，二〇一〇年版，第四二七頁。

他是抓得很緊的。」1但從他一生來看，長於政治權術，軍事指揮能力卻未見高明。

埃德加・斯諾在一九三六年七月九日問曾同蔣介石在黃埔軍校共過事、對蔣十分瞭解的周恩來：「你對蔣介石作爲一個軍人，看法如何？」周恩來回答：「不怎麼樣。作爲一個戰術家，他是拙劣的外行，而作爲一個戰略家則或許好一點。」「他的政治意識比軍事意識強，這是他能爭取其他軍閥的原因。」2（周恩來叮囑埃德加・斯諾：這次談話暫時不要發表，因此沒有收錄在《西行漫記》中。）細看國民黨各派的內戰中，蔣介石先後打敗李宗仁、馮玉祥、唐生智、閻錫山、十九路軍、陳濟棠等，主要依靠的是政治分化和金錢收買，而沒有表現出高超的戰略指導和作戰指揮能力。

衡量一個軍事統帥是不是具有遠大的戰略眼光和駕馭複雜多變局勢的能力，至少可以從兩方面來考察：第一，他能不能對全局客觀情況的發展變化及時掌握，清醒地做出正確的判斷，並且預見到下一步可能的發展；第二，他能不能針對面前的實際情況制定明確而有效的決策，除非情況發生重大變化決不輕易動搖或改變，而不是頭痛醫頭、腳痛醫腳地忙於應付，也不會因某些次要情況的變動就輕易地一再改變決心。

從三大戰略決戰的實踐檢驗中可以看出，蔣介石對這兩個條件，都不具備：既不知己，也不知彼，目光短淺，反覆多變，被動應付，顧此失彼，而且始終自以爲是，出了錯只怪部下無能或沒有執行他的指示。這些都是軍事統帥的大忌，他在平時都有表現，而在遼瀋、淮海、平津這些決定命運的戰略決戰中暴露得格外突出。

可是，國民黨軍隊的作戰指揮大權卻一直緊緊抓在他一個人手裡，都要由他來做決斷。深得蔣介石信任的外交部部長王世傑在一九四八年初的日記中寫道：「目前國防部實際上全由蔣先生負責，諸事殊乏分責之人。」3

能對蔣介石的作戰指揮有近距離觀察的杜聿明，在回憶淮海戰役中黃維兵團被殲的經過時更具體地說：「先是蔣介石對解放軍估計過低，將自己估計過高，幻想不增加兵力，南北夾攻，打通津浦路徐蚌段；繼而見解放軍聲勢浩大，戰力堅強，陣地森嚴，非國民黨軍可破，於是決心放棄徐州，以僅有的殘部保衛南京。等到徐州部隊出來後，蔣又被解放軍的戰略運動迷惑（誤認爲解放軍撤退），再改變決心，令從徐州退卻中之國民黨軍回師向解放軍攻擊，協同李延年兵團解黃維之圍。黃維兵團就是這樣地套在解放軍既設的口袋內，被重重包圍，戰力日益消耗，包圍圈逐漸縮小。一直戰到十二月十日以後，蔣介石才發現從徐、蚌出來的國民黨軍都沒有擊退解放軍的希望，於是決心要黃維在空軍和毒氣掩護下白天突圍，黃維則認爲白天無法突圍。雙方爭執到十五日晚，黃維見情勢危急，於是夜間突圍。黃維一經突圍，在解放軍的天羅地網下土崩瓦解，除胡璉個人乘戰車隻身脫逃外，全部被殲。事後蔣介石給我的信中，怪黃維不聽他的命令在空軍毒氣掩護下突圍，而擅令夜間突圍，是自取滅亡。」4

時任南京政府副總統的李宗仁在海外口述的回憶錄中說：「蔣先生既不長於將兵，亦不長於將將。但是他卻喜歡坐在統帥部裡，直接以電話指揮前方作戰。」「蔣先生的判斷既不正確，主張又不堅定。往往軍隊調到一半，他忽然又改變了主意，益發使前線紊亂。蔣先生之所以要這樣做，實在是因爲他未作過中、下級軍官，無戰場上的實際經驗，只是坐在高級指揮部裡，全憑一時心血來潮，揣測行事，指揮系統就亂了。」這個評論是很中肯的。

---

1 毛澤東：《毛澤東軍事文集》第二卷，北京：軍事科學出版社、中央文獻出版社，一九九三年版，第五四五、五四六頁。

2 〔美〕埃德加・斯諾：《中共雜記》（摘譯），《黨史研究資料》一九八〇年第一期。

3 王世傑：《王世傑日記》（手稿本）第六冊，台北：「中研院」近代史研究所，一九九〇年版，第一六三頁。

4 杜聿明：《淮海戰役始末》，中國人民政治協商會議全國委員會文史資料委員會編《淮海戰役親歷記：原國民黨將領的回憶》，北京：文史資料出版社，一九八三年版，第二九、三〇頁。

李宗仁又說：「凡是中央系統的將領都知道蔣先生這項毛病。他們知道奉行蔣先生的命令，往往要吃敗仗，但是如不聽他的命令，出了亂子，便更不得了。所以大家索性自己不出主意，讓委員長直接指揮，吃了敗仗由最高統帥自己負責，大家落得沒有責任。將領如果是這樣的庸才，當然不能打勝仗，而蔣先生偏偏喜歡這樣的人。」1

國民黨軍出版的《國民革命軍戰役史第五部——「戡亂」》的第九冊「總檢討」中，在「野戰戰略」部分檢討說：「斯時國軍中高級指揮機構，在考量匪我雙方戰力時，常以裝備為評估戰力唯一之因素」，「上下皆以收復或攻佔地域為目標，主從顛倒，違背用兵原則」。而在「統帥節度」部分也做了多處檢討：「（一）過分干預下級，使下級無從發揮其自身指揮能力。長此以往，易於使下級逐漸失去自主及應變能力。（二）各地區戰略構想及指揮，由統帥部決定，不易切合戰場狀況變化。故易陷於被動，尤其重要會戰或決戰指導，戰機呈顯之時間短暫，如等待上級決定後再採取行動時易失戰機。戰場陷於危機時，若等待上級之決定，亦難以及時挽救。（三）統帥部所決定之各地區作戰構想及指導，系基於上層人員之判斷而產生者，與戰場實際情況，難免有所隔閡，在研議過程中，亦不徵詢下級意見，又不重視戰場指揮官之意見具申，故所決定之各案，往往與作戰部隊之實況及能力不相吻合，致戰略難以取得戰術之充分支持。」2這裡雖然都沒有提蔣介石的名字，分析也有避重就輕之處，但由於蔣介石對軍事指揮大權一人獨攬，這裡多次提到的「統帥部」的過失，其實更多地反映出蔣介石作為軍事統帥的嚴重弱點。

郝柏村在解讀蔣介石日記時寫道：「剿共作戰一直是蔣公親自決策，兩任參謀總長陳誠與顧祝同，只是執行蔣公的政策而已。」蔣介石最信任的陳誠對此也有抱怨。郝柏村寫道：「蔣公與參謀總長陳誠間之歧見，在本日日記中表露。我以客觀立場評析，主因當為蔣公對進剿作戰計劃批示過多，干預過細，將領不能不服從，陳誠亦然。當戰事受挫，參謀總長責無旁貸，難免對蔣公抱怨，這是陳誠的個性。」3可見，三大戰略決戰中國民黨軍隊戰略指導的拙劣，其主要責任只能歸之於蔣介石。

遼瀋、淮海、平津三大戰略決戰，對蔣介石的軍事指揮才能是一次嚴格的檢驗。可以看到，他的作戰指導實在缺乏章法，並且嚴重地脫離實際，先是對戰場局勢缺乏客觀而全面的分析和瞭解，更談不上對它的發展趨勢有足夠的預見，沒有經過深思熟慮、明確而堅定的作戰預案；臨事張皇失措，被動應付，而又主觀武斷，甚至在遼瀋戰役和淮海戰役的中後期依然盲目地想同解放軍在不利條件下「決戰」；繼而決心動搖，終致束手無策，多次慨歎「此事殊出意外」，只能「默禱懇求上帝默佑」。他在一九四九年二月二十五日的日記中寫道：「對共匪不能有所期待，而以阻止其渡江爲唯一要務。」他已提不出其他辦法，但他的主要軍事力量既已失去，被他視爲「唯一要務」的「阻止其渡江」又怎麼做得到呢？4一九四八年十二月三十日，毛澤東發表《將革命進行到底》。一九四九年四月二十一日，毛澤東和朱德聯合發表《向全國進軍的命令》。至此，中國革命在全國的勝利可以說大局已定了。

1李宗仁：《李宗仁回憶錄》，香港：南粵出版社，一九八七年版，第五四九頁。

2「三軍大學」戰史編纂委員會編纂：《國民革命軍戰役史第五部——「戡亂」》第九冊「總檢討」，台北：「國防部史政編譯局」，一九八九年版，第七〇、七六、一四四頁。

3《郝柏村解讀蔣公日記（一九四五—一九四九）》，台北：天下遠見出版股份有限公司，二〇一一年版，第二六九、四七五頁。

4蔣介石日記（手稿本），一九四九年二月十五日。美國斯坦福大學胡佛研究所藏。

第十二章
中國人從此站立起來了[1]

五十年前，新中國誕生的前夜，毛澤東在中國人民政治協商會議開幕詞中說了一段令人難忘的話：「諸位代表先生們，我們有一個共同的感覺，這就是我們的工作將寫在人類的歷史上，它將表明：佔人類總數四分之一的中國人從此站立起來了。」

一百多年來受盡苦難和屈辱的中國人，經過艱苦卓絕的奮鬥，終於挺身站立起來。帝國主義勾結中國封建勢力恣意宰割中國的歷史，從此一去不復返了。多少年來國家四分五裂那種令人痛心的局面不再存在。一向遭受壓迫和奴役的勞動人民，翻身做了國家的主人。昔日被人視爲「劣等民族」的中華民族，如今受到了國際社會的尊重，祖國的未來充滿希望。這真是翻天覆地的大變化。從此，中國的歷史翻開了全新的一頁。

一、為了共和國的誕生

中華人民共和國的誕生，是中國近代民族民主革命的產物，是多少先烈用鮮血和生命換來的，是無數革命者經過前仆後繼、可歌可泣的鬥爭取得的。

江澤民在中共的十五大報告中說：「鴉片戰爭後，中國成爲半殖民地半封建國家。中華民族面對著兩大歷史任務：一個是求得民族獨立和人民解放；一個是實現國家繁榮富強和人民共同富裕。前一任務是爲後一任務掃清障礙，創造必要的前提。」

實現國家繁榮富強和人民共同富裕，爲什麼一定要以求得民族獨立和人民解放作爲必要的前提？建設現代化的國家是幾代中國人的夢想，爲什麼在一百多年時間裡，中國的先進分子卻不惜任何犧牲，先集中力量投身到革命中去？有一種看法，認爲這樣做完全錯了，中國需要的是建設和漸進的改革而不是革命，革命的結果只能造成破壞。似乎這是走入了誤區，似乎無數先烈的犧牲是多餘的。這種看法十分荒唐。

人類社會的變革，通常有兩種形式：一種是在現有社會秩序下的漸進的改革，一種是在短期內根本改變原有社會秩序的暴力革命。什麼時候應當採取哪一種變革形式，不能單從抽像的原理出發來作判斷，不能籠統地說這種形式好還是那種形式好，一切取決於當時當地的具體歷史條件。

革命絕不是任何人所能隨心所欲地製造出來的。它只有在社會內部種種矛盾已經尖銳到無法在原有體制內得到解決的時候，才會發生並取得成功。只有當社會大變革的內在條件已經成熟的時候，暴力才能成爲新社會的助生婆。一般說來，人們最初總希望在現有社會秩序下從事建設或進行漸進的改革，以求得進步。

這樣做，不但犧牲少，而且也容易被更多人所接受。如果這條路走得通，人們何必一定要不惜流血犧牲而投身到革命中去？孫中山、毛澤東等人，早年也都曾這樣想過。

決定他們投身革命的，是由於中國當時的民族矛盾和社會矛盾實在太尖銳了。中華民族已處在生死存亡的關頭。占中國人口絕大多數的勞苦大眾被壓在社會的最底層，連起碼的生存保障都沒有，哪裡還談得上民主和發展的權利？中國的舊勢力那樣強大，頑固地拒絕一切根本變革，並且用極端殘酷的暴力來鎮壓一切反對他們的人。嚴酷的形勢，特別是中華民族瀕臨滅亡的危急局面，逼得每一個有血性的中華兒女再也不能忍受下去，也無法長期等待下去。這才驅使他們義無反顧地走上革命的道路。

中國人民堅持了八年的抗日戰爭，難道能責怪他們爲什麼一定要拿起武器來進行反抗嗎？就是對

1 原文載於《人民日報》一九九九年八月二十六日。

國民黨統治的武裝鬥爭，也是在國民黨屠刀政策下被迫做出的選擇。毛澤東在新中國成立後曾對外國朋友說過：「有了共產黨以後，就進行了革命戰爭。那也不是我們要打，是帝國主義、國民黨要打。一九二一年，中國成立了共產黨，我就變成共產黨員了。那時候，我們也沒有準備打仗。我是一個知識分子，當一個小學教員，也沒學過軍事，怎麼知道打仗呢？就是由於國民黨搞白色恐怖，把工會、農會都打掉了，把五萬共產黨員殺了一大批，抓了一大批，我們才拿起槍來，上山打游擊。」這就把事情說得很清楚了。

革命當然要付出巨大的代價。但如果迫不得已，客觀條件又已成熟，它在很短時間內對阻礙社會發展的舊事物所起的掃蕩作用，是平時多少年也無法比擬的，而且要徹底得多，從而為日後社會經濟的迅速發展開闢了廣闊的道路。這樣付出的代價是值得的。中華人民共和國的誕生，就是一個例證。

革命並不是在任何時候都可以這樣做，而且不能一直用這樣的方式革下去。推倒一座舊的建築或許能在短期內完成，在這座廢墟上建設一座新的大廈，卻必須遵循建設本身的客觀規律，持久地循序漸進。在新的社會制度建立起來以後，不以經濟建設為中心而堅持「以階級鬥爭為綱」就是完全錯誤的，因為它不符合已經變化了的客觀實際，只能帶來巨大的災難。超越實際可能的急於求成也是有害的，並會受到客觀規律的嚴厲懲罰。新的社會制度內部肯定仍會存在缺陷，在新的歷史條件下還會滋生新的不良現象，需要堅持不懈地進行改革。這種改革，在某種意義上說也是一種革命，但它同那種以暴力為手段、以根本改變原有社會制度為目的的革命完全是另一回事了。

一九四九年，中國人正是經過轟轟烈烈的人民大革命，推倒了壓在頭上的三座大山，創立中華人民共和國，實現了民族獨立和人民解放，才為求得國家繁榮富強和人民共同富裕掃清了障礙，開闢了道路。歷史已經證明了這一點。

二、繪製建設新中國的藍圖

建設獨立、富強的中國，是中國人多少年來夢寐以求的目標。可是在長時期內，由於反動統治力量遠遠大於人民革命力量，這種目標只是美好的前景，一直難以實現。怎樣建設新中國的問題，並沒有立刻被提到現實的議事日程上來。國共內戰後半期，中國革命的勝利來得那麼快，大大超出人們的預料，沒有給中國共產黨留下充裕的時間去從容準備。在新中國誕生前的那些日日夜夜裡，局勢迅猛發展，紛至沓來的無數難題需要立刻處理，戰略決戰、土地改革、接管新區（特別是接管大城市）等極端繁重的任務不能不佔用中共中央的絕大部分精力。但就在這樣忙碌而緊張的時刻，在中國共產黨領導下，中國人民政治協商會議通過了新中國成立初期起著臨時憲法作用的《共同綱領》，在人們面前展現出一幅建設新中國的比較完整而清晰的藍圖，使各方面的工作一開始就能夠有條不紊地開展起來。這實在是了不起的成就。

爲什麼能夠做到這樣？它有主客觀兩方面的原因。

從客觀上說，新中國的誕生同俄國十月革命有著明顯的不同：它是依靠人民軍隊，先在一塊塊解放區內建立政權，積累起經濟建設和政權建設的初步經驗，培育出一批管理人才，再奪取全國政權的。當然，這並不意味著只要把一塊塊解放區連成一片、加以擴大就可以了。事實上，從原來沒有中央政府的、分散的、主要在農村的政權，到建立全國性的政權，並把新國家的社會經濟結構、政治體制、民族關係、對外政策等基本格局確定下來，這是一次質的飛躍。

從主觀上說，它充分展現出中共中央具有高瞻遠矚的戰略眼光和駕馭全局的領導才能。領導，需要有預見。不到兩年前，一九四七年的十二月會議上，毛澤東就敏銳地指出：中國人民的革命戰爭已經達到一個轉折點。他把在會上所做的《目前形勢和我們的任務》那篇報告稱作「打倒蔣介石、建立新中國」行動綱領，認爲它比《新民主主義論》《論聯合政府》更進了一步。戰略大決戰前夜，在一九四八年的九月政治局會議上，他又說：「中央政府的問題，十二月會議只是想到了它，這次會議就必須作爲議事日程來討論。」「至於對經濟成分的分析還要考慮，先由少奇同志考慮。」到一九四九年，他又先後發表《在中國共產黨第七屆中央委員會第二次全體會議上的報告》《論人民民主專政》等重要文章。劉少奇、周恩來、張聞天等也提出許多重要主張。經過這樣的深思熟慮和反覆醞釀，對新中國各方面的構想終於越來越明朗化了。

關於新中國的國體即國家性質問題。《共同綱領》明確規定：「中華人民共和國爲新民主主義即人民民主主義的國家，實行工人階級領導的、以工農聯盟爲基礎的、團結各民主階級和國內各民族的人民民主專政。」這正是毛澤東在《論人民民主專政》中闡明的基本主張。關於社會主義前途問題，毛澤東在九月政治局會議上說過：「我們要努力發展經濟，由發展新民主主義經濟過渡到社會主義。」《共同綱領》中沒有寫入「過渡到社會主義」的內容。在人民政協討論時，有人提出：我們既然承認新民主主義是一個過渡性質的階段，要向更高級的社會主義和共產主義階段發展，總綱中就應該把這個前途明確地規定出來。周恩來回答說：「籌備會討論中，大家認爲這個前途是肯定的，毫無疑問的，但應該經過解釋、宣傳特別是實踐來證明給全國人民看。」「現在暫時不寫出來，不是否定它，而是更加鄭重地看待它。而且在這個綱領中經濟的部分裡面，已經規定要在實際上保證向這個前途走去。」

關於新中國的政體即政權構成形式。毛澤東在九月政治局會議上鮮明地提出一個問題：「我們政權的制度是採取議會制呢，還是採取民主集中制？」「人民民主專政的國家，是以人民代表會議產生的政府來代表它的。」「不必搞資產階級的議會制和三權鼎立等。」在《共同綱領》中更具體地規定：「中華人民共和國的國家政權屬於人民。人民行使國家政權的機關爲各級人民代表大會和各級人民政府。各級人民代表大會由人民用普選方法產生之。各級人民代表大會選舉各級人民政府。各級人民代表大會閉會期間，各級人民政府爲行使各級政權的機關。」「各級政權機關一律實行民主集中制。」

關於新中國的經濟構成和經濟建設方針：毛澤東在十二月會議上說，「新中國的經濟構成是：(1)國營經濟，這是領導的成分；(2)由個體逐步地向著集體方向發展的農業經濟；(3)獨立小工商業者的經濟和小的、中等的私人資本經濟。這些，就是新民主主義的全部國民經濟」。九月政治局會議後，中共中央東北局向中央報送了一份由張聞天起草的報告，提出東北經濟現在基本上由五種經濟成分所構成。這個報告經毛澤東、劉少奇修改後加以肯定。在《共同綱領》中更明確地規定國營經濟、農民個體經濟、合作社經濟、私營經濟、國家資本主義經濟的性質和政府的有關政策，指出社會主義性質的國營經濟是新中國整個社會經濟的領導力量，又肯定其他經濟成分的存在和發展。《共同綱領》還指出：「中華人民共和國經濟建設的根本方針，是以公私兼顧、勞資兩利、城鄉互助、內外交流的政策，達到發展生產、繁榮經濟的目的。」

關於國內民族政策。中國是一個多民族國家。人民政協開會前，周恩來在一個報告中詳細分析中國民族關係的特點後說：「我們國家的名稱，叫中華人民共和國，而不叫聯邦。」「我們雖然不是聯邦，但卻主張民族區域自治，行使民族自治的權力。」在《共同綱領》中規定：中華人民共和國境內各民族一律平等；反對大民族主義和狹隘民族主義，禁止民族間的歧視、壓迫和分裂各民族團結的行爲；各少數民族聚居的地區，應實行民族的區域自治。

關於對外政策：中共中央在一九四九年一月發出由周恩來起草、毛澤東改定的《中央關於外交工作的指示》，把獨立自主的問題放在十分突出的地位。在《共同綱領》中又規定：中華人民共和國外交政策的原則，爲保障本國獨立、自由和領土主權的完整，擁護國際的持久和平和各國人民間的友好合作，反對帝國主義的侵略政策和戰爭政策；凡與國民黨反動派斷絕關係、並對中華人民共和國採取友好態度的外國政府，新中國可在平等、互利及互相尊重領土主權的基礎上，與之談判，建立外交關係；中華人民共和國可在平等和互利的基礎上，與各國政府和人民恢復並發展通商貿易關係。這些規定，爲新中國奉行獨立自主的和平外交政策奠定了堅實的基礎。

萬事開頭難。新中國的誕生是中國歷史上翻天覆地的社會大變動。許多事情正處在草創時期，既沒有現成的答案，也缺乏成熟的經驗。它的基本格局一旦確定下來，對中國日後的發展就會產生極其深遠的影響。如果當時輕率地做出一些錯誤的決定，它所造成的惡果也將十分嚴重。半個世紀過去了，回頭來看，我們驚奇地發現當年所做出的這些重大決策都是符合中國實際國情的，是經得住時間考驗的。它的影響不僅在今天讓人能強烈地感覺到，並且還將延續到將來。這是新中國締造者和奠基者們留給我們的一筆豐厚遺產，是他們對中華民族做出的難以估量的貢獻。

三、人民共和國開始起步

新生的人民共和國已經在東方矗立起來。全世界都在注視著：它究竟能不能站住腳跟，能不能邁開大步前進？

這種關注並不是沒有理由的。新中國雖已誕生，但它所面對的局勢依然十分嚴峻。國民黨在大陸上還有一百多萬軍隊，控制著以廣州爲中心的華南地區和以重慶爲中心的西南地區，企圖負隅頑抗。還有兩百多萬土匪，盤踞山林，欺壓百姓。戰爭剛剛結束的新解放區，國民黨留下的是一個千瘡百孔的爛攤子：財政經濟已陷入總崩潰，生產萎縮，物價飛漲，投機猖獗，災情嚴重。

中華人民共和國建政後剛半個月，人們還沉浸在開國的歡樂中時，一場無情的風暴就襲來了：從十月十五日起，華北以糧食帶頭，上海以紗布帶頭，物價像脫韁野馬般飛漲，在五十天內上漲約三點三倍，範圍遍及全國，人心開始浮動。新中國的國際處境也很複雜：以美國爲首的許多西方國家仍對新中國抱著敵視態度，並實行嚴密的經濟封鎖；蘇聯那時對中國共產黨不很放心，生怕它成爲「第二個鐵托」；不少周邊國家對新中國缺乏瞭解，多少存有疑慮，或採取觀望的態度。如果在外交工作上處理不當，就會陷於孤立，或者重新淪爲別國的附庸。

事非經過不知難，怎樣應對同時從四面八方湧來的這許多棘手的難題，確實極不容易。中國共產黨在複雜的環境中，以冷靜而果斷的態度，有條不紊地沉著應付，在不長的時間裡取得了驚人的成功。

毛澤東在新政治協商會議籌備會上曾滿懷信心地預言：「中國人民將會看見，中國的命運一經操在人民自己的手裡，中國就將如太陽升起在東方那樣，以自己的輝煌的光焰普照大地，迅速地蕩滌反動政府留下來的污泥濁水，治好戰爭的創傷，建設起一個嶄新的強盛的名副其實的人民共和國。」

軍事上的進展是順利的。人民解放軍以雷霆萬鈞之勢南下。爲了全殲已成驚弓之鳥的國民黨一百多萬軍隊，毛澤東決斷：不採取近距離包圍迂迴的方法，而採取遠距離包圍迂迴的方法，完全不顧對方的臨時部署，遠遠地超過他，佔領他的後方，再加以殲滅。在加緊作戰的同時，又採取有力的政治攻勢，爭取大批國民黨軍隊放下武器或接受改編。這樣，到一九五〇年六月底，共消滅國民黨軍隊一百三十萬人，解放了除西藏、台灣和沿海一些島嶼外的全部領土。（將近一年後，中央人民政府同西藏地方政府代表簽訂協議，實現了西藏的和平解放。）在此期間，還剿除一百多萬武裝土匪。地方各級人民政權相繼建立起來。

在經濟上，人們最關心的問題是人民政府能不能把物價穩定下來。爲了對付開國後不久的那次物價飛漲，在陳雲主持下，經過周密準備，從全國調集大量糧食、棉花、煤炭等物資，在各大城市統一拋售，把物價平抑下去，給投機商人以沉重打擊。一九五〇年三月，政務院頒布《關於統一國家財政經濟工作的決定》。到四月，全國財政收支已接近平衡，物價終於穩定下來，結束了中國人多年來在舊中國飽受的惡性通貨膨脹之苦。在戰爭尚未結束又遭受帝國主義經濟封鎖的情況下，能在短時間內創造出這樣的奇蹟，確實是值得自豪的。毛澤東對它做出高度評價，說：平抑物價，統一財經，其意義「不下於淮海戰役」。

農村的土地改革，新中國成立時已在約有一億一千九百萬農業人口的老解放區完成，但在約有二億九千萬農業人口的新解放區和待解放地區尙未進行。這些地區不僅面廣，而且情況複雜。人民政府採取慎重的態度，認真進行準備。一九五〇年六月，劉少奇在全國政協一屆二次會議上做了《關於土地改革問題的報告》。同月，中央人民政府公佈施行《中華人民共和國土地改革法》。這就爲同年秋收後開展大規模的土地改革，剷除封建主義在中國的根基，提供了行動準則。還必須說到，新區農村這時直接面對的最急迫的問題是嚴重的自然災害，特別是水災。一九四九年，全國被淹耕地達一億二千多萬畝，災民達四千萬人。淮河河堤全部失去作用，兩側成爲一片汪洋，災民掙扎在死亡線上。這年十二月，政務院通過《關於生產救災的決定》，開始了規模空前的治淮和救災工作。

本著「迅速地蕩滌反動政府留下來的污泥濁水」的要求，社會各方面除舊更新的民主改革全面展開。在工礦企業和交通運輸業中，廢除了工人群眾深惡痛絕的封建把頭制度。中央人民政府頒布了《中華人民共和國婚姻法》，取消包辦婚姻，禁止重婚、納妾、童養媳，禁止干涉寡婦再嫁，實行男女婚姻自由、一夫一妻、男女權利平等、保護婦女和子女合法利益的新婚姻制度。在嚴厲取締妓院、清除鴉片煙毒、打擊流氓和黑社會勢力等方面，也迅速取得令人拍手稱快的效果。

在對外關係方面，蘇聯首先同新中國建立外交關係。三個多月內，中國就同十一個國家建交，它們都是當時社會主義陣營內的國家。毛澤東、周恩來訪問蘇聯。中蘇雙方簽訂《中蘇友好同盟互助條約》。在此期間，又有十三個國家先後宣佈承認中華人民共和國。其中，印度、印度尼西亞、緬甸、瑞典、丹麥、瑞士、芬蘭七個國家，經過談判，在一九五〇年十月底前同新中國建立正式外交關係。這是第一批同新中國建交的不同社會制度的國家。

在舊中國，帝國主義列強不僅在政治上和經濟上牢牢地支配著中國，並且在中國境內享有駐軍、內河航行、海關管理、自由經營、領事裁判等種種特權。國共內戰時期，中國人民解放軍到達的地方，駐紮在中國領土上的外國軍隊被迫全部撤走，帝國主義列強原來享有的內河航行、自由經營、領事裁判等特權隨之被取消。中華人民共和國建政後，中國政府又在北京、天津、上海等地先後收回外國兵營的地產權，徵用兵營及其他建築。對外僑持有的武器和電台，要求他們進行登記和封存。更使人興奮的是，建立了人民海關，使海關大權完全掌握在中國人自己手裡。周恩來稱讚這件事：「我們已經掌握了國家大門的鑰匙。」

在短短一年時間裡，人民政府通過大量的工作，使中華大地呈現出一派萬象更新的景象。一九五〇年九月三十日，在慶祝新中國成立一週年的大會上，周恩來滿懷豪情地說：「在中國，歷史上只有一個政府，曾經在一年內做了這麼多有利於人民的工作；只有一個政府，曾經在一年內驅逐了那麼多的強盜式的『軍隊』和『政府』，而代之以紀律嚴明和藹可親的人民軍隊和廉潔而講道理的人民政府；只有一個政府，曾經在一年內剝奪了帝國主義國家的特權，消滅了可恨的特務機關，停止了無限期的通貨膨脹，而給予人民一種欣欣向榮的氣象；這個政府，就是中央人民政府。」「國內外的人民都看到：經過了這一年，中國已經比過去幾百年甚至幾千年經歷了更重要的變化；舊面貌的中國正在迅速地消失，新的人民的中國已經確定地生長起來了。」

中華人民共和國的成立，成爲新中國一切進步和發展的基礎。五十年來新中國取得的一切成就：都是以它爲起點的。鄧小平說過一段很動情的話：「中國在世界上的地位，是在中華人民共和國成立以後才大大提高的。只有中華人民共和國的成立，才使我們這個人口占世界總人口近四分之一的大國，在世界上站起來，而且站住了。還是毛澤東同志那句話：中國人民從此站起來了。國內的人民也罷，國外的華僑也罷，對這點都有親身感受。也只有在中華人民共和國成立以後，才真正實現了全國（除台灣外）的統一。」「我們能夠取得現在這樣的成就，都是同中國共產黨的領導、同毛澤東同志的領導分不開的。恰恰在這個問題上，我們的許多青年缺乏瞭解。」爲什麼許多青年會對這個問題缺乏瞭解？這並不奇怪。他們太年輕沒有親身在舊中國那種環境中生活過，也許已很難想像當年中華民族的悲慘境遇，也很難體會到改變這種境遇是多麼艱難的事情。

中華民族一百多年來奮鬥的歷史，就像是一場毫不間斷的接力跑。後繼者總是以前人所達到的位置作爲出發點，隨後又遠遠地跑到他的前面去，前人有過的挫折也是後繼者的財富。先人的業績是不會被淡忘的，它將永遠活在人們心裡，並將激勵後人更加奮發地前進。

第十三章

新中國的第一年[1]

中華人民共和國的建政，是中華民族歷史上從未有過的一場社會大變革，而不是通常意義上的一個政權代替另一個政權，或以往的那種「改朝換代」。

這場社會大變革是怎樣起步的？

它所面對的任務異常艱巨：需要在不太長的時間內改變根深蒂固的舊中國的面貌，需要戰勝擺在面前的無數嚴重困難，需要逐步建立起一整套適應人民當家做主的全新的社會制度。

拿下棋做比喻，這是一個「佈局」階段。棋局的發展會千變萬化，但一開始的佈局是否得當，關係極其重大。佈局如有不當，形成某種定勢，就會產生深遠的影響，再要矯正便十分困難。

這樣重大的社會變革在起步時，處境的艱難也許是今天許多人難以想像的。那時候，國內戰爭仍在激烈地進行著，華南和西南廣大地區有待解放；舊時代遺留下來的難題堆積如山，特別是物價的飛漲嚴重威脅著人民的生活；一些西方國家對人民共和國抱著敵視態度，實行嚴密的經濟封鎖；不少國家對它還缺乏瞭解，心存疑慮；原有的革命根據地主要在農村，並且被嚴重分割，如何建立統一的全國性新政權幾乎完全沒有經驗。客觀形勢迅猛發展，許多燃眉之急的重大問題必須很快做出決斷。

新中國的前途會怎麼樣？海內外存在著種種猜測。有些人懷疑：它雖然建立起來了，能不能站住腳跟？中國共產黨雖然奪取了政權，能不能把政權鞏固下來並向前發展？這些懷疑的存在不能說是毫無理由的，因爲要實現那樣的目標確實有太多的困難，稍有不慎便可能前功盡棄，或者留下很多後遺症。

事實回答了這些問題，新中國第一年的開局是成功的。當中華人民共和國成立滿一年的時候，也就是一九五〇年九月三十日，周恩來在慶祝大會的報告中從五個方面總結了一年來取得的成績：人民解放戰爭的大勝利，中華人民共和國的外交政策，鞏固人民民主專政和準備土地改革工作，統一財政和恢復經濟，培養幹部和提高文化。他得出結論：「經過了這一年，中國已經比過去幾百年甚至幾千年經歷了更重要的變化；舊面貌的中國正在迅速地消失，新的人民的中國已經確定地生長起來了。」

他在報告快結束時充滿自豪地說：「在中國，歷史上只有一個政府，曾經在一年內做了這麼多有利於人民的工作；只有一個政府，曾經在一年內驅逐了那麼多的強盜式的『軍隊』和『政府』，而代之以紀律嚴明和藹可親的人民軍隊和廉潔而講道理的人民政府；只有一個政府，曾經在一年內剝奪了帝國主義國家的特權，消滅了可恨的特務機關，停止了無限期的通貨膨脹，而給予人民一種欣欣向榮的氣象；這個政府，就是中央人民政府。」

在短短一年內能夠做那麼多的事情，實在是個奇蹟。儘管在前進中還存在種種困難，儘管工作中也有這樣那樣的缺點和錯誤，例如各地共產黨組織和政府在城市管理、工廠管理等方面嚴重缺乏經驗，有的還沿用以往管理農村和軍隊的方式去管理，不少幹部在執行工作任務時犯有官僚主義特別是命令主義的錯誤等，但新中國已充分顯示出旺盛的生命力。各項工作，總體說來都在有條不紊地進行。人民信任自己的國家。新中國不但站穩了腳跟，而且在人們面前展現出了美好的前景。

爲什麼新中國的第一年能取得這樣的成就？原因很多。最重要的至少有以下幾點：

第一，著手建立一個全新的國家和社會，領導者必須有預見，胸有成竹地早做準備，才能在複雜環境中有條不紊地開展工作，臨事不亂。

中國有句老話：凡事預則立，不預則廢。有準備和沒有準備是大不一樣的。毛澤東在中共的七大的結論中也講道：「預見就是預先看到前途趨向。如果沒有預見，叫不叫領導？我說不叫領導。」他又說：「沒有預見就沒有領導，沒有領導就沒有勝利。因此，可以說沒有預見就沒有一切。」

1 原文載於《人民日報》二〇〇四年九月三十日。

中國共產黨成立後，既有長遠的理想，又規定了明確的當前任務。新中國的社會經濟形態是新民主主義社會。這個問題在抗日戰爭時期毛澤東的《新民主主義論》和《論聯合政府》中，就已從原則上得到解決。但這時中國共產黨領導的革命力量相對說來還比較小，怎樣建立一個新中國的問題還沒有被提到現實的議事日程上來。

根本的轉折發生在一九四七年，國民黨由強者變爲弱者，共產黨由弱者變爲強者，各方面的優勢都轉到革命力量方面來了。這年十月，中共響亮地喊出「打倒蔣介石，建立新中國」的口號。建立新中國的問題，已被提到現實的議事日程上來。兩個月後，毛澤東在《目前形勢和我們的任務》中更加明確而具體地提出了新民主主義革命的經濟綱領和政治綱領，指出：「新中國的經濟構成是：(1)國營經濟，這是領導的成分；(2)由個體逐步地向著集體方向發展的農業經濟；(3)獨立小工商業者的經濟和小的、中等的私人資本經濟。這些，就是新民主主義的全部國民經濟。而新民主主義國民經濟的指導方針，必須緊緊地追隨著發展生產、繁榮經濟、公私兼顧、勞資兩利這個總目標。」在一九四八年九月召開的中共中央政治局會議上，毛澤東又提出：「我們政權的階級性是這樣：無產階級領導的，以工農聯盟爲基礎，但不是僅僅工農，還有資產階級民主分子參加的人民民主專政。」他又說：「人民民主專政的國家，是以人民代表會議產生的政府來代表它的。中央政府的問題，十二月會議只是想到了它，這次會議就必須作爲議事日程來討論。」「我看我們可以這樣決定，不必搞資產階級的議會制和三權鼎立等。」一九四九年，中共的七屆二中全會的決議和毛澤東的《論人民民主專政》等文章，又對新中國的方方面面做出許多新的更加具體的論述。這些是在近兩年的時間裡，經過深思熟慮和反覆斟酌後確定下來的。

要做到這樣，很不容易。國共內戰的勝利來得太快，大大超出了人們的預期。在這段時間裡，中共中央的絕大部分精力不能不集中在指導戰略決戰和解放區土地改革等這些極端緊迫而不容有半點疏忽的工作上。在如此緊張而忙碌的情況下，中國共產黨仍然始終保持著清醒的頭腦，不放鬆把目光同時轉向為下個階段建立新中國做準備，對未來國家和社會的基本格局勾勒出一個清晰的輪廓，使共產黨和全國人民對行將到來的大變革在精神上和行動上有所準備。

人民共和國成立前夕，中國人民政治協商會議通過的《共同綱領》，在總綱、政權機關、軍事制度、經濟政策、民族政策、外交政策等部分，對新中國的各個方面描繪出具體而可以操作的藍圖；並且通過反覆協商，聽取意見，取得大家的同意，使這個綱領成為中國各黨派、各社會團體和各界人士的共識。周恩來對民主人士黃炎培說：在全國政協會議上，由全國各黨派一起千斟萬酌制定的《共同綱領》，就是為人民服務的「劇本」。十月一日，中央人民政府委員會第一次會議一致同意以這個《共同綱領》為中央人民政府的施政方針。有了它，才能在新中國成立後，全國上下有一個共同遵循的行動準則，步伐一致地開展各項工作。

第二，新舊社會的本質區別在於人民當家做主人。新中國取得的成功，是全體人民團結一致、共同奮鬥的結果。換句話說，就是要做到一切為了人民，一切依靠人民。這是力量的源泉。沒有這一條，人民共和國一起步要衝破重重困難，順利發展，使人耳目一新，是根本辦不到的。

為了做到這一點，除要求各級領導幹部極端重視同人民群眾的關係外，還在政權建設中把建立各界人民代表會議放在了十分突出的地位。毛澤東在新中國成立後不到半個月，就致電各大區負責人說：「這是一件大事。如果一千幾百個縣都能開起全縣代表大會來，並能開得好，那就會對於我黨聯繫數萬萬人民的工作，對於使黨內外廣大幹部獲得教育，都是極重要的。」當新中國成立滿一年時，極少數市和縣已召開了人民代表大會，其他所有的市以及一千零七個縣、三十六個蒙古旗都召開了各界人民代表會議。大部分的區、鄉和村都召開了人民代表大會、人民代表會議或農民代表會議。在過渡時期內，由各界人民代表會議代行人民代表大會的職權。

這些代表會議和代表大會，對團結各社會階層、各黨派、各民族，對政府聽取人民的意見，以及使人民能瞭解並監督政府的工作，都收到了良好的效果。特別值得注意的是，由各界人民代表來共商大事，表明原來處於社會下層的工人農民翻身做了國家的主人。著名社會學家費孝通在參加北平市第一屆人民代表會議後，生動地描述了他當時那種強烈的感受：「我踏進會場，就看見很多人，穿制服的，穿工裝的，穿短衫的，穿旗袍的，穿西服的，穿長袍的，還有一位戴瓜帽的——這許多一望而知不同的人物，而他們會在一個會場裡一起討論問題，在我說是生平第一次。這是什麼意思呢？我望著會場前掛著大大的『代表』兩字，不免點起頭來。代表性呀！北平市住著的就是這許多形形色色的人物。如果全是一個樣子的人在這裡開會，那還能說是代表會嗎？」確實，過去被人瞧不起的穿著「短衫」和「工裝」的工人、農民，現在能夠同穿著「西服」和「長袍」的人坐在一起，平等地共商大事，這是過去根本無法想像的，是整個社會大變革中富有象徵性的一個縮影。它把民主從少數人才享有的權利變成多數人都能享受的權利，這才是真正的人民民主。這場社會大變革的確是中國歷史上從來不曾有過的。

中國的老百姓，以往常被譏笑爲「一盤散沙」。新中國在全國將社會各階層人民以空前規模組織起來，建立起各級工會、農民協會、青年團、學聯、婦聯、街道居民委員會等，形成一個巨大的網絡，隨時可以動員起來協助人民政府完成各項工作，改變了過去那種散漫無組織的狀態。這是使中國人民團結大大加強的一個重要因素，形成了人民政府最廣泛的社會支柱。

在舊社會，許多貧苦民眾被壓在社會最底層，受盡種種非人折磨。這種狀況不改變，很難談得上人民當家做主人。新中國成立的第一年，政府在幫助他們從苦難中解脫出來、「迅速地蕩滌反動政府留下的污泥濁水」方面，做了大量富有成效的工作。一九五〇年四月，中央人民政府公佈施行《中華人民共和國婚姻法》，廢除包辦、強迫等婚姻制度，禁止重婚、納妾和童養媳，禁止干涉寡婦再嫁。這是新中國頒布的第一部法律，是中國婦女解放運動史上的一件大事。妓院是舊社會最慘無人道的黑暗場所之一。新中國成立後，先在北京市經過調查，由第二屆各界人民代表會議做出《關於封閉妓院的決議》，在十二小時內封閉全市妓院，解放妓女一千兩百八十八人，並做好安排。全國各地也相繼採取同樣行動。一九五〇年二月，政務院公佈《關於嚴禁鴉片煙毒的通令》，貽害中國一百多年的鴉片煙毒的清除工作取得巨大成功。對橫行一方、欺壓民眾的「東霸天」、「西霸天」之類的流氓和黑社會等惡勢力，各地也採取措施，進行有力打擊。社會風氣從此煥然一新。這些是誰都能看到的變化，因此到處傳誦：「新舊社會兩重天。」人們的這種切身感受，比千言萬語的宣傳所收到的效果要大得多。

中國是一個多民族國家，各族人民都是新中國的主人。中國的民族關係有著自己的特點：境內的各民族在千百年的漫長歲月中已形成相互依存、不可分離的關係，許多民族還長期在同一地區雜居。這些特點是歷史形成的，是現實生活的主流。中國共產黨在建黨初期，由於機械地搬用外國經驗，曾提出實行民族自決、組成中華聯邦共和國的設想。隨著對實際國情瞭解的加深，這個看法逐漸改變，終於提出在統一國家內實行民族區域自治制度。《共同綱領》制訂前，周恩來代表中共中央向政協代表解釋說：「關於國家制度方面，還有一個問題就是我們的國家是不是多民族聯邦制。」「今天帝國主義者又想分裂我們的西藏、台灣甚至新疆，在這種情況下，我們希望各民族不要聽帝國主義者的挑撥。為了這一點，我們國家的名稱，叫中華人民共和國，而不叫聯邦。」「希望大家能同意這個意見。我們雖然不是聯邦，但卻主張民族區域自治。」《共同綱領》把民族區域自治作為國家的一項基本政治制度確定了下來。這是中國共產黨在民族問題上的成功創造。如果不實行這樣的制度，不實行民族區域自治而實行聯邦制，中國的民族團結和國家穩定不可能有今天這樣的局面。它的重要性，隨著時間的推移，人們看得越來越清楚了。

第三，在新舊社會交替的時候，必然會出現許多混亂現象，給人民帶來痛苦。在這種情況下，秩序和穩定十分重要。要做到這一點，加快人民解放戰爭的步伐，解放除西藏外的全部大陸國土，清剿還殘存的兩百萬土匪，自然是根本前提。與此同時，中央人民政府特別注意兩個問題：一是採取堅決措施，集中力量解決社會生活中群眾最關心、最感到痛苦的實際問題，使人民的正常生活得到基本保障；二是對舊社會和舊政權進行改造時，審時度勢，有步驟地推進，決心要大，步子要穩，盡可能減少混亂。

那時候，人民生活中感到最痛苦的幾件事是：在國民黨統治時期長年惡性通貨膨脹，物價飛漲，由於戰爭仍在繼續，這種勢頭一時還難以消除；嚴重水旱災荒，使廣大農村居民的生命財產得不到保障；在城市中存在著嚴重的失業現象。

其中，最突出的是物價問題，它直接牽動著家家戶戶老百姓的心。人民共和國成立才半個月，當人們還沉浸在開國的歡樂中時，一場無情的風暴就襲來了：從十月十五日起，物價開始大幅度上漲，糧食、棉布的價格在一個月內上漲近兩倍，人心惶惶不安。人民政府立刻採取斷然措施，從農業地區特別是東北老根據地調集大量糧食等物資，在適當時間向城市放手拋售，並厲行增產節約，以後又統一了國家的財政經濟工作。到一九五〇年三月間，全國財政收支接近平衡，物價穩定下來了。全國批發物價總指數，如果以一九五〇年三月為一〇〇來計算，到這年十二月已降為八十八・六；這種穩定不是一時的，而且延續下去，到一九五二年六月還只有九十九・二。穩定物價，這個中國老百姓企盼多年而不可得的願望，竟在新中國成立後不到半年內實現了，對人心產生了極大的影響。「資產階級代表人物也不得不為之折服，說『中共此次不用政治力量，僅用經濟力量，就能穩住物價，是我們所料不到的』。」

在自然災害中，當時最嚴重的是一九五〇年的淮河大決口，被淹耕地達三千一百萬畝，災民九百九十五萬人，有些地方的災情到了慘不忍睹的程度。周恩來在政務會議上激動地說：「水災是非治不可。如果土地不洪就旱，那就土改了也沒有用。」經過統籌安排和認真準備，從一九五一年二月起，規模宏大的治淮工程便開始了。

除救災外，救濟城市失業者也是一項繁重而艱難的任務。舊社會本來就留下龐大的失業隊伍。新政府成立後，在經濟改組過程中，一部分不適應社會需要的工廠倒閉，又增加了失業的人數。全國失業總人數達到一百一十七萬人。政府採取的主要救濟方法是以工代賑，同時又使用生產自救、還鄉生產、發放救濟金、轉業訓練、介紹就業等辦法。到一九五〇年九月底，失業工人和知識分子受到救濟的達半數以上。

這些工作，使人民感到政府是關心他們的，是切切實實替他們辦事的，是值得信賴的。人民的信任是一種巨大的無形力量，能造成萬眾一心，去完成各種艱巨的任務。

爲了減少新舊社會交替過程中因出現混亂而造成的損失，另一個重要問題是，在進行接管和改造工作時力求步子穩妥。對必須解決的問題，堅決採取措施去解決；凡不是急迫需要解決的事情，可以先維持原狀，不急於改動。

毛澤東對這個問題提出了明確的指導原則。他在一九五〇年四月給當時擔任上海市委第一書記和市長的陳毅的電報中說：「目前處在轉變的緊張時期，力爭使此種轉變進行得好一些，不應當破壞的事物，力爭不要破壞，或破壞得少一些，你們把握了這一點，就可以減少阻力，就有了主動權。」不久，他又提出，要集中力量解決最迫切需要解決的問題，「不要四面出擊」。他說：「四面出擊，全國緊張，很不好。我們絕不可樹敵太多，必須在一個方面有所讓步，有所緩和，集中力量向另一方面進攻。」

在這種思想指導下，當接管國民黨的官僚資本企業時，提出了「不要打亂原來的企業機構」的原則。也就是說，不要打亂原來的技術組織和生產系統，而要保持其完整；在派出軍代表後，原有員工除極少數反動分子和劣跡昭著者外，凡願照舊供職的仍然照舊供職；在此基礎上，逐步推行民主改革，以便實現管理民主化和經營合理化。當準備一九五〇年冬大規模開展新區土地改革時，做出保存富農經濟、保護富農所有自耕和僱人耕種的土地及其他財產的規定，以減少社會的震動。在接管舊政權時也採取慎重的方針，將舊人員包下來，「三個人的飯五個人吃」。當時擔任中南軍政委員會副主席的鄧子恢寫道：「我們隨著軍事的迅速發展，採取了以省為單位、自上而下、委派幹部建立各級政權機構的步驟，同時在區、鄉以下採取了大膽利用舊保甲人員的方針。採取這個方針的目的是為著在過渡時期穩定社會秩序、減少混亂和破壞，並便利進行當時緊急的支前、徵糧工作。」文教工作方面也是如此。拿高等學校來說，主要採取的措施是「一開始即廢除了反動的訓育制度，停止了黨義與公民課程，改用校務委員會負責校務，以新民主主義的文教方針來代替國民黨反動派的反人民的反動文教方針」，其他方面不輕易改動。

這樣，就保證了整個接管和改造工作能夠有秩序、有步驟地穩步推進，不致造成重大的混亂和損失。

第四，社會大變革需要秩序和穩定，不僅在國內如此，在國與國之間也希望有一個相對穩定的秩序，以便能集中力量推進國家的建設和社會的改造。其中最重要的有兩點：一是力求有一個和平的國際環境、和睦的周邊環境；二是獨立自主，不畏強暴，排除任何外來的干預。

如何開闢外交工作的這種新局面，是新中國成立時面對的極端重要而又陌生的問題。一切都需要另闢蹊徑，從頭做起。新政府的外交工作，一開始就樹立起自己的鮮明特點，那就是獨立自主。

周恩來在外交部成立大會上，充滿民族自豪感地明白宣示：「中國一百年來的外交史是一部屈辱的外交史。我們不學他們。我們不要被動、怯懦，而要認清帝國主義的本質，要有獨立的精神，要爭取主動，沒有畏懼，要有信心。」他又嚴肅地提醒大家：「但也不要盲目衝動，否則就會產生盲目排外的情緒。」「外交不能亂搞，不能衝動。遇事要仔細想，分析研究，看是屬於哪一類性質，其後果如何，分析好的一方面，同時也要分析壞的一方面。要培養思考的能力。」他反覆地叮囑大家：「過去我們可以說是打游擊戰的，只接觸過一些外國記者和馬歇爾等，不是全面的戰鬥。現在我們是代表國家，一切都要正規化，堂堂正正地打正規戰。我們更應該加倍謹慎。」

這以前，隨著人民解放軍在大陸取得基本勝利，一百多年來帝國主義國家的在華特權已從根本上被廢除。外國人在中國趾高氣揚地爲所欲爲的局面，一去不復返了。這是社會大變革的一項重要內容。

中華人民共和國一成立，外交工作面對的第一個問題是要同其他國家建立正常的外交關係，走向國際社會。人民政府向所有國家表示了善意。毛澤東在開國大典上宣佈：「凡願遵守平等、互利及互相尊重領土主權等項原則的任何外國政府，本政府均願與之建立外交關係。」

但那時，世界已進入第二次世界大戰後的冷戰時期，形成了社會主義和資本主義兩大陣營的對立。這種對立和衝突越來越劇烈。美國政府當時對新中國抱著敵視的態度，不僅自己不肯承認新中國，還竭力阻撓其他西方國家承認新中國。這種敵視態度在以後一段時間內更加強了。第一個承認新中國的是社會主義國家蘇聯，這是十分可貴的。三個多月內，新中國同十一個國家建立了外交關係，它們都是當時社會主義陣營的國家。一九四九年十二月和一九五〇年一月，毛澤東、周恩來先後抵達蘇聯訪問。新中國在對外關係中特別關心的是世界和平問題。在同斯大林會談時，毛澤東一開始就提出：目前最重要的問題是建立和平。中國需要和平的環境，把經濟恢復到戰前的水平，並從總體上使國家穩定。兩國簽訂了《中蘇友好同盟互助條約》。毛澤東將條約提交中央人民政府委員會批准時說：「這次締結的中蘇條約和協定，使中蘇兩大國家的友誼用法律形式固定下來，使得我們有了一個可靠的同盟國。這樣就便利我們放手進行國內的建設工作，和共同對付可能的帝國主義侵略，爭取世界的和平。」

在毛澤東、周恩來訪蘇期間，又有十三個國家先後宣佈承認中華人民共和國。其中有七個國家在一九五〇年十月底前同新中國建立起正式外交關係。它們包括：一類是亞洲新獨立的民族主義國家印度、印度尼西亞、緬甸；另一類是北歐的瑞典、丹麥、芬蘭和中歐的瑞士。這是第一批同新中國正式建交的不同社會制度的國家，是新中國外交工作的重要突破。以後四年內，中國又同巴基斯坦、阿富汗、尼泊爾等分別建交。這樣，直接同中國接壤的周邊國家大體上都同新中國建立了正式外交關係。同周邊國家建立起穩定的睦鄰友好關係，對剛剛誕生的人民共和國自然有著特別重要的意義。

經過一年的努力，中華人民共和國最初階段對外關係的基本格局大體上確定了下來。這一切，進行得井井有條，有力地捍衛了國家的獨立、安全和尊嚴，把屈辱外交一掃而光，使新生的人民共和國一開始就以獨立自主、熱愛和平而又不畏強暴的嶄新風貌屹立在世界的東方。

民族獨立和人民解放，是二十世紀前半期中華民族面對的兩大歷史任務，也是新中國第一年面對的最重要課題。人民正是通過事實來瞭解中國共產黨，認定只有共產黨才能領導人民建設一個新中國的。半個多世紀的歲月過去了，回顧新中國在第一年走過的歷程和種種新氣象，依然令人神往。

第十四章

新中國的前三十年[1]

今天講的題目是新中國成立到十一屆三中全會之前這二十九年的歷史，也可以說是「新中國的前三十年」。這一段歷史是很光榮的歷史，因爲中華人民共和國是在這個時候成立的，中國人從此站立起來；中國的社會主義制度是在這一段時間裡建立起來的（我們今天講的社會主義初級階段是從一九五六年算起，到未來的二十一世紀中葉剛好一百年）；熱氣騰騰的大規模經濟建設也是在這一時期開始的。這些都是在我們中華民族歷史上從來沒有過的。同時，它又是一段很複雜的歷史。在社會主義制度建立起來以後怎樣向前走？那個時候，對什麼是社會主義、怎麼樣建設社會主義都還不很清楚，世界上也沒有這方面完全成功的先例，中國的情況又那麼複雜。但客觀環境也好，大眾心理也好，都不容許等把這些問題弄清楚了以後再起步，而且不起步也不可能把問題弄清楚，只能邊摸索邊前進。在這個過程中，一方面取得了很大成績，同時也遭受過很多挫折。其中最重要的，一個是在經濟建設中因爲急於求成造成的「大躍進」，一個是在社會主義條件下還提出「以階級鬥爭爲綱」，造成「文化大革命」這樣的全局性錯誤。這些錯誤是共產黨自己跟全國人民一起糾正的，並不是別人糾正的。這也給我們留下了很多沉痛的教訓。

正因爲這一段歷史是很複雜的歷史，所以在三十年前，中共中央十一屆六中全會做出了《關於建國以來若干重要歷史問題的決議》。那時，小平說，要「使這個決議起到像一九四五年那次歷史決議所起的作用，就是總結經驗，統一思想，團結一致向前看」。它把三十年中間許多根本問題說清楚了，希望通過決議的總結，把大家的思想統一起來，大家團結起來向前看，今後更好地集中力量，進行社會主義現代化建設。三十年過去了，思想看來並沒有完全統一，社會上混亂的思想還相當多。這種混亂思想主要表現爲兩點：

一種是我們不少媒體好像特別津津樂道建設過程中出現的一些消極面或者黑暗面，而對當時全國人民如何熱氣騰騰地建設一個新社會、新國家，卻表現出令人奇怪的冷淡。至於有一些地方特別是海外，抓住個別事實，甚至是歪曲和編造事實，散佈很壞的影響。這是值得警惕的，蘇聯解體前也有過這樣一段過程。

另外一種是出於好心，因爲要宣傳改革開放的偉大成就，往往拿過去三十年作爲對比或者是反襯。我參加過紀念改革開放二十週年講話的起草，討論的時候，我曾說：最近電視裡有一些表現，我看了很反感，比如說，過去有那麼多布票、糧票、油票，今天我們商店裡商品那麼豐富。看起來好像是憶苦思甜似的，我們過去總憶舊社會之苦、思新社會之甜。剛才說的那些，脫離了當時的歷史條件，缺乏具體分析。在當年物質非常缺乏的情況下，如果沒有這些糧票、布票、油票，一切都聽任自由市場去處理，恐怕許多人，特別是收入比較低的人，連最起碼的穿著和生活都無法得到保障。那個時候採取這個措施是一個不得已而又很成功、有利於人民的措施。當然，今天物資非常豐富，就不需要那麼做了。

中國共產黨成立九十年來，籠統地講，前面三十年，也就是民主革命時期的歷史，也有許多爭論和問題，但至少公開地全盤否定的很少。最後三十年，也就是改革開放後這三十年，儘管看法也未必一致，但公開地全盤否定的也不多。但對中間這三十年，看法相當不一致，很多問題存在著嚴重爭議。

我今年八十一歲，一九四七年進復旦大學讀書，在國民黨統治下受了兩年大學教育，一九四九年之後又受了兩年大學教育。我是一九四八年年初加入共產黨、接受馬克思主義的，這可能跟以後有些同志不太一樣。我們是受國民黨教育長大的，到大學以後也接觸過西方的各種學說。有一次我和一位朋友在討論會上辯論，他說現在都是成者爲王、敗者爲寇，哪一個成功了就都好、哪一個失敗了就都不好。我

1 本文是作者二〇一一年五月二十日在北京大學文史大講堂所做報告的記錄。

說，不見得。就拿我自己來說，我接受馬克思主義，參加共產黨，並不是說那時共產黨已經成功了，當時看起來國民黨彷彿還佔優勢。評論事情總有個客觀標準，那就是對最大多數人有利還是不利。國民黨那時太不得人心了。我們是根據親眼看到的大量事實，經過自己的思考、反覆比較後才做出那個當時不容易做出的決定。我講這段歷史，只是想說明，新中國前三十年中的許多事情我是親身經歷過的，很多問題在自己的思想上也都曾做過這樣、那樣的思考。在座的都比我年輕，我只是想向各位介紹一下一個親歷者的理解和體會。

本來，我想把中華人民共和國的成立也作爲今天的一個題目來講，因爲這件事情確實了不得。只有從那個時代過來的人，才會真正體會到一種強烈的新舊社會兩重天的感覺。在我這一輩子裡真正感到這個社會發生了翻天覆地的變化，就是在那時。以後的事是在這個基礎上發展的。但今天由於時間的關係，這個問題我就不多說了。三年多前我在《人民日報》上看到前輩學者任繼愈先生的一篇文章。任先生那時已九十多歲了，他說，「只有歷經災難、飽受列強欺凌的中國人，才有刻骨銘心的『翻身感』。經過百年的奮鬥，幾代人的努力，中國人民終於站起來了。這種感受是後來新中國成長起來的青年人無法體會得到的。他們認爲中國本來就是這樣的」。這段話講得是很深刻的。在那個時代，毛主席在人民政協的開幕式上講：「我們都有一個共同的感覺，這就是我們的工作將寫在人類的歷史上，它將表明，佔人類總數四分之一的中國人從此站立起來了。」我看過孫起孟先生的回憶文章，他是參加了那次會議的，那時不但他自己一面鼓掌一面掉眼淚，周圍很多老先生也都在掉眼淚。我也記得，剛解放的時候，上海街頭的高音喇叭都在放郭蘭英唱《婦女翻身歌》，歌中唱道，「舊社會好比那黑咕咚咚的枯井萬丈深，井底下壓著咱們老百姓，婦女在最底層。」這種感覺確實是沒有經歷過舊中國的人很難體會到的。照理講，對新中國的成立，應該專門作爲一個問題講。現在沒有時間了，我就不多說。但有一點要說，就是在一九四九年以後，中國歷史的全部發展都是以新中國成立這一和舊社會完全不同的情況作爲起點來起步的。沒有這個，也就談不上以後的一切。

下面我講三個問題，一是關於社會主義制度的建立，二是關於「大躍進」，三是關於「文化大革命」。

一、關於社會主義制度的建立

大家知道，在新中國成立的時候，我們建立的是新民主主義社會，一九五三年共產黨提出一個過渡時期總路線。到一九五六年，中共的八大會議上宣佈社會主義基本制度已經在中國建立起來了。對有爭議的問題，我想談三點：

第一，過渡時期總路線的提出。這個問題以前沒有多少爭議。《關於建國以來黨的若干歷史問題的決議》寫道：「歷史證明，黨提出過渡時期總路線是完全正確的。」

但是，近年來也有一些學者，包括我很熟悉的朋友有不同的看法。有的人認爲，過渡時期總路線提出來，把原來搞得很好的新民主主義社會的做法放棄了，要搞社會主義了，就造成走了彎路。我說，你還年輕，你不知道。當總路線醞釀和提出來的時候，我在復旦大學聽黨內傳達，完全沒有你所講的那種感覺。那時的突出感覺是，本來認爲從新民主主義到社會主義大概是到一定時候一步到位，到那一天，採取「嚴重的社會主義步驟」，宣佈工業國有化和農業的集體化，大家要像過「土改關」一樣，過好「社會主義關」。但總路線提出來以後，才感到原來我們從中華人民共和國成立起，就在那裡一步一步地向社會主義過渡，不是說到哪一天才一步跨入社會主義。而這個過渡是和平的，並且採取贖買等逐步過渡的辦法，並沒有覺得突然要搞社會主義了。

大家知道，共產黨從成立開始，目標就是要建立社會主義和共產主義，當然這是長期的任務。新民主主義從一開始就說清楚了，是一個過渡性質的階段，並不是到一九五三年才提出來的。一九四九年制定共同綱領的時候，有一些民主人士提出，爲什麼在這個綱領中沒有把更長遠的目標「要走向社會主義」定進去。周總理在大會上回答說，「這個前途是肯定的，是毫無疑問的……現在暫時不寫出來，不是否定它，而是更加鄭重地看待它。而且這個綱領中，經濟的部分裡面，已經規定要在實際上保證向這一前途走去。」所謂的「這個前途」，就是社會主義。這些都是公開發表的，大家都很清楚：新民主主義是一個過渡階段，是向社會主義發展。

過渡時期總路線是什麼時候提出來的呢？最早是一九五二年九月一次中共中央政治局常委會上，聽取周恩來到蘇聯向斯大林談中國第一個五年計劃時。那次討論中，毛澤東講，十年到十五年基本上完成社會主義，而不是十年以後才過渡到社會主義。這是最早提出過渡時期總路線的問題。爲什麼這個時候會提出這個問題呢，而且正好是周恩來到蘇聯見斯大林回來以後？當時胡喬木讓我們查一下檔案，斯大林有沒有提出來這個建議。我們查了檔案，斯大林沒有談過這個問題。我們當時注意到，在那次去和斯大林談之前，周恩來寫了一個《三年來中國國內主要情況及今後五年建設方針的報告提綱》。報告裡有這樣一段話，「工商業總產值公私比重已由一九四九年的百分之四十三・八和百分之五十六・二之比，變成了一九五二年的百分之六十七・三與百分之三十二・七之比」。這是什麼意思呢？就是說在一九四九年的時候，公有經濟在工商業裡只佔百分之四十三・八，是少數，而私有經濟占百分之五十六・二，是多數；到一九五二年的時候，公有經濟佔到了百分之六十七・三，成爲多數；而私營經濟的比重已經下降到百分之三十二・七，成爲少數。「私營商業在全國商品總值中的經營比重，已由一九五〇年的百分之五十五・六降爲一九五二年的百分之三十七・一，但在零售方面，私商經營一九五二年仍佔全國總額的百分之六十七。數量上已經不再佔優勢的私營工業，大部分又承辦加工業務、接受國家的訂貨和收購包銷產品；私營商業也開始爲國營商業代銷。隨著大規模經濟的開始，擴大國有經濟的步伐更在大大加快。第一個五年計劃中的一百五十六項重點工程都是國有經濟，屬於社會主義經濟。」「毫無疑問，國營工商業今後的發展將遠遠超過私營工商業的發展，而且會日益加強其控制力量。」

當時農業的合作化也在迅速開展。周恩來報告中所講的，說明中共中央看到了原來沒有注意到、沒有認識到的一個重要事實。

那就是，在實際生活裡面公有制經濟已在逐漸取得主體的地位（當然農業的問題還沒有解決）。私營經濟的比重已在逐步縮小。這樣，未來不需要在十年後宣佈工業國有化、一步進入社會主義，而是逐步過渡。過渡時期總路線提出的主要內容是這樣。「先有事實，後有概念。」中共中央看到了一個過去沒有認識到的事實，本來，社會主義的前途早就肯定了，但對如何過渡到社會主義，這時有了一個新的認識，從而做出了新的決策。一九五三年，第一個五年計劃開始，許多大型的、中國以往沒有過的新企業建立起來，國有經濟的比重更是大大增強，過渡時期總路線的提出是在這樣的時代背景下出現的。

第二，總路線的主體問題。

剛才提出要逐步向社會主義過渡，怎麼過渡呢？過渡時期總路線的基本內容稱爲「一體兩翼」，一個主體、兩個翅膀，或者是「一化三改」，「一化」是社會主義工業化，「三改」是對農業的社會主義改造，對手工業的社會主義改造，對資本主義工商業的社會主義改造。這是一個很明確的方針。但後來有一些文章或書籍，在講到社會主義怎樣建成這一問題的時候，常常把主體忘記了，好像只是「兩翼」的結果，特別是把它看作對資本主義工商業進行社會主義改造的結果。其實，中國能不能建立起社會主義制度的基本條件，首先取決於社會主義工業化能否有重大發展，這在某種程度上也可以說是進行其他三個改造的物質基礎。如果沒有社會主義工業化，就根本談不上基本建成社會主義制度。

新中國成立以後，當過渡時期總路線宣佈第一個五年計劃開始的時候，全國人民的主要力量放在哪裡？主要投身在社會主義工業化這個事情上。我舉個例子，當時最有名的是一百五十六項工程爲重點的建設，第一項是鞍鋼，有三大工程，一個是軋鋼廠，如果你沒有軋鋼廠，只有鋼的粗坯，你就不能製成鋼板、不能製成鐵軌，這在中國以前是沒有的。二是無縫鋼管，以前是把鐵皮捲起來，把它焊接起來的管子，中間是有縫的。現在大家哪還能見到那樣的東西，現在都是無縫鋼管。三是自動控制的高爐。

以前毛澤東講過，我們現在能造什麼?桌子、板凳、茶杯、茶碗，會種糧食磨成麵粉，還會造紙（還有一些紡織廠），除了這些，一輛汽車、拖拉機、飛機、坦克都不會造。現在的年輕人也許想像不到中國當時是這樣的。鞍鋼以外，武漢鋼鐵公司、包頭鋼鐵公司等是那時候建的。北滿鋼廠造合金鋼，現在我們知道什麼都離不開合金鋼，中國在以前也不會造。富拉爾基和太原的重型機械廠。上海是電機廠、鍋爐廠、汽輪機廠，完整的一套發電設備，過去也不能造。其他大家知道的，汽車，長春第一汽車製造廠建立起來，當年江澤民、李嵐清都是在第一汽車製造廠做技術工作和管理工作的。拖拉機廠，洛陽的拖拉機廠。飛機廠，瀋陽飛機廠自己製造出噴射式飛機，都是那時建立的。連手錶以前都不會造，那時候第一隻手錶做出來，聽說中國人自己會做手錶了，大家興奮得不得了。除了工廠以外，那個時候修鐵路、公路。鐵路大家知道當時十分有名的成渝鐵路，公路特別是康藏公路和川藏公路，當時到處傳唱著「二呀二郎山，高呀高萬丈」的歌曲。水利，比如說新安江的水電站，現在那個地方叫千島湖。還有三門峽水電站，都是那個時候建立的。爲了支援內地工廠，工廠大量內遷。當時上海遷出了二十萬人，裡面有兩萬兩千萬名技術人員、八千名熟練工人和一些管理人員。

前幾年我到黑龍江去看兵工廠，他們兵工廠裡原來的骨幹還都是五〇年代清華大學等的畢業生。在五〇年代的長時間裡，恐怕在座各位的祖父輩們都獻身在這些事業裡。那時候有一句話是「獻了青春獻終身，獻了終身獻子孫」，都獻給國家了，真可以說是可歌可泣。大家感到新中國的事業蒸蒸日上，當時人們在生活中首先看到的是這種變化，感到自豪是有理由的。

有許多媒體常常給人一種感覺，好像新中國成立以來，共產黨無非就是一個運動接著一個運動，整了一批人又整一批人，別的就沒幹什麼好事。這跟我們這些可以算作見證人的感覺很不一樣。如果真是這樣的話，那就無法理解新中國成立後，爲什麼那麼多的知識分子擁護共產黨，青年學生都那麼熱情地投身到新中國的建設事業中。建設社會主義，主要是靠人們滿腔熱情地投身社會主義工業化帶來的，這是主體。

關於私人資本，我想用一些數字來說明。一九五六年合併了全國的私人資本共有二十四億一千八百六十四億（當年一塊錢的幣值遠不止今天的一百塊），後來發現有的地方少計算了百分之二十，有的地方少計算了百分之四十。就算是加一倍，也只有五十億人民幣。所有私人企業加在一起也就是這麼些。中國最大的資本家榮家的申新紡織集團、茂新麵粉集團，加在一起是二十四個工廠。榮家是最大的，沒有人能夠和它比，也就不過這些。當時號稱是火柴大王，後來又是煤炭大王的劉鴻生一九四九年從海外回來，做華東軍政委員會委員，可以看出他在工商界的地位。他的全部資本總額是兩千萬元。而且在工商業中，極大部分是商業，不是工業。又非常分散，絕大多數規模很小。所以這些廠即使是全部買下來，也談不上在中國建成社會主義基本制度，遠不足以真正把一個社會主義國家支撐起來。

再做一個對比，剛才我所說的，建立那麼多大型的國有新廠，它的投資是多少呢？在第一個五年計劃裡，全民所有制的企業固定資產投資是六百一十一億五千八百萬元，資金從哪兒來的呢？從一九五三年到一九五七年計算，全民所有制的企業的上繳利潤占國家財政收入增加數的百分之七十四・七。這樣一比就知道了，國家在五年裡的投資是六百一十一億五千八百萬元，而私營企業全部資金總額最多不到五十億元，而且還很分散。

這樣我們就能知道，中國之所以能夠建立起社會主義，首先是靠全國人民流血流汗投身到熱氣騰騰的社會主義建設事業中去幹出來的，是一代人勤勞奮鬥出來的，而不是靠收買那一點私營工商業得來的。忽視主體，只講「兩翼」，如果不說它是本末倒置，至少是主次不分。提出那些看法的人用客氣一點的話說，至少是對當年中國的實際情況太不瞭解了，以為中國從來就是像他們後來所見到那樣的。

到了一九五六年，社會主義制度在中國基本建立起來，社會主義初級階段就是從這個時候算起的。現在也有人把社會主義初級階段和新民主主義混同起來，感到都是多種經濟成分共同發展，所以社會主義初級階段其實就是新民主主義，只是改了一個名稱。甚至說「既知今日，何必當初」，何必要搞什麼過渡時期總路線、搞建設社會主義？這是誤解。

新民主主義和社會主義初級階段最大的區別在哪裡？就是社會主義初級階段是公有制為主體、多種經濟共同存在和共同發展。而新民主主義階段開始的時候，在工商業中，私營經濟的比重明顯超過公有經濟，至於在農村裡沒有多少公有經濟，廣泛的是小農經濟，甚至在新中國成立初期全國土改前還有大量封建地主土地所有制，那個時候只能說是新民主主義，經過社會主義工業化，經過剛才所說的三大改造，到一九五六年才建成了以公有制為主體的社會主義社會，進入社會主義初級階段。

第三，怎樣看待一九五六年社會主義制度在中國的建立。

對這件事，《決議》裡也有很明確的論斷，「整個來說，在一個幾億人口的大國中間比較順利地實現了如此複雜、困難和深刻的社會變革，促進了工農業和整個國民經濟的發展，這的確是偉大的歷史性勝利」。胡繩主編的《中國共產黨的七十年》裡也說了兩句話，「它是在保證國民經濟基本上穩定發展的情況下完成的，它是在得到人民群眾基本上普遍擁護的情況下完成的」。這跟蘇聯很不一樣。蘇聯在農業集體化的時候，整個的農業生產總量總值是大幅度下降，而且還受到了很多破壞和抵抗。

就中國來講，整個社會主義改造過程中，生產是明顯地逐年發展的，而人民群眾絕大多數是擁護的。當然，不可諱言，在社會主義改造中，特別是最後一年，存在著過快、過粗、過於求純的缺點，有些人用這些缺點來否定中國在一九五六年建立起社會主義制度的整個歷史性勝利。有的人甚至提出，《決議》裡的這一條應該修改。但事實上，從剛才所做的分析可以看到，到了一九五六年，甚至再提早一點兒，公有制經濟已成爲中國建成社會主義制度的基本條件。我有一次在討論會上打了一個比方，等於要生孩子，你總要有七八個月才能生下來。假定說，這個時間都沒有到，那就是流產，連早產兒都做不到。但如果是最後一兩個月缺乏經驗，不小心，早產了一點，這是一個失誤，孩子生下來會有一些先天不足的地方，但首先我們應該做的是歡呼一個新的生命的誕生，他的先天不足的東西，只有在後天採取一些措施補足，你也不可能把嬰兒再塞到母親的肚子裡再重新生出來的。應該說，建立社會主義基本制度的條件那時已基本有了，社會主義制度的建成總體來說是成功的，但是有缺點。

我剛才講到「過於求純」，大家知道這是十分明顯的一個缺點，反映了當時包括中共中央對什麼是社會主義還沒有完全弄清楚。但是在八大的時候，陳雲已經提出「三個主體、三個補充」，就接觸到這個問題。而在一九五六年年底和一九五七年年初，中共中央好幾個領導人談過一些重要的看法。毛澤東說，「地下工廠，因爲社會需要，就發展起來，要使它成爲地上，合法化。只要有市場，有原料，這樣的工廠還可以增加。可以開夫妻店，可以雇工、可以開私營的大廠。私人投資開廠，定息也有出路。華僑投資，一百年不要沒收，可以消滅了資本主義，又搞資本主義」。特別是最後一句「可以消滅了資本主義，又搞資本主義」，十分精闢。劉少奇說，「有這麼一點資本主義，一條是可以作爲社會主義經濟的補充，另一條是它可以在某種方面同社會主義經濟作比較」。周恩來講，「在社會主義建設中，搞一點兒私營的，活一點兒有好處」。當時是探索的過程，究竟如何搞社會主義誰都還不那麼清楚，在一九五六年底和一九五七年初。他們考慮到可以允許多種經濟成分共同發展是十分可貴的，可惜到一九五七年下半年「左」的錯誤發展起來，之前所說的那些思想就沒有得到實施。這是探索中的特點。

二、關於「大躍進」

關於「大躍進」。這是錯誤的，帶來了嚴重的災難。

有人認爲，「大躍進」只是毛澤東個人在那裡胡來，幹部都沒有頭腦，都跟著起哄。我覺得事情並不那樣簡單。「大躍進」發生在一九五八年左右，我當時在復旦大學擔任教學科學部副主任，那時候的學校不像今天有那麼多部門，那時候一個教學科學部、一個總務處、一個政治輔導處，還有一個校長辦公室，就這樣幾個部門。我周圍都是高級知識分子，我很清楚當時高級知識分子在「大躍進」開始的時候，絕大多數人是興奮的，是擁護的。鄧小平也講過，「大躍進是不正確的。這個責任不僅僅是毛主席一個人的，我們這些人腦子都發熱。完全違背客觀規律，企圖一下子把經濟搞上去。主觀願望違背客觀規律，肯定要受損失」。這個話值得我們思考，爲什麼那個時候不僅僅是一兩個人，而是很多人，包括鄧小平在內，頭腦都發熱，這是什麼原因？我想它的發生至少有三個原因。

第一，要從當時中國的民族心理去瞭解。

大家都知道，我們中華民族是一個曾經創造過燦爛文明的國家，甚至到十八世紀時還站在世界的前列。但到十九世紀以後，不光是落後了，而且還被人家踩在腳底下，被人看成是劣等民族。爲什麼新中國成立時毛澤東說中國人從此站立起來了，引起那麼多人激動，有這個原因在內。

儘管新中國獨立了，大家都看到，我們的經濟還是很落後。如果沒有經濟上的獨立，政治上的獨立就不能得到保障。毛澤東當時也講，我們經濟落後，物質基礎薄弱，這樣總使我們感到自己處於被動的狀態。哪一天，例如再過十五年，我們的糧食多了，鋼鐵多了，那我們就可以更多地取得主動。

再加另外一個因素。朝鮮戰爭結束後，中國估計十五年內不會再發生戰爭，那麼就要搶這十五年，在這十五年中一定要把我們的工業，特別是重工業發展起來。我當時聽陳毅做報告，他講，有人問，爲什麼要花這麼大的力搞重工業呢？他說，如果我們只搞輕工業，大家都在這兒吃雞蛋糕，吃得很高興，但就在你很高興地吃著雞蛋糕的時候，人家把幾萬噸鋼往你頭上倒下來，你還有什麼？確實是那樣，那個時候大家都講「落後就要挨打」，在這樣的狀態底下，大家希望快，希望能夠盡快改變中國經濟文化落後的面貌，把我們的經濟文化發展搞上去，這種主張得人心，這是一個普遍的民族心理。

第二，那個特定的歷史時期，形成了人們一種特定的思維方式和心態。

那以前的幾年，人們許多原來認爲根本不可能做到的事情，結果都很快做到了。我拿自己的感受來講。在國共內戰的時候，毛澤東說我們要爭取三年、五年勝利。那時，我是共產黨員，在國民黨的統治區。說實在的，那時根本還看不清勝利能在什麼時候實現，總以爲時間還要長一點。我心裡想，三年、五年能勝利嗎？結果，一九四六年全面內戰爆發，一九四九年就勝利了，就三年。新中國成立後，面對國民黨留下的一個財政經濟總崩潰的爛攤子。新中國是十月一日成立的，從十月十五日開始，上海、天津領頭物價飛漲，到十一月底物價漲了兩倍。在這個時候，毛澤東說，三年、五年恢復，八年、十年建設。我在國民黨統治區生活過，親眼看到過金圓券，財政經濟總崩潰的狀況，國民黨有那麼多財政金融專家，都一籌莫展。共產黨能那麼快解決問題嗎？結果是從一九四九年解放到一九五二年國民經濟恢復、物價穩定，一共又是三年的時間。抗美援朝開始後，很多人都捏把汗，我們能打贏美國嗎？美國的軍事現代化，特別是我們完全沒有制空權，它的飛機可以從樹梢上飛過進行轟炸掃射，比現在的法國、英國對利比亞轟炸還要厲害，結果一九五三年美國被迫簽訂停戰協定，戰線穩定在「三八線」，一九五〇年發生戰爭，到一九五三年又是三年。社會主義改造，現在看起來是快了一點兒，但一九五三年宣佈過渡時期總路線到一九五六年敲鑼打鼓進入社會主義，又是三年。一次次，自己認爲不能那麼快做到的事情，結果都做到了。在這樣的狀況下，到「大躍進」時，河南省委第一個提出，「苦戰三年，改變面貌」。毛澤東還加了兩個字，「苦戰三年，基本改變面貌」。今天大家都清楚，我們的經濟水平、科學發展，如果誰說三年就能改變面貌，在座的不會相信，我也不會相信。但在當時，正是一次次的事實證明，你覺得做不到的事情，結果做到了，結果，就把人的主觀能動性的作用誇大了，這是特定的歷史條件下形成的一種特定的思維方式，跟平時一般情況下不是一種狀態。不處在這種特定條件下，不會有這樣的想法。

第三，對社會主義建設根本沒有經驗。

毛澤東一輩子的主要經驗是在戰爭年代政治掛帥大搞群眾運動條件下的經驗，而這個經驗又被事實證明是成功的。對於國家的經濟建設應該怎麼搞，他沒有經歷過。毛澤東在新中國成立前沒有出過國，他也並不是說沒認識到出國的重要性，留法的勤工儉學，他送人走，別人問他，你爲什麼不出國？他說，我對中國的情況還瞭解得不夠，我希望對中國的情況瞭解更多些，將來再與國外的情況進行對比。

所以，對舊中國的瞭解，特別是農村，毛澤東比任何人的瞭解都多、都更深刻，在推翻舊中國方面，他比任何人都高明。但是，怎麼建設一個現代化的新中國。他就缺乏經驗了。這也是他的局限性，與此有差別的，周恩來、鄧小平都是一二十歲出國，在國外待了那麼多年，他們對現代化的新觀念，如何建設一個新的國家，就瞭解得多一些。

人的認識往往是受到了自己的經驗影響。讀毛澤東的政治經濟學筆記，真感到包含著一個悲劇。他常常講：在過去戰爭年代這樣做都成功了，現在爲什麼不能呢？他講的時候都是滿懷信心地講，但事實上到了建設的時候許多事就不能像過去那麼做了。

而中國共產黨的各級領導幹部，不僅僅是毛澤東，極大部分的幹部都是和他一樣，是在戰爭年代政治掛帥、大搞群眾運動裡面成長起來的，這種做法也是最容易被許多人所接受。今天看起來大煉鋼鐵這麼多人上山，那不是荒唐嗎。我講自己的一點兒感受，「大躍進」的時候，我去上海郊區看，半邊天都是紅的，是小土爐在燒。我不是搞工程的，但也不會愚蠢到認爲中國的鋼鐵問題能夠靠小高爐來解決。但是當時內心還是抑制不住的興奮，覺得我從來沒有看到過群眾有那麼一種熱情、那麼一股勁，把這個勁頭鼓起來了，說不定會一步步摸出一條路，做出以前根本不可能做到的事情。這不只是一個人的想法，所以說「大躍進」的發生恐怕不是偶然的。

最早提出「大躍進」那些思想是一九五七年毛澤東到蘇聯去，蘇聯提出來要用十五年在經濟上超過美國，毛澤東就提了要十五年超過英國。當時也不懂，認爲鋼鐵產能超過英國，就是工業化了，等於全面超過了英、法。毛澤東也做了一些調查，他徵求了英國共產黨總書記波立特的意見，認爲是可行的。一九五七年說用十五年趕上英國，一九七二年中國生產了兩千三百三十八萬噸鋼，而英國那一年只生產了兩千兩百三十二萬噸鋼。用十五年的時間在鋼鐵的產量上趕上英國，這一點中國還真做到了。但問題出在什麼地方呢？

一個就是鋼產量超過英國，並不等於中國總體經濟力量，特別是科技力量超過英國，還有管理的問題和方方面面的其他因素，更何況還有人均的問題。不能只講數量，不要質量。第二個，那個時候對經濟工作沒有經驗，毛澤東認爲十五年以後，我們糧食多一點、鋼多一點，我們就主動了。所以他提出，以糧爲綱、以鋼爲綱。而且還提出一個口號：「一馬當先，萬馬奔騰。」結果是，只抓鋼鐵，逼各種行業都給它讓步，造成了經濟比例嚴重失調，後果非常嚴重。第三個，經濟建設是不能搬用大搞群眾運動的那套做法。那時候農村幾千萬農民上山煉鋼，結果那一年「豐產不豐收」，當時沒有今天的農業機械，很多稻子就爛在地裡。所以，看起來十五年鋼鐵產量是超過了英國，但整個思路都不對。

當時更大的問題出在農村，包括建立了人民公社，當時刮起了浮誇風、共產風，到處瞎指揮，到處「放衛星」，在座的絕大多數人都沒有經歷過，開會的時候一個人站起來，說我要放顆衛星，我的畝產比如說能夠達到三千噸，另外一個人可以站起來說，我要放一個太陽，要畝產達到五千噸，或者是一萬噸。這股浮誇風，結果就是高估產，那時候因爲虛報產量非常嚴重，結果就帶來了高徵購。工業不能生產糧食，商品糧得靠農村供給，再加上「大躍進」中城市裡面的人口主要是工人增加了兩千萬人，農村減少了兩千萬勞動力，城市增加了兩千萬吃商品糧的人，都要向農村徵購。像上海這樣的大城市，緊張的時候只有幾天存糧。這一下子問題就嚴重了。大家知道，糧食有多少不是一個月、兩個月就看得出來，要等最後收下來才能定數。覺得糧食不夠，開始還認爲是農民「瞞產」，當時開展了「反瞞產」鬥爭。

高徵購的結果，就把農民的一些口糧和種子糧也徵購了。到那個時候，勞動力沒有糧食吃。一旦撐不住，問題就大了。毛澤東說過：「餓死人，到一九六〇年夏天才反映到中央。」等到一九六〇年夏天以後，這個情況報上來越來越多的時候，這對於共產黨、我們國家來說是一個最大的教訓。別的問題放鬆一點兒都不要緊，但糧食沒有，這就了不得。而且中國那麼幾億人口的國家，糧食沒有，誰也救不了你，短時間也解決不了。問題最嚴重的就是河南信陽。等到問題一出來，當時周總理幾乎主要力量是抓糧食。他有一個「哈達表」，記著每一個省的糧食有多少、倉庫裡存糧多少，人口是多少、需要糧食是多少等，一個星期一次。還有火車很多車皮，列車裝滿糧食，哪裡情況特別嚴重了，要周總理親自批，就像救火車一樣，火車就拉去。這個問題一旦爆發出來以後，說實在的，誰也沒有本事短時間內解決這個問題。李先念副總理也說過：糧食問題，我們是嚇怕了的。這確實是慘痛的教訓。

再講講人口問題。海外越說越凶，有的人說餓死了三千萬，有的說餓死了四千五百萬人，最多的說餓死了七千萬人。大家知道中國的人口統計，第一次人口普查是一九五四年，配合選舉法的普查。當時查下來的人口是六億零一點，但那個時候把台灣、港澳、華僑都算在內，如果光講大陸的話不到六億人，第一次突破六億人是一九五五年，到一九五八年的時候全國的人口是六億五千九百九十四萬億人，一九五九年是六億七千兩百零七萬人。按照全國的人口的統計，到一九六〇年，我們餓死多少人，說實在的，誰也拿不出一個準確的統計數字來。但人口統計雖然也有不準確的，但大體上總有一個基本的數字。一九六〇年那一年下降了一千萬人，到一九六一年又下降了三百四十八萬人。當然下降一千三百多萬人也不是說餓死了一千三百多萬人，也包括困難情況下婦女的身體體質下降、生育率下降、本來有病的老年人身體支持不住了等。但非正常死亡非常多，這是那時候最慘痛的教訓。到一九六二年經濟有好轉了，人口又上去了，一九六二年人口增加了多少呢？增加了一千四百三十六萬人，到了六億七千兩百九十五萬人。也就是說，經過兩年才超過了大饑荒以前的人數。這是一個極沉痛的教訓。

我前面講了那三點是不是給「大躍進」做辯護呢？絲毫不存在這個意思。因爲「大躍進」最後造成的問題，每一個共產黨人、每一個中國人都感到痛心，確實是非常慘痛的教訓。說這些，主要想說明一個問題，說明你不管出於什麼目的，即便是好心，想把國民經濟搞得快一點兒，讓人民的生活更好一點兒，但如果違背了客觀的經濟規律，不僅是要受到嚴重的懲罰，而且會造成災難性的後果。這一點應永遠記住。所以「文化大革命」期間，周總理把這一條緊緊抓住，他跟谷牧說，農村問題一定要看好，沒有飯吃，還革什麼命？所以「文化大革命」雖然那樣亂，但還沒有發生「大躍進」時候的狀況，要記住這個慘痛的教訓。這裡還有一個因素，就是，如中共十一屆六中全會《決議》所說，雖然「不能把所有錯誤歸咎毛澤東同志個人」，但「他的個人專斷作風逐步損害黨的民主集中制，個人崇拜現象逐步發展」。當時，錯誤地批判以周恩來、陳雲爲代表的反冒進，批判了以彭德懷爲代表的所謂右傾機會主義，這些造成了政治上的壓力，也使得中共中央沒有很快地瞭解事實真相。破壞了集體領導，破壞了民主，造成了一種不正常的政治壓力，也是使問題不能得到及時發現和解決的一個重要原因。

也許有人這樣說，「大躍進」應該多講，不要迴避問題。因爲得總結教訓啊。我剛才講的這些都屬於總結教訓。如果問題只在於毛澤東一個人在發神經病，那叫總結經驗教訓嗎？毛澤東現在死了，問題不就解決了？剛才的那幾條教訓，對我們來講，一定要記住。我們的民族心理普遍還是過於求速度快。特別是發展順利了，就更想快。包括接連兩位數增長，對百分之七就感到不是滋味。這些年我們的經濟一直反對低水平重複建設，反對急於求成，防止過熱。但阻力不小。發達地區總講，我們條件好，我們應該可以超過這個速度，可以更快。落後地區講，我們已經落在後面了，不快一點，就不能改變落後現象怎麼趕上去。這個老毛病也是根深柢固的。

另外，我們並不是什麼經驗都有了。記得在二十年前，陳雲講過，我們特別缺兩種人才，一類是金融人才，一類是外貿人才，今天恐怕還缺乏這兩類人才，對這些方面的客觀規律還未必都已很好掌握。外貿走出去的戰略，最近好一點，開始「走出去」時賠得也很厲害，當然這也需要付一定的學費，只能一步一步發展。鑒古為多知今。要總結經驗教訓的話，對這些問題怎麼發生的，必須要好好分析和總結。

三、關於「文化大革命」

第三個問題，關於「文化大革命」。許多西方學者總是熱衷於把它說成權力鬥爭。這個話是很說不通的，第一，毛澤東的權力當時是不是受到什麼威脅？誰能夠跟他的聲望與權力相比？不存在這個問題。第二，如果他真要消除某一個人的權力，那用不著發動「文化大革命」。劉少奇那樣的地位，《炮打司令部——我的一張大字報》不就站不住了？這些說法完全是拿他們自己習見的境況來推測中國的事，根本不是那麼一回事。

我講這個問題，有人可能會問，你是不是作為「官方學者」總會講一庇護的話。「文化大革命」時，我吃的苦頭大概不算小，那時，我在北京，復旦造反派到北京，把我揪回上海，停了一輛汽車，跳下幾個人來把我抬上汽車，拉到火車站，押送到復旦去。在復旦關了整整一年。押回北京的時候，隨同帶去一個材料，說我在一九四八年被告發是地下黨員後就參加了國民黨特務組織「學運小組」，這一下又審查了四年，有三年沒有和家裡人見面。在這個過程中，我自己的親屬有受迫害而死的。《毛澤東傳》是逄先知和我主編的，他的境遇比我更厲害。他在「文化大革命」期間，在秦城監獄單身監禁七年半，沒有人說話。如果再關下去，神經也會出問題。現在有一些「傷痕文學」中寫的事，在我們看來還不算什麼。所以，我們不存在為「文革」辯護的問題。談這個問題，是因為它涉及我們國家的歷史，我們今後應該吸取什麼教訓，還是應該以科學的態度來進行分析。

「文化大革命」為什麼發生？鄧小平給法拉奇說：「搞『文化大革命』，就毛主席本身的願望來說，是出於避免資本主義復辟的考慮，但對中國的實際情況做了錯誤的估計。」

為什麼毛澤東那時候提出要避免資本主義復辟，在他看來，有兩個原因。

一個是中共中央領導層中，對有的問題的看法並不完全一致，大家都熟悉的包產到戶，批判很突出的一條是「單幹風」。當時有的同志還提了分田到戶。當然提出來的同志是好心，也是作為權宜的臨時措施，但這對毛澤東來講，這可了不得了。是反對農業集體化，是否定社會主義。當時國民經濟比較快地恢復，毛澤東就感到原來有些人對困難估計得太嚴重了，因為那時中共中央提過是非常時期，他稱這是「黑暗風」。

更重要的是，在他看來，社會主義社會裡也有它的黑暗面。他特別擔心幹部嚴重脫離群眾，胡作非為。他有一段很有名的批示，批在當時農業機械部部長陳正人給薄一波寫的一封信上。那封信說，我這一次到洛陽拖拉機廠去蹲點，知道了許多以前從來不知道的事情，現在有很多老幹部在我們取得政治地位以後，就利用特權為所欲為，這樣發展下去社會主義的企業就可能會變成資本主義的企業。薄一波在信上批，這是個問題，它所以成為問題，主要是由於我們多年來沒有抓或者是很少抓階級鬥爭的緣故。毛澤東就在這個上面批：同意這個意見，「官僚主義者階級與工人階級和貧下中農是兩個尖銳對立的階級」。這種狀況不改變，「那就一輩子會同工人階級處於尖銳的階級鬥爭中，最後必然要被工人階級把他們當作資本主義打倒」。當時「四清」運動中，也看到大量報告。把農村中的問題說得十分嚴重。

我們訪問過吳旭君，她是毛澤東的護士長。吳旭君講，毛澤東跟她說了這樣一段話，「我提出主要問題，他們接受不了，阻力很大。我的話他們可以不聽，這不是為我個人，是為將來這個國家、這個黨，將來改變不改變顏色、走不走社會主義道路的問題。我很擔心，這個班交給誰我能放心？我現在還活著呢，他們就這樣！要是按照他們的做法，我以及許多先烈們畢生付出的精力就付諸東流了」。「我沒有私心，我想到中國的老百姓受苦受難，他們是想走社會主義道路的。所以我依靠群眾，不能讓他們再走回頭路。」「建立新中國死了多少人？有誰認真想過？我是想過這個問題的。」他把這個問題看得極嚴重。「文化大革命」開始那一年，他七十三歲，覺得自己的時間不多了。所以他想，在他有生之年，要防止國家改變顏色，想要解決這個問題。他跟阿爾巴尼亞一個代表談，他說，「我的身體還可以，但馬克思總是要請我去的」。「我們是黃昏時候了，所以，現在趁還有一口氣的時候，整一整這些資本主義復辟。」毛澤東和幾個人講，剛才講的幹部問題，現在幹部那麼多人，我們也不可能都認得。誰瞭解他，只有群眾瞭解他。只有發動群眾，來充分揭露。揭露出來後，批一批也沒有壞處，將來再重新出來工作。不好的，這樣就可以發現，把他去掉。他要找紅衛兵，他說杜勒斯要把和平演變中國的希望寄托到第三代、第四代身上。所以我們發動紅衛兵，讓他們年輕時候經過那麼一場鬥爭，當時稱爲反修鬥爭，他們長大了就能夠知道中國如何避免離開社會主義的道路。他是這樣的一套想法，所謂「天下大亂」達到「天下大治」。

他這個時候已經進行了「四清」了，已經搞一些文化方面的批判了，爲什麼還要搞「文化大革命」呢？他認爲，光是那些辦法還只是枝枝節節。他說：「這些都不能解決問題，就沒有找出一種形式，一種方式，公開地、全面地、由下而上地來揭發我們的黑暗面。」在他看來，「文化大革命」就是這樣一種方式。

但是，毛澤東犯了兩個極其嚴重的錯誤，一個是他把問題的嚴重性，甚至問題的性質判斷錯了。他把這些問題認爲都是要導致資本主義復辟，尤其是以爲他不在了，今後國家會不會變顏色。大家都熟悉

「五一六通知」那篇文章，「混進了黨內、政府內、軍內、文化界的很多人都是反革命的修正主義的分子，有朝一日他們就會要奪取政權、改變顏色」。把問題估計得太嚴重了，混淆了敵我、混淆了是非。「四清」時他就講，看來三分之一的領導權不在我們手裡，當時少奇還補了一句，我看三分之一擋不住。當時就把這個問題看得那麼嚴重。

第二，採取的方法是完全錯誤的。應該承認，社會主義社會也有它的黑暗面，但這個黑暗面怎麼來消除，這要靠發展社會生產力，靠依法辦事，在這個過程中逐步採取措施，限制並消除社會主義社會中的黑暗面。毛澤東當時發動群眾，說可以對群眾「來一個放任自流」。大家知道，沒有正確的領導，中國六億人口的國家，情況複雜，那可了不得，什麼人們想不到的事都會出來。在社會上，那時真正有大的特權者人數很少。待遇高一點和有一點特權的，一個是領導幹部，另一個是高級知識分子，你現在號召反對「走資本主義道路當權派」和「資產階級反動學術權威」，這下，一些自己覺得不得志的，就紛紛起來了，矛頭最集中的是對這兩種人。一個單位中，平時種種恩恩怨怨，現在都在「革命造反」的旗號下，來一下惡性的大爆發。一些野心家更在裡面渾水摸魚，幹盡壞事。在中國，如果說不加引導的放任自流，搞「大民主」，是非常可怕的。毛澤東的那個「階級鬥爭」，想通過發動群眾大搞階級鬥爭「把走資派篡奪的權力重新奪回來」等，完全是錯的，造成了非常嚴重的後果。

這些錯誤認識，集中地形成所謂「無產階級專政下繼續革命」的錯誤理論，既不符合馬克思主義，也不符合中國的實際情況。

那個時候，對毛澤東的個人崇拜已經發展到了狂熱的程度，也有許多年輕人是出於對他的崇拜而起來「造反」的，由於集體領導的破壞，權力過分集中於個人，發展到個人專斷，也使得共產黨和國家難以防止和糾正錯誤，所以導致讓悲劇的發展到「打倒一切、全面內戰」，帶來了巨大的災難，而且極為嚴重。

在這裡，有兩點想簡單地說一說，一件是：「文化大革命」期間毛澤東的檔案保存得很完整。凡是他看過的文件，只要畫過一道線的都保存著，而且附件都還在，人家的來信、報告，附件也在。把那些檔案讀下來，有一個感覺：「文化大革命」裡面，一會兒傳達一個「最新指示」，而且不能過夜，往往是半夜敲鑼打鼓說毛主席「最新指示」。那時候給人的印象，包括我自己在內，以為一切都是「毛主席的偉大戰略部署」，按照他的部署做。他確實犯了許多極嚴重的錯誤，但也有很多情況的發展，並不是他所預期的，甚至有相反的。比如說「文化大革命」的時間搞多久。

從檔案中看，一開始毛澤東並沒有想到會延長到十年之久。但錯誤的頭一開，就一步步滑下去，他也控制不住了。何況他也老了，沒有力量控制住全局了。毛澤東最初的設想是搞到一九六六年底。到一九六六年八月，他說「文化大革命」的時間看來到年底還不行，先搞到春節再說。在這一年十月份的中共中央工作會議上，他說，這個運動才五個月，可能要搞兩個五個月，或者還要再多一些時間。一九六七年一月全面奪權開始，他說大概二、三、四這三個月是決勝負的時候，至於全部解決問題可能要到明年二、三、四月，或者還要長。

全面奪權以後，各地的武鬥愈演愈烈。對武鬥，毛澤東很吃驚。他跟很多外賓講，「有些事情，我們事先也沒有想到。每個機關、每個地方分兩派，搞大規模武鬥，也沒有想到」。局面失去控制以後，時間越拉越長，問題越來越嚴重。到一九六九年要開九大了，他覺得這是從「天下大亂」到「天下大治」的轉折了，所以討論文件時說，「文革小組不要加上，是管文化大革命的，文化革命快結束了，用常委」。但九大後不久，九屆二中全會又發生了「林彪事件」，一直到一九七一年。第二年毛澤東開始病得很厲害。一九七二年二月十二日，毛澤東突發休克，脈搏都摸不到，臉色是發紫的。那時候通知周總理去，總理的兩條腿都發軟，車都下不來了，毛澤東在二十分鐘後才慢慢緩過來。

這以後沒幾天，他接見尼克松，當時負責必要時搶救的藥是放在針管裡，護士和醫生都在簾子背後，萬一發病就衝出來搶救。一九七四年以後，他的身體越來越不行，走路都要扶著，說話都說不清楚。當時張玉鳳是他的機要秘書，給他當翻譯，張玉鳳看他的口型習慣地聽著。她很聰明，據說在毛澤東去世前不久，有一次要講又講不出來，在椅子的木扶手拍了三下，張玉鳳就把最近日本首相「三木武夫」的材料拿過來，木頭敲三下，三木。這中間確實病危了好多次，好一點兒，他又撐一下，一九七四年以後大體是這個狀況。但這個狀況對外完全保密，誰都不知道。

大家知道，高文謙寫了一本《晚年周恩來》，他在序言裡面講，周恩來死了以後，毛澤東要在中南海放鞭炮，很多人看了很生氣：毛澤東怎麼能幹這種事。問張玉鳳，因爲放鞭炮的是張玉鳳。她說：大家看毛主席是偉大領袖，我們天天伺候著的只感到他是又老又病的病人，周總理是一九七六年一月八日去世的。去世後，毛澤東本人也報過一次病危。那年的春節在一月底，當時北京沒有禁止放鞭炮，中南海到處響起鞭炮聲，毛澤東睜開眼來，看人家都回去過年了，說就你們幾個陪我這個病人，你們也拿兩個鞭炮去放一放。周恩來是一九七六年一月去世的，毛澤東也在一月份讓人在中南海放鞭炮。說得彷彿是那麼回事，其實不是一回事。這樣的例子舉起來很多。私人醫生李志綏的書只說一點。毛的病歷我看過，上面有李志綏自己記錄得很清楚：一九五七年七月二日才由衛生部副部長黃樹則派他去做毛的保健醫生。他本來是給中南海一般幹部看病的。當時在中南海的許多人都清楚，但他在書裡說，一九五二年他就開始做毛的私人醫生。而從一九五二年到一九五七年毛澤東和他的長篇談話佔全書篇幅的三分之一，他根本還沒有到毛那裡去，這些話是怎麼來的？是憑空編的。戈培爾講「謊言說了一百遍就成了真理」，人家就會相信了。不少人可能習慣於把只要排成鉛字的就看作是真的，至少是「無風不起浪」，不知道有人竟會這樣憑空編造。

另一件是毛澤東和江青的關係。江青自己一再講，我不過是毛主席的一條狗，他讓我幹什麼，我就幹什麼。這是在審判的時候講的。其實，從一九六六年九月份開始，自從毛澤東原來住的豐澤園修理後，他們兩個就分居了，毛澤東住在游泳池，江青住在釣魚台。張玉鳳對情況最清楚，她講：一九七〇年、一九七一年，江青和毛澤東見面還多一點兒，談得還長一點兒。她說「七二年春，江青來主席處，主席發過幾次脾氣，還給我們規定了，沒有他的同意，江青不能隨便來他的住處，來了要擋。」「到了七三年，江青打電話要求見主席，主席總是推托不見。」一九七四年三月二十日，江青寫了封信給毛主席，想見個面。毛主席就批了，「不見還好些，過去多次同你談的，你有好些不執行，多見何益？」一九七五年一月，江青給毛主席寫信，信封上寫「張玉鳳同志轉呈毛主席」。信裡說，「我最近經常低燒，腦子也快崩潰了，我希望能夠見你一次」。毛主席在上面批的，「不要來看我」。在批鄧的初期，在政治局小範圍批鄧的時候，毛主席對毛遠新說，不要告訴江青，什麼也不講。這記在毛主席遠新自己的筆記上。毛主席特地向政治局聲明說，她並不代表我，她只代表她自己。所以，初期毛主席是很信任和重視江青，後來他也並沒有想打倒江青。但對江青越來越不滿意，接觸也很少，江青也起不到那麼大的作用。像這些，是大家不知道的事情。

說了半天，主要有一個目的：去年中共中央召開了全國黨史工作會議，用黨中央的名義召開黨史會議，過去從來沒有過，習近平在會議上講，實事求是研究和宣傳共產黨的歷史，就要把握共產黨的歷史發展的主題和主線、主流和本質。以前看到過宋平（中共中央政治局常委）寫過一封信，說當時的主流和主線是什麼，是共產黨領導全國人民建設一個新社會和新國家的歷史。當然在這個建設過程中，我們也犯過了很多錯誤。

習近平說：「現在大多數在職的黨員幹部和領導幹部都是新中國成立後出生的。許多人沒有經歷過新民主主義革命時期的艱苦鬥爭，也沒有直接參與新中國成立後進行的社會主義革命和上世紀五六十年代的大規模社會主義建設，相當一部分人甚至沒有經歷十年『文化大革命』的反面教育，對新中國成立以來我們黨取得的成就以及歷史曲折缺乏親身感受和直接體驗，因此很需要組織和引導他們比較系統地學習黨的整個歷史，接受生動具體的黨性和革命傳統教育。」我想他講的意思就是這個。

講了兩個小時了。由於時間關係，講得匆匆忙忙，很多問題講得不周全，請大家批評。

第十五章

新民主主義社會和社會主義初級階段[1]

新民主主義社會和社會主義初級階段，既有聯繫，又有區別。

事情本來很清楚，大體說來，從一九四九年新中國成立到一九五六年，一共七年，這時的中國還不能說是社會主義國家，而是新民主主義國家；一九五六年，社會主義制度在中國基本上建立起來，從這時起中國就進入社會主義初級階段，這個階段大約需要一百年，也就是到二十一世紀中葉，中國基本實現社會主義現代化，我們現在正處在這個階段中。

既然事情是清楚的。爲什麼還要把這個問題提出來討論呢？因爲事實上存在著不同的看法。例如，有的同志認爲，一九五三年提出過渡時期總路線，就是放棄了新民主主義，要搞社會主義；也有的同志認爲，社會主義初級階段其實是回歸到新民主主義。這兩種看法，恐怕都不符合實際。

新民主主義社會，本來就是一個向社會主義發展的過渡性質的階段。一九四九年人民政協討論《共同綱領》，有人提出既然如此，就應該明確地把這個前途規定出來。周恩來當時回答：「籌備會討論中，大家認爲這個前途是肯定的，毫無疑問的，但應該經過解釋、宣傳特別是實踐來證明給全國人民看……所以現在暫時不寫出來，不是否定它，而是更加鄭重地看待它。而且這個綱領中經濟的部分裡面，已經規定要在實際上保證向這個前途走去。」[2]

可見，說新民主主義社會是一個過渡性質的階段，是要走向社會主義的，並不是過渡時期總路線突然提出來的新問題。

新民主主義社會和社會主義初級階段的根本區別在哪裡？最重要的是看公有制經濟在整個國民經濟中是否處於主體的地位。

中華人民共和國建政、建立起新民主主義國家時，公有制經濟遠沒有處於主體地位。雖然由於沒收了官僚資本主義企業，把它變成社會主義的國有經濟，在整個國民經濟中已處於領導地位，但那時的中國還是一個落後的農業國家，加上長期戰爭的破壞，生產力水平十分低下。拿工業和農業的總產值比較一下，就可以看到：一九四九年，農業總產值是三百二十六億元，工業總產值只有一百四十億元，而且大部分國土的土地改革還沒有進行，還保存著地主土地所有制；到一九五二年，農業總產值增長到四百八十四億元，工業總產值增長到三百四十九億元，仍低於農業。雖然經過土改，農村經濟中占支配地位的仍是一片汪洋大海似的個體小生產者的私有經濟。這是當時的基本國情。直到一九五六年，工業總產值才超過農業總產值。[3]再看城市工商業：一九四九年，工業總產值的公私比重爲百分之四十三・八和百分之五十六・二之比；商業經營總值中的公私比重爲百分之四十四・四和百分之五十五・六之比；私營的比重都明顯大於公營。[4]

總之，在新民主主義社會中，無論城市或農村，公有制經濟都沒有占主體地位，在廣大農村中尤其如此。這自然稱不上社會主義初級階段。從這裡也可以看出社會主義初級階段同新民主主義社會的根本區別所在。

最早談到中共在過渡時期總路線，是在一九五二年九月的一次中共中央書記處會議上。那次會議聽取周恩來赴蘇聯同他們商議第一個五年計劃輪廓的匯報。周恩來在去蘇聯時準備的材料中談到一個重要事實：到一九五二年，工業總產值中的公私比重已變成百分之六十七・三與百分之三十二・七之比，

1 原文載於《黨的文獻》二〇〇八年第五期。

2 《周恩來選集》編委會：《周恩來選集》（上卷），北京：人民出版社，一九八〇年版，第三六八頁。

3 參見中央財經領導小組辦公室編：《中國經濟發展五十年大事記》，北京：人民出版社、中共中央黨校出版社，一九九九年版，第六、五一、九九頁。

4 參見周恩來：《三年來中國國內主要情況及今後五年建設方針的報告提綱》，一九五二年八月。

商業經營總值中的公私比重已變成百分之六十二・九與百分之三十七・一之比。[1]也就是說。在工商業中，公有制經濟都已佔六成以上。農村中，這個問題還沒有解決，但合作化運動正在順利開展，社會主義集體經濟的成分正在逐步增加。

人的認識總是在實踐中接受檢驗和發展的。原來沒有完全預見到的事實，使中共中央的認識發生了變化。這個變化並不在於要不要搞社會主義，只在如何過渡到社會主義上。

本來，許多人認爲新民主主義革命勝利後，大概要停步一個時期，然後到某一天，宣佈資本主義工商業國有化、土地國有化，一步跨入社會主義。上面所說的事實，卻使人們發現：從新中國成立那天起，事實上已經在逐步向社會主義過渡，也就是說，社會主義經濟成分一直在不斷發展，它在國民經濟中的比重正在一天天增長，這是過渡的基本途徑。過渡時期總路線還提出：對資本主義工商業在條件成熟時可以採取贖買的辦法，農業合作化可以分步驟過渡。要說變化，變化是在這裡。那時預計的時間是十年到十五年或者更多一些時間。

這種辦法可以減少社會震盪，有利於社會生產力不間斷地向前發展，顯然比原來的設想更爲妥善。它不僅符合實際情況，而且是中國共產黨對怎樣建立社會主義社會的創造性貢獻。並不是忽然拋棄了新民主主義，要搞社會主義了。所以，《關於建國以來黨的若干歷史問題的決議》說：過渡時期總路線是完全正確的。

過渡時期總路線的基本內容，通常稱爲「一體兩翼」或「一化三改」。主體是社會主義工業化，兩翼是對農業、手工業和資本主義工商業的社會主義改造。

其中最重要的又恰恰被不少人忽略或遺忘的是：在中國建立起社會主義制度的主體是靠社會主義工業化。經歷過那段歷史的人都記得：從一九五三年起，在中國大地上掀起了歷史上從來不曾有過的熱氣騰騰的大規模經濟建設。多少人的青春年華無私地奉獻給它。作爲它的骨幹的一百五十六項重點工程中，包括：鞍鋼的三大工程、武鋼、包鋼、北滿鋼廠、富拉爾基重型機器廠、白銀有色金屬公司、洛陽拖拉機廠、第一汽車製造廠、哈爾濱儀表廠、洛陽礦山機械廠、蘭州煉油廠、瀋陽和南昌的飛機修理廠等。這些都屬於全體中國人民所有。沒有它們，就談不上在中國建立社會主義制度，也就沒有以後的社會主義現代化可言。

不能把中國社會主義制度的建立看成主要是對資本主義工商業進行社會主義改造的結果，或者過多地把注意力集中在這一點上。舊中國留下的民族工商業力量實在很薄弱，在三座大山的壓迫下到新中國成立前已近奄奄一息。一九五六年底清產核資時核定的私人資本共二十四億一千八百六十四萬元，其中工業十六億九千三百四十五萬元，商業和飲食業五億八千六百三十九萬元。當然，由於種種原因，當時有低估的問題，同清產前的賬面金額對比，武漢低了百分之四十三・九一，重慶低了百分之二十四・六二。[2]但即便算高一點——低了一半，也沒有到五十億元。而且這些私營企業十分分散，企業大多很小。最大的榮氏家族，經營的紡織（申新集團）、麵粉（茂新集團）、印染、機械工業企業，加起來只有二十四家。號稱煤炭大王、火柴大王的劉鴻生自己說：他的資本總額是兩千萬元。[3]

拿它同社會主義工業化比較一下：第一個五年計劃中，國家對基本建設的投資是四百二十七億四千萬元（其中工業投資兩百四十八億五千萬元，占百分之五十八・二；其次是運輸和郵電等基礎設

1 參見周恩來：《三年來中國國內主要情況及今後五年建設方針的報告提綱》，一九五二年八月。
2 參見李定主編：《中國資本主義工商業的社會主義改造》，北京：當代中國出版社，一九九七年版，第二五五—二五七頁。
3 參見壽充等編：《走在社會主義大道上——原私營工商業者社會主義改造紀實》，北京：中國文史出版社，一九八八年版，第八六頁。

施，八十二億一千萬元，占百分之十九・二）。[1]實際執行的結果，全民所有制固定資產的投資爲六百一十一億五千八百萬元。資金從哪裡來？以一九五三年到一九五七年計算，全民所有制企業的上繳利潤占國家財政收入增加的百分之七十四・七。[2]

中國在五年內的投資是六百一十一億五千八百萬元，私營企業的資金總額最多也不到五十億元。比一比就可以知道：中國之所以能建立起社會主義基本制度，首先是靠全國人民流血流汗苦幹出來的，而不是靠贖買得到的。忽視主體，只談兩翼，不說是本末倒置，至少是主次不分。

還要談一下農村的問題。農業合作化是分互助組、低級社、高級社這幾步走的。毛澤東在《論聯合政府》中說：「中國一切政黨的政策及其實踐在中國人民中所表現的作用的好壞、大小，歸根到底，看它對於中國人民的生產力的發展是否有幫助及其幫助的大小，看它是束縛生產力的，還是解放生產力的。」中國的農業生產總值，一九四九年是三百二十六億元，一九五〇年是三百八十四億元（這是按一九五二年的不變價格算的），一九五一年是四百二十億元，一九五二年是四百八十四億元，一九五三年是五百一十億元，一九五四年是五百三十五億元，一九五五年是五百七十五億元，一九五六年是六百一十億元。[3]七年內將近增加一倍，可見合作化總的說是成功的。

對高級社，似乎批評的話多，肯定的話不多。這裡忽略了它的一個突出的歷史貢獻：初級社是土地入股，高級社是土地公有。這對建立公有制爲主體的社會主義制度有著極爲重要的意義。以後在一次次改革中，這一條始終沒有改變和動搖。爲什麼說家庭聯產承包責任制沒有改變它的社會主義集體經濟性質？因爲土地仍然是公有的，改變的只是經營方式，並不是回到分田單幹。現在，在社會主義現代化建設的進程中，土地公有這一條的重要性，越來越明顯地表現出來，幾乎處處都會遇到。對於高級社這個重大歷史功績，應該給予充分的重視和肯定。

中國在建立社會主義基本制度時，當然也有缺點以至失誤。主要是兩條：一是後期走得過快過急，因此工作就做得粗，留下不少後遺症；二是對社會主義社會追求「純而又純」，其實無論奴隸社會、封建社會、資本主義社會都不是「純而又純」的，社會主義社會也不可能、不應該這樣。

一九五六年底，中共中央已經多少覺察到這個問題。毛澤東說：「可以搞國營，也可以搞私營。可以消滅了資本主義，又搞資本主義。當然要看條件，只要有原料，有銷路，就可以搞。現在國營、合營企業不能滿足社會需要，如果有原料，國家投資又有困難，社會有需要，私人可以開廠。」「這叫新經濟政策。」[4]劉少奇說：「有這麼一點資本主義，一條是它可以作爲社會主義經濟的補充，另一條是它可以在某些方面同社會主義經濟作比較。」[5]周恩來稍後也說：「在社會主義建設中，搞一點私營的，活一點有好處。」「主流是社會主義，小的給些自由，這樣可以幫助社會主義的發展。工業、農業、手工業都可以採取這個辦法。」[6]可惜，從一九五七年起，中共中央「左」的指導思想發展起來，這些可貴的探索不僅中止了，而且向著相反的方向發展得越來越嚴重，直到十一屆三中全會才得到糾正。

總之，那時中國成爲社會主義國家、開始進入社會主義初級階段的基本條件已經具備，公有制經濟

1 參見中共中央文獻研究室編：《建國以來重要文獻選編》第六冊，北京：中央文獻出版社，一九九三年版，第二八九頁。
2 參見董志凱、吳江：《新中國工業的奠基石——一九五六年建設研究》，廣州：廣東經濟出版社，二〇〇四年版，第一六一、一六五頁。
3 參見中央財經領導小組辦公室編：《中國經濟發展五十年大事記》，北京：人民出版社、中共中央黨校出版社，一九九九年版，第六、二四、四〇、五一、六四、七七、八九、九九頁。
4 毛澤東：《毛澤東文集》第七卷，北京：人民出版社，一九九九年版，第一七〇頁。
5 劉少奇在第一屆全國人大常委會第五十二次會議上的發言記錄，一九五六年十二月二十九日。
6 周恩來在國務院第四十四次全體會議上的發言記錄，一九五七年四月六日。

的主體地位已經確立。這是中華民族歷史發展進程中的偉大變革，是中國開始全面的大規模的社會主義建設、以後又邁向社會主義現代化的偉大起點。對它的歷史意義應該給予充分的估計。在它的後期雖然有過缺點和失誤，那是可以在社會主義的自我發展和自我完善中來解決的，不用開回頭車。

打個也許不恰當的比喻。常話說：「十月懷胎，一朝分娩。」要能分娩，總得基本條件具有後才行，如果只有四五個月，那只能是流產，連早產也談不上。在臨近產期後期由於缺乏經驗，又急了些，有些缺點和失誤，八個月就生下來，這自然會帶來某些先天不足的後遺症。但我們首先總得要歡呼一個新生命的誕生，這是一件了不得的大事。至於先天不足留下的某些後遺症，只能在認真總結經驗教訓後在後天加以調整補充。相信它也有在自我發展和自我完善的過程中解決這些問題的能力，總不能走回頭路，把它塞回母腹裡補好了再生下來。

第十六章

從十一屆三中全會到十二大[1]

——新時期是這樣開始的

改革開放三十年，中國的面貌發生了巨大的變化，無論規模還是速度，都是許多人沒有料想到的。全世界都以驚異的眼光注視著它，議論它是怎麼發生的，是怎樣一步一步走過來的。中國有句老話：「萬事開頭難。」中國的改革開放，並不是在各種條件都已具備的順利環境下開始的，相反，倒是在異常複雜而艱難的環境中邁出了第一步。

那時候，兩大難題擺在中國人民面前：一方面，經過「文化大革命」的十年動亂，遺留的問題堆積如山，人們的思想相當混亂，一時彷彿還看不清該從哪裡下手才能從這種困境中擺脫出來；另一方面，又不能只停留在應對當前種種迫切而棘手的問題，還要從長遠的戰略眼光出發，形成一條全新的思路，爲打開一個前所未有的新局面奠定堅實的基礎。這兩個方面必須在不長時間內同步完成。沒有非凡的戰略眼光、智慧和膽略，很難在這種存在著許多不確定因素的局勢下勇敢地做出歷史性的決斷。從中共十一屆三中全會到十二大，中國走過的正是這樣一條道路。

一、三中全會的前夜

走上這樣一條路實在不易。在十一屆三中全會前夜，中國經歷過在徘徊中前進的兩年。

一九七六年十月中共中央一舉粉碎「四人幫」，結束了「文化大革命」，使中國從危難中得到拯救。接著，中共中央抓了兩件事：一是揭批「四人幫」，二是恢復和發展國民經濟。

那時，「四人幫」和一批他們的骨幹分子已被隔離審查，全國絕大部分地區的局勢迅速得到控制，但他們多年經營的幫派勢力遍佈全國。有些還掌握著一定權力，如果不認真清理便會留下隱患。中共中央採取果斷措施，清查同「四人幫」有牽連的人和事，調整和充實各級領導班子，在短時間內解決了這個問題，並且始終保持著社會的穩定，沒有出現動盪或混亂。同時，又發表大量文章，清除極「左」思潮的流毒，取得明顯成效。

國民經濟，在這兩年得到初步的恢復和發展。一九七七年國內生產總值比上年增長百分之七・六，一九七八年又增長百分之十一・七。許多重點工程建設取得明顯進展。一九七七年，還爲全國百分之四十的職工增加了工資，這是十多年來第一次爲職工提高工資，改善了人民生活。

這兩件事，都是應該做的。但是，前進仍處在嚴重的徘徊中。最重要的是：沒有從指導思想上徹底清理「文化大革命」時期以及多年來存在的「左」的錯誤。不敢從毛澤東晚年的錯誤中真正解脫出來。這就是大家熟知的「兩個凡是」。這個思想束縛不打破，「以階級鬥爭爲綱」也好，「無產階級專政下繼續革命的理論」也好，對「文化大革命」的肯定評價也好，都不能改變，中國便無法走出一條成功的新路，更談不上開闢一個改革開放的新時期。

二、從端正思想路線入手

新的時期，新的任務，需要有新的領導人物。鄧小平由於他在長期革命中的歷史功勳，由於他對「四人幫」的堅決鬥爭和在動亂時期主持全面整頓取得的顯著成效，在共產黨和人民中享有巨大的威望。在全國人民的殷切期待中，中共十屆三中全會決定恢復鄧小平原來擔負的中共中央領導職務。鄧小平沒有辜負共產黨和全國人民的期望。他一出來工作，立刻表現出一個戰略家的遠見卓識，堅定有力而

1 原文載於《黨的文獻》二〇〇八年第六期。

又有條不紊地從混亂中打開新的局面。

事情千頭萬緒，應該從哪裡做起？鄧小平斷然抓住具有決定意義的環節，從端正思想路線入手。

恢復工作前，他給中共中央寫信，針對「兩個凡是」，鮮明地提出「必須世世代代地用準確的完整的毛澤東思想來指導我們全黨、全軍和全國人民」。並且對去看他的中共中央辦公廳負責人說：「『兩個凡是』不行。」1可見在他看來，這是首先需要解決的問題。以後，關於真理標準問題的討論，就是在這個基礎上發展起來的。

鄧小平不只在理論上鮮明地提出這個問題，而且立刻果斷地付諸行動。恢復工作後，他提出分管科學和教育工作，並且立刻做出一項重大決定：恢復高等學校的招生考試制度。這件事涉及的社會面很廣，向無數知識青年重新敞開了進入高等學校的大門，改變了他們的人生道路。它震動全國，以行動打破「兩個凡是」，對打開改革開放的新局面起了先導作用。

《實踐是檢驗真理的唯一標準》一文發表後，在全國引起強烈迴響，但也受到相當大的政治壓力。鄧小平這時明確指出：「毛澤東思想最根本的最重要的東西就是實事求是。現在發生了一個問題，連實踐是檢驗真理的標準都成了問題，簡直是莫名其妙！」2以後不久，鄧小平到東北三省去考察。用他的話講：我這是到處點火。

中共在十一屆三中全會前的中央工作會議上，鄧小平做了《解放思想，實事求是，團結一致向前看》的講話，實際上成為十一屆三中全會的主題講話。他講了一句份量很重的話：「一個黨，一個國家，一個民族，如果一切從本本出發，思想僵化，迷信盛行，那它就不能前進，它的生機就停止了，就要亡黨亡國。」3人的行動是受思想指導和支配的。事實證明，只有解決好思想路線問題，才能提出新的正確政策。在思想受到嚴重束縛的情況下，是不可能邁開大的步子的。從端正思想路線入手，便從千頭萬緒中抓住了要端，成爲改革開放能夠順利展開的起點。

三、新時期基本格局的形成

思想解放的閘門一打開，什麼樣的主張都有。但是，一個國家、一個民族要前進，必須有堅定正確的共同方向。沒有方向，就像大海上的一葉扁舟，隨著潮流漂來漂去，是很危險的。緊迫的客觀形勢又不容許長期議論不休。必須盡快做出決斷，使共產黨和全國人民能夠統一認識，萬眾一心地前進。如果猶豫遲疑，拖延不決，便會喪失時機，以至重走彎路。

鄧小平不愧爲改革開放的總設計師。在關係中華民族前途命運的歷史時刻，他經過深思熟慮，當機立斷，清晰地繪製出一幅新時期中國如何前進的藍圖。

中共十一屆三中全會形成了以鄧小平爲核心的中國共產黨第二代中央領導集體。全會最突出的貢獻，是衝破長期「左」的指導思想的束縛，拋棄在社會主義時期依然「以階級鬥爭爲綱」的錯誤觀點。全會公報明確地提出要「把全黨工作的著重點和全國人民的注意力轉移到社會主義現代化建設上來」；公報要求，爲了實現這個目標，必須堅決地實行全面改革：「實現四個現代化，要求大幅度地提高生產

---

1 中共中央文獻研究室編：《鄧小平年譜（一九七五—一九九七）》（上），北京：中央文獻出版社，二〇〇四年版，第一五七頁。

2 中共中央文獻研究室編：《鄧小平年譜（一九七五—一九九七）》（上），北京：中央文獻出版社，二〇〇四年版，第三二〇頁。

3 鄧小平：《鄧小平文選》第二卷，北京：人民出版社，一九九四年版，第一四三頁。

力，也就要求多方面地改變同生產力發展不適應的生產關係和上層建築，改變一切不適應的管理方式、活動方式和思想方式，因而是一場廣泛、深刻的革命。」[1]全會還要求實行對外開放，也就是要努力利用外國的先進技術、管理經驗和資金，加快中國的社會主義現代化建設。

中共十一屆三中全會結束後二十多天，理論務虛會在北京舉行。會議進一步澄清了許多重大的理論是非。但也有少數人從一個極端走向另一個極端，社會上還存在一些不安定因素。鄧小平以高度的政治敏銳性及時做出了回答。他說：「要在中國實現四個現代化，必須在思想政治上堅持四項基本原則。這是實現四個現代化的根本前提。」「如果動搖了這四項基本原則中的任何一項，那就動搖了整個社會主義事業，整個現代化建設事業。」[2]

這樣，以經濟建設爲中心、堅持四項基本原則、堅持改革開放這些作爲新時期基本路線指導思想的「一個中心，兩個基本點」，在很短時間內都已十分明確地提出來。這樣，就撥開迷霧，能使中國的社會主義制度充滿生機和活力，使人們在前進中有了共同的方向和衡量是非的標準。建設中國特色社會主義的新道路，正是以十一屆三中全會爲起點開闢出來的。

四、撥亂反正和改革開放的開始

怎樣在已經指明的大方向下開始社會主義現代化建設？中國要解決的問題和要做的工作實在太多，而國家的力量和資金都很有限，各項變革又需要有序地進行。如果一哄而上，齊頭並進，必將一事無成，甚至把事情搞亂。當時最迫切的是兩大任務：一是完成撥亂反正，一是部署和展開全面改革開放。

撥亂反正，在十一屆三中全會前後做了大量工作。開展真理標準問題的討論，重新確立實事求是的思想路線，是思想路線上的撥亂反正。三中全會停止使用「以階級鬥爭爲綱」的方針，把共產黨和國家的工作重點轉移到社會主義現代化建設上來，集中力量發展社會生產力，是政治路線最根本的撥亂反正。鄧小平又提出：思想路線、政治路線的實現要靠組織路線來保證，現在解決組織路線問題已經提到我們議事日程上來了。

組織工作方面，三中全會前後用很大的力量解決平反冤假錯案和正確處理種種歷史遺留問題。這些問題如果不及時解決，就不可能實現安定團結的局面，不可能發揮各方面的積極性，順利地實現工作著重點的轉移。接著，又著重抓了由什麼人來接班的問題，著手解決幹部的革命化、年輕化、知識化、專業化，廢除領導職務終身制，實行新老合作和交替。一九七九年十一月，鄧小平強調指出：「選拔接班人這件事情不能拖。否則，搞四個現代化就會變成一句空話。」3

一九八一年六月，中共十一屆六中全會通過了《關於建國以來黨的若干歷史問題的決議》，基本上統一了共產黨和全國人民的認識。全會公報寫道：「這次會議將以在黨的指導思想上完成撥亂反正的歷史任務而載入史冊。」4

改革開放，是新時期最鮮明的特點。它是社會主義制度的自我完善和發展。

全面改革也有一個從哪裡入手的問題。改革的浪潮首先從農村掀起。中國當時是一個農民佔全國人

1《人民日報》一九七八年十二月二十四日。
2 中共中央文獻研究室編：《鄧小平年譜（一九七五—一九九七）》（上），北京：中央文獻出版社，二〇〇四年版，第五〇二頁。
3 鄧小平：《鄧小平文選》第二卷，北京：人民出版社，一九九四年版，第二二一頁。
4《人民日報》一九八一年六月三十日。

口百分之八十的國家。農業是國民經濟的基礎。正如陳雲所說：「要先把農民這一頭安穩下來。」「擺穩這一頭，就是擺穩了大多數，七億多人口穩定了，天下就大定了。」1

爲了使農業生產有較快的發展，最重要的是要充分調動起廣大農民的積極性。農村改革的主要內容是實行家庭聯產承包責任制，形成農戶分散經營與集體統一經營相結合的雙層經營體制。它不是回到農業合作化以前的小私有經濟，而是農村集體經濟的新的經營形式、經營體制。

城市的情況遠比農村複雜，農村的承包責任制不能簡單地搬到城市中來，應該怎麼做最初並不那麼清楚，所以改革的步伐沒有像農村中跨得那麼大，在起始階段主要是在擴大企業自主權等方面做了一些探索。

對外開放，首先在廣東邁出較大的步子。廣東地接港澳，又是重要的僑鄉。一直有著對外經濟交往的傳統。接著，設置經濟特區的問題便提上議事日程，要給予特殊政策，使特區有較大的經濟管理權限。經濟特區建設，以令人吃驚的速度和效率，在人們面前展開。「深圳速度」對全國起了巨大的示範帶動作用。爲了吸引外資，還允許外商在華直接投資，一九七九年批准興辦六家中外合資企業。對外開放，從決策進入組織實施階段。

這段時間內還有一項重大措施，就是調整國民經濟。在十一屆三中全會以前，在經濟工作中曾再度發生急於求成、片面追求高速度的錯誤傾向，提出「要爲創建十來個大慶油田而鬥爭」等口號，要求「出現一個全面躍進的新局面」。這種想法是可以理解的，粉碎「四人幫」後，人們都想大幹一番，把被耽誤的時間奪回來。但是，十年動亂留下的問題太多了：國民經濟比例關係嚴重失調，人民生活積下大量「欠賬」，被嚴重打亂的規章制度和經濟管理工作有待重建和整改，經濟增長的許多基礎工作需要做好準備。正如有的學者所指出的，好比重病初癒的人，不讓他休養一段時間，恢復健康，就要求他跑步前進，沒有不跌跤子、不出問題的。

鄧小平在一九七九年三月指出：「中心任務是三年調整，這是個大方針、大政策。」「首先要有決心，東照顧西照顧不行。」2這年四月，中共中央工作會議決定用三年時間對國民經濟實行「調整、改革、整頓、提高」的方針，其中著重調整農輕重、積累與消費之間的比例關係。使改革開放得以在比較紮實可靠的基礎上進行。鄧小平在一九八三年三月說：「現在看起來，沒有那次會議進一步明確八字方針，而且以調整爲核心，就沒有今天的形勢。」3

中共十一屆三中全會以後短短三年多時間內，以鄧小平爲核心的中共中央領導集體，高瞻遠矚，從容應對，在艱難複雜的處境中，分清輕重緩急，合理安排，既積極又慎重，有條不紊地開展工作。中國在經歷了十年動亂後，順利地實現了偉大的歷史性轉折。

五、高舉起中國特色社會主義的旗幟

鄧小平曾用十分概括的語言指出：「從十一屆三中全會到十二大，我們打開了一條一心一意搞建設的新路。」4

1 陳雲：《陳雲文選》第三卷，北京：人民出版社，一九九五年版，第二三六頁。
2 中共中央文獻研究室編：《鄧小平年譜（一九七五—一九九七）》（上），北京：中央文獻出版社，二〇〇四年版，第四九七頁。
3 中共中央文獻研究室編：《鄧小平年譜（一九七五—一九九七）》（下），北京：中央文獻出版社，二〇〇四年版，第八九五頁。
4 中共中央文獻研究室編：《鄧小平年譜（一九七五—一九九七）》（下），北京：中央文獻出版社，二〇〇四年版，第八五〇頁。

走上這條新路後，中國人應該舉著怎樣的旗幟前進？一心一意搞建設的目標是什麼？這是放在中國各族人民面前迫切需要回答的問題。建設有中國特色的社會主義，就是對這些問題的總回答，是鄧小平一九八二年在中共十二大的開幕詞中提出來的。他說：「把馬克思主義的普遍真理同我國的具體實際結合起來，走自己的道路，建設有中國特色的社會主義，這就是我們總結長期歷史經驗得出的基本結論。」1

什麼是中國特色社會主義？它的含義十分明確：第一，我們要建設的是社會主義，絕不是其他什麼社會。後來，鄧小平同一位台灣朋友說：「我們大陸堅持社會主義，不走資本主義的邪路。社會主義與資本主義不同的特點就是共同富裕，不搞兩極分化。」2第二，我們所要建設的社會主義，必須按照中國的國情來辦，具有中國特色。別國的建設和管理經驗，無論是蘇聯的還是西方國家，都可以而且應該積極學習和借鑒，但是都絕不能照抄照搬。這是一面鮮明的旗幟。高舉這面旗幟，就使十幾億中國人在前進中有了共同的明確方向。有如毛澤東早年所說：「主義譬如一面旗子，旗子立起了，大家才有所指望，才知所趨赴。」3

一心一意搞建設，中國本世紀內所要達到的具體目標是什麼？鄧小平反覆地思考這個問題。一九七九年十二月，他提出中國要在本世紀末達到小康水平的目標。這是一個新的重要判斷。以往，一直把實現四個現代化作爲二十世紀末的奮鬥目標，容易導致提出許多過高的指標。二十世紀末達到小康的狀態這個新的判斷，規定了一個既積極而又腳踏實地、切合實際的基本設想。這就從根本指導思想上防止了重犯過去長期存在的脫離中國實際國情而急於求成的錯誤。

這個基本設想在中共十二大上確定下來。十二大報告要求：從一九八一年到二十世紀末的二十年，力爭使全國工農業總產值翻兩番，這時人民生活就可以達到小康水平。這個決策是符合實際的，是經過努力能夠實現的。在二十世紀末翻兩番這個奮鬥目標由此深入人心，成爲鼓舞全國各族人民投身社會主義現代化建設的巨大力量。

從十一屆三中全會到十二大，只有三年多時間。但人們看到：方向已經指明，目標已經確定。中國人民在共產黨領導下，從此在新的起點上闊步前進，開闢一個新的歷史時期。

1 鄧小平：《鄧小平文選》第三卷，北京：人民出版社，一九九四年版，第三頁。

2 中共中央文獻研究室編：《鄧小平年譜（一九七五—一九九七）》（下），北京：中央文獻出版社，二〇〇四年版，第一〇四七頁。

3 中共中央文獻研究室編，逄先知主編：《毛澤東年譜（一八九三—一九四九）》（上卷），北京：中央文獻出版社，二〇〇二年版，第七一頁。

第十七章

世紀之交的回顧和展望[1]

江澤民在中共的十五大所做的報告，是中國共產黨跨世紀的綱領性文件。報告站在世紀之交的歷史高度，高瞻遠矚，回顧一個世紀以來中國人民的奮鬥歷史，展望下世紀五十年的發展前景，使共產黨有一種強烈的歷史使命感。正如報告中所說：「在二十世紀即將過去的時候，舉行黨的全國代表大會，大家有一種共同的認識：我們黨對中華民族的命運擔負著崇高的歷史責任。」

一、二十世紀中華民族奮起的歷程

二十世紀，在人類歷史上是空前動盪劇變的世紀，又是空前發展進步的世紀。這一百年，變化之巨大，發展之迅猛，超過了以往的幾千年。對中國來說，這是中華民族從極度衰敗、備受屈辱、國家瀕臨滅亡邊緣，到奇蹟般地重新站立起來、大踏步走向繁榮富強的一百年。這種翻天覆地的變化，是中國共產黨領導全國各族人民，經過長時期艱苦卓絕的奮鬥取得的，爲中國走向更加美好的明天開闢了廣闊的道路。

中華民族創造過燦爛的古代文明，在近代卻落後了。一八四〇年鴉片戰爭以後，中國逐漸喪失獨立的地位，成爲半殖民地半封建國家。當翻開二十世紀歷史第一頁時，展現在中國人面前的是一幅十分悲慘的圖畫——一九〇〇年，八國聯軍進攻中國。幾乎所有的帝國主義國家聯合起來，佔領中國的首都北京，並把北京劃分成各國的佔領區，強迫懸掛他們的旗幟。這種極端屈辱的狀況延續了整整一年，最後以清朝政府被迫簽訂喪權辱國的《辛丑條約》告一段落。九〇年後，鄧小平會見外國朋友時說道：「我是一個中國人，懂得外國侵略中國的歷史。當我聽到西方七國首腦會議決定要制裁中國，馬上就聯想到一九〇〇年八國聯軍侵略中國的歷史。」可見這件事對中國人刺激之深。

國家和民族的生存已處在千鈞一髮的關頭。中國要生存，要獨立，要發展，應該怎麼辦？在十九世紀的下半個世紀裡，中國人做過多次嘗試：只搬用洋槍洋炮和某些近代工業技術的洋務運動很快就證明救不了中國；期望清朝政府自上而下地進行改革的戊戌變法這條路也走不通；義和團那種「扶清滅洋」的舊式反抗又失敗了。於是，迫使中國人只能義無反顧地走上革命的道路。革命正是為建設一個現代化國家掃清障礙，創造必要的前提。

中華民族在二十世紀重新站立起來，是舉世矚目的大事。它的到來十分不易。中共十五大報告對這個過程做了精闢的概括：「一個世紀以來，中國人民在前進道路上經歷了三次歷史性的巨大變化，產生了三位站在時代前列的偉大人物：孫中山、毛澤東、鄧小平。」

這三位偉大人物，是二十世紀中國三次歷史性巨變中先進分子的最傑出代表。

「振興中華」這個深深打動幾代中國人心的響亮口號，是孫中山在一八九四年十一月的興中會宣言中最早喊出來的。為了把祖國從危難中拯救出來，近代中國最迫切需要解決的問題是民族獨立、民主和民生幸福。孫中山從近代中國面對的複雜社會現象中提綱挈領地提出這三個帶根本性的目標，並且主張用革命的手段來實現它，從而在中國開創了完全意義上的近代民族民主革命，儘管他提出了問題卻沒有完全找到解決問題的正確辦法。一九一一年的辛亥革命是在孫中山領導下發生的。這次革命推翻了統治中國幾千年的君主專制制度，建立了民主共和國，使人們的民族覺醒和民主精神普遍高漲起來。這是一個新的起點。閘門一經打開，歷史進步的洪流便不可阻擋地奔騰向前，中國的反動統治秩序再也無法穩定下來了。

1 原文載於《人民日報》一九九七年九月二十七日。

這是中國在二十世紀經歷的第一次歷史性巨變。

辛亥革命的歷史功績是巨大的，但它沒有能改變舊中國半殖民地半封建的社會性質和人民的悲慘境遇。國家的情況仍在一天一天壞下去。中國的先進分子經歷過極度的失望和苦悶，開始了新的求索，終於找到馬克思列寧主義，中國革命的面貌就爲之一新。一九二一年，中國共產黨成立了。這個黨一成立，就有著兩個鮮明的特點：一個是掌握著馬克思主義這個銳利的思想武器，能夠爲中國人指明奮鬥的目標和走向勝利的道路；另一個是它代表著中國人民的根本利益，有著十分嚴密的組織，並且同最廣大的人民群眾保持著血肉聯繫，有著巨大的力量源泉。這兩個特點，是中國以往任何政黨不曾有過的。

馬克思主義必須同中國實際相結合。這是中國革命和建設成敗的關鍵，又是前人從來沒有經歷過的極其複雜艱難的任務。二十世紀的中國社會正處在空前劇烈的大變動中。中國又是一個和任何西方國家不同的東方農業大國。在這樣一個國家裡，無論發動革命還是進行建設，都遇到一個又一個新問題。這些新問題，在書本上和別國經驗中都找不到現成的答案。唯一的辦法，只能依靠中國人自己，按照中國的實際情況，大膽探索，從成功和失敗的實踐中總結經驗教訓，摸索出一條自己的路子來。除此以外，沒有別的輕便的路可走。

爲了走出一條符合中國國情的自己的路子，中國共產黨又經歷了長期而艱苦的探索，終於形成以毛澤東爲核心的第一代領導集體，形成指導中國人民取得革命勝利和建立社會主義新中國的毛澤東思想。經過二十多年艱苦卓絕、不屈不撓的鬥爭，推翻了帝國主義、封建主義、官僚資本主義在中國的統治。到二十世紀剛剛過去一半的時候，中華人民共和國成立了。毛澤東在新政協籌備會上充滿自豪地宣佈：「中國必須獨立，中國必須解放，中國的事情必須由中國人民自己作主張，自己來處理，不容許任何帝國主義國家再有一絲一毫的干涉。」這使每一個中國人都感到揚眉吐氣。一百多年來受盡苦難和屈辱的中國人，從此在全世界面前站立起來了。新中國成立後，在迅速醫治戰爭創傷、恢復國民經濟的基礎上，建立起社會主義制度，這是中國歷史上最深刻、最偉大的社會變革，成爲新中國一切進步和發展的基礎。隨後，又取得建設社會主義的巨大成就。

這是中國在二十世紀經歷的第二次歷史性巨變。

但是，前進的道路並不平坦。怎樣認識社會主義，怎樣建設社會主義，這是一個全新的課題。在探索進程中，我們取得了巨大的成功，也經歷過嚴重的挫折，包括遭受「文化大革命」那樣的深重災難。中國共產黨以鄭重的態度，總結歷史經驗教訓，糾正自己的失誤，實行改革開放，集中力量進行社會主義現代化建設，成功地走出一條建設有中國特色社會主義的新道路。這是在以鄧小平爲核心的第二代中央領導集體的領導下開始的又一場新的革命，形成了作爲當代中國的馬克思主義、作爲毛澤東思想在新的歷史條件下的繼承和發展的鄧小平理論。鄧小平響亮地提出：「把馬克思主義的普遍真理同我國的具體實際結合起來，走自己的道路，建設有中國特色的社會主義，這就是我們總結長期歷史經驗得出的基本結論。」他圍繞什麼是社會主義、怎樣建設社會主義這個主題，解放思想，實事求是，第一次比較系統地初步回答了在中國這樣的經濟文化比較落後的國家，如何建設、鞏固和發展社會主義的一系列基本問題，用新的思想觀點，豐富和發展了馬克思列寧主義、毛澤東思想。在鄧小平理論和共產黨的「一個中心，兩個基本點」的基本路線指引下，中華民族滿懷信心地朝著社會主義現代化的宏偉目標大步邁進，大大改變了中國的面貌。中國社會主義顯示的蓬勃生機和活力，爲舉世所矚目。

這是中國在二十世紀經歷的第三次歷史性巨變。

中華民族在近代面對著兩大歷史任務：一個是求得民族獨立和人民解放，一個是實現國家繁榮富強和人民共同富裕。二十世紀內發生的三次歷史性巨變，接連跨上了三個大的台階，就像是一場不停步的接力跑那樣。把二十世紀行將結束時的中國，同二十世紀剛剛到來時的中國比較一下，立刻可以看到，它確實發生了翻天覆地的變化。這個變化是怎樣取得的？正如十五大報告中所說的：「百年巨變得出的結論是：只有中國共產黨才能領導中國人民取得民族獨立、人民解放和社會主義的勝利，才能開創建設有中國特色社會主義的道路，實現民族振興、國家富強和人民幸福。」這正是中國人民在整整一個世紀的漫長實踐中得出的正確結論。

二、牢牢抓住前所未有的歷史機遇

二十世紀已經只剩下最後幾年，二十一世紀很快就將到來。此時此刻，人們都在沉思：將要到來的新世紀對中國究竟意味著什麼？可以斷言：二十一世紀將會是一個新的世紀，中國的前景將更加美好。我們面對嚴峻的挑戰，更面對著前所未有的有利條件和大好時機。

中共十五大報告突出地強調了「抓住機遇」的極端重要性。指出：能否抓住機遇，歷來是關係革命和建設興衰成敗的大問題。這也是鄧小平的一貫思想。他在一九九二年南方談話中說：「要抓住機會，現在就是好機會。我就擔心喪失機會。不抓呀，看到的機會就丟掉了，時間一晃就過去了。」第二年春節，他又在上海說：「希望你們不要喪失機遇。對於中國來說，大發展的機遇並不多。」他的諄諄囑咐，時時迴響在我們耳邊。

中國實現社會主義現代化，現在面對著怎樣的歷史機遇和有利條件呢？

第一，從中國的外部環境來看：儘管世界仍然充滿矛盾，但和平與發展已成爲當今時代的主題。世界正在走向多極化，較長時期的國際和平環境可望保持，使我們有可能集中力量從事社會主義現代化建設。特別值得注意的是：世界的科學技術革命正在日新月異地突飛猛進，並且廣泛地應用到生產中去，推動經濟的迅猛發展和產業結構的不斷重組。經濟因素在國際關係中的作用正在不斷增強。儘管我們在經濟和科學技術上同發達國家還有不小差距，但只要能夠清醒地把握住世界發展的大趨勢，利用後發的地位，不屈不撓地埋頭苦幹，努力掌握和運用最新的科學技術成果和現代化的管理方法，又發揮社會主義制度下可以集中力量辦大事的優勢，完全有可能經過較長時間的努力後迎頭趕上。

第二，從中國的內部條件來看：在新中國成立後特別是近二十年來已經形成相當可觀的綜合國力。一九九六年，國內生產總值達到六兆七千七百九十五億元。主要工農業產品如鋼鐵、煤炭、水泥、電力、糧食、棉花的生產總值已居世界前列。水利、交通、通信等基礎設施快速增長。進出口貿易大幅度增加，國家外匯儲備超過一千零五十億美元。人民生活水平顯著提高。改革開放，爲現代化建設創造了良好的體制條件，開闢了廣闊的市場需求和資金來源，煥發出人民新的創造力。在中國社會內部蘊藏著的巨大潛力正在進一步釋放出來。這是我們前進的無窮無盡的力量源泉。

第三，更重要的是，共產黨已經確立起正確的建設有中國特色社會主義的基本理論和基本路線。它是認真總結過去成功和挫折的經驗所取得的，是付出了沉重代價換來的，又在新的實踐中不斷豐富和發展。它使我們變得更加聰明，更有遠見。只要我們始終高舉鄧小平理論的偉大旗幟，堅持已被實踐證明是正確的十一屆三中全會以來的路線不動搖，肯定能夠保證我們的事業在新的世紀裡沿著正確的軌道不斷勝利前進。

這些，都是我們今天擁有而過去不曾或不完全具備的條件。中共十五大報告提醒我們：「過去我們抓住了重要歷史機遇，也喪失過某些機遇。現在全黨一定要高度自覺，牢牢抓住世紀之交的歷史機遇，邁出新的步伐。」

當然，這不等於我們前進道路上不會有困難和曲折。必須清醒地看到我們面對的嚴峻挑戰。以強凌弱、以大欺小、以富壓貧的霸權主義和強權政治依然嚴重存在。我們同發達國家在經濟、科學技術上的很大差距和國際競爭日趨激烈，給了我們巨大壓力。中國人口那麼多，國民生產總值的人均水平很低。我們自身還存在許多困難和問題。改革和發展處在攻堅階段，任務很重，要走的路很長，不可能一切都進行得那麼一帆風順。我們一定要充分認識困難，正視困難，在克服困難中不斷開闢前進的道路。

但是，可以有把握地說：只要我們清醒地把握住世界發展的大趨勢，清醒認識中國現階段的實際國情，同心同德，艱苦奮鬥，完全有可能在新的世紀裡創造出更加輝煌的業績。

三、迎接新世紀的到來

鄧小平很早就提出「三步走」的發展戰略。他在一九八七年說過：「我國經濟發展分三步走，本世紀走兩步，達到溫飽和小康，下個世紀用三十年到五十年時間再走一步，達到中等發達國家的水平。這就是我們的戰略目標，這就是我們的雄心壯志。」

按照這個戰略設想，我們的第一步目標是解決溫飽問題，這個目標在八〇年代已經基本達到。第二步目標是在二〇〇〇年建立一個小康社會，實現人均國民生產總值比一九八〇年翻兩番，基本消除貧困現象；同時，積極推進現代企業制度建設，初步建立社會主義市場經濟體制。這樣，人民生活雖然還不富裕，但日子好過，國家總的力量大了。這個目標是能夠實現的，從而將使中華民族在繼續奮進時取得很大的主動權。

展望下世紀的前五十年，我們將在建設有中國特色社會主義的偉大征程中，實現「三步走」戰略中的第三步戰略目標，也就是到二十一世紀中葉基本實現社會主義現代化。

在實現第三步戰略目標的這五十年內，又將跨出三大步：第一個十年，我們要實現到二〇一〇年的發展規劃，使國民生產總值比二〇〇〇年翻一番，使人民的小康生活更加寬裕，形成比較完善的社會主義市場經濟體制。這將是第一個巨大進步。到建黨一百週年時，國民經濟將更加發展，各項制度將更加完善，將是第二個巨大進步。到二十一世紀中葉，也就是中華人民共和國成立一百週年時，基本實現現代化，建成富強、民主、文明的社會主義國家，將是第三個巨大進步。

到那時候，我們的國家將以現代化的姿態屹立於世界。這是中華民族包括無數先烈和前輩一百多年來夢寐以求的目標，也是我們預期在經過萬眾一心的共同努力後能夠實現的目標。中共的十五大是一個新的起跑點。讓我們高舉鄧小平理論的偉大旗幟，在以江澤民爲核心的中共中央領導下，團結奮鬥，把建設有中國特色社會主義事業全面推向二十一世紀，共同迎接中華民族新的偉大振興！

第十八章

中國共產黨在新世紀之初的行動綱領[1]

在歷史重大關頭，及時地提出正確的行動綱領，對共產黨和國家事業的發展至關重要。有了正確的行動綱領，才能把全黨和全國人民的思想統一起來，形成共同的奮鬥目標，明白應該經過什麼樣的途徑去實現這個目標，從而產生強大的凝聚力，萬眾一心地去爭取勝利。否則，便會人心渙散，各行其是，停滯不前，以至迷失方向。

怎樣才能提出一個正確的行動綱領？至少需要三個條件：第一，體現人民群眾的利益和願望；第二，順應時代要求，符合實際國情；第三，按照事物發展的客觀規律辦事，經過努力能夠實現。這三條，哪一條也不能少。

中國共產黨歷來極其看重這個問題。毛澤東在七大的結論中說：「什麼叫做領導？領導和預見有什麼關係？預見就是預先看到前途趨向。如果沒有預見，叫不叫領導？我說不叫領導。」「我們的文章，我們的大會文件，根據我們的預見，指出了中國人民將要走什麼道路，並規定了我們的政策。」

中共的十六大，是中國共產黨在新世紀召開的第一次全國代表大會，也是中共在開始實施社會主義現代化建設第三步戰略部署的新形勢下召開的一次十分重要的代表大會。大會通過的江澤民所做《全面建設小康社會，開創中國特色社會主義事業新局面》的報告，就是中國共產黨根據時代要求、人民心願和實際條件，高瞻遠矚地提出的在新世紀之初的行動綱領。

一、新世紀面對的新形勢

怎樣正確把握當今時代的特徵，怎樣認清世界和中國的發展大勢，是中國共產黨正確制定行動綱領的基本依據。

當人類步入二十一世紀時，大家都有一種共同的感覺：周圍一切都處在激烈的大變動中，節奏明顯加快。許多過去從來沒有遇到過的新問題層出不窮地出現在我們面前。人們原來沒有料想到的事情一件接一件地發生。這種變化在廣度和深度上，遠遠超過人類經歷過的以往任何一個世紀。這使人產生一種強烈的緊迫感。誰稍一放鬆，便會落後於時代。

新的世紀並不是平靜地到來的。它雖然剛剛開始，但已經可以看到，世界格局正在發生冷戰結束以來最爲深刻的變化。和平和發展仍是當今世界的兩大主題，但至今一個也沒有得到解決。維護和平、謀求發展是世界人民普遍的強烈願望，全球的經濟聯繫日益加強。但天下並不安寧，霸權主義和強權政治依然存在並有所發展，恐怖主義成爲國際安全的重要威脅，社會生活中種種不確定因素在增加。總體和平、局部戰爭，總體緩和、局部緊張，總體穩定、局部動盪，是今後一個時期國際局勢的基本態勢。這是誰都能夠看到的事實，是我們在考慮國內發展時不能不足夠估計到的外部環境。

從中國國內看，中共十一屆三中全會以來，中國社會主義現代化建設取得舉世公認的突出成績，綜合國力大大加強，人民生活上了一個大台階。中國人從來沒有像現在這樣滿懷信心地面對未來。這些也是誰都能從實際生活中強烈感受到的事實。但改革和發展的道路並不平坦，是在充滿矛盾中前進的。隨著改革開放的深入和社會主義市場經濟的發展，社會環境已發生重大變化。社會經濟成分、組織形式、就業方式、利益關係和分配方式日益多樣化，新事物、新問題、新矛盾不斷出現。經濟結構戰略性調整中有些深層次問題還沒有完全解決。收入分配關係尚未理順，就業壓力加大。在人民根本利益一致的前提下，如何妥善處理不同群體間的具體利益關係，成爲擺在我們面前的重大課題，絕不能掉以輕心。

1 原文載於《人民日報》二〇〇二年十一月十九日。

尤其不容忽視的是，中國的發展是在世界激烈競爭的大趨勢下進行的。世界多極化和經濟全球化正在深入發展。電子信息、生物工程、新材料等帶動的科技進步，正以令人吃驚的速度，日新月異地突飛猛進。科技成果商品化週期大大縮短。高新技術及其產業成爲當代經濟發展的火車頭。幾年前還難以想像的事情，轉眼便來到人們日常生活中間。各國之間在經濟實力、國防實力、民族凝聚力等綜合國力上進行前所未有的激烈競爭。各種思潮相互激盪。我們在發展，別人也在發展。江澤民提醒大家：「這是一場全球範圍的大競爭，任何國家、任何民族都迴避不了。在這場競爭中，就如同逆水行舟，不進則退。」

世界和中國正在發生的這種激烈變動，是大量地普遍地存在的現實，已經有力滲透到我們工作和生活的方方面面，並且還在繼續加速地進行著。這是二十一世紀之初呈現在我們眼前的極爲壯觀的歷史畫面。用一成不變的眼光看待周圍世界，按照一向習慣了的路子來辦事，勢必落後於時代，而且有被時代淘汰的危險。看不到這一點，就是一個頭腦不清醒的人。中共的十六大正是在這樣的國際國內大趨勢、大背景、大環境下召開的。

爲什麼江澤民近年來一再強調必須與時俱進、不斷開拓創新？爲什麼十六大報告提出必須把發展作爲共產黨執政興國的第一要務？爲什麼報告要求全黨同志一定要增強憂患意識，居安思危，清醒地看到日趨激烈的國際競爭帶來的嚴峻挑戰，清醒地看到前進道路上的困難和風險？原因也在這裡。

可以斷言：人們對時代認識的自覺程度越高，奮鬥目標越明確，整個社會就會越加充滿生機和活力，發展得就越快。

領導著十幾億人民前進的中國共產黨，必須科學地分析、正確地把握、積極地應對世界和中國正在發生的這種激烈變化，始終站在時代潮流的前頭，激勵並帶領全國各族人民，把中國特色社會主義的偉大事業繼續大踏步地推向前進。這是中國共產黨的莊嚴歷史使命，也是中國共產黨正面對的嚴峻考驗。

二、高舉鄧小平理論偉大旗幟，全面貫徹「三個代表」重要思想

舉什麼旗，走什麼路，是正確制定中國共產黨在新世紀之初行動綱領的前提。

中國共產黨堅持用馬克思列寧主義、毛澤東思想和鄧小平理論武裝全黨，教育人民，不斷推進理論創新。因此，能在極端複雜的環境中始終保持清醒的頭腦，把握正確的方向，能夠科學地回答發展中遇到的一系列重大問題。這是我們不斷勝利前進的根本。

鄧小平理論是當代中國的馬克思主義。江澤民在十五大報告中明確地指出：「在社會主義改革開放和現代化建設的新時期，在跨越世紀的新征途上，一定要高舉鄧小平理論的偉大旗幟，用鄧小平理論來指導我們整個事業和各項工作。這是黨從歷史和現實中得出的不可動搖的結論。」「做出這個決策，表明中央領導集體和全黨把鄧小平開創的建設有中國特色社會主義事業全面推向新世紀的決心和信念，也反映了全國人民的共識和心願。」

江澤民這個重要論斷，毫不含糊地回答了中國共產黨在新世紀之初舉什麼旗、走什麼路的問題。

中共十五大報告又告訴我們：「馬克思主義是科學，它始終嚴格地以客觀事實爲根據。」「馬克思主義必定隨著時代、實踐和科學的發展而不斷發展，不可能一成不變。」報告指出：鄧小平理論形成了新的建設有中國特色社會主義理論的科學體系，「又是需要從各方面進一步豐富發展的科學體系」。

中國共產黨是一個勇於在實踐中不斷探索、不斷推進理論創新的黨。毛澤東在七千人大會上的講話中說：「對於建設社會主義的規律的認識，必須有一個過程。必須從實踐出發，從沒有經驗到有經驗，

從有較少的經驗，到有較多的經驗，從建設社會主義這個未被認識的必然王國，到逐步地克服盲目性、認識客觀規律、從而獲得自由，在認識上出現一個飛躍，到達自由王國。」實踐永無止境，認識的深化也永無止境，我們應該使理論隨著時代的前進和實踐的進展而不斷發展。不這樣做，就會使理論喪失蓬勃的生機和活力，它的生命也就會終結。

江澤民在中共十六大報告中，總結了十三屆四中全會以來的十條基本經驗。這些基本經驗，充分反映出共產黨十三年來新的實踐和理論成果。這十三年，我們走過的是一條充滿挑戰和風險的道路，確實是外有壓力、內有困難。中國共產黨在極其複雜多變的環境中，從容應對一系列突發事件的挑戰，戰勝來自國內和國外、社會和自然界方方面面的風險，不斷研究新情況，解決新問題，總結新經驗，探索新規律，對事關共產黨和國家全局的大問題做出一個又一個重大決策，乘風破浪，大踏步前進。十三年來，中國國內生產總值年均增長百分之九・三，社會主義市場經濟體制初步確立，全方位對外開放格局基本形成，各項社會事業全面發展，中國的面貌發生了前所未有的巨大變化。江澤民多次講：事非經過不知難。十六大報告從實踐中總結、概括和提煉的這些新鮮經驗，既是理論創新的需要，也是指導今後實踐發展的需要。它是十六大報告的一大特色。

這十條基本經驗，既堅持高舉鄧小平理論的偉大旗幟，又體現了以江澤民爲核心的中共中央在新的實踐中對鄧小平理論的豐富和發展。十條基本經驗都分別用兩句話來表述。大體說來，前一句講的是必須堅持什麼，後一句講的是在新的實踐中又有哪些豐富和發展，從而體現了繼承和創新的統一。前者包括：堅持以鄧小平理論爲指導，堅持以經濟建設爲中心，堅持改革開放，堅持四項基本原則，堅持物質文明和精神文明兩手抓，堅持穩定壓倒一切的方針，堅持共產黨對軍隊的絕對領導，堅持團結一切可以團結的力量，堅持獨立自主的和平外交政策，堅持加強和改善共產黨的領導。後者包括：不斷推進理論創新，用發展的辦法解決前進中的問題，不斷完善社會主義市場經濟體制，發展社會主義民主政治，實行依法治國和以德治國相結合，正確處理改革、發展、穩定的關係，走中國特色的精兵之路，不斷增強中華民族的凝聚力，維護世界和平與促進共同發展，全面推進共產黨的建設新的偉大工程。這兩者是一脈相承、不可分割的，哪一方面都不可缺少。

報告指出：「以上十條，是黨領導人民建設中國特色社會主義必須堅持的基本經驗。這些經驗，聯繫黨成立以來的歷史經驗，歸結起來就是，我們黨必須始終代表中國先進生產力的發展要求，代表中國先進文化的前進方向，代表中國最廣大人民的根本利益。」

「三個代表」重要思想，是江澤民在二〇〇〇年二月在廣東考察工作時提出來的。在「七一」重要講話中，他又對「三個代表」重要思想的科學內涵做了系統而深刻的闡述。這篇講話中的重要觀點，如對待馬克思主義的正確態度、從革命黨到執政黨的轉變對我們提出的挑戰、兩個先鋒隊的聯繫、增強黨的階級基礎和擴大黨的群眾基礎等，在十六大報告中都得到充分的反映，並且貫穿報告的全篇。十六大明確提出：「三個代表」重要思想是中國共產黨必須長期堅持的指導思想。

中共十六大報告還著重談了如何全面貫徹「三個代表」重要思想的問題。報告中有一段十分重要的話：「貫徹『三個代表』重要思想，關鍵在堅持與時俱進，核心在堅持黨的先進性，本質在堅持執政爲民。全黨同志要牢牢把握這個根本要求，不斷增強貫徹『三個代表』重要思想的自覺性和堅定性。」這段言簡意賅的話，值得我們仔細體會，可以從中得到許多教益。

這裡所講的三個「堅持」是相互聯繫、相互補充的整體：堅持與時俱進是我們對待馬克思主義的正確態度，它的前提在於正確認識時代特徵、把握社會前進脈搏、洞察歷史發展大勢，使我們的思想和行動能夠始終適應迅猛變化著的客觀實際；堅持共產黨的先進性，要求我們必須在準確把握世界發展潮流、中國社會前進方向和共產黨自身狀況變化的基礎上，使共產黨一直自覺地站在時代前列，帶領人民前進；而所有這一切，說到底，本質在堅持執政爲民，把最廣大人民的根本利益作爲共產黨的理論、路線、綱領、方針、政策和各項工作的出發點和歸宿，充分發揮人民群眾的積極性、主動性、創造性，共同奮鬥，在社會不斷發展進步的基礎上使人民群眾獲得切實的利益。

三、全面建設小康社會

根據在二十一世紀中葉基本實現現代化的要求，中共十六大確定本世紀前二十年的具體目標是全面建設小康社會。這是一個具有繼往開來意義、十分鼓舞人心的奮鬥目標。確定這個目標，符合鄧小平關於實現現代化的戰略思想，符合中國國情和現代化建設的實際，也符合全國人民的共同願望。

鄧小平指出：在我國這樣一個生產力不發達、經濟文化比較落後的國家，要實現現代化，必須經過分階段、長時期的努力。他在中共十一屆三中全會後的第二年同日本首相大平正芳談話時就提出：到本世紀末，中國現代化所要達到的是小康的狀態。在一九八七年八月同意大利朋友談話時，他又說：「我國經濟發展分三步走，本世紀走兩步，達到溫飽和小康，下個世紀用三十年到五十年時間再走一步，達到中等發達國家的水平。這就是我們的戰略目標，這就是我們的雄心壯志。」

當二十世紀結束的時候，中國已經勝利地實現了鄧小平提出的「三步走」中第一步和第二步的目標：人均國民生產總值比一九八〇年翻了兩番，綜合國力有了很大增強，人們以往世世代代渴望實現的溫飽問題已得到解決，人民生活在總體上達到小康水平，爲二十一世紀前五十年的發展打下了紮實的基礎。這是社會主義制度的偉大勝利，是中華民族發展史上的一個新的里程碑。

在前兩步目標實現後，如何實施第三步戰略目標？中國共產黨必須及時地對此做出明確的回答。中國共產黨一直在探索和思考著這個問題。

中共的十五大提出：「展望下世紀，我們的目標是，第一個十年實現國民生產總值比二〇〇〇年翻一番，使人民的小康生活更加寬裕，形成比較完善的社會主義市場經濟體制；再經過十年的努力，到建黨一百年時，使國民經濟更加發展，各項制度更加完善；到世紀中葉建國一百年時，基本實現現代化，建成富強民主文明的社會主義國家。」中共十五屆五中全會又進一步提出：從新世紀開始，中國將進入全面建設小康社會、加快推進社會主義現代化的新的發展階段。這是一個十分重要的論斷，但當時還沒有進入二十一世紀，對這個問題還來不及進一步展開論述。

在跨入二十一世紀之初召開的這次中共的全國代表大會明確地規定：把全面建設小康社會作爲新世紀最初二十年的階段性目標。這是一個關係全局的戰略決策。做出這樣的戰略決策，是非常必要和及時的。

既然在二十世紀結束時已進入小康社會，爲什麼還需要提出「全面建設小康社會」這個階段性目標？原因在於，我們已經進入的小康社會還是低水平的、不全面的、發展很不平衡的小康。實施第三步戰略目標需要五十年左右，時間跨度比較大。從現在這樣的基礎出發，要達到接近中等發達國家的水平，仍需要經過分階段、長時期的努力。

全面建設小康社會，就是要進一步鞏固和提高目前已達到的小康水平，在優化結構和提高效益的基礎上，使國內生產總值到二〇二〇年力爭比二〇〇〇年再翻兩番，相當於當時中等收入國家的平均水平，基本實現工業化，將現在低水平的、不全面的、發展很不平衡的小康，變爲較高水平的、比較全面、城鎮人口比重有較大幅度提高、各種差別的擴大趨勢逐步得到扭轉的小康，使全體人民都過上比較富足的生活。這是我們在這二十年內所要做的主要工作。

全面建設小康社會所說的全面，還有一層重要意思：它應該是一個經濟、政治、文化等全面發展的目標。江澤民在十六大報告中指出：「全面建設小康社會，最根本的是堅持以經濟建設爲中心，不斷解放和發展社會生產力。」報告又指出：「發展社會主義民主政治，建設社會主義政治文明，是全面建設小康社會的重要目標。」報告還論述了文化同經濟、政治的關係：「當今世界，文化與經濟和政治相互交融，在綜合國力競爭中的地位和作用越來越突出。」「全面建設小康社會，必須大力發展社會主義文化，建設社會主義精神文明。」中國的生態環境必將得到改善。這樣來理解，才比較全面。如果缺少其中任何一個方面，便談不上全面建設小康社會。

全面建設小康社會，是中國社會主義現代化建設進程中一個必須經過的、不可逾越的發展階段。我們必須經過二十年的緊張努力。走好這一步，才能在更高的起點上努力實現預定在本世紀中葉達到的第三步戰略目標，基本實現現代化。現在，全國各族人民都希望中國在新世紀繼續保持良好的發展勢頭，都希望中國的綜合國力和人民生活再上一個新的台階。中共的十六大在此時提出「全面建設小康社會」這個階段性目標，並加以具體化，完全符合黨心民意，是中國共產黨和國家事業不斷向前發展的必然要求。

中國共產黨在革命、建設、改革的各個歷史時期，歷來都根據人民的心願和黨的事業發展的要求，及時提出明確的具有強烈感召力的目標，團結並帶領廣大人民爲之奮鬥。有這樣一個明確目標和沒有這樣一個明確目標大不一樣。十六大明確提出在二十年內全面建設小康社會的具體目標，並在科學論證的基礎上加以闡述，對加快推進中國社會主義現代化必將產生巨大而深遠的影響。

四、全面推進共產黨的建設新的偉大工程

在中國這樣一個有著十幾億人口的多民族的發展中大國，要把全國人民的意志和力量凝聚起來，齊心協力地全面建設小康社會，如果沒有中國共產黨的領導，是根本不可能的。那樣的話，這麼大的國家和這麼多的人就會各行其是，成爲一盤散沙，甚至出現四分五裂、紛爭不已的局面，不再有什麼穩定可言，更談不上集中力量搞好社會主義現代化建設了。

歷史證明：要把中國的事情辦好，關鍵在中國共產黨；全面建設小康社會、加快推進社會主義現代化能否順利實現，同樣關鍵在中國共產黨。

堅持和改善共產黨的領導，同加強共產黨自身的建設無法分開。十三年來，中共中央一直以很大的力量全面推進共產黨的建設這個新的偉大工程。江澤民在《爲把黨建設成更加堅強的工人階級先鋒隊而鬥爭》這篇講話中指出：「黨的十三屆四中全會以來，根據鄧小平關於『這個黨該抓了，不抓不行了』的意見，中央採取了一系列重要措施來加強黨的建設，各級黨組織爲此進行了大量工作，已經開始見效。人民高興，全黨高興。」這完全符合事實。

在進入新世紀的時候，我們要看到：經過八十多年的發展，中國共產黨的地位、任務和黨員狀況都已發生深刻的變化。十六大報告分析了這種變化：「我們黨歷經革命、建設和改革，已經從領導人民爲奪取全國政權而奮鬥的黨，成爲領導人民掌握全國政權並長期執政的黨；已經從受到外部封鎖和實行計劃經濟條件下領導國家建設的黨，成爲對外開放和發展社會主義市場經濟條件下領導國家建設的黨。」

新時代，新形勢，新情況，對共產黨自身提出許多新問題，集中起來是兩大歷史性課題：一個是如何不斷提高共產黨的領導水平和執政水平，另一個是如何不斷提高拒腐防變和抵禦風險的能力。這是兩

個非解決不可而又並不容易解決的問題，是時代對中國共產黨提出的嚴峻考驗。

中共十三屆四中全會以來，江澤民多次強調：「治國必先治黨，治黨務必從嚴。」這是總結共產黨的建設的歷史經驗得出的科學結論。

共產黨的建設，包括思想、組織、作風三方面的建設。中共十六大對堅持和改善共產黨的領導、全面推進共產黨的建設新的偉大工程提出六項措施：第一，深入學習貫徹「三個代表」重要思想，提高全黨的馬克思主義理論水平。第二，加強黨的執政能力建設，提高黨的領導水平和執政水平。第三，堅持和健全民主集中制，增強黨的活力和團結統一。第四，建設高素質的領導幹部隊伍，形成朝氣蓬勃、奮發有爲的領導層。第五，切實做好基層黨建工作，增強黨的階級基礎和擴大黨的群眾基礎。第六，加強和改進黨的作風建設，深入開展反腐敗鬥爭。

可以確信，只要始終抓緊不放，切實地貫徹落實這六項措施，並在實踐中不斷總結新的經驗，全面推進共產黨的建設，一定可以做到十五屆六中全會決定中所說的：「黨就能在世界形勢深刻變化的歷史進程中始終走在時代前列，在應對國內外各種風險考驗的歷史進程中始終成爲全國人民的主心骨，在建設有中國特色社會主義的歷史進程中始終成爲堅強的領導核心。」

中國共產黨第十六次全國代表大會，是共產黨和全國人民政治生活中的一件大事。

中國共產黨從誕生之日起，就明確宣佈自己是工人階級的先鋒隊。同時，她又始終堅定不移地爲了民族獨立、人民解放和國家走向繁榮富強、人民走向共同富裕，帶領全國人民百折不撓地奮鬥，除了她沒有任何其他政黨能夠成功地擔負起這樣的歷史使命，因此她又是中華民族和中國人民的先鋒隊。中國共產黨在新時期開創的建設中國特色社會主義偉大事業，正是實現中華民族偉大復興的唯一正確道路。

中共十六大確定的主題是：「高舉鄧小平理論偉大旗幟，全面貫徹『三個代表』重要思想，繼往開來，與時俱進，全面建設小康社會，加快推進社會主義現代化，為開創中國特色社會主義事業新局面而奮鬥。」這是中國共產黨在新世紀之初的行動綱領，也是中華民族和中國人民在新世紀之初的行動綱領。當然，在前進的道路上，不確定因素和困難仍然很多。我們對這些要有足夠的精神準備。

但是，只要共產黨和全國人民堅強團結，萬眾一心地按照這個行動綱領指引的方向共同努力，實現中華民族偉大復興這個可以告慰於先人、並為未來開闢道路的崇高歷史使命，一定能夠在二十一世紀內變為現實！

徵引文獻

一、報刊徵引文獻

1《江蘇》第五期，一九〇三年八月
2《天義》第三卷，一九〇七年七月十日
3《青年》雜誌第一卷第六號，一九一六年二月十五日
4《新青年》第三卷第三號，一九一七年五月
5《湖南教育月刊》第一卷第二號，一九一九年十二月
6《時事新報》副刊《學燈》，一九二一年二月二十一日
7《益世報》（天津），一九二一年三月二十二日
8《益世報》（天津），一九二一年三月二十三日
9《國聞週報》第十三卷第二十三期，一九三六年六月十五日
10《群眾》週刊第一卷第四期，一九三八年一月一日
11《群眾》週刊第一九期，一九三八年四月二十三日
12《新華日報》一九三八年二月十日

13《新華日報》一九三八年九月八日
14《中國青年》第一卷第二期，一九三九年五月
15《解放日報》（延安），一九四一年十月十日
16《人民日報》一九七八年十二月二十四日
17《人民日報》一九八一年六月三十日
18《黨史研究資料》一九八〇年第一期
19《文獻和研究》一九八五年第四期
20《黨的文獻》一九八八年第一期
21《黨的文獻》一九八九年第三期
22《黨的文獻》一九九四年第一期
23《黨的文獻》二〇〇一年第四期
24《近代中國》季刊第一百五十七期，二〇〇四年六月三十日
25《鬥爭》第三期
26《鬥爭》第八期
27《鬥爭》第十二期
28《鬥爭》第二十一期
29《鬥爭》第二十七期
30《鬥爭》第四十五期
31《布爾塞維克》第一卷第一期
32《布爾塞維克》第一卷第三期

33《布爾塞維克》第一卷第四期
34《布爾塞維克》第一卷第五期
35《布爾塞維克》第一卷第六期
36《布爾塞維克》第一卷第九期
37《布爾塞維克》第二卷第一期
38《布爾塞維克》第二卷第五期
39《布爾塞維克》第二卷第七期
40《布爾塞維克》第三卷第一期
41《布爾塞維克》第三卷第四、五期合刊
42《布爾塞維克》第四卷第一期
43《布爾塞維克》第四卷第三期
44《紅旗週報》第三十期
45《紅旗週報》第三十三期
46《黨的生活》第三期

二、圖書等徵引文獻

1 梁啟超：《中國歷史研究法補編》，上海：商務印書館，一九四七年版
2《紅旗飄飄》編輯部編：《解放戰爭回憶錄》，北京：中國青年出版社，一九六一年版
3 復旦大學歷史系日本史組編譯：《日本帝國主義對外侵略史料選編（一九三一——一九四五）》，上海：

上海人民出版社，一九七五年版
4 梁啟超：《歐游心影錄》，《梁啟超選集》，上海：上海人民出版社，一九八一年版
5 陳伯鈞：《陳伯鈞日記（一九三三—一九三七）》，上海：上海人民出版社，一九八七年版
6 〔英〕李德・哈特著，林光余譯：《第一次世界大戰戰史》，上海：上海人民出版社，二〇一〇年版
7 吳玉章：《吳玉章回憶錄》，北京：中國青年出版社，一九七八年版
8 中國人民政治協商會議全國委員會文史資料研究委員會編：《文史資料選輯》第六十二輯，內部資料，北京：中華書局，一九七九年版
9 廣東省社會科學院歷史研究室、中國社會科學院近代史研究所中華民國史研究室、中山大學歷史系孫中山研究所合編：《孫中山全集》第一卷，北京：中華書局，一九八一年版
10 陳旭麓主編：《宋教仁集》（下冊），北京：中華書局，一九八一年版
11 中國社會科學院近代史研究所編：《五四運動回憶錄》（續），北京：中國社會科學出版社，一九七九年版
12 中國社會科學院近代史研究所翻譯室編譯：《共產國際有關中國革命的文獻資料》第一輯，北京：中國社會科學出版社，一九八一年版
13 中國社會科學院近代史研究所翻譯室編譯：《共產國際有關中國革命的文獻資料》第二輯，北京：中國社會科學出版社，一九八二年版
14 中國社會科學院近代史研究所編：《國外中國近代史研究》第三輯，北京：中國社會科學出版社，一九八九年版
15 中國社會科學院近代史研究所翻譯室編譯：《共產國際有關中國革命的文獻資料》第三輯，北京：中國社會科學出版社，一九九〇年版
16 張允侯、殷敘彝等編：《五四時期的社團》（二），北京：生活・讀書・新知三聯書店，一九七九年版

17 榆林地區《毛主席轉戰陝北》編寫組編：《毛主席轉戰陝北》，西安：陝西人民出版社，一九七九年版
18 中國革命博物館編：《新民學會資料》，北京：人民出版社，一九八〇年版
19《周恩來選集》編委會：《周恩來選集》（上卷），北京：人民出版社，一九八〇年版
20 中國社會科學院現代史研究室、中國革命博物館黨史研究室選編：《一大前後》（二），北京：人民出版社，一九八〇年版
21 蔡和森：《蔡和森文集》，北京：人民出版社，一九八〇年版
22《李達文集》編輯組編：《李達文集》，北京：人民出版社，一九八一年版
23 朱德：《朱德選集》，北京：人民出版社，一九八三年版
24 惲代英：《惲代英文集》（上卷），北京：人民出版社，一九八四年版
25 李大釗：《李大釗文集》（下），北京：人民出版社，一九八四年版
26《周恩來選集》編委會：《周恩來選集》（下卷），北京：人民出版社，一九八四年版
27 管文蔚：《管文蔚回憶錄》，北京：人民出版社，一九八五年版
28〔格魯吉亞〕羅米納茲，孫武霞、許俊基編：《共產國際與中國資料選輯（一九二五—一九二七）》，北京：人民出版社，一九八五年版
29 中共中央黨校資料徵集委員會、中央檔案館編：《遵義會議文獻》，北京：人民出版社，一九八五年版
30《張聞天選集》編輯組編：《張聞天選集》，北京：人民出版社，一九八五年版
31 何孟雄：《何孟雄文集》，北京：人民出版社，一九八六年版
32 中國社會科學院近代史研究所編：《米夫關於中國革命言論》，北京：人民出版社，一九八六年版
33 王稼祥：《王稼祥選集》，北京：人民出版社，一九八九年版
34 毛澤東：《毛澤東選集》第一卷，北京：人民出版社，一九九一年版
35 毛澤東：《毛澤東選集》第二卷，北京：人民出版社，一九九一年版

36 毛澤東：《毛澤東選集》第四卷，北京：人民出版社，一九九一年版
37 陸定一：《陸定一文集》，北京：人民出版社，一九九二年版
38 黃克誠：《黃克誠自述》，北京：人民出版社，一九九四年版
39 鄧小平：《鄧小平文選》第二卷，北京：人民出版社，一九九四年版
40 鄧小平：《鄧小平文選》第三卷，北京：人民出版社，一九九四年版
41 瞿秋白：《瞿秋白文集》政治理論編，第五卷，北京：人民出版社，一九九五年版
42 陳雲：《陳雲文選》第一卷，北京：人民出版社，一九九五年版
43 陳雲：《陳雲文選》第三卷，北京：人民出版社，一九九五年版
44 毛澤東：《毛澤東文集》第一卷，北京：人民出版社，一九九三年版
45 毛澤東：《毛澤東文集》第五卷，北京：人民出版社，一九九六年版
46 毛澤東：《毛澤東文集》第七卷，北京：人民出版社，一九九九年版
47 中央財經領導小組辦公室編：《中國經濟發展五十年大事記》，北京：人民出版社、中共中央黨校出版社，一九九九年版
48 《馬克思恩格斯選集》第四卷，北京：人民出版社，二〇一二年版
49 《憶徐海東》編輯組編：《憶徐海東》，鄭州：河南人民出版社，一九八一年版
50 中國人民解放軍軍事學院編：《劉伯承軍事文選》，北京：解放軍出版社，一九八二年版
51 何長工：《何長工回憶錄》，北京：解放軍出版社，一九八七年版
52 楊成武：《楊成武回憶錄》，北京：解放軍出版社，一九八七年版
53 王平：《王平回憶錄》，北京：解放軍出版社，一九九二年版
54 《中國工農紅軍第四方面軍戰史資料選編・長征時期》，北京：解放軍出版社，一九九二年版
55 中國人民解放軍軍事學院編：《李達軍事文選》，北京：解放軍出版社，一九九三年版

56 中國人民解放軍軍事學院編：《陳毅軍事文選》，北京：解放軍出版社，一九九六年版
57 中國人民解放軍軍事學院編：《葉劍英軍事文選》，北京：解放軍出版社，一九九七年版
58 鄧華、李德生等：《星火燎原未刊稿》第十集，北京：解放軍出版社，二〇〇七年版
59 中國人民政治協商會議全國委員會文史資料委員會編：《淮海戰役親歷記：原國民黨將領的回憶》，北京：文史資料出版社，一九八三年版
60 聶榮臻：《聶榮臻回憶錄》（上），北京：戰士出版社，一九八三年版
61 貴州省檔案館編：《紅軍轉戰貴州——舊政權檔案史料選編》，貴陽：貴州人民出版社，一九八四年版
62 謝本書、馮祖貽主編：《西南軍閥史》第三卷，貴陽：貴州人民出版社，一九九四年版
63《偉大轉折的起點：黎平會議》編輯組編著：《偉大轉折的起點：黎平會議》，貴陽：貴州人民出版社，二〇〇九年版
64 瞿秋白：《瞿秋白文集》文學編，第一卷，北京：人民文學出版社，一九八五年版
65 中央檔案館編：《中共中央文件選集》第七冊，北京：中共中央黨校出版社，一九九一年版
66 中央檔案館編：《中共中央文件選集》第八冊，北京：中共中央黨校出版社，一九九一年版
67 中央檔案館編：《中共中央文件選集》第九冊，北京：中共中央黨校出版社，一九九一年版
68 中央檔案館編：《中共中央文件選集》第十冊，北京：中共中央黨校出版社，一九九一年版
69 中央檔案館編：《中共中央文件選集》第十一冊，北京：中共中央黨校出版社，一九九一年版
70〔英〕詹姆斯・貝特蘭，林淡秋譯：《中國的新生》，北京：新華出版社，一九八六年版
71〔英〕珍妮・德格拉斯選編：《共產國際文件（一九二九—一九四三）》，北京：東方出版社，一九八六年版
72 李維漢：《回憶與研究》（上），北京：中共黨史資料出版社，一九八六年版
73 中共中央黨史資料徵集委員會編：《共產主義小組》（上），北京：中共黨史資料出版社，一九八七年版

74 中共中央黨史資料徵集委員會主編：《淮海戰役》第三冊，北京：中共黨史資料出版社，一九八八年版
75 中共桂林地委《紅軍長征過廣西》編寫組編著：《紅軍長征過廣西》，南寧：廣西人民出版社，一九八六年版
76 中共雲南省委黨史資料徵集委員會編：《紅軍長征過雲南》，昆明：雲南民族出版社，一九八六年版
77 中央統戰部、中央檔案館編：《中共中央抗日民族統一戰線文件選編》（中），北京：檔案出版社，一九八五年版
78 四川省檔案館編：《國民黨軍追堵紅軍長征檔案史料選編（四川部分）》，北京：檔案出版社，一九八六年版
79 中國第二歷史檔案館編：《國民黨軍追堵紅軍長征檔案史料選編（中央部分）》（上），北京：檔案出版社，一九八七年版
80 賀國光：《參謀團大事記》（上），北京：軍事科學院軍事圖書館，一九八六年影印本
81 中共湖南省黨史資料徵集研究委員會研究處編：《紅軍長征在湘南專號》，《崢嶸歲月》第七集，長沙：湖南人民出版社，一九八七年版
82 周朝舉主編：《紅軍黔滇馳騁風雲錄》，北京：軍事科學出版社，一九八七年版
83 周朝舉主編：《紅軍黔滇馳騁史料總匯》（上），北京：軍事科學出版社，一九八八年版
84 軍事科學院軍事圖書館編著：《中國人民解放軍組織沿革和各級領導成員名錄》，北京：軍事科學出版社，一九九〇年版
85 毛澤東：《毛澤東軍事文集》第一卷，北京：軍事科學出版社、中央文獻出版社，一九九三年版
86 毛澤東：《毛澤東軍事文集》第二卷，北京：軍事科學出版社、中央文獻出版社，一九九三年版
87 毛澤東：《毛澤東軍事文集》第五卷，北京：軍事科學出版社、中央文獻出版社，一九九三年版

88 粟裕：《粟裕文選》第二卷，北京：軍事科學出版社，二〇〇四年版
89 壽充等編：《走在社會主義大道上——原私營工商業者社會主義改造紀實》，北京：中國文史出版社，一九八八年版
90 中國人民政治協商會議全國委員會文史資料委員會《圍追堵截紅軍長征親歷記》編審組編：《圍追堵截紅軍長征親歷記——原國民黨將領的回憶》（上），北京：中國文史出版社，一九九一年版
91 何鍵、王東原：《何鍵．王東原日記》，北京：中國文史出版社，一九九三年版
92 《周恩來書信選集》編委會：《周恩來書信選集》，北京：中央文獻出版社，一九八八年版
93 師哲口述、李海文整理：《在歷史巨人身邊：師哲回憶錄》，北京：中央文獻出版社，一九九一年版
94 中共中央文獻研究室編：《建國以來重要文獻選編》第六冊，北京：中央文獻出版社，一九九三年版
95 毛澤東：《毛澤東在七大的報告和講話集》，北京：中央文獻出版社，一九九五年版
96 中共中央文獻研究室編，金沖及主編：《周恩來傳》第一卷，北京：中央文獻出版社，一九九八年版
97 中共中央文獻研究室編，金沖及主編：《周恩來傳》第二卷，北京：中央文獻出版社，一九九八年版
98 楊尚昆：《楊尚昆回憶錄》，北京：中央文獻出版社，二〇〇一年版
99 中共中央文獻研究室編，逄先知主編：《毛澤東年譜（一八九三—一九四九）》（上卷），北京：中央文獻出版社，二〇〇二年版
100 中共中央文獻研究室編，金沖及主編：《毛澤東傳（一八九三—一九四九）》，北京：中央文獻出版社，二〇〇四年版
101 中共中央文獻研究室編：《鄧小平年譜（一九七五—一九九七）》（上），北京：中央文獻出版社，二〇〇四年版
102 中共中央文獻研究室編：《鄧小平年譜（一九七五—一九九七）》（下），北京：中央文獻出版社，二〇〇四年版

103 羅永賦、費侃如主編：《四渡赤水戰役親歷記》，北京：中央文獻出版社，二〇一〇年版
104 胡繩主編：《中國共產黨的七十年》，北京：中共黨史出版社，一九九一年版
105 張聞天：《張聞天文集》（一），北京：中共黨史出版社，一九九〇年版
106 張聞天：《張聞天文集》（二），北京：中共黨史出版社，一九九三年版
107 中共山西省石樓縣委宣傳部編：《紅軍東征》（上），北京：中共黨史出版社，一九九七年版
108 石仲泉：《長征行》，北京：中共黨史出版社，二〇〇六年版
109 中共中央黨史研究室第一研究部編：《聯共（布）、共產國際與中國蘇維埃運動（一九三一—一九三七）》（一四），北京：中共黨史出版社，二〇〇七年版
110 中共武漢市委黨史研究室：《抗日戰爭初期中共中央長江局史》（上冊），北京：中共黨史出版社，二〇一一年版
111 中共湖北省委黨史資料徵集編研委員會：《抗戰初期中共中央長江局》，武漢：湖北人民出版社，一九九一年版
112 羅明：《羅明回憶錄》，福州：福建人民出版社，一九九一年版
113 朱謙之、師復：《謙之文存・師覆文存》，上海：上海書店，一九九一年影印版
114 中央檔案館編：《紅軍長征檔案史料選編》，北京：學習出版社，一九九六年版
115 徐則浩：《王稼祥傳》，北京：當代中國出版社，一九九六年版
116 李定主編：《中國資本主義工商業的社會主義改造》，北京：當代中國出版社，一九九七年版
117 程中原：《張聞天傳》，北京：當代中國出版社，二〇〇〇年版
118 黃修榮：《國共關係七十年》，廣州：廣東教育出版社，一九九八年版
119 中國第二歷史檔案館：《中華民國史檔案資料彙編》第五輯第一編政治（二），南京：江蘇古籍出版社，二〇〇〇年版

120〔保〕季米特洛夫：《季米特洛夫日記選編》，桂林：廣西師範大學出版社，二〇〇二年版
121 董志凱、吳江：《新中國工業的奠基石——一九五六年建設研究》，廣州：廣東經濟出版社，二〇〇四年版
122《貴州社會科學》編輯部、貴州省博物館編：《紅軍長征在貴州史料選輯》，內部資料，一九八三年版
123《朱總司令自傳（一八八六—一九三七）》，孫泱筆記，稿本
124 中央檔案館所藏檔案（包括會議記錄、電報、談話記錄、簡報、手稿等）

三、海外徵引文獻

1 秦孝儀總編纂：《蔣介石大事長編初稿》卷三，台北：國民黨中央黨史委員會，一九七八年
2《中華民國重要史料初編——對日抗戰時期》第六編，傀儡組織（二），台北：中國國民黨中央黨史委員會，一九八一年
3 李宗仁：《李宗仁回憶錄》，香港：南粵出版社，一九八七年版
4 陳壽恒、蔣榮森等編著：《薛岳將軍與國民革命》，台北：「中研院」近代史研究所，一九八八年
5「三軍大學」戰史編纂委員會編纂：《國民革命軍戰役史第五部——「戡亂」》第九冊「總檢討」，台北：「國防部史政編譯局」，一九八九年版
6 王世傑：《王世傑日記》（手稿本）第六冊，台北：「中研院」近代史研究所，一九九〇年版
7 蔣中正：《蘇俄在中國》，台北：「中央」文物供應社，一九九二年
8 萬耀煌口述、沈雲龍訪問、賈廷詩等記錄：《萬耀煌先生訪問記錄》，台北：「中研院」近代史研究所，一九九三年
9 陳立夫：《成敗之鑒——陳立夫回憶錄》，台北：正中書局，一九九四年

10 楊奎松：《西安事變新探——張學良與中共關係之研究》，台北：東大圖書公司，一九九五年
11 蔣緯國：《歷史見證人的實錄——蔣中正先生傳》第二冊，台北：青年日報社，一九九七年版
12 《蔣介石檔案・事略稿本》（二八），台北：「國史館」，二〇〇七年
13 《蔣介石檔案・事略稿本》（二九），台北：「國史館」，二〇〇七年
14 《蔣介石檔案・事略稿本》（三〇），台北：「國史館」，二〇〇八年
15 郝柏村：《郝柏村解讀蔣公日記（一九四五—一九四九）》，台北：天下遠見出版股份有限公司，二〇一一年版
16 蔣介石日記（手稿本），美國斯坦福大學胡佛研究所藏
17 陳紹禹：《王明選集》第五卷，〔日本〕汲古書院，一九七五年十一月發行

國家圖書館出版品預行編目（CIP）資料

生死關頭——中國共產黨的道路選擇 / 金沖及
著. -- 第一版. -- 臺北市：風格司藝術創作坊,
2018.1
面； 公分
ISBN 978-957-8697-02-7(平裝)

1.中國共產黨 2.歷史
576.25 106020232

生死關頭——中國共產黨的道路抉擇

作　　者：金沖及
責任編輯：苗龍
出　　版：風格司藝術創作坊
106台北市大安區安居街 118 巷 17 號
Tel: (02) 8732-0530　Fax: (02) 8732-0531
http://www.clio.com.tw
總 經 銷：紅螞蟻圖書有限公司
Tel: (02) 2795-3656　Fax: (02) 2795-4100
地址：台北市內湖區舊宗路二段121巷19號
http://www.e-redant.com
出版日期／2018 年 01 月　第一版第一刷
定　　價／420 元

Knowledge House & Walnut Tree Publishing

Knowledge House & Walnut Tree Publishing

Knowledge House & Walnut Tree Publishing

Knowledge House & Walnut Tree Publishing